LES GRANDS DUELS QUI ONT FAIT LE MONDE

Sous la direction d'Alexis Brézet
et Vincent Trémolet de Villers

LES GRANDS DUELS QUI ONT FAIT LE MONDE

LE FIGARO MAGAZINE / PERRIN

Éditions Perrin
12, avenue d'Italie
75013 Paris
Tél. : 01 44 16 09 00
Fax : 01 44 16 09 01
www.editions-perrin.fr

ISBN : 978-2-262-06612-3

Sommaire

PRÉFACE

Le sable de la gloire

Depuis l'aube des temps, le monde leur appartient. Conquérants magnifiques ou roi lépreux, pape ou empereur, reines d'Égypte ou d'Angleterre, ils connaissent la vie de palais, la meute des courtisans, les insinuations des conseillers, la houle des parades militaires, mais à l'heure de décider, une seule figure les accompagne : celle de l'ennemi. L'ennemi, ce double qui au même moment fait mine d'écouter ceux qui le conseillent, salue les soldats qui défilent, sourit aux plaisanteries des flatteurs. Entre les deux, l'affrontement est d'autant plus âpre qu'il est permanent, d'autant plus terrible que le pré du duel a les dimensions de la planète entière. Le choix des armes est infini et les témoins sont des millions. Le plus souvent, le Prince – qui n'estime que lui-même – trouve dans cet adversaire la dernière limite à sa domination. Il l'admire pour cela, il le hait pour les mêmes raisons.

L'un et l'autre sont tout-puissants. Ils incarnent une espèce en voie de disparition, celle du « grand homme ». Celui devant qui les genoux fléchissent, les visages s'inclinent, les captifs baissent la tête et les présents s'accumulent. Il connaît des tentations contre lesquelles l'homme ordinaire n'aura jamais à résister. Le viol, le meurtre, le pillage sont pour lui des péchés véniels. Le double jeu, la dissimulation, l'ingratitude, la cruauté, des vertus cardinales. Un seul dessein ordonne les mouvements de l'esprit et les décisions qui en découlent : vaincre l'ennemi. Il arrive, par miracle, que le pouvoir dépouille, que le chef fasse la guerre à regret, qu'il prie pour ses victimes, que le roi soit un saint, mais l'ordre des choses, s'il en est un, est que l'encens l'enivre. L'Orgueil revêt la tunique de l'Empire, de la Religion, de la Nation, de la Race, de l'Égalité, mais sous ces étoffes c'est toujours lui qui préside.

Pour être grands, ils n'en sont pas moins hommes, et dans le secret de leur esprit poussent ensemble le bon grain et l'ivraie. Faire le tri serait vain – l'historien n'est pas docteur en théologie morale –, et c'est ce clair-obscur trop souvent tragique, parfois épique, qui donne à ces vingt duels emblématiques toute leur épaisseur. Leur affrontement fait d'un jour une vie et d'une vie plusieurs siècles parfois. L'histoire de l'art, la peinture, le théâtre, l'opéra, le roman, autant de domaines qui ont puisé dans ce concentré de sentiments, de hasard, de chance, de courage et d'habileté. Ils ont transporté jusqu'aux confins du monde les esprits des enfants et la légende a enfanté d'autres légendes : Alexandre voulait être pharaon, César voulait être Alexandre, Charles Quint un autre Charlemagne, Louis XIV se contentera d'être Louis XIV. Quant à Napoléon, il ramassera dans son épopée Memphis, le Capitole et Aix-la-Chapelle.

Leurs affrontements ont décidé de nos frontières, de notre religion, de nos traditions. Il s'agissait tantôt de conquérir, tantôt de se défendre. Souvent mégalomanes et hantés par leur postérité, ils pouvaient aussi combattre pour plus hauts qu'eux-mêmes. La Nation, un dieu, un lieu, un principe. Ce fut pour le meilleur et pour le pire : le tombeau du Christ à Jérusalem, le monde libre de l'autre côté du rideau de fer, la démocratie en Irak.

Chez ces guerriers qui se sont parfois livré bataille durant une vie entière, certains ne se sont jamais rencontrés. Darius III a combattu, puis fui Alexandre. Louis XIV et Guillaume d'Orange étaient cousins, ils furent ennemis de trente ans mais toujours à distance. On n'ose imaginer un tête-à-tête entre Churchill et Hitler – la rencontre a cependant failli avoir lieu à Munich en 1932.

D'autres, en revanche, se connaissaient. Thomas More et Henri VIII étaient amis. Philippe II, jeune, avait rencontré Élisabeth d'Angleterre ; après la mort de Marie Tudor, il songea même à l'épouser. Las, elle était bien plus qu'une épouse celle qui confiait : « Je sais que je suis une faible femme, mais je possède le cœur et les tripes d'un roi. » La rencontre d'Alexandre Ier et Napoléon à Tilsit, immortalisée par Horace Vernet et Chateaubriand – « Le sort du monde flottait sur le Niémen, où plus tard il devait s'accomplir » –, reste un sommet indépassable. La tente, le fleuve, l'admiration secrète que se portaient l'un et l'autre en font un trésor pour les historiens et les romanciers. Les rencontres entre Bismarck et Napoléon III cinquante ans plus tard n'auront pas la même postérité. Alors que leurs conséquences sont tout aussi déterminantes.

Les guerres idéologiques du XXe siècle et le cinéma américain ont habitué nos esprits aux « méchants » baveux au teint pâle, tandis que le « gentil » montre, en toutes circonstances, un magnifique sourire. Mais l'histoire heureusement n'est pas écrite dans les studios Disney. Si le duel Churchill-Hitler et, dans une moindre mesure, celui entre Kennedy et Khrouchtchev permettent de distinguer sans effort les « bons » des « méchants », la plupart offrent à l'esprit balancement et hésitation. Darius III n'est, au fond, pas si lâche, et sa légende noire illustre le mot de Brennus : « Malheur aux vaincus ! » Octave a raison, mais Cléopâtre n'a pas tort. Le pape est un grand chef de guerre et l'empereur ne manque pas de profondeur. Ce partage des sentiments, les protagonistes eux-mêmes l'ont éprouvé. La légende raconte qu'Alexandre fit enterrer Darius avec les honneurs à Persépolis. Au sujet du tsar, Napoléon dira à Las Cases : « Alexandre [...] a de l'esprit, de la grâce, de l'instruction; est facilement séduisant; mais on doit s'en défier : il est sans franchise; c'est un vrai Grec du Bas-Empire. » Avant de conclure : « Si je meurs ici, ce sera mon véritable héritier en Europe. » Churchill, en revanche, à qui le maréchal Montgomery demandait si son ennemi Hitler était un « grand homme », n'a pas hésité très longtemps : « Non... Il a fait trop d'erreurs. »

Les mots apocryphes de Louis XIV, « J'ai trop aimé la guerre », auxquels ceux de Napoléon font écho, « Une nuit de Paris réparera tout cela », figent le grand homme en Cronos dévorant ses enfants. D'autres figures cependant – elles peuplent aussi ce livre – livrèrent bataille sans aucun goût pour elle. Baudouin IV de Jérusalem, à la tête de son royaume minuscule, luttait contre son premier ennemi, la maladie. Philippe II d'Espagne se consumait en prières avant de se décider. Churchill, qui en 1906 confiait : « La politique est presque aussi excitante que la guerre, et tout aussi dangereuse – [à la] guerre vous pouvez être tué une fois seulement, en politique plusieurs », n'avait pas le goût du sang, même s'il éprouvait de la passion pour l'art militaire. Que dire enfin de cette confidence de Kennedy : « Vous savez quoi ? Tous ces gradés ont un immense avantage sur nous : s'ils se trompent, nous ne serons plus là pour leur faire remarquer qu'ils avaient tort. »

« Vanité des vanités », dit l'Ecclésiaste. Certes, mais il faut y avoir goûté pour savoir que ces grandeurs – pouvoir, argent... – ne sont rien. Avoir combattu toute une vie pour jouir des plaisirs de la concorde. « Tu as quitté le royaume des troubles pour le royaume de la paix » fut l'épitaphe de l'empereur Henri IV. « Je lui sais gré de me libérer des misères de ce pauvre monde », dit Thomas More de son bourreau Henri VIII. Charles Quint a choisi la mort politique, la mort sociale, pour rejoindre comme un simple moine la cellule d'un monastère. Napoléon à Sainte-Hélène méditait à son tour sur la faible influence des êtres sur les choses. Alexandre Ier aurait fini, lui aussi, en starets. Dans la pièce de Calderón *La vie est un songe*, le héros, roi déchu puis restitué, s'interroge : « Qu'est-ce que la vie ? Une frénésie ? / Qu'est-ce que la vie ? Une illusion ? Une ombre, une fiction. Et le plus grand bien est peu de choses / parce que la vie est un songe / et les songes rien que des songes. » Des songes qui pourtant ont décimé les populations, dessiné la carte du monde. Derrière eux, ce furent des champs de ruines ou l'efflorescence de civilisations. Des songes qui peuplent nos livres d'images, nos monuments, nos légendes. Ils sont ici racontés avec maestria par des conteurs prestigieux qui sont autant d'historiens de renom. Rien que des songes peut-être, mais les plus longs de l'histoire.

Alexis BRÉZET
Vincent TRÉMOLET DE VILLERS

1

ALEXANDRE LE GRAND ET DARIUS

Gloire et infamie

Le duel qui oppose Alexandre de Macédoine à Darius III décide du sort de l'Empire perse achéménide et bouleverse la dynamique de l'épicentre géostratégique de l'Eurasie. Ce duel n'est pas que métaphorique puisque les deux hommes vont s'affronter au sein même de la mêlée. Mais si Darius, « Roi des rois » tout-puissant du premier grand empire territorial de l'histoire, dispose d'un remarquable appareil militaire, il a en face de lui l'un des plus extraordinaires capitaines de tous les temps. Ainsi Alexandre parvient-il grâce à son génie militaire à renverser à son profit une asymétrie qui, au départ, semblait favoriser les Perses. Ce duel qui prend la forme d'une guerre totale s'est élevé depuis au rang de mythe fondateur du choc des civilisations entre Orient et Occident. Il débouche sur la chute tragique du premier des empires perses et annonce la montée inexorable de la puissance occidentale et l'avènement de la stratégie d'anéantissement qui l'accompagne.

La guerre, disait Clausewitz, « n'est rien d'autre qu'un duel à plus grande échelle ». Ou peut-être est-ce l'inverse, le duel n'étant en fin de compte qu'une guerre réduite à sa plus simple expression. De fait, le mot guerre, *bellum*, est dérivé de *duellum*, le duel, et le but de l'une et de l'autre est de soumettre un adversaire, d'infirmer sa capacité de résistance, le cas échéant, de l'anéantir. La guerre qui opposa Darius à Alexandre au IVe siècle avant notre ère fut tout cela, un duel entre deux hommes qui se trouvèrent par deux fois face à face, armes à la main, à un souffle l'un de l'autre, et par extension une confrontation à grande échelle qui bouleversa l'ordre géopolitique d'une bonne partie du continent eurasiatique. Malgré tout, il existe une différence fondamentale entre le duel et la guerre. Le duel est fixé par des règles précises. Les armes sont strictement identiques : impossible d'envisager un duel avec d'un côté une épée, de l'autre un pistolet, ou même un pistolet et un revolver. Le duel se déroule à une heure précise et en un lieu désigné préalablement. Il s'agit le plus souvent d'un acte ritualisé accompli en marge des lois qui régissent l'État. *A contrario*, la guerre est rarement un exercice symétrique. C'est l'acte suprême de l'État qui détient le monopole de la violence légitime et peut, en toute légalité, envoyer des milliers d'individus à la mort. Dans une guerre, on sait rarement où et quand l'affrontement aura lieu, et les armées qui s'opposent diffèrent, parfois considérablement, en termes d'effectifs, de stratégies et de tactiques.

L'objectif du stratège, justement, est d'amener l'adversaire à combattre dans les conditions les plus défavorables pour lui. La surprise, la ruse, les stratagèmes, la désinformation sont des composantes essentielles de la guerre. Pour autant, les généraux, surtout les plus grands, adoptent souvent un code éthique propre à leur renvoyer l'image d'eux-mêmes qu'ils recherchent : ainsi Alexandre choisit-il contre les Perses des tactiques qui satisfont sa vision héroïque de la guerre et transcendent une certaine logique stratégique, que prône par ailleurs son entourage. Si la victoire est le but de la guerre, celle-ci ne s'acquiert pas à n'importe quel prix, comme le célèbre contre-exemple de Pyrrhus nous le rappelle.

Dans le même ordre d'idées, la guerre est souvent prisonnière de son environnement culturel et des règles et pratiques qui en découlent. Ainsi, l'empereur Darius (Dârâ) s'échine-t-il à employer les chariots de guerre, qui font partie intégrante de la culture stratégique perse, alors que d'évidence, face à la mobilité d'Alexandre, il aurait tout intérêt à s'en dispenser. En somme, même si la logique de la guerre l'éloigne du rituel attaché au duel, il existe toujours une part de l'homme qui désire se confronter à son adversaire d'égal à égal afin que l'issue de l'affrontement soit décidée par le mérite d'une plus grande intelligence stratégique et tactique, surtout lors du choc décisif. En ce sens, la guerre n'est pas uniquement une continuation de la politique par d'autres moyens, elle est aussi l'expression d'un désir profond de dominer l'Autre, de le mettre à genoux, de le réduire en poussière.

Lorsqu'il combat les Perses, Alexandre va chercher à s'approcher au plus près de leur chef suprême parce qu'il veut toucher la tête du dispositif et ainsi affaiblir le corps, mais aussi parce qu'il perçoit ce combat comme un duel, un vrai, entre deux individus qui, dans la mêlée, sont tout aussi vulnérables que le plus modeste des fantassins. Comparons les toiles de guerre des XVIIe ou XVIIIe siècles à la fameuse mosaïque de Naples qui dépeint l'une des batailles d'Alexandre et Darius : les premières nous montrent au premier plan un « grand capitaine » à cheval, Turenne ou Marlborough par exemple, et, dans le fond, les armées qui se perdent à l'horizon sous un nuage de poudre et de poussière. Au centre, le généralissime semble contrôler cet événement qu'il domine d'un promontoire. À l'horizon, on devine à peine l'adversaire. La célèbre mosaïque de Naples nous montre au contraire les deux protagonistes, Alexandre et Darius, à trois mètres l'un de l'autre, qui se dévisagent, l'un sur son cheval, l'autre sur son chariot, au sein d'un magma chaotique d'hommes et de chevaux. Tous deux ont les yeux exorbités, le regard fixé sur l'Autre. Sur leurs visages se lisent la fatigue, la hargne, la peur aussi. On les distingue à peine des soldats qui les entourent. Le tableau est dramatique[1]. On sent que dans un instant la bataille va basculer, et avec elle le destin des deux hommes. Dans ce même instant, la première véritable superpuissance de l'histoire va disparaître.

Alexandre le Grand, Darius « le Petit »

L'historiographie de la guerre qui opposa la Macédoine et la Perse s'est presque exclusivement résumée à l'histoire d'Alexandre. Alors que celui-ci s'est élevé jusqu'à atteindre le profil d'un dieu, son adversaire et sa principale victime, Darius III, le dernier « Roi des rois » achéménide, parfois appelé Darius Codoman, « l'Ultime », a connu le plus misérable destin possible pour un grand acteur de l'histoire (il serait plus juste de dire un acteur de la grande histoire) : l'oubli et l'indifférence. Écrasé et enterré par Alexandre, et peut-être plus cruellement encore par les historiens gréco-romains qui relatèrent sa destinée, Darius connut l'indignité supplémentaire de s'être fait éclipser par l'autre Darius, « Darius le Grand[2] », son illustre ancêtre[3] qui avait

1. On ne sait avec certitude si la mosaïque dépeint une scène de la bataille, décisive, de Gaugamèles ou de celle, antérieure, d'Issos, dans la mesure où la même scène se reproduisit quasiment à l'identique. Du fait de l'importance de Gaugamèles, on peut supputer que c'est cet affrontement qui fut privilégié.

2. Darius le Grand, né en 550 avant J.-C. (règne : 522-486 avant J.-C.), poursuivit l'action de Cyrus et de Cambyse tant sur le plan des conquêtes que de l'organisation de l'Empire. Il étendit notamment les frontières vers l'Indus et la Thrace, fonda Persépolis et fit construire le palais de Suse. La défaite de ses généraux à Marathon, du point de vue perse, fut alors perçue comme un événement sans grandes conséquences. Il mourut avant d'avoir pu lancer une nouvelle campagne contre la Grèce, au cours de laquelle il entendait conduire lui-même les opérations.

3. On pense qu'il était l'arrière-petit-fils de Darius II, qui lui-même était un descendant de Darius le Grand.

contribué à établir cet empire que lui-même laissa échapper. Si Victor Hugo avait été perse, nul doute qu'il aurait affublé notre Darius du sobriquet de « le Petit », comme il désigna cruellement cet autre empereur, troisième du nom, (Louis) Napoléon.

Pourtant, Darius a tout du héros tragique et il aurait dû, comme l'Ottoman Bajazet, l'empereur inca Atahualpa et d'autres souverains brutalement déchus, inspirer tragédiens, romanciers et historiens. Mais, hormis quelques bribes cinématographiques – on pense au film d'Oliver Stone *Alexandre* (2004) –, ses apparitions publiques sont rares et ce qu'on sait de lui provient presque exclusivement des brèves descriptions fournies par les historiens antiques occidentaux – rien ne ressort à ce sujet des Achéménides – qui, eux-mêmes, les tenaient de secondes sources. « Darius était naturellement doux et patient, nous dit succinctement Quinte-Curce, mais l'exercice du pouvoir avait altéré son caractère. » Arrien se montre plus dur encore : « En termes militaires, il était le plus faible et le plus incompétent des hommes ; dans d'autres domaines, sa conduite semble avoir été modérée et décente. »

Ailleurs, l'historiographe gréco-romaine nous renvoie l'image d'un homme à la fois sûr de lui et fébrile, superstitieux et en proie au doute. Souvent, Darius épouse les traits de caractère du potentat oriental dont le portrait caricatural s'incrustera durablement dans l'imaginaire collectif occidental, soit un être tout à la fois autoritaire, hautain, rusé, vil et totalement dépourvu de cette fameuse *virtù* sans laquelle un homme ne pouvait être considéré comme possédant une âme supérieure. En somme tout le contraire d'Alexandre qui, lui, justement, incarne mieux que quiconque cette qualité sans traduction adéquate dans le langage moderne mais recoupant tous les traits supérieurs qui font le grand capitaine et le chef d'État. Ainsi, alors même qu'Alexandre recherche le combat le plus équitable possible sans chercher à tirer avantage d'une situation qui pourrait favoriser ses desseins, Darius, au contraire, se précipite sur l'adversaire dès qu'il apprend qu'Alexandre est malade. Du reste, les Iraniens, qui le présentent comme un être à la fois faible et prétentieux, ne seront pas plus charitable envers sa mémoire que les Occidentaux. L'historiographie antique renforce cette opposition entre deux caractères en nous dépeignant un Darius à la tête d'une formidable machine de guerre contre laquelle la modeste armée macédonienne devra se surpasser : en somme, face à un adversaire supérieur, du moins numériquement, Alexandre parviendra à afficher une plus grande intelligence. On l'a compris, c'est bien à un duel entre deux personnalités que nous avons affaire, bien plus qu'à un choc entre deux armées.

Comme pour mettre en relief ce combat entre deux hommes, la dimension psychologique de cette guerre atteint son paroxysme lorsque les soldats macédoniens s'emparent de la mère, de la femme et des enfants de Darius après le premier choc entre les deux hommes. Affaibli et décontenancé par cet événement dramatique dont la responsabilité lui incombe – confiant en sa supériorité, il a amené sa famille avec lui sur le théâtre de l'affrontement –, Darius va consacrer toute son énergie à tenter de négocier leur libération, en vain, car Alexandre a bien compris que la possession de ces otages lui permet de jouer avec son adversaire et de le contraindre à livrer bataille selon ses propres termes. Pris à ce piège, Darius n'aura d'autre choix que de combattre Alexandre frontalement, là où une stratégie indirecte et défensive lui eût peut-être permis de fatiguer son rival au point de le repousser : n'est-ce pas ainsi que Rome parvint un peu plus tard à endiguer la formidable percée d'Hannibal et, au bout du compte, à le vaincre ?

Évolution des rapports de forces

L'histoire antique, c'est-à-dire l'histoire écrite par les Grecs et par les Romains, a quelque peu altéré notre imaginaire géostratégique par rapport à la réalité de l'époque. Ainsi, les victoires successives des Grecs sur les Perses – Marathon (- 490), Salamine (- 480), Platées (- 479) – et même leurs défaites – Thermopyles (- 480), retraite des Dix Mille (- 401) – nous renvoient l'image d'une Grèce courageuse et vaillante capable de rivaliser avec des armées perses surclassées par les hoplites hellènes – voire de les surpasser. Certes, ces victoires furent d'authentiques exploits, mais ce qui constituait pour les Grecs une menace existentielle, comme l'on dit aujourd'hui, n'était pour les Perses que des combats secondaires aux marches d'un immense empire, de loin le plus vaste connu jusqu'alors – il s'étendait de l'Indus, à l'est, jusqu'à l'Égypte et à la Bulgarie d'aujourd'hui, à l'ouest, de la Perse, au sud, jusqu'à Samarkand (Macaranda) et à la mer d'Aral, au nord. Il est vrai que les vaincus, lorsqu'ils parviennent à survivre à leurs défaites, ont tendance à minimiser l'impact de leurs déconvenues militaires. Bien des siècles plus tard, on entendra le même son de cloche chez les Arabes après Poitiers (732) ou chez les Ottomans après l'anéantissement de la flotte turque à Lépante (1571).

Du point de vue perse, les Grecs étaient donc en quelque sorte des « barbares » qui vivaient aux frontières occidentales du monde civilisé. Les divisions entre les cités rivales qui caractérisaient le monde grec étaient propices à l'ingérence des Perses qui n'hésitaient pas à s'immiscer dans les luttes interhelléniques, pour soutenir un jour Athènes et Sparte le lendemain, ce qu'ils feront durant la guerre du Péloponnèse[4]. En conséquence de ces rapports complexes et souvent étroits entre les deux peuples, les Grecs, qui, on l'oublie parfois, étaient fascinés par cette civilisation perse, participaient en tant qu'auxiliaires à diverses campagnes militaires, y compris lors de confrontations entre Perses et Grecs. Dans le cadre de l'affrontement entre Darius et Alexandre, des mercenaires grecs prendront ainsi une part active aux combats du côté perse.

Toutefois, depuis le sac d'Athènes par Xerxès (- 480), et tout particulièrement la destruction du Parthénon, les Grecs nourrissaient un fort ressentiment envers ce voisin omnipotent, ressentiment que Philippe de Macédoine, le père d'Alexandre, avait bien su exploiter pour convaincre les peuples hellènes de s'associer à son projet d'invasion de l'Asie Mineure. Mais comme plus tard les cavaliers des steppes vis-à-vis de la Chine, Alexandre était quant à lui irrémédiablement attiré par l'éclat de la plus sublime des civilisations et subjugué par l'idée de se l'approprier. Et comment ne pouvait-il être attiré par la Perse ? L'Empire achéménide constituait le premier véritable empire de l'histoire. Fondé par Cyrus le Grand au VIe siècle, puis développé et consolidé par ses illustres héritiers, Cambyse, Darius Ier (le Grand) et Xerxès[5], c'était alors un espace

4. Ce dur conflit (431-404 avant J.-C.) opposa Athènes à Sparte et se termina par la victoire des Spartiates appuyés par la Perse. L'historien Thucydide, qui avait pris une part active au conflit, en fit une relation considérée depuis comme le chef-d'œuvre du genre.

5. Cambyse succéda à son père Cyrus en - 530 et régna sur l'Empire durant huit ans, période au cours de laquelle il conquit l'Égypte. Xerxès, né en - 518, était le fils de Darius le Grand et le petit-fils par sa mère de Cyrus le Grand. Il succéda à son père à sa mort et régna une vingtaine d'années, jusqu'en - 465. Il poursuivit l'action de Darius sur le front occidental et engrangea une série de succès notables avant de perdre ses acquis à Salamine. Par la suite, et après une seconde défaite de ses armées à Platées, il préféra se consacrer à de grands projets à Persépolis et Suse. Il fut assassiné par le chef de sa garde rapprochée, Artaban.

politique, économique et social qui avait de l'épaisseur. Les Perses constituaient un élément des peuples iranophones qui comprenaient notamment les Mèdes et les Parthes. Les premiers avaient été supplantés justement par les Perses alors que les seconds allaient, plus tard, recoller les morceaux suite au délitement des empires alexandrins. L'Empire perse, bien que centralisé, était fondé sur un système fédéral subdivisé en une vingtaine de régions relativement autonomes, les satrapies. Très avancé tant du point de vue de l'administration que des infrastructures, il bénéficiait notamment d'un excellent système routier. Fiscalement efficace, l'Empire achéménide avait su se doter d'un redoutable appareil militaire comprenant la plus considérable armée du moment et une flotte qui, sans être extraordinaire, n'était pas insignifiante.

La période qui suivit la mort violente de Xerxès (- 465) connut des querelles internes et des luttes de pouvoir dont on peut supputer qu'elles affaiblirent l'Empire, du moins est-ce la vision que nous en ont laissée les historiens grecs et romains. Mais la vigueur avec laquelle l'Empire résista malgré tout à la poussée d'Alexandre laisse à penser que la solidité intrinsèque de la structure impériale avait plutôt bien résisté à ces problèmes. Quoi qu'il en soit, l'arrivée au pouvoir de Darius III en - 336 sembla redonner une belle énergie aux Achéménides et une stabilité accrue à l'Empire. Au moment même où Darius accédait au rang suprême cependant, Philippe de Macédoine dévoilait son plan d'invasion de l'Asie Mineure, prélude à l'offensive entreprise un peu plus tard par Alexandre.

Deux hommes, deux armées

Âgé de quarante-cinq ans à l'époque de son accession au pouvoir suprême, le nouveau Roi des rois était un homme d'expérience qui avait préalablement servi comme gouverneur de la satrapie d'Arménie. Appelé Artashata avant de prendre le nom de Darius, il avait accédé au pouvoir après l'empoisonnement successif de ses deux prédécesseurs par le vizir, un eunuque répondant au nom de Bagoas, qui avait aussi tenté de l'éliminer par le même procédé – Darius avait habilement déjoué sa tentative.

C'est donc un homme beaucoup plus âgé que lui qu'Alexandre allait devoir affronter et tous deux démontraient les qualités et les défauts qu'on associe généralement aux hommes de leurs âges. Alexandre avait pour lui la fougue là où Darius faisait preuve de prudence. Le premier était impétueux et présomptueux, le second plutôt hésitant et indécis. Au combat, Alexandre jaugeait la situation en un clin d'œil et il répondait aux événements à une vitesse éclair. Ses décisions, même les plus risquées, se révélaient presque toujours judicieuses. Darius était un maître de l'organisation et de la préparation et possédait une intelligence aiguë des rapports de forces. Mais il restait figé dans ses plans et, lors des combats, s'adaptait difficilement aux circonstances. Darius était calculateur, Alexandre passionné. Alexandre était plein d'imagination et de vivacité là où Darius demeurait rigide et distant. Alexandre, qui combattait sur son cheval auprès des siens, semblait se fondre dans la masse. Il était adoré de ses hommes, surtout au début. Darius, qui guerroyait à l'écart perché sur son char, paraissait inaccessible. L'un, tout en muscles, chevelure au vent, respirait la vigueur et la santé. L'autre, grand, sec, avec une longue barbe, inspirait la crainte et le respect. L'un dégageait une fantastique allégresse physiologique, l'autre faisait la guerre comme on joue aux échecs.

Si Darius héritait d'un empire qui, sans être en pleine déliquescence, stagnait depuis quelque temps, Alexandre se retrouvait après la mort de son père à la tête d'une superpuissance en devenir. Bien que plus jeune d'une génération que son adversaire désigné, Alexandre avait glané en quelques années une expérience à la fois personnelle, politique et militaire beaucoup plus riche que Darius qui, de son côté, s'était surtout consacré à la gestion de sa satrapie. Après une éducation rigoureuse, tant du point de vue philosophique que militaire – son précepteur, Aristote, lui ayant entre autres choses insufflé sa propre fascination mêlée de rancœur à l'égard des Perses –, Alexandre se résolut à la mort de son père à des mesures fermes pour consolider son pouvoir. Éliminant physiquement tous ses rivaux potentiels, il dut ensuite développer une féroce énergie pour rallier la Grèce à sa cause. Enfin, il lui fallut mener une difficile campagne dans les Balkans, face à une guérilla tenace, avant même de franchir l'Hellespont.

Les deux hommes avaient hérité d'une formidable machine de guerre. Les armées perses, comme plus tard les armées carthaginoises, étaient constituées d'une mosaïque de combattants issus de divers horizons et attachées à des cultures stratégiques extrêmement diverses. On y trouvait, par exemple, des hoplites grecs pour le combat d'infanterie et d'excellentes troupes montées, à la fois lourdes et légères, dont celles issues de ce fabuleux terreau que constitua durant de nombreux siècles la steppe d'Asie centrale. Chaque satrapie fournissait ses contingents, ainsi que les financements alloués à l'effort de guerre. L'immensité de l'Empire et son épaisseur démographique et économique permettaient de lever des forces impressionnantes, tant du point de vue quantitatif que qualitatif. Néanmoins, cet appareil présentait quelques faiblesses. Comme pour toutes les armées de ce type, l'efficacité des armées perses était dépendante de la qualité du commandement suprême, et elles avaient tendance à perdre leurs moyens rapidement dès lors que les événements ne s'orientaient pas en leur faveur. À l'époque des faits, et dans la mesure où l'Empire avait connu quelques vicissitudes, ces troupes étaient moins aguerries qu'elles ne l'avaient été par le passé. Enfin, comme toutes les armées ayant déjà connu leur âge d'or, celles-ci n'avaient pas beaucoup évolué avec le temps et certains de leurs atavismes tactiques allaient se révéler fatals lors de la confrontation avec les armées macédoniennes. Toutefois, l'armée perse était composée d'un noyau dur de 10 000 hommes qui formaient son élite : les « Immortels » (chaque soldat disparu était immédiatement remplacé), 1 000 d'entre eux appartenant à la garde rapprochée du Roi des rois. Cette véritable institution de l'Iran antique et moderne, qui se perpétuera sous diverses formes jusqu'à la Révolution iranienne de 1979, lui apportait la stabilité dont elle avait besoin pour encadrer et contrôler le reste des troupes.

Si l'armée achéménide représentait le pinacle de l'art militaire du début du IVe siècle avant J.-C., l'armée macédonienne était en passe de bouleverser le paysage stratégique. Philippe de Macédoine avait été l'instigateur de cette révolution qui profitait désormais à Alexandre. Les réformes de Philippe opéraient à tous les niveaux de l'échelle stratégique : grande stratégie, stratégie, tactique, technique, logistique. Déjà, en mettant son jeune État au service de la guerre, il s'était donné les moyens de créer une grande armée avec une infrastructure adaptée à ses ambitions[6]. Par sa stratégie combinant persuasion, dissuasion et coercition vis-à-vis des États grecs, il avait ensuite établi

6. Avant l'arrivée au pouvoir de Philippe II en - 359, le royaume de Macédoine était une puissance de second rang et ses habitants étaient considérés comme des semi-barbares par les Grecs. Sa position géostratégique la rendait vulnérable aux invasions et aucun souverain n'avait jusqu'alors su la hisser au niveau des grandes puissances grecques. Les réformes administratives, économiques et militaires entreprises par Philippe permirent d'abord à la Macédoine d'endiguer les menaces extérieures, ensuite de contester la puissance de Thèbes et d'Athènes, enfin d'imposer son hégémonie sur le monde hellène.

l'assise géostratégique qui lui permettait de se projeter à l'extérieur des frontières grecques. Ce travail, interrompu à sa mort, avait été relancé avec brio par son fils une fois le pouvoir de celui-ci consolidé. Surtout, Philippe avait apporté quelques modifications techniques et tactiques à ses armées dont les effets se trouvaient décuplés exponentiellement. Sur le plan de la logistique, il prônait – comme le fera plus tard Napoléon – le ravitaillement sur le terrain et alla jusqu'à interdire la présence de magasins, les soldats disposant dans leur barda de trente jours de rations. La présence des familles était interdite, et chaque cavalier disposait d'un seul serviteur, les fantassins d'un serviteur pour dix hommes. En conséquence, ses armées se déplaçaient avec une rapidité inconnue jusqu'alors, qui surprit plus d'un adversaire impréparé.

La principale innovation apportée par Philippe sur le plan tactique et technique était la rallonge de la lance, l'arme de base du fantassin grec. La lance traditionnelle mesurait environ deux mètres cinquante et pesait moins de deux kilos. La *sarissa* macédonienne faisait six mètres pour sept kilos. Le fantassin, désormais équipé d'un petit bouclier, la tenait à deux mains. Disposés en ordre profond, les soldats pouvaient de la sorte mieux répondre à une charge ennemie et, mieux espacés, ils pouvaient désormais se déplacer de conserve avec un moindre risque de voir leurs rangs partir à la dérive, comme c'était le cas avec les hoplites traditionnels armés de lances courtes. En conséquence, la phalange macédonienne – le nom donné à ces formations – avait une capacité accrue à défendre et à avancer. La synergie des phalangistes et la solidité des rangs permettaient au commandant en chef et à ses généraux d'ordonner des changements tactiques rapides, les troupes pouvant se mouvoir dans une direction puis dans une autre au gré des circonstances. Si la phalange macédonienne constituait le corps de cette armée, la cavalerie lourde était sa botte secrète. Formée par une élite d'aristocrates entièrement dévoués à Alexandre – les Compagnons –, la cavalerie macédonienne, à la tête de laquelle se trouvait le jeune souverain en personne, forçait la décision après que la phalange l'eut mise dans les conditions propices à altérer la direction des combats. Des troupes auxiliaires, comprenant entre autres des frondeurs, des lanceurs de javelots (de grande qualité, en bois de cornouiller), des archers et la cavalerie légère, harcelaient l'ennemi et préparaient le terrain pour les phalangistes et les Compagnons. Aux côtés des phalangistes, l'infanterie légère classique composée d'hypaspistes[7] suivait généralement les charges de la cavalerie. Contrairement aux pratiques en vigueur à l'époque, la cavalerie macédonienne chargeait directement l'infanterie adverse plutôt que de chercher à la contourner pour infléchir son mouvement. Les cités grecques s'étaient révélées dans l'incapacité de repousser cette armée nouvelle conçue pour anéantir et non plus, comme c'était le cas des armées hellènes, pour défendre un territoire et préserver les structures de l'État.

Philippe de Macédoine, un temps prisonnier des Thébains, avait étudié l'art de la guerre de leur plus grand capitaine, Épaminondas, dont la « tactique oblique » avait constitué en son temps une petite révolution[8]. À la suite de

7. Les hypaspistes, ou porteurs de boucliers, formaient un corps d'élite au sein de l'infanterie. Leur équipement classique comportait un large bouclier rond, une lance et une épée courtes. Ils étaient sélectionnés pour leurs capacités physiques, mélange de force, de vitesse et d'endurance. Leur agilité compensait la lourdeur relative des phalangistes.

8. Lors de la bataille de Leuctres, qui opposa Thèbes à Spartes en - 371, Épaminondas avait disposé pratiquement toutes ses troupes en ordre profond sur son aile gauche, en face de l'élite spartiate placée sur sa propre aile droite. Sur le flanc droit thébain, un modeste contingent avait pour ordre de refuser le combat et même de reculer, ce qui conférait au dispositif en action une configuration oblique. À cette occasion, Épaminondas signa une victoire magistrale sur la redoutable armée

son père, Alexandre appliquera avec brio les préceptes du général thébain. Ainsi, les Perses se retrouveront face à une tout autre armée, à de nouvelles techniques et à d'autres tactiques que celles auxquelles ils étaient habitués. Par ailleurs, jamais les Perses n'avaient été sur la défensive face aux Grecs. Mais l'expérience de Xénophon, dont *L'Anabase* relatait son expédition et celle de ses 10000 hommes au cœur de l'Empire perse, avait fourni la preuve qu'une armée grecque pouvait survivre dans cet environnement étranger et hostile[9]. Aristote, dont on sait qu'il vénérait Xénophon, avait très probablement su insuffler à son protégé les leçons qu'on pouvait tirer de cette relation de guerre qui avait singulièrement marqué les esprits. Xénophon était aussi l'auteur de *La Cyropédie*, un livre sur Cyrus le Grand qu'il dépeignait comme l'idéal d'un grand souverain. Peut-être est-ce à travers ses pages qu'Alexandre développa sa fascination pour cet empire au sein duquel il se plongera lui-même jusqu'à s'y perdre corps et âme.

Duel à distance : la bataille du Granique

Sûr de sa supériorité, Darius ne parut pas s'inquiéter outre mesure lorsqu'il eut vent de la poussée des armées macédoniennes qui s'approchaient des marches de son

---

spartiate. Au XVIIIe siècle, Frédéric le Grand remettra cette tactique au goût du jour.

9. Cyrus le Jeune, prétendant au titre de Roi des rois, avait recruté 10000 mercenaires grecs pour l'aider à ravir le pouvoir à son frère Artaxerxès II. À Counaxa, à moins de 100 kilomètres de Babylone, l'armée de Cyrus prenait le dessus sur l'adversaire en - 401. Toutefois, Cyrus fut tué durant le combat et la victoire revint finalement à Artaxerxès. Le haut commandement grec, Cléarque en tête, se vit décapité par le vainqueur et il revint à un obscur officier, Xénophon, de ramener les troupes chez elles en bon ordre.

empire. Averti que ces armées étaient conduites par un tout jeune homme de vingt-cinq ans son cadet, il se persuada que ce hobereau sorti de sa lointaine campagne buterait inexorablement sur le premier contingent dépêché à son encontre pour le renvoyer dans ses pénates. L'affaire lui semblait tellement inconséquente qu'il ne jugea même pas opportun de se déplacer en personne. De fait, pourquoi le Roi des rois, fier héritier de Cyrus et de Darius, maître du plus grand empire connu, aurait-il fait un tel honneur à cet adolescent à la tête d'une armée dix fois inférieure à la sienne ?

L'auteur anonyme (« Pseudo-Callisthène ») de la biographie romancée d'Alexandre, *Vie d'Alexandre de Macédoine* (Ier siècle), capta toute la morgue de l'Empereur à travers ce message supposément envoyé par Darius à Alexandre : « Moi, le Roi des rois, de la race des dieux, qui partage le trône de Mithra [dieu des contrats et des promesses] et qui me lève avec le soleil, dieu moi-même, moi Darius à Alexandre mon serviteur : Je t'ordonne catégoriquement de retourner chez tes parents, qui sont mes esclaves, et d'aller te reposer sur le sein de ta mère Olympias, car tu es encore à l'âge où l'enfant a besoin d'un maître et d'une nourrice. Je t'envoie donc un fouet, une balle et de l'or : tu prendras ce que tu voudras ! Le fouet, c'est parce que tu as besoin d'éducation. Avec la balle, tu joueras avec tes camarades au lieu d'embrigader tant de jeunes gens, entreprise bien présomptueuse à ton âge, et de porter le trouble dans les cités comme un meneur de bande. Car de toute façon, même si tous les hommes de la terre s'unissaient, ils ne pourraient abattre la foule des Perses : nos soldats sont si nombreux que même en comptant les grains de sable, on n'en obtiendrait pas le nombre ; et nous avons de l'or et de l'argent, assez pour recouvrir toutes les plaines de la terre. C'est pourquoi je t'envoie aussi un coffret plein d'or : si tu ne sais pas comment entretenir tes hommes de main, fais-leur une distribution, afin que chacun ait de quoi regagner sa patrie. »

La première confrontation a lieu peu de temps après la traversée de l'Hellespont par les troupes macédoniennes (- 334). La bataille, qu'on désignera comme celle du Granique, du nom de la rivière qui fend le théâtre de l'affrontement (près de l'actuelle Biga, en Turquie, dans la province de Çanakkale), est pour Darius un duel à distance puisqu'il est notoirement absent des débats. Et, à peu de chose près, l'affaire aurait pu être réglée, peut-être définitivement, et en conformité avec les pronostics du Roi des rois dans la mesure où Alexandre fut à un cheveu d'y perdre la vie. Mais, il était peut-être effectivement écrit que ce dernier était protégé des dieux…

Ainsi, rejetant le sage conseil de son entourage, le roi de Macédoine décide d'attaquer l'armée perse conduite par Memnon de Rhodes[10] en lançant l'offensive dès son arrivée sur le théâtre. Du fait que les troupes ennemies se trouvent de l'autre côté de la rivière, la décision semble risquée et elle l'est. Toutefois, l'ennemi s'est mal positionné alors qu'il possédait *de facto* un avantage topographique qu'il ne saura exploiter. Malgré la difficulté de l'opération, Alexandre parvient à faire passer sa cavalerie puis ses fantassins de l'autre côté du cours d'eau et il se dirige lui-même vers la gauche du dispositif perse où se trouve le commandant en chef; c'est à ce moment que Roesaces, l'un des commandants achéménides, lui assène un coup d'épée sur la tête qui fait rouler son casque par terre sans toutefois le blesser sérieusement. Mais dans la seconde surgit un autre homme, Spithridates, qui brandit à son tour son épée sur le visage d'Alexandre. Au moment où la lame va atteindre sa cible

10. Mercenaire grec au service de Darius qui l'avait mis à la tête de ses armées lors de l'invasion d'Alexandre. Il mourut de fièvre l'année qui suivit la bataille du Granique.

– peut-être fatalement –, un proche du jeune conquérant, Cleitus, se précipite et tranche le bras de Spithridates, faisant ainsi dévier la lame, suffisamment pour qu'elle manque la tête[11]. Imperturbable, Alexandre poursuit son action et très rapidement les Perses se voient débordés.

Ce premier combat, qui n'est pas tout à fait un duel, a donc tourné à l'avantage de l'attaquant. Mais, avec une armée de 40 000 hommes contre 15 000 peut-être pour les Perses (dont 5 000 auxiliaires grecs), Darius pouvait considérer que les moyens nécessaires n'avaient pas été mis en œuvre pour répondre à l'offensive. Averti désormais, le Roi des rois va s'employer à rassembler une armée à la hauteur des enjeux, et placée sous son propre commandement.

Le premier face-à-face : Issos

Entre-temps, Alexandre va mettre à profit cette victoire pour plonger vers le sud sur le littoral méditerranéen afin de neutraliser la puissante flotte perse. À cet effet, et dans la mesure où il ne dispose pas lui-même d'une marine susceptible de rivaliser avec l'adversaire, il mène une série de sièges contre les ports stratégiques tenus par les Perses, dont Halicarnasse, Tyr et Gaza, la prise de ces deux derniers intervenant après la deuxième confrontation avec l'armée perse et le premier contact direct avec Darius, à Issos (novembre 333 avant J.-C.). Comme pour les batailles rangées et la guérilla, les Macédoniens étaient passés maîtres dans l'art du siège grâce à l'expérience acquise dans ce domaine face aux cités grecques.

11. Il s'agit là de la version d'Arrien, considérée comme la plus fiable sur Alexandre parmi celles des historiens classiques. La version de Plutarque est un peu différente et intervertit les rôles des deux généraux perses.

De son côté, Darius a donc levé une armée importante et il désire à présent en finir une bonne fois pour toutes avec Alexandre. Ce dernier, terrassé par un virus, est resté bloqué en Cilicie en attendant que sa santé s'améliore. Informé de son incapacité, Darius projette son armée vers l'ennemi mais, peu mobiles, ses troupes peinent à avancer et mettent cinq journées à traverser l'Euphrate. C'est alors que, remis de sa maladie, Alexandre reprend le chemin de la guerre. Les deux hommes se retrouvent à Issos où Alexandre a établi son camp dans un défilé montagneux. Darius, pressé d'en finir – l'hiver approchant, il ne veut pas se voir contraint de renvoyer ses troupes dans leurs lointaines provinces pour les rappeler au printemps –, décide d'affronter l'ennemi malgré une topographie qui lui est défavorable.

Les 40 000 hommes d'Alexandre font face aux 150 000 Perses et affiliés. Les adversaires sont séparés par un cours d'eau, le Pinarus. Face à la phalange macédonienne qu'il considère comme la clé de la bataille, Darius prévoit de projeter sa cavalerie. Il désire repousser l'aile gauche ennemie pour attaquer le centre par son flanc et ses arrières. De son côté, une fois sur le théâtre, Alexandre saisit immédiatement la stratégie de son adversaire et il organise ses troupes en conséquence. Confiant dans les capacités de son second, Parménion, à repousser l'offensive achéménide sur son aile, il opte pour une stratégie identique à celle de l'ennemi. À l'instar de la phalange pour Darius, la réduction de l'infanterie grecque au centre du dispositif perse constitue son objectif central. Avant la bataille, Alexandre s'adresse à ses troupes. « Il leur rappelait, raconte Quinte-Curce, les guerres des Perses sur le sol de Grèce, l'insolence de Darius et puis celle de Xerxès, venus conquérir l'eau et la terre pour les empêcher de boire à leurs sources ou de se nourrir selon leurs habitudes une fois qu'ils seraient battus. Par deux fois, rappelait-il, ils avaient détruit et brûlé leurs temples, pris leurs villes d'assaut, bravé tous les principes de la justice divine et humaine. »

Comme au Granique, dès le début des hostilités, Alexandre se lance avec ses Compagnons et la cavalerie thessalienne sur l'aile gauche ennemie près de laquelle se trouve Darius, qui domine ses hommes sur son char. Au même moment, la cavalerie perse se jette sur Parménion qui peine à contrer l'assaut alors que la phalange, surprise par la percée des Compagnons, se voit décalée irrémédiablement, puis fragmentée, et donc à la merci d'une offensive adverse. Le moment est crucial et les Macédoniens semblent sur le point de craquer. Mais, dans le combat rapproché, les phalangistes tiennent bon face aux mercenaires grecs dont ils connaissent le mode de combat et qu'ils savent inférieurs. C'est le moment où la cavalerie achéménide commence à plier, celui où Alexandre se rapproche de Darius. Ce dernier se retrouve prisonnier de son char et il ne peut ni avancer ni reculer, ses chevaux ayant été anéantis par les coups de lance. Son frère, Oxathrès, le protège vaillamment avec d'autres, mais Alexandre, bien que blessé à la jambe, s'approche inexorablement du Roi des rois qu'il aperçoit à quelques mètres de lui. Les deux adversaires se dévisagent pour la première fois. Quelle peut être leur première impression ? Les événements se précipitent et ils n'ont guère le loisir de s'attarder dans leurs pensées. En perte d'équilibre sur son char à moitié détruit, Darius s'empare d'un cheval alors que l'ennemi fond sur lui. *In extremis*, il s'échappe après s'être soigneusement débarrassé des signes susceptibles de l'identifier. La fuite du roi provoque la débandade dans les rangs perses. Dans la panique, des milliers d'hommes vont périr. Vingt mille mercenaires grecs sont tués, et peut-être 100 000 Perses.

Fin de partie : Gaugamèles

L'armée perse est anéantie. Et le sort de Darius paraît scellé. Peu de temps après, sa famille se retrouve prisonnière, ce qui va occasionner un bras de fer diplomatique entre les deux protagonistes. Durant cette période qui s'étend sur près de deux années, Darius propose à Alexandre des territoires et de l'argent. En vain, celui-ci ne désire qu'une seule chose : achever de conquérir l'Empire perse. Alors qu'Alexandre consolide ses acquis, Darius désespère. Mais le désarroi laisse bientôt place à une hargne vengeresse qui semble décupler ses énergies. À la grande surprise d'Alexandre, il parvient, malgré les énormes pertes subies à Issos, à lever une armée plus massive encore que la précédente : « Quand on disait à Alexandre que Darius, pour autant qu'on pouvait le croire, avait encore accru ses effectifs après avoir perdu tant de milliers d'hommes, il avait du mal à le croire », confirme Quinte-Curce. Dans ce domaine, l'homme a des ressources. Il fait construire des chars spéciaux dotés de piques, de tiges de fer et surtout de moyeux à faux. Il arme ses fantassins de lances longues inspirées de la *sarissa*. Cette fois, il va choisir le théâtre de l'affrontement, une immense plaine où sa cavalerie et ses chars tranchants pourront exprimer tout leur potentiel. Face à une ultime tentative de négociation, Alexandre a cette réponse : « C'est la guerre qui fixera nos frontières respectives, chacun de nous aura la part que le sort lui attribuera dans les jours qui viennent. »

C'est à Gaugamèles – située entre Erbil et Mossoul – que va avoir lieu la bataille décisive, celle qui va mettre un terme à la glorieuse histoire des Achéménides et propulser Alexandre au rang de dieu de la guerre. Cette fois-ci, Darius a mis tous les atouts de son côté. Il dispose d'une supériorité numérique encore plus écrasante qu'à Issos,

250 000 hommes, principalement des cavaliers, contre 47 000 pour Alexandre (dont 7 000 cavaliers) ; il va combattre sur un terrain théoriquement favorable et dispose d'une arme secrète avec ses chars à faux. Il complète son effectif de quelques éléphants de combat et fait même planter des tiges de fer dans le sol pour freiner la cavalerie macédonienne.

Face à la gigantesque armée qui se déploie sous leurs yeux, les Macédoniens sont pris d'angoisse. La vision de cet immense amas d'hommes, de chevaux, d'éléphants et de machines de guerre qui couvre l'immense plaine de Gaugamèles impressionne même Alexandre dont le moral semble un moment vaciller : aurait-il cette fois présumé de ses forces ? Inquiet, Parménion lui conseille de surprendre l'ennemi de nuit, mais Alexandre refuse, trouvant cette proposition indigne de lui. Durant la soirée qui précède la bataille, le conquérant se montre extrêmement nerveux. Il veille tard, ressasse son plan de bataille avant de plonger dans une torpeur quasi comateuse dont ses hommes auront du mal à le sortir, mais qui, une fois réveillé, semble l'avoir galvanisé.

Cette fois, le plan de Darius s'articule autour d'une manœuvre d'encerclement de l'ennemi. Dès qu'il voit la disposition de ses armées, Alexandre comprend ses intentions. Il place alors ses propres troupes en ordre oblique, à la manière d'Épaminondas, sa cavalerie se retrouvant à la pointe du dispositif sur l'aile droite. De son côté, Darius est ragaillardi par la vision de ces deux armées asymétriques. Son adversaire fait pâle figure face à ses dizaines de milliers de soldats montés, à ses chars qui brillent de mille feux avec leurs lames assassines, à ses mastodontes gavés d'alcool – pratique qui les rend agressifs. Sûr de son fait, il maintient son dispositif, alors même qu'il voit l'ennemi se mettre en ordre oblique. Il sait que l'enjeu est lourd : « Ce n'est plus pour la gloire, aurait-il dit à ses hommes, mais pour notre vie et, plus précieuse que la vie, pour notre liberté que nous devons nous battre. Cette journée consolidera l'empire le plus puissant qu'on ait jamais vu ou marquera son terme. »

L'affaire, encore une fois, est vite engagée. Les troupes macédoniennes se débarrassent au préalable des tiges de fer plantées dans le sol et trouvent une manœuvre imparable pour neutraliser les chars à faux, les phalangistes parvenant avec la *sarissa* à transpercer les chevaux sur les flancs avant de se jeter par-derrière sur les conducteurs. La charge des éléphants est quant à elle inconséquente. Comme prévu, Alexandre se projette en avant avec ses Compagnons, mais cette fois, grâce au dispositif oblique, la phalange reste compacte. Darius lance ses cavaliers à droite et à gauche pour contourner l'ennemi mais, sur l'aile gauche où il se trouve, sa cavalerie laisse une brèche dans laquelle son adversaire va s'engouffrer. C'est le moment décisif de la bataille. En l'espace d'un instant, Alexandre coupe l'armée perse en deux. Brusquement, il aperçoit Darius sur son char. Comme à Issos, le Roi des rois est comme paralysé au milieu d'un embouteillage de cadavres, d'hommes et de chevaux. Son rival est à quelques mètres seulement et il s'apprête à fondre sur lui. Brusquement un messager l'interrompt qui lui donne une information de première importance : sur l'aile gauche macédonienne, Parménion est en passe de se faire renverser ; Alexandre hésite. Il voit Darius, là, juste devant lui. Mais c'est justement à ce moment qu'intervient tout son génie. Plutôt que de tout risquer, il fait volte-face et entraîne ses Compagnons pour sauver son lieutenant, laissant là Darius se débattre sur son char.

Grâce à cet effort, Alexandre refoule l'offensive perse et sa manœuvre met l'ennemi en déroute. Soudainement libéré de l'étreinte qui allait irrémédiablement l'étouffer, Darius parvient à se dégager et à s'enfuir, dans des circonstances analogues au précédent épisode. Mais cette fois le phénix ne pourra renaître de ses cendres. Trahi par un de ses généraux peu de temps après, il est assassiné sans jamais avoir pu revoir sa famille[12]. Avec sa chute, la dynastie des Achéménides n'est plus. Alexandre s'empare de son empire, mais sans toutefois en modifier les contours. Il poursuivra son aventure jusqu'en Inde avant que son entourage ne le convainque de tempérer ses ardeurs. Il meurt en 324, à un âge – trente-trois ans – où Darius n'était pas encore empereur. Jamais il ne pardonnera à Parménion de lui avoir soustrait sa proie[13].

Le démembrement de l'empire immense mais fragile qu'avait forgé Alexandre suivra de peu sa disparition[14]. Lorsque l'Empire perse renaîtra avec le fondateur de la dynastie sassanide, Ardéchir, au IIIe siècle, ce dernier invoquera ses glorieux aînés : Cyrus le Grand, Darius le Grand,

---

12. Plusieurs versions des faits existent, les unes postulant qu'Alexandre était à ses côtés lorsqu'il succomba, les autres qu'il arriva près de son cadavre après les faits. De toute manière, sa mort intervint en juillet - 330, alors que les troupes macédoniennes s'apprêtaient à le cerner. D'après Arrien, Darius fut assassiné par deux hommes de Bézos (Bessus), son ancien bras droit, après quoi Alexandre lui organisa des funérailles dignes de son rang à Persépolis. En - 324, Alexandre épousera sa fille Stateira.

13. Peu après la mort de Darius, Alexandre accusa Philotas, le fils de Parménion et l'un de ses généraux les plus proches, de comploter contre lui. Après s'être débarrassé de Philotas dans des conditions abominables, il fit assassiner Parménion sans même avoir cherché à établir un lien entre lui et les comploteurs.

14. À la mort d'Alexandre, le nouvel empire devint la proie des généraux qui l'avaient accompagné, les plus puissants d'entre eux s'octroyant une part du territoire qui se vit divisé en trois morceaux avec la Macédoine antigonide, l'Asie séleucide et l'Égypte lagide. La phase du démembrement précéda l'inexorable décomposition de chacun des trois empires résiduels.

Xerxès. Naturellement, Darius III, symbole de la chute précipitée du premier empire, sera voué aux gémonies, tout comme celui qui reste à ce jour « Alexandre le Maudit » pour les Iraniens.

Pourtant, Darius ne fut pas sans mérite. Quel homme d'ailleurs aurait pu arrêter Alexandre ? Et sans cet adversaire malgré tout pugnace et bien organisé, sans l'énergie désespérée que celui-ci déploya pour repousser l'envahisseur et sauver son empire, Alexandre n'aurait peut-être jamais été projeté vers les sommets de la gloire d'où il jaillit comme le plus illustre des capitaines et l'une des figures les plus marquantes de l'histoire de l'humanité. Mais si le duel est un acte sublime pour l'un, il est une tragédie pour l'autre, et rien ne capte mieux le destin douloureux de celui qui s'y trouve confronté que cette terrible phrase prononcée par le Gaulois Brennus quelques années auparavant, lors de l'effroyable sac de Rome (- 390) : « Malheur aux vaincus ! »

Arnaud Blin

Bibliographie sélective

Sources

Arrien, *Histoire d'Alexandre*, traduction Pierre Savinel, Paris, Éditions de Minuit, 1984.

Diodore de Sicile, *Bibliothèque historique*, livre XVII, traduction Paul Goukowsky, Paris, Les Belles Lettres, 1976.

Plutarque, *Les Vies des hommes illustres*, vol. II, traduction Jacques Amyot, édition établie et annotée par Gérard Walter, Paris, Gallimard, 1951.

Pseudo-Callisthène, *Le Roman d'Alexandre*, traduction Aline Tallet-Bonvalot, Paris, Flammarion, 1994.

Quinte-Curce, *Histoire d'Alexandre*, préface de Claude Mossé, traduction Annette Flobert, Paris, Gallimard, 2007.

Études

Battistini, Olivier et Charvet, Pascal (dir.), *Alexandre le Grand. Histoire et dictionnaire*, Paris, Robert Laffont, coll. « Bouquins », 2004.

Briant, Pierre, *Darius dans l'ombre d'Alexandre*, Paris, Fayard, 2003.

—, *Histoire de l'Empire perse, de Cyrus à Alexandre*, Paris, Fayard, 1996.

Fuller, John Frederick Charles, *The Generalship of Alexander the Great*, New Brunswick (New Jersey), Rutgers University Press, 1960.

Keegan, John, *L'Art du commandement*, Paris, Perrin, 2013.

Mossé, Claude, *Alexandre. La destinée d'un mythe*, Paris, Payot, 2012.

Schmidt, Joël, *Alexandre le Grand*, Paris, Gallimard, 2009.

2

SCIPION FACE À HANNIBAL

La première mort de Carthage

Certaines batailles ressemblent à des pièces de théâtre. Celle de Zama obéit à la loi du genre. Unité de lieu, avec cette belle vallée de Zama, en Tunisie, à quelques dizaines de kilomètres de Carthage. Unité de temps : le 19 octobre de l'année 202 avant notre ère. En quelques heures, une civilisation va passer de la lumière à la pénombre, épilogue d'une guerre longue de dix-sept années et qui a menacé l'existence même de Rome. Théâtre encore avec deux personnages, deux stratèges, « les plus grands de tous les temps », selon l'historien Florus, au destin spectaculaire. Le premier, Publius Cornelius Scipio, incarne la jeunesse. Le Romain n'est pas encore devenu « l'Africain », mais il est déjà auréolé de la gloire de n'avoir jamais perdu de bataille. Le second incarne l'expérience : à quarante-cinq ans, Hannibal, le vieux lion africain, reste une redoutable bête de guerre. Après dix-sept ans de campagnes contre Rome, après avoir anéanti une vingtaine de légions et fait vaciller la République, il rencontre enfin un adversaire à sa mesure. Les deux hommes savent que leur duel sera sans merci. Ce sera la victoire… ou la mort.

Deux armées : 70 000 hommes, 10 000 chevaux et, dit-on, 80 éléphants. Immobiles, déterminés, tendus. Le soleil, qui vient de se lever, fait luire le bronze des casques et l'acier des piques. Dans les rangs, les soldats ajustent leurs sangles et murmurent entre eux. L'automne est là et, dans cette vallée qui n'est qu'à cinq jours de marche de Carthage, il ne fait pas plus de 3 à 4 °C. Quelques cavaliers tirent sur les rênes pour empêcher leurs montures de brouter les jeunes pousses que leurs sabots piétinent. Dans quelques heures, des milliers de corps recouvriront cette vallée fertile, et les paysans devront attendre plusieurs mois avant de pouvoir y faire pousser la moindre récolte. Les deux armées le sentent, le choc sera terrible. Les 35 000 hommes d'Hannibal ont conscience qu'après la prise par Rome de la Sicile, de l'Espagne et l'évacuation des dernières troupes stationnées en Italie, ils sont le dernier rempart avant la prise de leur capitale, de leurs biens et de leurs familles. Pour les 25 000 Romains de Scipion isolés au cœur du territoire ennemi, toute retraite, toute défaite est interdite. Quant aux 6 000 fantassins et aux 4 000 cavaliers de Massinissa, l'allié de Carthage passé dans le camp adverse, ils ne se font pas trop d'illusions sur leur sort en cas de victoire punique. Chacun devra se jeter de toutes ses forces dans la bataille s'il ne veut pas lui-même être anéanti…

Duel au sommet

Quelques heures avant la bataille, les deux généraux se sont rencontrés en terrain neutre, nous dit l'historien Polybe. Scipion, droit sur son cheval, en uniforme rutilant, le crâne et le visage soigneusement rasés, comme le montrent tous les portraits et les bustes censés le représenter, parle en premier. Hannibal, plus âgé, un peu à l'étroit dans sa cuirasse de bronze modelée pour imiter les abdominaux d'un guerrier, évalue de son œil unique – il a perdu l'autre en Italie – son adversaire. En quelle langue se sont-ils parlé ? Nul ne le sait. Chacun avait sans doute son interprète. Mais ils ont aussi pu converser directement en grec, une langue qu'ils maîtrisaient l'un comme l'autre à la perfection. Il ne reste aucune trace de cette conversation, sinon celle, toujours un peu hypothétique et conventionnelle, qu'ont reconstituée les historiens romains. Mais on peut imaginer qu'Hannibal a tenté de convaincre Scipion de se retirer, tout en menaçant sans doute de l'écraser en cas de refus. Quant à Scipion, il a probablement rappelé que la guerre avait été déclenchée par Hannibal, et qu'il était venu exiger la reddition de Carthage, assortie de conditions très dures. En réalité, à Zama, les deux hommes sont venus en finir, en aucun cas pour négocier une paix que chacun sait illusoire. Scipion n'a qu'un but : vaincre Hannibal sur son terrain. Pour Rome, le Carthaginois est une sorte d'ennemi public numéro un, mais pour Scipion, l'enjeu va bien au-delà, son adversaire incarne un modèle à dépasser… Il veut, bien sûr, « détruire Carthage », mais surtout éclipser son illustre rival, pour l'histoire et pour la postérité. Tout, c'est vrai, oppose les deux hommes, mais beaucoup aussi les rapproche. Tous deux sont nés dans des familles de grands militaires. Le père de Scipion et ses oncles sont morts, les armes à la main, en combattant Carthage. Scipion a commandé pour la première fois à vingt-quatre ans. C'est précisément l'âge qu'avait Hannibal lorsqu'il a pris le commandement de l'Espagne, à la suite de la mort de son oncle. Son père était tombé six ans auparavant, les armes à la main, au service de sa patrie, tout comme les parents de Scipion.

Les deux hommes partagent un autre point commun : leur éducation. Dans les deux cas, elle est indubitablement grecque. Scipion est imprégné de la philosophie, du rationalisme, des grands hommes de la Grèce, et notamment d'Alexandre le Grand, son modèle absolu. Il est aussi sensible à sa religion : il enverra, nous dit Tite-Live, une partie du butin de sa campagne d'Espagne au sanctuaire de Délos ! Il apprécie le raffinement de cette civilisation plus sophistiquée que la rude société romaine. Les vieux aristocrates romains, contrits de morale archaïque et de superstitions, sont notamment choqués, raconte encore Tite-Live, de le voir aller « au gymnase en sandales et en manteau grec, pour s'y consacrer à la lecture et aux exercices physiques », occupations pas très viriles et donc suspectes ! Hannibal est tout aussi hellénisé que Scipion. Il le doit surtout à ses deux précepteurs grecs, Sosylos et Silénos. Ils lui ont non seulement transmis la langue, mais aussi leur mode de pensée. Et c'est peut-être à cette éducation qu'il devra sa plus grande faute stratégique… Au lendemain de Cannes (218 avant J.-C.), en effet, alors que Rome a perdu son armée, il attend, comme le veulent les us et coutumes du monde grec, que les vaincus viennent discuter d'une reddition honorable avec leur vainqueur. Mais le Sénat de Rome est romain. Pas grec. Pour lui, la guerre n'est pas qu'un jeu de forces où le vainqueur ne cherche pas systématiquement à détruire le vaincu, mais plutôt à négocier de nouveaux accords. Et tandis qu'Hannibal atermoie, espère et hésite à marcher sur la ville, Rome se réarme et décrète une « mobilisation à outrance ». Les généraux carthaginois seront conscients de son erreur. L'historien Tite-Live fera dire à l'un de ses lieutenants, Maharbal : « Tu sais vaincre, Hannibal, mais tu ne sais pas profiter de ta victoire ! » L'occasion a été perdue, elle ne se représentera plus. Quatorze années plus tard, l'énormité de l'erreur stratégique de Cannes saute aux yeux. Ce sont les Romains, désormais, qui menacent directement Carthage. Et Scipion n'a pas l'intention, lui, de laisser passer sa chance ici, à Zama.

Une rivalité séculaire

Sur le moment, personne n'en a conscience, mais cette bataille marque l'épilogue d'un conflit qui dure depuis bientôt deux décennies. Une guerre qui a mis à genoux Rome et Carthage, les deux superpuissances de cette partie de la Méditerranée. Lorsque le conflit éclate, en - 219, Carthage est au faîte de son rayonnement. Elle s'est spectaculairement remise d'une première confrontation (263-241 avant notre ère) avec Rome, qui l'a amputée de la Sicile, de la Sardaigne et de la Corse. Loin de ruminer leur défaite, les Carthaginois ont aussitôt entrepris de se tailler un domaine ailleurs, loin de l'influence romaine. Pour Cicéron, cette volonté d'aller de l'avant est dans leur caractère. Ils sont, affirme le grand orateur, « toujours entraînés loin de chez eux par des espérances et des spéculations qui leur donnent sans cesse des ailes ». Déjà maîtres des côtes de Libye et d'une bonne partie du Maghreb actuel, ils se sont lancés à la conquête du littoral de l'Espagne du Sud et de ses riches mines d'or. Ils ont aussi accentué leur contrôle des routes maritimes vers le Levant, et notamment vers le port de Tyr, dans l'actuel Liban, dont ils sont originaires. Commerçants hors pair, les Carthaginois sont aussi d'excellents cultivateurs. L'Afrique du Nord, à l'époque – c'était avant le réchauffement climatique –, était plus tempérée qu'aujourd'hui. Et ce qui est devenu un désert produisait alors des céréales en abondance. D'autant plus que l'agriculture était, chez les Puniques, une science très prisée. Le traité agricole écrit par un certain Magon, au IIIe ou au IIe siècle avant notre ère, est si avancé pour son temps que le Sénat romain, juste après la prise et la destruction de la ville, en - 146, en fera traduire, nous apprend Pline l'Ancien, les vingt-huit volumes par une commission spéciale ! C'est le seul ouvrage punique qui soit parvenu jusqu'à nous. Et encore, uniquement par l'intermédiaire des auteurs latins qui l'ont cité... Mais Carthage n'a pas que des vertus. Profondément égoïste, sa classe dirigeante, réunie dans une *gerousia* – un « Conseil des Anciens » dominé par l'oligarchie marchande –, impose aux cités dans son orbite de ne commercer qu'avec elle et de ne produire que pour elle. Selon Polybe, le pouvoir n'y a d'estime que pour les gouverneurs « qui lui procurent le plus de ressources et de redevances en traitant durement les campagnes ». Cette main de fer, qui lui aliène les populations, lui permet cependant de s'enrichir formidablement et de faire affluer vins, huile, céréales, mais aussi ivoire, sel et or dans la capitale punique. Elle devient la plus importante métropole de l'ouest de la Méditerranée. L'historien et géographe romain Strabon estime que sa population dépasse alors les soixante-dix « myriades », soit 700 000 habitants. Un chiffre sans doute exagéré : les historiens modernes l'estiment plutôt autour de 500 000 habitants. Mais cela fait tout de même d'elle la ville la plus peuplée à l'ouest de l'Égypte, devant Rome, qui ne compte alors – il s'agit là encore d'estimations – pas plus de 300 000 habitants : la guerre, avec son afflux de réfugiés, fera ensuite doubler sa population. De surcroît, Carthage est beaucoup mieux organisée que sa rivale. Les visiteurs de l'époque ne cachent pas leur admiration devant son port, ses marchés et ses immeubles de trois à six étages dont certains disposent même d'un système d'eau courante relié à des égouts bien entretenus. Rome, avec ses rues étroites et puantes, et son unique égout, le cloaque, est, sur ce point, loin de pouvoir rivaliser…

Un nouveau destin pour Rome

Rome, justement… La République va se forger, dans sa lutte contre Carthage, une identité et un destin, et s'ouvrir, avec le contrôle de cette partie de la Méditerranée, de nouveaux territoires et… un empire. En - 219, juste avant le début de la guerre, Rome n'a déjà plus rien à voir avec la petite cité de Romus et Romulus. La capitale du Latium est en pleine croissance. En une cinquantaine d'années, elle s'est imposée – avec peine, il faut le dire – à toute l'Italie centrale, jusqu'aux environs de la Florence actuelle, et possède même quelques colonies dans le nord de la péninsule. Sa méthode de conquête est originale : ainsi, en Italie, elle n'a pas pris le contrôle total des peuples qu'elle a soumis. Elle les a intégrés dans un système économique et politique très poussé. Ces *socii* (alliés) versent des taxes à Rome et lui fournissent des troupes qui lui permettent de doubler la taille de ses armées. Ils doivent aussi lui abandonner la maîtrise des décisions politiques les plus importantes. Et notamment celles qui relèvent de la diplomatie et de la guerre. En contrepartie, ils jouissent d'un certain nombre de libertés. C'est, déjà, la *pax romana*, cette relative stabilité qui met fin aux anciennes querelles tribales. Mais pour Hannibal, cette forme originale de domination est aussi le point faible des Romains. Lorsqu'il prend Sagonte, protectorat romain en Espagne, en - 218 et s'élance pour un périple qui va lui faire traverser les Alpes et envahir l'Italie par le nord, il espère réduire cette sphère d'influence qui contrecarre les ambitions territoriales de Carthage. Par la diplomatie et par la force. C'est pourquoi ses émissaires tentent de convaincre les peuples du nord et du centre de l'Italie de faire défection, en leur promettant de restaurer les libertés qu'ils ont abandonnées aux Romains. Ses victoires, espère-t-il, finiront de convaincre les plus récalcitrants. Et ces victoires, il va les multiplier… Au Tessin, en novembre - 218, ses 38 000 hommes bousculent les 38 000 légionnaires de Publius Cornelius Scipio, le père de notre Scipion. Quelques semaines plus tard, à la Trébie, il attire dans un piège ceux de Tiberius Sempronius Longus : 30 000 morts chez les Romains. Puis au lac Trasimène, six mois plus tard, il écrase à nouveau ces derniers : 25 000 morts et bien peu de survivants. Son génie militaire atteint un sommet à Cannes alors que son armée hétéroclite de 50 000 hommes fait face aux 80 000 légionnaires qu'a rassemblés à grand-peine le Sénat, pour en finir, une bonne fois pour toutes, avec lui ! Le général punique charge sa première ligne, composée de Gaulois et d'Ibériques, de retenir la poussée de la masse romaine. Pendant ce temps, ses deux ailes, formées de vétérans libo-carthaginois, referment le piège sur les côtés. Ce jour-là, en quelques heures, Rome perd l'équivalent de ce que les Américains perdront pendant toute la durée de la guerre du Vietnam ! Pourtant, malgré ces victoires éclatantes, malgré l'impuissance dans laquelle se trouve Rome, dont l'essentiel des forces a été anéanti, rares sont les villes d'Italie à se ranger du côté punique. À partir de - 215, ces cités seront systématiquement ramenées dans l'orbite romaine, par la négociation ou par le fer. Et faute d'avoir réussi à isoler et à prendre la capitale, faute aussi d'avoir reçu des renforts suffisants, Hannibal sera peu à peu repoussé dans la pointe de la botte italienne, l'actuelle Calabre. Pendant ce temps, en Sicile, les légions achèveront de déloger les derniers Carthaginois. Et en Espagne, ce que certains historiens ont appelé « l'Empire barcide », c'est-à-dire tous les riches territoires conquis par la famille d'Hannibal Barca, finira par tomber. Ce sera la tâche de Publius Cornelius Scipio et de son frère Cnaeus, puis, après leur mort, en - 211, celle du fils de Publius Cornelius, le futur « Africain ». Il n'a alors que… vingt-quatre ans ! Quant à la reconquête de l'Italie, elle ne sera pas facile, loin de là. Pendant plus de dix ans, Hannibal fait de la péninsule son jardin, circulant presque librement du nord au sud et infligeant défaite sur défaite aux légions. Toujours à court de moyens et d'hommes, il s'esquive à chaque fois qu'il est en infériorité. Et attaque partout où il le peut. Mais l'intransigeance du Sénat romain et son opiniâtreté à lever des soldats finissent par payer. Il faut dire que, contrairement aux Carthaginois qui apprécient peu le métier des armes, l'armée est pour les Romains une étape essentielle de la vie publique, le meilleur, sinon le seul moyen, d'accéder aux responsabilités civiles. Sur le plan militaire, Rome profitera aussi d'un autre atout majeur : sa fécondité. Le Latium est un réservoir d'hommes presque inépuisable : au plus fort de la guerre, Rome pourra mobiliser plus de 270 000 hommes, soit trois fois plus que Carthage, qui ne dispose pas d'un arrière-pays aussi développé ni de pratiques civiques aussi bien enracinées. C'est cette capacité à lever de nouvelles forces malgré les revers, à les former au métier des armes et à les confier à des dirigeants capables qui fera finalement la différence.

Un sésame pour Zama

Et s'il est un général à Rome capable de battre Hannibal, c'est bien le jeune Scipion. Il a appris l'art de la guerre à la dure. À dix-sept ans, il s'est trouvé, dit-on, pris dans une embuscade un peu avant la bataille du Tessin, alors qu'il secondait son père. Sa charge furieuse permit de lui sauver la vie. Au cours des trois années suivantes, il assiste sans doute de très près aux désastres de la Trébie et de Trasimène. Il est, on en est sûr, à Cannes, parmi les survivants qu'il regroupe. Mais le véritable tournant de sa carrière survient en - 211, après les deux défaites cuisantes qui ont entraîné la mort de son père et de son oncle. Lorsque le Sénat cherche un candidat pour tenter de redresser la situation, il est le seul à se présenter. C'est ainsi qu'à vingt-quatre ans, bien avant l'âge requis, il obtient un mandat proconsulaire pour relancer la conquête de l'Espagne. La cause semble en effet perdue : trois armées, chacune plus importante que la sienne, gardent le pays. Mais Scipion surprend son monde en fondant en - 209 sur Carthagène, la capitale de l'Espagne punique. Réputée imprenable, et donc défendue par une poignée d'hommes, elle tombe, grâce à une ruse, le jour même de l'attaque. En - 208, à Baecula, à quelques kilomètres des sources du Guadalquivir, il montre qu'il a su tirer les leçons de Cannes. Il attaque l'armée carthaginoise sur les ailes avec ses meilleures troupes, faisant croire jusqu'au bout à son adversaire qu'il ne s'agit que d'une escarmouche. Le général punique, Hasdrubal, le frère d'Hannibal, ne déploie pas comme il le devrait ses troupes : il est pris dans la pince romaine. Le Carthaginois s'échappe de peu. Deux ans plus tard, à Ilipa, alors qu'il dispose de beaucoup moins de troupes que son adversaire, mais d'une cavalerie nombreuse, il démontre une nouvelle fois son art de la manœuvre. Pendant plusieurs jours, les armées se déploient et s'observent, les Romains plaçant leurs légions au centre et leurs alliés hispaniques sur les ailes. Les Carthaginois, commandés par Hasdrubal Gisco, le général qui avait battu Scipion père, font de même : leurs fortes troupes au centre, leurs alliés sur les ailes. Mais soudainement Scipion inverse son ordre de bataille et place ses légions sur les flancs. Avant qu'Hasdrubal ait le temps de réagir, les Romains attaquent. Les flancs carthaginois sont assaillis à la fois par les légionnaires et les cavaliers que Scipion a déployés. Les ailes puniques s'effondrent sans que leur centre puisse les aider, car il est menacé par les alliés hispaniques. Avec cette défaite, les Carthaginois perdent l'Espagne. Scipion gagne, lui, une réputation… et son sésame pour affronter un ennemi à sa hauteur : Hannibal, qu'il rencontre donc pour la première fois en tant que général à Zama.

Quelle est la chance de chaque armée de vaincre l'autre ? Difficile à dire. Jusqu'à présent, jamais une armée romaine n'a réussi à vaincre Hannibal, même si les Romains ont réussi à battre tous les autres généraux puniques déployés contre eux. La légion romaine – lorsqu'elle est bien commandée – est la meilleure machine de guerre de son temps. Elle doit cette efficacité à son système de combat original – l'ordre manipulaire –, mais aussi à son entraînement et à son armement. La légion n'est en effet pas un bloc compact comme peut l'être la phalange carthaginoise. C'est une grande unité, de presque 5 000 hommes, divisée en cinq manipules, qui elles-mêmes comprennent deux cohortes (480 hommes) de six centuries (80 hommes chacune). Chaque manipule est commandée par des officiers subalternes qui bénéficient d'une certaine latitude de mouvement. Ce qui donne de la flexibilité à l'ensemble. Cette flexibilité est accentuée par la tactique romaine, très originale à l'époque, qui fait de la légion une plateforme de tir avant de se transformer en mur d'acier. Les légionnaires sont en effet équipés, en plus de leur casque, de leur bouclier et de leur cotte de mailles, de deux *pila* (pluriel de *pilum*). Le premier, léger, est destiné à être projeté sur l'ennemi de loin. Le second, plus lourd, est lancé juste avant le choc. Ce sont donc 6 000 à 7 000 *pila* qui s'abattent sur l'ennemi avant tout contact ! Les légionnaires passent ensuite au corps à corps. L'épée au poing, ils se servent de leur bouclier pour écarter celui de leur adversaire puis l'atteindre au ventre avec leur glaive. Les troupes réunies par Scipion ne sont pas de jeunes recrues mais des vétérans endurcis qui connaissent bien les tactiques de combat puniques. Parmi ces légions, deux sont même des « légions punitives », rescapées des unités qui ont fuit à Cannes quelques années plus tôt. Le Sénat a interdit à ces hommes de rentrer chez eux avant la fin de la guerre. Ils se battent en Sicile depuis dix ans ! Il va sans dire qu'ils sont particulièrement pressés de regagner leur honneur perdu et de mériter leur billet de retour au pays.

La dernière chance d'Hannibal

Face à eux, Hannibal a rassemblé une grande armée. Les auteurs antiques, comme Polybe, Tite-Live et Appien, diffèrent légèrement sur les chiffres, mais les historiens modernes l'estiment autour de 36000 hommes. Comme toute armée carthaginoise, elle est surtout composée de mercenaires, regroupés par origine ou spécialité. La première ligne, qui compte 12000 hommes, est formée de « Liguriens, Gaulois, Baléares et Maures », selon Polybe. Braves mais indisciplinés, leurs charges sont redoutées, mais ils sont peu protégés pour le combat rapproché et se fatiguent rapidement. La deuxième est composée de Puniques et de Libo-Phéniciens. Ils ont été levés pour l'occasion à Carthage et dans les villes avoisinantes. Sans doute armés à la grecque, ces miliciens sont protégés par un large bouclier et se battent surtout avec leur lance. Ils forment des « phalanges », une formation compacte inventée par les Grecs au VIe ou au Ve siècle avant J.-C., et qui règne sur les champs de bataille depuis lors. Chaque soldat porte un casque, des jambières pour protéger ses tibias, un bouclier et une cuirasse pour couvrir son ventre et sa poitrine : l'ensemble ressemble à un bloc de bronze hérissé de pointes de lance. La force de cette phalange réside dans sa compacité : le large bouclier de chaque fantassin protège le flanc de son voisin, les lances du deuxième rang passent au-dessus des têtes du premier. Quant aux rangs suivants, ils poussent le tout en espérant bousculer l'ennemi en face avant de l'anéantir ! Mais cette formation traditionnelle est lente et manque de souplesse. D'autant plus qu'à Zama les phalanges de cette deuxième ligne sont formées de citoyens peu entraînés, levés par Hasdrubal Gisco revenu au pays après la perte de l'Espagne. Tout ce qu'en attend Hannibal, c'est qu'elle fatigue suffisamment l'ennemi pour que puisse intervenir sa troisième ligne. Placée un peu en retrait des deux autres, cette troisième ligne est la plus redoutable : elle est formée des vétérans de ses campagnes du sud de l'Italie et surtout de Bruttiens (Calabrais) et de Campaniens (Napolitains). Ces hommes sont, précise toujours Polybe, « les plus combatifs et solides des soldats ». Les cavaliers, comme c'est l'usage, occupent les flancs. Les 2 000 cavaliers puniques sont à droite. À gauche sont rassemblés les 3 000 hommes fournis par le roi de Numidie occidentale, Syphax. Ces cavaliers utilisent une tactique redoutablement efficace : sur leurs petits chevaux infatigables, ils fondent sur l'ennemi, lancent leurs javelots et s'éloignent aussitôt, insaisissables et meurtriers. Mais Hannibal sait qu'ils n'ont pas l'expérience des 4 000 cavaliers qu'a amenés avec lui Massinissa. Hannibal leur a donc donné pour instruction de décrocher assez vite pour entraîner le plus loin possible ces redoutables adversaires.

Enfin, il y a les éléphants. Les fameux et bientôt mythiques éléphants carthaginois. Curieuse affaire que ces quatre-vingts « éléphants de Zama ». Polybe, considéré comme sérieux, les place en première ligne. Mais ce dispositif est aujourd'hui remis en question par des historiens qui soulignent des contradictions troublantes. En effet, aucun pachyderme n'a été déployé par les Carthaginois au cours des rencontres qui ont précédé Zama, et notamment pas pendant la bataille dite « des Grandes Plaines ». Cette dernière, quelques mois auparavant, a opposé une force envoyée de Carthage au corps expéditionnaire romain. Polybe affirmera aussi qu'à Zama les éléphants affolés se seraient retournés contre leurs propres troupes. Difficilement crédible : on sait que les cornacs étaient équipés de coins de métal, qu'ils plantaient dans le crâne de leurs bêtes à l'aide d'un marteau dont ils étaient pourvu quand elles s'emballaient. Polybe, qui écrit un demi-siècle après les faits, n'a-t-il pas voulu enjoliver la réalité, se rapprocher du mythe et, ainsi, rehausser le prestige de ses protecteurs d'alors… les Scipions ? Il faut élever le vaincu pour grandir encore le vainqueur. Que les éléphants aient été ou non présents, le déploiement adopté par le Carthaginois démontre une fois encore son génie tactique. Il abandonne sa stratégie d'enveloppement habituelle, appliquée avec tant de succès à la Trébie, au lac Trasimène et à Cannes, car elle est rendue impossible par son manque de cavalerie. Et il la remplace par un agencement totalement différent qui annule tout espoir de débordement côté romain… Ce dispositif a dû, en effet, contrarier Scipion. Le Romain comptait bien mener sa bataille « à la façon d'Hannibal », et jouer justement l'enveloppement. Cette troisième ligne punique décalée des deux autres la rend périlleuse. Les intentions de Scipion sont en effet très claires : ses hommes – ils sont 23 000, nous dit Appien – sont disposés sur trois lignes. C'est la formation classique dans l'armée romaine qui comprend encore trois types de soldats : les *hastati*, jeunes guerriers qui occupent la première ligne ; les *princeps*, plus âgés, en deuxième ligne ; et les *triarii*, des vétérans, chargés d'intervenir lorsque le combat tourne mal. Mais Scipion, au lieu de disposer ses unités en damier, comme c'est l'usage, les a alignées les unes derrière les autres. Et il a disposé ses vélites – les fantassins légers opérant devant la légion – dans les trous créés entre les unités de sa première ligne, qui présente donc un front uni. Cette nouvelle disposition montre bien qu'il n'a pas l'intention de faire combattre alternativement les unités de la première et de la deuxième ligne, selon la norme en vigueur. Il a plutôt l'idée de faire glisser sa deuxième et sa troisième ligne, l'une à droite, l'autre à gauche, pour envelopper les Carthaginois. Un peu comme Hannibal l'avait fait à Cannes. Scipion sait que pour réussir cette manœuvre, il dispose de la cavalerie nécessaire. Sur sa gauche, il a en effet fait se ranger Laelius et ses 1 500 cavaliers romains, renforcés de 600 Numides commandés, selon Appien encore, par un allié dont on ne connaît que le nom : Dacamante. Sur sa droite, il a placé Massinissa et l'énorme masse de ses Numides.

Vae Victis

Les pourparlers sont maintenant terminés. Les généraux se sont entretenus, les dieux ont reçu leurs sacrifices et les hommes ont entendu leurs harangues. Il est temps de faire parler le fer ! Comme c'est l'usage, les troupes légères lancent les premières escarmouches. Puis les cavaliers romains passent à l'attaque. Leurs escadrons bousculent, comme il fallait s'y attendre, les troupes montées carthaginoises, et se lancent à leur poursuite, hors du champ de bataille, comme l'avait prévu Hannibal. Cette menace écartée, le général carthaginois peut alors lancer ses fantassins. Mais l'assaut de sa première ligne se brise contre le mur romain. Les « Liguriens, Gaulois, Baléares et Maures » sont furieux de ne pas avoir été soutenus par une montée au front de la deuxième ligne. « Les mercenaires étaient abandonnés à eux-mêmes par les Carthaginois, qui, saisis de crainte, n'osaient les secourir. Ils finirent par plier », précise toujours Polybe. Avant de refluer en masse vers la deuxième ligne, poursuivis par les *hastati*. Mais les Carthaginois ne leur présentent qu'un mur de piques, conformément aux instructions d'Hannibal. Rescapés de la première ligne et combattants de la deuxième font alors front contre les *hastati*, qui flanchent et doivent faire appel aux *princeps* pour les soutenir. Les lignes puniques cèdent peu à peu et se retirent pour se redéployer sur les ailes de la troisième ligne. À ce moment, la bataille de Zama semble pouvoir encore tourner à l'avantage d'Hannibal. Les fantassins romains, fatigués par les assauts précédents, doivent désormais affronter ses troupes les plus aguerries qui, elles, n'ont pas encore combattu. À l'époque, il s'agit d'un avantage décisif. En effet, les reconstitutions historiques modernes démontrent qu'au-delà d'une demi-heure de combat intensif les muscles des combattants se tétanisent et s'engourdissent. Au bout d'une heure, le souffle manque, les réflexes sont plus lents et la fatigue réduit de moitié la force des coups. Conserver des troupes fraîches est donc essentiel. Hannibal le sait et table sur la fatigue des assaillants pour faire exploser le centre romain. Mais les légionnaires sont surprenants d'endurance. Et la cavalerie romaine, contrairement à ses habitudes, finit par abandonner la poursuite des cavaliers puniques en fuite. Elle fait demi-tour ! Est-ce l'influence de Massinissa, qui a combattu longtemps au côté d'Hannibal, ou les leçons des campagnes d'Italie et d'Espagne de Scipion ? Quoi qu'il en soit, les cavaliers romains et alliés reviennent en force vers Zama. Et tombent sur les arrières de l'armée carthaginoise. L'armée punique se trouve désormais dans une nasse, attaquée de front par les *hastati*, sur les côtés par les *princeps* et les *triarii*, et par l'arrière par des cavaliers. Face à une telle pression, combien a-t-il fallu de temps avant qu'elle ne s'effondre ? Moins d'une heure, sans doute. Ce qui est certain, c'est que la déroute est complète. Dans le combat, nous dit Polybe, 25 000 Carthaginois et alliés ont été tués et 8 500 faits prisonniers. Contre seulement 2 500 Romains morts. Cette disproportion n'a rien de surprenant : à l'époque, les vaincus étaient impitoyablement pourchassés et massacrés sur place. Et leurs blessés achevés.

Inéluctables destins

Une fois la poussière des combats retombée, on peut s'interroger sur le bien-fondé pour Hannibal de livrer une bataille aussi décisive, qui offrait, en cas de défaite, son pays aux Romains. Jamais en Italie il n'aurait engagé ses troupes sans être certain d'avoir le dessus. Mais « que peut-on lui reprocher ? », s'interroge Polybe. Pas grand-chose, estime à juste titre l'historien, car Hannibal a constamment eu « en ces circonstances la conduite d'un capitaine aussi habile qu'expérimenté ». Avait-il vraiment le choix ? Car, après la perte de la Sicile, de l'Espagne et du sud de l'Italie, Carthage était militairement vaincue. Il n'avait plus grand-chose à perdre, sauf son invincibilité. Mais il pouvait espérer limiter la défaite et adoucir les conditions de paix. Elles seront impitoyables. Rome exige la destruction de toute la flotte punique, sauf quelques navires ; une indemnité de guerre énorme de 200 talents d'argent, à verser chaque année pendant cinquante ans ; l'évacuation de la plupart des territoires africains et l'interdiction de s'engager dans quelque conflit que ce soit sans son autorisation préalable. Conditions terribles, donc, mais auxquelles la ville finit par se plier. Paradoxalement, elle les accepte grâce à l'intervention d'Hannibal. Lui le jusqu'au-boutiste, lui qui avait fait trembler Rome, lui que Scipion craignait plus que tout autre se transforme par réalisme en partisan de la paix, désamorçant les menées de la fraction la plus dure du Sénat de Carthage. Mais la haine de Rome pour sa rivale finira par l'emporter. Personne ne l'illustre mieux que Caton l'Ancien. De retour d'une mission diplomatique à Carthage, en - 157, le sénateur, ancien militaire, se dit si impressionné par le redressement spectaculaire de la ville qu'il ponctuera par la suite chacun de ses discours d'un désormais célèbre *« Carthago delenda est »* (« Il faut détruire Carthage »). C'est Scipion Émilien, le petit-fils de Scipion l'Africain, qui réalisera son vœu en prenant la ville et en la rayant de la carte, lors d'une troisième – et dernière – guerre punique (149-146 avant notre ère).

L'histoire ne finira pas mieux pour les deux héros de Zama. Après la débâcle, Hannibal sera élu à la tête de sa cité. Son œuvre contribuera à relancer l'économie carthaginoise, mais réveillera aussi le sentiment antipunique (et anti-Hannibal) des Romains. Il sera bientôt accusé de vouloir rallumer le feu de la révolte. Abandonné par les siens, il sera contraint de s'enfuir en Asie Mineure pendant l'été - 195. Il trouvera d'abord refuge, selon Diodore, auprès du roi Antiochos III, en Syrie, puis de Prusias, roi de Bithynie, petit royaume situé dans l'actuelle Turquie. Mais celui-ci le livrera aux assassins dépêchés par Rome et Hannibal préférera s'empoisonner « plutôt que d'être capturé vivant », précise Appien. Son vainqueur, Scipion, connaîtra un sort à peine plus enviable. Glorifié, encensé, renommé « l'Africain », désigné « prince du Sénat » et consul, il suscitera bientôt jalousie et méfiance de la part de sénateurs toujours prêts à soupçonner un général trop populaire de préparer un coup d'État. Ses amis seront attaqués et lui-même sera accusé de détournement de fonds. Écœuré, il s'exilera en - 183 dans une petite ville de Campanie, Linterne. Il finira par y mourir, abandonné de tous, refusant d'être enterré dans le tombeau des Scipions, sur la via Appia, à Rome. Sur sa tombe, il fit graver, selon l'historien Valère Maxime : « Patrie ingrate, tu n'auras pas mes os ! » Ironie de l'histoire, il ne reste aucune trace du tombeau du vainqueur de Zama alors que le mausolée élevé à son illustre adversaire est toujours visible aujourd'hui, à moins d'une heure du centre d'Istanbul, en Turquie. Le comble, c'est que c'est un Romain, Septime Sévère (145-211), qui l'a embelli et fait recouvrir de marbre blanc. Premier empereur d'origine non romaine, il était né à Leptis Magna, en Libye… au cœur des anciennes possessions de Carthage. Cette distorsion funéraire reflète leur postérité contraire : Scipion est injustement tombé dans les oubliettes de l'histoire alors qu'Hannibal demeure dans les mémoires comme l'un des plus grands stratèges de tous les temps.

Éric TRÉGUIER

Bibliographie sélective

Goldsworthy, Adrian, *Les Guerres romaines*, Paris, Éditions Autrement, 2001.

Grimal, Pierre, *Le Siècle des Scipions : Rome et l'hellénisme au temps des guerres puniques*, Paris, Aubier, 1975.

Lancel, Serge, *Hannibal*, Paris, Fayard, 1995.

Le Bohec, Yann, *Histoire militaire des guerres puniques*, Paris, Éditions du Rocher, 1995.

Liddell Hart, Basil, *Scipion l'Africain*, Paris, Payot, 1934.

Melliti, Khaled, *Carthage, histoire d'une cité méditerranéenne*, Paris, Perrin, 2016.

3

OCTAVE CONTRE ANTOINE ET CLÉOPÂTRE

La guerre de quatorze ans

Rome, les 13, 14 et 15 août 29 avant J.-C.[1]*. Octave (le futur Auguste) célèbre trois triomphes. Le premier sur la Dalmatie et l'Illyrie, le deuxième pour la victoire d'Actium remportée le 2 septembre 31 sur Cléopâtre VII, la reine d'Égypte. Le dernier, le plus somptueux, rappelle la soumission de l'Égypte après la prise d'Alexandrie et la mort de sa reine, vraisemblablement le 12 août 30. À trente-deux ans, Octave, fils adoptif de César, est le maître du monde. Le 11 janvier précédent, à Rome, le temple de Janus avait été fermé pour la troisième fois de son histoire, signe que le peuple romain était en paix. Cette paix à laquelle tous aspiraient était due à cet homme beau, de petite taille, fluet presque, à la santé précaire, que l'on n'imaginait guère inflexible, intuitif, méthodique et volontaire, et aussi superstitieux. Doué d'un sens des réalités hors pair conjugué à une ambition implacable et à une détermination qu'il dissimulait,*

1. Sauf exception, toutes les dates données sont à situer avant la naissance de Jésus-Christ ; les traductions des textes anciens sont empruntées à la « Collection des universités de France » (familièrement nommée « Budé ») des Belles Lettres ou, pour les *Vies parallèles* de Plutarque, à l'édition publiée sous la direction de François Hartog, Gallimard, Paris, 2001.

ce chef révolutionnaire avait transformé un parti en un mouvement national. Ce qui lui avait permis de sortir victorieux de quatorze années de guerres impitoyables et de fonder à son profit un nouveau régime qui consacrait la puissance de Rome. Les Anciens l'appelèrent le principat et nous, l'Empire.

Prologue : César assassiné

Les guerres commencent le 15 mars 44 quand vingt-quatre conjurés, conduits par Marcus Junius Brutus et Caius Cassius Longinus, assassinent César, dictateur à vie depuis le début de l'année. Sans programme, ils rêvent de rétablir la république aristocratique d'autrefois. Ont-ils saisi que César, en occupant une position de supériorité inédite dans la République, en avait modifié en profondeur l'esprit ? Des modifications qui toutes convergent dans le même sens, celui d'un gouvernement monarchique.

Ne dit-on pas dans la Ville qu'il voulait devenir roi avant de partir pour l'Orient combattre les Parthes ? Car un oracle avait affirmé que seul un roi pourrait battre cet ennemi invaincu qui avait massacré les légions romaines en 53 ! Pour participer à cette expédition, des troupes se concentrent en Illyrie du Sud, près d'Apollonie[2]. S'y trouve le jeune Octave que César a envoyé pour surveiller ce rassemblement. Pourtant, Caius Octavius n'était que le neveu au second degré du vainqueur des Gaules : sa mère, Atia, était la fille de Julia, la sœur de César. Ce dernier, sans descendant mâle, s'était attaché à son petit-neveu. Il avait facilité son élection au collège des pontifes, l'un des collèges majeurs des prêtres publics de Rome, et l'avait inscrit au rang des patriciens. Il appartenait désormais à ce qui était considéré comme la plus ancienne aristocratie romaine.

2. Pojan en Albanie.

En 46, au cours de son triomphe pour ses victoires en Afrique, César était apparu pour la première fois en public au côté d'Octave. Il l'avait placé à côté de son char, là où chevauchent habituellement les enfants du triomphateur, et lui avait octroyé les *dona militaria*, des décorations militaires, sans qu'il eût participé à la campagne contre le roi de Numidie, deux honneurs exceptionnels. Ils le désignaient aux yeux de tous comme son successeur. Aussi, à la fin de l'année 45, sans le lui signifier, il l'adopte dans un testament qu'il confie aux Vestales.

À Apollonie, des amis de son âge accompagnent Octave. Parmi eux, le robuste Marcus Vipsanius Agrippa, fidèle des fidèles, qui ne cessera de le servir et de le conseiller. Il se montrera aussi bon stratège que parfait administrateur. Entre le 20 et le 27 mars, une lettre de la mère d'Octave porte la nouvelle de l'assassinat de César à Apollonie. Elle dissuade son fils de revenir à Rome tant la situation est dangereuse. En vain. Au début du mois d'avril, Octave débarque en Italie vers Brindes. Il connaît mal la vie politique et n'a qu'une expérience limitée de la vie militaire. Mais animé par la *pietas*, un sentiment né du devoir qui lie un citoyen romain aux siens, à sa patrie et à ses dieux, il veut venger César. Certes, il ne détient aucun pouvoir et ne possède aucune légitimité institutionnelle, mais il a la conviction qu'un destin exceptionnel l'attend, un astrologue le lui a assuré.

En route pour Rome, il apprend la teneur du testament de César : au peuple, le défunt donne ses jardins voisins du Tibre et 300 sesterces par tête ; à lui-même, son nom et les trois quarts de ses biens, soit une fortune immense. Octave prend la décision d'accepter cet héritage et de prendre la tête des césariens, ce qui est insensé par rapport aux faibles moyens dont il dispose. Et pour montrer sa détermination, avant même que l'adoption soit légalisée, il prend le nom qui lui revient, Caius Julius Caesar Octavianus. Très vite, il abandonne Octavianus (Octavien), la marque de son adoption, pour porter le même nom que son père adoptif. Un nom qui rallie les vétérans, suscite la sympathie auprès du peuple et met à son service, suivant les usages romains, la clientèle du défunt. Mais qui peut inquiéter. Pour l'heure, Octave[3] recrute une petite armée. Dans les premiers jours de mai, il arrive à Rome. Une foule court aussitôt à sa rencontre.

Dans l'*Urbs*, passé le désarroi qui a suivi le meurtre de César, les positions politiques se clarifient. Rome est contrôlée par Marc Antoine. Consul en exercice, il représente la seule autorité civile légale. Immédiatement après l'assassinat, il déploie de remarquables qualités de négociateur. C'est lui qui a ouvert le testament de César le 19 mars. Le lendemain, lors des funérailles du dictateur, il tient un discours enflammé et enlève le soutien de la foule qui rend spontanément un culte à César dont le corps est brûlé sur le Forum. Les premières mesures d'Antoine valident les décisions du dictateur publiées avant le 15 mars – ainsi il procède à l'installation de vétérans. Elles lui donnent l'image du continuateur de la politique césarienne. Il s'en proclame naturellement l'héritier. Avec quelques raisons.

Né un 14 janvier de l'année 83 dans une famille qui a fourni plusieurs magistrats à la République, il a reçu l'éducation soignée et complète, intellectuelle et militaire, des jeunes gens de la bonne société, ceux qui étudient à

3. Si la forme francisée d'Octavien est le plus souvent employée par les historiens (avec des exceptions), il convient de remarquer qu'Octave ne l'emploiera jamais et qu'elle sera utilisée par Cicéron uniquement de manière dépréciative entre mai et novembre 44. En 27, il reçoit le surnom nouveau d'*Augustus*, « Auguste ». Emprunté au vocabulaire religieux, il signifie que son détenteur est « augmenté » d'une qualité supérieure en rapport avec la divinité. On peut fixer à cette date la naissance du nouveau régime. Mais des historiens acceptent l'année 31, 29 et même 23 !

Athènes. Très vite, ce jeune homme athlétique au tempérament généreux s'y distingue par son ambition, son courage militaire, ses qualités oratoires. Par ses faiblesses aussi, son goût pour les plaisirs et le luxe, les alternances que l'on observe chez lui entre des accès d'enthousiasme et des moments d'abattement profond. Il s'illustre avec César, auquel il est apparenté, dans la guerre des Gaules, puis défend ses intérêts politiques devant le Sénat. Pendant la guerre contre Pompée, il se range dans le camp césarien et y joue un rôle décisif. En 48-47, César, dictateur pour un an, le choisit comme maître de cavalerie, autrement dit comme son adjoint, pour gouverner en son absence l'Italie. Cette mission délicate, dont il s'acquitte médiocrement et qu'entache une conduite jugée scandaleuse, lui vaut une disgrâce momentanée. En 44, César le distingue à nouveau pour être consul avec lui. Au cours de la cérémonie des Lupercales, en février, il tend la couronne de laurier au dictateur, couronne qui symbolise la royauté. Ce dernier la refuse. Loyal à la personne de César et à son souvenir, chef du parti césarien, Antoine bénéficie d'une légitimité politique et militaire qui fait alors défaut au jeune Octave[4].

Premier acte : l'arrivée d'Octave et le départ de Cléopâtre

En toute logique, Octave consacre sa première visite romaine à Marc Antoine. Celui-ci le prend de haut, le fait

4. Auprès d'Antoine, mentionnons d'autres césariens : M. Aemilius Lepidus (Lépide), le maître de cavalerie du dictateur en 44, qui commande les troupes stationnées près de Rome et qui est élu grand pontife; P. Cornelius Dolabella, plus jeune que les précédents, que César avait désigné pour lui succéder au consulat en 43 et qui devient consul suffect (remplaçant).

lanterner et refuse, pour des raisons juridiques, d'accéder à ses deux demandes : obtenir sur-le-champ sa part d'héritage et poser sa candidature au tribunat de la plèbe, ce qui lui permettrait d'obtenir les importantes prérogatives attachées à cette fonction[5]. Le testament sera ratifié l'année suivante, le 19 août 43, le jour où Octave marchera sur Rome avec ses huit légions, y sèmera la panique, réglera sa propre élection au consulat, fera reconnaître son adoption et la mise à sa disposition du Trésor public. Un coup de force à vingt ans ! Entre les deux hommes, au caractère et au tempérament radicalement opposés, l'entente est impossible : lequel est le dépositaire de l'héritage de César ? Chacun y prétend.

Ce n'est pas encore la guerre ouverte – les rivaux ont besoin l'un de l'autre pour abattre les césaricides –, mais les germes d'un conflit sont là. Il durera quatorze ans, même s'il sera souvent camouflé sous des embrassades et des accords occasionnels. Tous deux savent d'emblée qu'il ne s'achèvera que par l'élimination de l'un d'entre eux. Un affrontement à l'échelle du monde. Avec pour enjeu le premier empire du temps.

Octave, qui cherche des alliés, se tourne d'abord vers le Sénat. Bien que spectatrice impuissante, cette assemblée représente néanmoins une certaine légalité. Entre Antoine et les césaricides, le Sénat oscille, pratique avec conviction un attentisme inquiet et penche vers Cicéron. L'orateur pense son heure venue et propose une amnistie générale. Il hait Marc Antoine, « le fou furieux », et juge que « l'enfant

5. Devenir l'un des dix tribuns de la plèbe permettrait à Octave, qui ne détient aucun pouvoir, de disposer à Rome de l'inviolabilité (la sacro-sainteté), du droit de veto sur les décisions des magistrats et sur celles du Sénat, du droit d'accusation, du droit de convoquer le Sénat et du droit d'initiative des plébiscites qui ont force de loi. Mentionnons enfin le pouvoir d'aide de tout citoyen menacé par un acte d'autorité d'un titulaire de l'*imperium*. Mais la jeunesse du candidat et son appartenance au patriciat lui interdisent de représenter la plèbe.

César » sera un instrument facile à diriger. Il pourra lui souffler sa politique afin « d'apporter le salut au peuple romain ». Aussi lui fait-il donner le titre de propréteur, un pouvoir qui régularise sa situation, lui permet de commander des soldats et de prendre les auspices.

Pour leur part, les césaricides, voyant l'opinion romaine hostile à leur entreprise, quittent Rome. Destination ? L'Orient. En Occident, ils ont trouvé un allié, Sextus Pompée, le seul fils survivant du grand Pompée qui a repris les armes en Bétique (en simplifiant, l'Andalousie actuelle).

Autre départ de Rome consécutif à la mort de César, celui de Cléopâtre VII, la reine d'Égypte. Une fuite (*fuga*) écrit Cicéron dans une lettre datée du 16 avril. Elle était arrivée pendant l'été 46 avec son fils, Césarion, et son frère-époux Ptolémée XIV sur une invitation impérative de César qui l'avait installée dans sa propriété de la rive droite du Tibre. Leurs relations – appelées à devenir légendaires – remontaient à l'automne 48. En août de cette année-là, à Pharsale, César avait battu Pompée, lequel rejoignit l'Égypte le mois suivant. Il pensait y refaire ses forces, le jeune roi Ptolémée XIII, âgé de treize ans, lui étant redevable. Ce vieux pays inféodé à Rome depuis 55 occupe une place singulière dans la Méditerranée. Depuis 323, il est gouverné par une dynastie gréco-macédonienne, de culture grecque, celle des Lagides. Elle réunit, sans les fusionner, l'idéologie royale pharaonique avec la conception grecque de la royauté hellénistique, et admet le mariage incestueux entre frère et sœur. Le royaume est riche de son agriculture que rythme la crue du Nil, de son commerce, de ses traditions, et de l'éclat d'Alexandrie, cité grecque, seule rivale de Rome au milieu du Ier siècle. Sa flotte est imposante, son administration efficace. Mais sur le plan politique, malgré l'apparence de puissance et d'indépendance qu'il revendique, il reste un nain. Et une proie que convoitent à Rome, avec plus ou moins de retenue, financiers et hommes politiques.

Si la décision de Pompée n'était pas absurde, elle méconnaissait la mésentente entre le roi et sa sœur-épouse, Cléopâtre VII, âgée d'une vingtaine d'années, et sous-estimait les intrigues de cour. Les conseillers du roi donnèrent donc l'ordre de tuer Pompée et d'offrir sa tête à César qui allait arriver à Alexandrie quelques jours plus tard. Ils croyaient flatter le vainqueur et l'entraîner dans leur camp contre celui de Cléopâtre. Ce fut l'inverse qui arriva.

Séduit par l'apparition rocambolesque de la reine, surgie de tapis enroulés, autant que par sa conversation, son intelligence, son charme et sa grâce[6], César s'engagea dans la guerre dite « d'Alexandrie ». Elle dura six mois. Arsinoé, la sœur cadette de Cléopâtre, rallia son frère et se fit reconnaître reine contre sa sœur aînée. Ptolémée XIII, emporté dans la défaite de son armée, mourut noyé dans un bras du Nil en tentant de le traverser. Mais César l'emporta de justesse, réinstalla en 47 Cléopâtre sur son trône en compagnie de son plus jeune frère devenu Ptolémée XIV, navigua sur le Nil avec la reine et quitta l'Égypte à la fin du printemps. Afin de contrôler le pays, il y laissa trois légions, bientôt renforcées par une quatrième. Le 23 juin 47, Cléopâtre aurait donné naissance à un fils[7] qu'elle nomma Ptolémée

6. Était-elle aussi belle que la légende le prétend ? Par deux fois Plutarque signale qu'elle était d'une beauté commune (*Vie d'Antoine*, 27 et 57). La numismatique ne présente que son visage, front bombé, nez aquilin, mais elle est avant tout au service de l'État et du pouvoir dont elle offre les symboles, diadème, aigle de Zeus, corne d'abondance. Quant à la statuaire, les attributions ne sont pas certaines et elle ne vise pas au réalisme.

7. On sait que dès l'Antiquité la date de naissance et la paternité de cet enfant sont âprement discutées. Cette date, qui s'appuie sur une stèle démotique aujourd'hui au Louvre mais découverte au Serapeum de Memphis, semble acceptée actuellement. Une autre hypothèse, qui ne

César, avec l'accord de son amant selon Suétone, et que les Alexandrins, ironiques, surnommèrent Césarion. Pour le conquérant, que représentait-elle ? Une alliée ? Une aventure ? Une prise de guerre ? Une otage ? Quoi qu'il en soit, en droit romain un enfant né d'une étrangère ne pouvait être légitime. Arrivée à Rome au cours de l'été 46, a-t-elle assisté en juillet au quadruple triomphe de César célébrant ses victoires sur la Gaule, l'Égypte, le Pont et l'Afrique ? A-t-elle vu sa sœur Arsinoé exhibée aux yeux de tous, entre des images du Nil et du phare d'Alexandrie ? Est-elle intervenue auprès de César pour qu'elle ne soit pas mise à mort, comme le fut Vercingétorix, mais exilée à Éphèse, en Asie Mineure, dans le sanctuaire d'Artémis ? On ne sait.

Comme on ignore si à Rome elle a rencontré Octave. Le jeune homme n'a pu ignorer les liens qui avaient été tissés entre elle et son père adoptif, ni les médisances sur leurs rapports. Comme il n'a pu ignorer sa présence dans une propriété de César, ni la statue en bronze doré qui la représentait et que ce dernier avait fait placer dans le temple de Vénus *Genetrix* qui dominait le forum construit à son initiative ! Toujours est-il qu'elle quitte Rome avec son fils et débarque en juillet à Alexandrie. Presque aussitôt, elle se débarrasse de son frère Ptolémée XIV pour devenir régente du roi Ptolémée XV César, son jeune fils. Un double nom qui annonce un programme politique. Une stèle du musée de Turin datée de 38 confirmera son désir de se réclamer de deux origines culturelles – gréco-égyptienne et romaine. Des épreuves naturelles, de faibles crues du Nil, des famines, des pestes accaparent l'attention de la reine. Elle doit cependant rester attentive à la politique romaine dès l'instant où son royaume participe pleinement

manque ni d'arguments ni de partisans, celle du grand historien Jérôme Carcopino – *Passion et politique chez les Césars* –, propose le mois d'avril 44, avec une paternité à laquelle Marc Antoine ne serait pas étranger.

à la vie du monde méditerranéen. Ainsi, sans le vouloir, elle emportera ce dernier dans la tourmente des guerres civiles.

Au moment où la reine abordait la terre d'Égypte était apparue dans le ciel romain une comète, précisément lorsque Octave donnait des jeux en l'honneur de la Victoire de César et de Vénus *Genitrix*, ancêtre de la lignée julienne. « Cet astre annonçait, expliqua Octave, que l'âme de César était reçue au nombre des puissances divines immortelles. » Et, devançant la divinisation officielle de son père, qui aura lieu en 42, il se dit « fils du divin César ». Un avantage indéniable dans la course à la popularité qui s'exacerbe entre Marc Antoine et lui auprès de la plèbe romaine, des légions et des vétérans. Car à Rome la situation évolue de mois en mois. La tension s'accroît. On s'invective, Cicéron prononce ses terribles *Philippiques* contre Marc Antoine dont la première date de septembre 44. Chacun consolide son camp : Octave récupère ainsi Mécène, d'origine étrusque, un politique subtil. Il lui amènera les poètes et artistes indispensables pour chanter ses qualités et dont le rôle sera plus tard déterminant pour transformer les guerres civiles en épopée. On s'arme, on recrute des troupes, on lance des rumeurs. Survivre pour un homme politique impose de conjuguer esquives, trahisons, sous-entendus, d'apprécier les forces en présence, de galvaniser ses partisans et de convaincre les indécis.

Coup de foudre et recomposition des alliances

D'Alexandrie, Cléopâtre suit la vie politique à Rome, ses rebondissements, ses manœuvres, ses combinaisons qui se font et se défont. S'enchaînent la guerre de Modène[8] du

8. Première des cinq guerres civiles. Antoine, vaincu, se retire en Provence, les deux consuls qui commandent les armées du Sénat sont tués, Octave est acclamé *imperator* (général victorieux) par ses troupes.

printemps 43 entre Octave allié au Sénat et Marc Antoine ; l'entente entre Lépide, Marc Antoine et Octave qui se concrétise par l'institution inédite d'une magistrature à trois, le triumvirat, valable pour cinq ans, légalisée en novembre 43, qui les charge de rétablir les fondements de la République. Cette loi établit un partage des provinces, excepté l'Italie indivise, permet la procédure de proscription[9] qui donne aux triumvirs la possibilité d'exécuter leurs adversaires politiques, dont Cicéron, et de confisquer leurs biens. En octobre 42, avec les deux batailles de Philippes[10], en Macédoine, où brille Marc Antoine et se suicident Cassius et Brutus, s'achève la guerre contre les césaricides. S'ensuit une nouvelle partition de l'Empire, à l'exception de l'Italie, terre commune, un partage des légions et des missions entre les triumvirs.

Au milieu de ce maelström, Cléopâtre se garde de s'engager entièrement dans un camp. Sa ligne de conduite fluctue et reste ambiguë. Double jeu ? Elle n'a qu'un cap, rendre son pays plus fort et plus indépendant. La reine réussit à récupérer l'île de Chypre et à faire reconnaître par les triumvirs son fils comme roi d'Égypte.

Une série d'événements viennent modifier cette situation politique. Il y a d'abord la rencontre de Tarse. Après avoir passé l'hiver 42-41 en Grèce, Marc Antoine se rend en Asie Mineure. Hanté par le souvenir d'Alexandre le Grand, il brûle également de réaliser le dernier grand

9. Il s'agissait de listes qui affichaient les noms des ennemis des triumvirs, au total 300 personnages. La condamnation à mort était obligatoire, valable en tous lieux et en tous temps. Nous connaissons onze suicides, une cinquantaine d'exécutions et sept morts au combat. La tête de Cicéron fut exposée sur la tribune des orateurs au Forum de Rome et sa main droite y fut clouée.

10. Près de 100 000 hommes et une trentaine de légions s'affrontent au cours de deux batailles (les 3 et 23 octobre) particulièrement sanglantes (autour de 50 000 morts).

projet de César, à savoir en finir avec le péril parthe. Par la même occasion, il surveille les États alliés de Rome et consolide ses alliances. Parce qu'il éprouve un goût réel pour la culture hellénique et ressent une sympathie envers les populations grecques soumises à l'*imperium* romain, il ne verse pas dans une répression aveugle envers les cités qui s'étaient rangées du côté de ses adversaires, même s'il leur réclame de très lourds tributs. Le puissant vainqueur de Philippes est considéré comme protégé par une grâce divine. Ce qui se traduit par des honneurs royaux semblables à ceux que recevaient les souverains hellénistiques, soit une assimilation du monarque à une divinité. Lorsqu'il entre dans Éphèse, une foule l'acclame et l'appelle « Dionysos, Donneur de grâce et Doux comme le miel ». Marc Antoine, nouveau Dionysos ? Un titre que des rois hellénistiques tel le père de Cléopâtre ont porté et dont l'intéressé s'accommode fort bien : il aime le vin et les plaisirs, vit entouré de comédiens et de musiciens dont le patron est ce dieu de l'excès, inventeur du cortège triomphal, qui avait gagné et conquis l'Inde au cours d'une expédition militaire et divine, un dieu qu'honora à plusieurs reprises Alexandre le Grand. Mais un dieu qui avait été une divinité suspecte à Rome, où ses fidèles avaient en 186 comploté pour instaurer un « autre peuple » et avaient été victimes d'une répression extrêmement sévère. Antoine se coule sans difficulté ni réticence dans la fonction d'un prince hellénistique. N'affirme-t-il pas que l'origine de sa famille remonte à Héraclès, lui aussi modèle d'Alexandre ? Une attitude qui heurte la sensibilité romaine et servira de prétexte à d'innombrables accusations.

Dans la campagne contre les Parthes qu'il prépare, il ne peut négliger la flotte et les ressources de l'Égypte. C'est pourquoi, afin de connaître les intentions de Cléopâtre à qui il reproche d'avoir aidé Cassius, il la convoque à Tarse, un port situé sur le Cydnus, à 15 kilomètres de la mer. Sur un navire qui lui sert d'écrin somptueux, la reine, qui se présente comme Aphrodite, fait son apparition. La rencontre diplomatique se métamorphose en l'épiphanie de deux divinités dont l'une subjugue l'autre. Pour complaire à Cléopâtre, le Romain fait égorger Arsinoé, la jeune sœur et rivale potentielle, puis rejoint la reine à Alexandrie. Là, les deux amants passent l'hiver 41-40 dans une « vie inimitable », selon le nom de l'association qu'ils fondent. La visée politique n'en est pas absente. Deux annonces troublent cependant leur félicité : une guerre éclate en 41 en Italie; les armées parthes s'avancent à vive allure en Syrie, en Asie Mineure et en Judée. Le plus urgent, juge Marc Antoine, se trouve en Occident.

La guerre en Italie avait commencé avant même la rencontre entre Antoine et Cléopâtre. Elle oppose Octave à Lucius Antonius, consul en exercice et frère de Marc Antoine. Celui-ci est soutenu par la pétulante Fulvie, l'épouse de Marc Antoine qui ne pardonne pas à Octave d'avoir renvoyé sa fille Clodia, qu'il avait épousée pour sceller le triumvirat. En un mot, les partisans d'Antoine se dressent déjà contre ceux d'Octave. Les opérations traînent en longueur jusqu'à ce qu'Octave et Agrippa enferment Lucius Antonius dans Pérouse qui, après un siège éprouvant, se rend en février 40. Le vaincu a la vie sauve et disparaît en Espagne pendant que Fulvie va mourir en Grèce. Mais Octave et Marc Antoine sont au bord de la rupture alors que leurs soldats et leurs officiers demandent une réconciliation entre les césariens. Mécène s'en fait le négociateur. La rencontre a lieu à Brindes en octobre 40. En découle un nouveau partage du monde : l'Afrique pour Lépide, l'Orient grec pour Marc Antoine, l'Occident pour Octave moins la Sicile, domaine de Sextus Pompée. Gage de paix et d'alliance, Marc Antoine épouse à Rome Octavie, la sœur aînée d'Octave, veuve depuis peu. Pendant l'hiver 40-39 qu'Antoine passe à Rome naissent à Alexandrie des jumeaux, enfants du triumvir et de Cléopâtre, Alexandre Hélios (Soleil) et Cléopâtre Séléné (Lune). Leurs surnoms « manifestaient la nature divine de l'idylle dont ils étaient le fruit ».

Dernier événement qui modifie la donne, la guerre contre Sextus Pompée, le nouveau Neptune. Son royaume maritime s'était agrandi de la Sardaigne et de la Corse. Il pouvait intercepter les convois d'approvisionnement de Rome en blé malgré l'accord passé à Misène en 39 avec les triumvirs. Une paix ? Non, un entracte. La lutte maritime reprend l'année suivante et se solde par deux désastres pour Octave qui échappe de peu à la mort. Sur la prière d'Octavie, Antoine accepte de l'aider. Au printemps 37, Antoine et Octave se rencontrent seuls près de Tarente. Le premier envoie au second 120 vaisseaux de guerre, mais attendra toujours les 20 000 hommes promis en échange par Octave pour appuyer sa campagne contre les Parthes. Cet ultime entretien entre les deux hommes débouche sur une reconduction du triumvirat jusqu'en 32. L'espoir d'une paix durable en Italie s'affermit, d'autant qu'en 36 Agrippa anéantit Sextus Pompée au combat naval de Nauloque. Engagé sur le tard en Sicile, Lépide décide de faire cavalier seul. Il perd ses troupes qui rallient Octave et est relevé par ce dernier de ses fonctions de triumvir. À la fin de l'année 36, avec quarante-cinq légions (autour de 300 000 hommes) et 600 navires de guerre, Octave maîtrise l'Occident. Son entrée à Rome le 13 novembre est célébrée avec enthousiasme : arc de triomphe sur le Forum, maison sur le Palatin située symboliquement près de la cabane de Romulus, début de la construction d'un temple contigu à cette maison dédié à Apollon, son patron. Le triumvirat est devenu un duumvirat : face à face, Octave et Antoine. Le dernier acte pour la domination du monde romain peut commencer.

Marc Antoine entre deux femmes

Durant ces années, Antoine et Octavie s'étaient installés à Athènes, où naît en 39 leur fille aînée, Antonia. De Grèce, Antoine confie à ses lieutenants la lutte contre les Parthes. L'un leur inflige plusieurs défaites retentissantes en 39 et en 38 ; l'autre leur reprend en 37 Jérusalem et y installe, avec l'approbation du Sénat, le roi Hérode[11]. Des préludes à la grande expédition qu'il entend conduire. De Tarente, il gagne Antioche et incite Octavie, son lien le plus solide avec son beau-frère, à partir pour Rome. Un congé qui choque à Rome. D'autant qu'Antoine invite Cléopâtre, qu'il n'a pas vue depuis l'été 40, à le rejoindre. Il a besoin de son soutien matériel et financier pour mettre sur pied l'armée colossale qui se mettra en route au printemps 36. En attendant, il consolide ses arrières et réorganise cet Orient complexe où coexistent provinces romaines, royaumes et principautés de toutes tailles, cités libres, États fédéraux et sanctuaires autonomes. Antoine administre les provinces romaines – Macédoine, Asie, Syrie, Bithynie – en s'appuyant sur des princes « amis et alliés ». À la fin de l'année 37, Cléopâtre et Antoine se retrouvent. La reine, profitant de son emprise sur son amant, se serait fait attribuer des territoires qui autrefois appartenaient au royaume lagide : une partie de la Phénicie sans les villes de Tyr et de Sidon, la Cilicie, la Cœlé-Syrie, le port d'Aqaba sur la mer Rouge, essentiellement des villes, des ports et des régions boisées en vue de construire des bateaux. De surcroît, Antoine reconnaît les jumeaux, ce qui constitue un camouflet supplémentaire infligé à Octavie. Mais à Rome, il semble

11. Hérode le Grand (- 73-4) s'était vu confier par Antoine le gouvernement de la Judée. Chassé par un rival que soutenaient les Parthes, il se réfugie à Rome où le Sénat lui donne le titre de « roi des Juifs ».

que ces décisions ne provoquent ni inquiétude ni critique. Antoine gère l'Orient comme il l'entend. Et rien n'indique qu'il s'écarte de la politique habituelle de Rome.

La campagne de 36 contre les Parthes est malheureuse[12], les erreurs d'Antoine manifestes, la retraite héroïque, le potentiel militaire amoindri, mais la catastrophe a été évitée et ses hommes lui demeurent dévoués tant il a su partager leurs souffrances. La même année, un troisième enfant naît de la liaison ravivée avec Cléopâtre, Ptolémée Philadelphe. En janvier 35, la reine rejoint Antoine sur la côte libanaise. Elle lui apporte un réconfort moral et affectif en même temps qu'un secours matériel et financier. Au même moment, Octavie essaie de rejoindre son époux en Syrie avec des troupes et des vivres. Ce dernier l'arrête à Athènes et lui interdit de poursuivre son chemin. Selon Plutarque, Antoine hésite entre les deux femmes. Finalement, Cléopâtre revient avec lui à Alexandrie. Autant dire que la rupture avec Octavie qui rentre à Rome est consommée, avec les conséquences que ce choix entraîne.

En 34, Antoine entreprend une seconde campagne contre les Parthes. Elle s'amorce par la conquête de l'Arménie. Son roi, tenu par Antoine pour le responsable de son échec de 36, est fait prisonnier. Pour fêter cette victoire, Antoine organise à Alexandrie une sorte de défilé qui évoque plus un cortège bachique qu'un véritable triomphe romain. Après cette cérémonie, où il apparaît semblable à Dionysos, il donne à l'automne un banquet somptueux avec Cléopâtre, chacun étant installé sur un trône d'or placé sur une tribune en argent, entourés de leurs enfants.

12. Les intentions et les plans de campagne, peut-être ceux de César, divisent les historiens. Antoine ne franchit pas l'Euphrate, mais attaque par le nord, via l'Arménie, faisant ainsi un grand détour avant de marcher en direction du sud vers la capitale de la Médie, Phraaspa, qui résiste deux mois et oblige Antoine à battre en retraite.

Serait-ce à cette occasion que se déroula leur mariage ? Les historiens hésitent à la fois sur son existence et sur sa date que certains placent en 37 ! La reine, qui portera désormais en public la tenue d'Isis, est dite « Reine des rois », Césarion « Roi des rois », Alexandre Hélios reçoit l'Arménie, la Médie et la Parthie, Cléopâtre Séléné la Libye et le petit Ptolémée (il a deux ans) est placé à la tête de la Syrie, de la Phénicie et de la Cilicie. Une politique qui n'est pas nouvelle dans la diplomatie romaine, mais qui, avec les personnalités de Marc Antoine et de Cléopâtre, prend un sens différent : la possibilité à moyen terme d'établir une dynastie romano-lagide et de dresser contre Octave un rival, Césarion, le fils de César. Les deux amants ne se quittent plus. Antoine réside désormais à Alexandrie. L'une des grandes peurs des Romains, transférer le centre de l'Empire, renaît alors. Elle était apparue dans les derniers mois de la dictature de César et trouvait sa source dans son séjour sur place, sa liaison avec Cléopâtre et son éventuelle aspiration à la royauté. Avec Antoine, ces spéculations reprennent, encore plus vives, avec la hantise d'envisager l'Empire divisé en deux et l'Occident éclipsé par l'Orient. De quoi nourrir la propagande d'Octave sur le comportement équivoque de son rival et exaspérer l'opinion publique de Rome.

L'année 32, où expire le triumvirat, donne quelque consistance à ce fantasme. À la suite d'un coup d'État mené avec brio à Rome par Octave, les deux consuls en charge au 1er janvier, deux partisans d'Antoine, quittent la ville, retrouvent leur chef à Éphèse – dont il a fait son quartier général – et entraînent à leur suite 300 sénateurs sur les 1 000 que compte le Sénat. Puis, pendant l'été, Antoine répudie Octavie par lettre et l'expulse de sa maison romaine. La propagande octavienne se déchaîne contre « l'Égyptienne » qui a ensorcelé un Romain, lequel est désormais présenté en roi oriental. Enfin, Auguste, au mépris de toute loi, récupère le testament d'Antoine que gardaient les Vestales, l'ouvre et lit devant le Sénat et le peuple ce qu'il dit en être le contenu. Il insiste sur trois dispositions : la reconnaissance par Marc Antoine de Césarion, le fils de Cléopâtre et de César ; la confirmation des legs prévus pour Cléopâtre et leurs enfants ; son désir d'être enterré à Alexandrie au côté de la reine. Pour les Romains, travaillés par la propagande, il s'agissait d'autant de preuves qu'Antoine pensait à fonder un empire de type hellénistique en concurrence avec Rome. Une quasi-trahison. Ou plutôt un envoûtement : la perte de la raison due aux philtres donnés par l'étrangère[13]. Antoine, romain dégénéré, est déchu de tous ses pouvoirs, et en septembre Cléopâtre – et elle seule – est déclarée « ennemie publique » suivant les rites ancestraux. La guerre devient alors une « guerre juste ». Dans une atmosphère enfiévrée où fleurissent libelles et placards, insultes et accusations obscènes, l'Italie, suivie par les provinces de l'Occident romain, prête serment de fidélité à Octave et le désigne comme chef de guerre[14]. Cela lui confère une sorte de légalité morale – il n'a plus les pouvoirs triumviraux – qui fait de lui le protecteur et le défenseur des citoyens romains. En 31, il est consul. Rome se mobilise contre la Méditerranée orientale. Derrière les deux amants, l'Orient fait également bloc. Car Antoine se prépare à la guerre. Par des pamphlets, il multiplie les attaques contre Octave qui, sacrilège, se serait déguisé en Apollon, son dieu patron, et se serait comporté au combat comme un lâche, sans compter que ses ancêtres seraient des affranchis.

---

13. « Antoine esclave de sa volupté appartient à la littérature populaire d'édification. Cléopâtre n'était ni jeune ni belle », note à juste titre Ronald Syme.

14. Les cités clientes d'Antoine, telle Bologne, en sont exemptes.

Dénouement : la victoire d'Apollon sur Dionysos

L'hiver 32-31, le couple parvient à Patras, en Grèce, où Antoine s'établit. De lui-même, il conserve le titre de triumvir et revêt le consulat. Il a confiance dans ses forces, 480 vaisseaux de ligne, 500 navires de ravitaillement, dix-neuf légions qu'accompagnent des troupes auxiliaires, soit autour de 75 000 fantassins et 12 000 cavaliers. Antoine attend, éparpille une partie de sa flotte le long de la côte ouest du Péloponnèse, envoie l'essentiel plus au nord, dans le golfe Ambracique, espérant qu'Octave s'avancera dans les Balkans pour le séparer de l'Italie. Ce golfe, bordé de marais, échancre en un arrondi presque fermé la côte de l'Acarnanie[15] et communique avec la mer Ionienne par un passage étroit dominé au sud par le promontoire d'Actium.

Octave prend l'initiative au printemps 31. Il peut compter sur 400 vaisseaux, plus petits que ceux de ses adversaires, donc plus faciles à manœuvrer, seize légions et 12 000 cavaliers, soit un effectif de peu inférieur à celui d'Antoine. Son plan a été élaboré par Agrippa qui commande directement la flotte.

Afin de couper les forces d'Antoine de leurs bases naturelles et de leur ravitaillement, c'est-à-dire de l'Égypte, Agrippa prend d'abord le contrôle de la côte occidentale du Péloponnèse. Dans un second temps, les troupes d'Octave débarquent au nord de Corfou, sur la côte épirote qu'elles longent en direction du sud jusqu'au golfe d'Ambracie. Antoine et Cléopâtre y ont regroupé leurs forces. Antoine a dressé son camp sur le promontoire d'Actium, à côté d'un temple dédié à Apollon. Des escarmouches entre armées de terre donnent la mesure de la combativité de l'adversaire.

15. Région du nord-ouest de la Grèce sur le littoral de la mer Ionienne à l'ouest de l'Étolie.

Si elles permettent à Antoine d'installer un second camp de l'autre côté du détroit, elles donnent à Octave l'avantage lorsqu'il bloque au début de l'été la flotte de son ennemi dans le golfe. Le vainqueur de Philippes comprend qu'il doit impérativement la dégager et, en même temps, retirer son armée de terre qui risque d'être totalement isolée. Une première tentative pour forcer le blocus se solde par un échec à la fin du mois d'août. Au matin du 2 septembre, Antoine engage toutes ses forces navales. Sur ses bateaux sont montés ses meilleurs légionnaires en vue de l'abordage. Les deux flottes se disposent en un arc de cercle convexe par rapport à la côte. Après deux ou trois heures de combat, au début de l'après-midi, après avoir traversé la mêlée acharnée des combattants, Cléopâtre, suivie par Antoine, parvient à créer une brèche au centre du dispositif adverse. Profitant des circonstances et d'un coup de vent, ils s'échappent avec une centaine de navires. Au soir de la bataille, Octave, inquiet, demeure sur son navire. Le bilan est encourageant plus que décisif. Une partie de la flotte de ses adversaires a réussi à s'enfuir avec ses chefs et leur trésor de guerre ; une autre partie, qui n'a pas été endommagée lors du combat, s'est réfugiée dans le golfe d'Ambracie qu'il convient de bloquer ; et l'armée de terre adverse n'a pas été engagée. Le lendemain, Octave obtient par des négociations que le reste de l'escadre se rende ou soit détruite. Quant à l'armée de terre, mal approvisionnée, démoralisée par la propagande octavienne, enfin décimée par la malaria, elle se rend sept jours plus tard. La victoire d'Octave et d'Agrippa est totale. Pour Antoine, elle signifie la perte de la Grèce, de la Macédoine et à court terme de l'Asie Mineure.

Reste l'Égypte où se réfugient Cléopâtre et Antoine par des itinéraires différents. Des légions de ce dernier font allégeance à Octave, ses alliés défection. Sur une jetée au milieu du port d'Alexandrie, Antoine se fait construire un refuge, tandis que Cléopâtre élabore des projets invraisemblables, par exemple se fixer en Espagne ou en Inde... Tous deux forment un nouveau club dont le nom est sans ambiguïté : « Ceux qui vont mourir ensemble. » Et les fêtes reprennent dans la capitale de l'Égypte lagide.

Après un détour par Athènes, Samos et la Syrie, Octave et les siens approchent de la ville. Le 31 juillet 30, sa cavalerie occupe les faubourgs. Le 3 août 30, il entre dans Alexandrie. Bravache, mais avec panache, Antoine propose à son rival un combat singulier qu'Octave refuse. À la veille de la chute de la ville, on entendit, selon Plutarque, des sons harmonieux, les cris d'une foule, les danses de satyres. « On aurait dit une confrérie dionysiaque qui s'éloignait bruyamment en courant » et se dirigeait vers le camp d'Octave. « Ceux qui interprétèrent ce signe jugèrent que le dieu qu'Antoine avait imité avec tant d'ardeur et auquel il avait conformé sa vie l'abandonnait », signale l'historien. Délaissé par les hommes et rejeté par son dieu, Antoine essaie de se tuer. Mortellement blessé, il est hissé encore vivant dans le mausolée que Cléopâtre a fait édifier et où il expire dans les bras de la reine. Peu de jours après, le 12 semble-t-il, Cléopâtre se tue[16] après avoir tenté de séduire – sans espoir – Octave. Elle a trente-neuf ans. Octave fait inhumer le couple ensemble. L'Égypte est réduite en province, Césarion exécuté alors qu'il tente de s'enfuir en Éthiopie.

À Rome, les 13, 14 et 15 août 29, Octave célèbre trois triomphes[17], la cérémonie militaire et religieuse la plus prestigieuse et la plus spectaculaire. Le Sénat l'accordait à un général victorieux qui avait vaincu un ennemi étranger dans une guerre déclarée légitime. La cérémonie se déroulait suivant un protocole précis qui en définissait le parcours, le déroulement et la signification. La foule

16. Depuis l'Antiquité le débat sur les causes directes de la mort de Cléopâtre reste ouvert et se résume à l'alternative poison ou cobra.

17. Voir *supra* en introduction, p. 61.

romaine se pressait sur son itinéraire et s'entassait sur les estrades construites à son intention. Or, Octave a bouleversé l'ordre immuable du cortège : il précède les sénateurs qui habituellement venaient en tête. Immobile sur un char tiré par quatre chevaux blancs, revêtu de la toge triomphale, pourpre et brodée d'or, le visage peint au minium telle la statue de Jupiter dont il est l'image éphémère, sceptre et rameau de laurier à la main, il a derrière lui, debout, un esclave qui brandit une couronne d'or et qui lui murmure qu'il n'est qu'un homme. Deux jeunes garçons à cheval l'entourent, ses héritiers présomptifs, Tibère, le fils aîné de son épouse Livie, et Marcellus, son neveu. Peu de prisonniers de marque figurent sur les chariots : Cléopâtre s'est donné la mort. Aussi une statue qui figure une reine, le bras entouré d'un aspic, est offerte à la vue de tous. Cléopâtre ? Peut-être. À moins qu'il ne s'agisse d'une représentation de la déesse Isis tenant un serpent, en qualité de magicienne, ou d'une statue de Cléopâtre en Isis. De quoi frapper les imaginations : la légende de l'aspic par lequel la reine se serait tuée prenait son envol... Quant à Marc Antoine, il est impensable de l'évoquer. Mais pour les spectateurs, leurs ombres lancinantes restent présentes : leurs enfants, les jumeaux Alexandre Hélios et Cléopâtre Séléné, nés en 40, et peut-être le cadet, le petit Ptolémée Philadelphe, né en 36, sont là, entravés. Ils ne seront ni exécutés ni enfermés, mais confiés à Octavie, la sœur d'Octave et l'ex-épouse de Marc Antoine, qui les élèvera avec ses filles, leurs demi-sœurs, les deux Antonia.

Épilogue : un monde nouveau

Avant sa mort le 19 août 14 après J.-C., Octave, qui avait reçu le surnom d'Auguste en janvier 27 avant J.-C., rédigea ses *Res Gestae*. Cette autobiographie singulière[18] retrace l'évolution qui conduit le simple citoyen, héritier et chef du parti césarien, au titre de « père de la patrie[19] ». Selon les volontés de l'empereur, après ses funérailles et le dépôt de ses cendres dans son mausolée situé au champ de Mars à Rome, ses *Res Gestae* furent gravées sur des plaques de bronze fixées sur deux piliers placés de part et d'autre de la porte d'entrée du monument. Des copies, en latin et en grec, furent diffusées dans les provinces.

De sa lutte contre Antoine et Cléopâtre, que pense ce vieillard de soixante-seize ans devenu encore plus frileux, dont tout l'entourage contemporain de ce conflit a disparu, hormis sa chère Livie, peut-être sa seule passion avec celle du pouvoir ? Il a retouché son texte pour qu'après sa mort il puisse être lu au Sénat et publié. « J'ai rendu la liberté à la République opprimée par la tyrannie d'une faction », affirme-t-il. Aucun nom, mais chacun comprend que la faction en question est celle de Marc Antoine et que la prétendue menace sur la liberté vise Cléopâtre. S'il se flatte d'avoir conduit des guerres « sur terre et sur mer, civiles ou extérieures », d'avoir éteint les premières, d'avoir célébré trois triomphes curules, jamais il ne cite de façon explicite les noms de ses deux adversaires. Cependant, il ne les oublie pas. Il stigmatise l'impiété et les sacrilèges d'Antoine, évoque la victoire d'Actium, souligne que « l'Italie tout entière lui a prêté serment d'allégeance et l'a réclamé comme chef de guerre » et proclame : « J'ai ajouté l'Égypte à l'empire du peuple romain. »

---

18. Selon l'expression de son dernier éditeur, John Scheid. On y trouvera une remarquable mise au point de nos connaissances sur les *Res Gestae*.

19. Une appellation prestigieuse décernée le 5 février 2 par le Sénat, l'ordre équestre et le peuple romain, ce qui mit Auguste en pleurs. Elle n'avait été conférée qu'à trois personnes avant lui : Camille, Cicéron et César, et encore à titre officieux.

Une sécheresse qui contraste avec l'ardeur de la propagande octavienne et les flammes des poètes augustéens, Virgile, Horace, Properce, ou autres familiers de Mécène. Car ce sont eux qui, après la victoire d'Actium, transforment l'ultime guerre civile d'une république moribonde en naissance d'une ère nouvelle et en affrontement grandiose entre l'Orient et l'Occident. Ainsi Horace. Maintenant il faut boire, écrit-il, et un grand cru, pour célébrer Actium et la victoire sur cette « reine [Cléopâtre] [qui] préparait contre le Capitole une ruine insensée et à l'Empire des funérailles avec son troupeau d'hommes ignobles, souillés et malades [...] ». Ainsi Properce : « Que dire de cette femme [...], de cette prostituée qui s'offrait à ses esclaves et qui, pour prix de ses faveurs, exigeait de son impudique époux qu'il lui ouvrît les portes de Rome et rangeât sous son empire le Sénat ? », tandis qu'Antoine, à la tête « d'une armée de sacrilèges », était soumis « à un amour infâme qui lui fit faire demi-tour et chercher un refuge au bout du monde ». Ainsi Virgile dans son *Énéide*, commencée en 26, sur laquelle le poète travaillait encore à sa mort en 19 et qu'Auguste fit éditer : « D'un côté, c'était César Auguste menant au combat les Italiens, avec les pères [les Sénateurs] et le peuple, avec nos pénates et les grands dieux [...]. En face, avec son opulence barbare et ses armes bigarrées, Antoine, victorieux du côté des peuples de l'Aurore et des rives de la mer Érythrée, charrie avec soi l'Égypte, les forces de l'Orient, Bactres du bout du monde. Ô honte ! Une épouse égyptienne le suit. [...] Des dieux monstrueux en qui se mêlent les espèces, tels que l'aboyeur Anubis, ont pris les armes contre Neptune, contre Vénus, contre Minerve. » Un ultime reflet de la propagande octavienne se lit un peu plus d'un siècle plus tard chez Pline l'Ancien qui parle de la « royale putain, à la morgue hautaine et impudente ».

Les poètes ne sont pas les seuls à chanter la victoire de l'ordre, de Rome et d'Apollon sur le désordre inhérent à l'Orient et à Dionysos. Dans l'entrelacs de rinceaux d'acanthes de l'*Ara Pacis Augustae* (autel de la paix d'Auguste) au champ de Mars, à Rome, consacré le 30 janvier 9, Gilles Sauron a vu, symbolisés, la défaite d'Antoine et le suicide de Cléopâtre. Déjà Virgile avait fait célébrer à Énée des Jeux troyens sur le rivage d'Actium, préfiguration des Jeux quinquennaux que, douze siècles plus tard, Octave-Auguste institua sur place pour commémorer ce qu'il considérait comme sa plus belle victoire. La légende et le mythe fondateur l'emportaient d'emblée sur la vérité historique. La fatalité du vaincu allait poursuivre la mémoire de Marc Antoine, même si les charges dont l'accabla son rival ne résistent guère à un froid examen. En revanche, la postérité se montrera plus indulgente envers Cléopâtre, progressivement héroïsée en victime expiatoire de la puissance romaine.

Et si Marc Antoine l'avait emporté ? La monarchie n'aurait sans doute pas été évitée. Elle aurait été autre. Sans doute moins corsetée, moins romaine, plus débridée et plus hellénistique. Mais cela ne relève plus de l'histoire, mais de l'uchronie…

Jean-Louis VOISIN

Bibliographie sélective

Sources (voir note 1)

Auguste, *Res Gestae Divi Augusti.*
Dion Cassius, *Histoire romaine*, livres 45-51.
Horace, *Odes*, 1, 37.
Plutarque, *Vies parallèles*, *Vie d'Antoine*, *Vie de César.*
Properce, *Élégies*, 3, 11, 30-32 ; 2, 16, 37-40.
Suétone, *Vie des douze Césars, César, Auguste.*
Virgile, *Énéide*, 3, 278-280 ; 8, 678-700 (traduction de P. Veyne, Paris, Les Belles Lettres, coll. « Classiques en poche », 2013).

Études

Bastien, Jean-Luc, *Le Triomphe romain et son utilisation politique à Rome aux trois derniers siècles de la République*, Rome, Collection de l'École française de Rome, n° 392, 2007.
Carcopino, Jérôme, *Passion et politique chez les Césars*, Paris, Hachette, 1958.
Ceauşescu, Petre, « Altera Roma. Histoire d'une folie politique », *Historia*, n° 25, 1976, pp. 79-108.
Chamoux, François, *Marc Antoine, dernier prince de l'Orient grec*, Paris, Arthaud, 1986.
Chauveau, Michel, *Cléopâtre au-delà du mythe*, Paris, Liana Levi, 1998.
Cosme, Pierre, *Auguste*, Paris, Perrin, 2005.
—, *Auguste, maître du monde. Actium, 2 septembre 31 av. J.-C.*, Paris, Tallandier, 2014.
David, Jean-Michel, *La République romaine de la deuxième guerre punique à la bataille d'Actium. 218-31*, Paris, Seuil, coll. « Points », 2000.
Hurlet, Frédéric, *Auguste. Les ambiguïtés du pouvoir*, Paris, Armand Colin, 2015.

Le Glay, Marcel, *Grandeur et déclin de la République*, Paris, Perrin, coll. « Tempus », 2005.

Legras, Bernard, *L'Égypte grecque et romaine*, Paris, Armand Colin, 2004.

Martin, Paul M., *Antoine et Cléopâtre. La fin d'un rêve*, Paris, Albin Michel, 1990.

Renucci, Pierre, *Marc Antoine. Un destin inachevé entre César et Cléopâtre*, Paris, Perrin, 2015.

Sauron, Gilles, *L'Histoire végétalisée. Ornement et politique à Rome*, Paris, Picard, 2000.

Schwentzel, Christian-Georges, *Cléopâtre, la déesse-reine*, Payot, Paris, 2014.

Syme, Ronald, *La Révolution romaine*, Paris, Gallimard, 1967.

Voisin, Jean-Louis, « Le triomphe africain de 46 et l'idéologie césarienne », *Antiquités africaines*, n° 19, 1983, pp. 7-33.

4

GRÉGOIRE VII FACE À HENRI IV

Le pape et l'empereur

« Soyez sans crainte : jamais nous n'irons à Canossa, ni physiquement, ni en esprit », proclamait devant le Reichstag le 14 mai 1872 le chancelier Bismarck. L'Empire allemand était alors plongé dans le Kulturkampf, *ce « combat pour la civilisation » qui l'opposait à la curie romaine*[1]*. L'épisode survenu devant le château de Canossa entre les 25 et 28 janvier 1077 restait dans les mémoires comme une insupportable humiliation. Dans un empire rétabli depuis un peu plus d'un an (janvier 1871), aucun signe de soumission envers la papauté n'était tolérable. Mais le lointain prédécesseur de Guillaume Ier de Prusse, l'empereur Henri IV*[2]*, s'était-il vraiment soumis ? Et, dans l'affirmative, cela signifiait-il pour autant qu'il avait perdu la partie qui l'opposait au pape Grégoire VII, maître d'œuvre de la réforme qui porte son nom ? Canossa n'est que l'épisode le plus fameux de la célèbre querelle dite « des Investitures » (1075-1122)*[3]*. La*

1. Le terme de curie désigne l'ensemble des cardinaux et des membres de l'administration pontificale.

2. Henri IV devint roi en 1056 à la mort de son père, Henri III. Il n'obtint le titre impérial qu'en 1084.

3. Le terme d'investiture renvoie au fait qu'un laïc désigne un évêque, au lieu de le laisser librement élire, et lui remette les insignes de son pouvoir (la crosse et l'anneau). Les partisans du pape n'acceptaient de la part des laïcs que l'investiture des biens temporels de l'évêché.

violence du heurt de ces deux fortes personnalités aggrava des divergences à l'origine institutionnelles et provoqua une guerre civile à l'échelle de l'Empire. L'Allemagne fut ravagée des années durant et Rome victime d'une mise à sac parmi les plus terribles de son histoire.

Quand les empereurs dominaient les papes

Au XIe siècle, le pape est, pour l'essentiel, l'évêque de Rome et l'un des cinq patriarches de l'Église, à égalité avec ceux d'Alexandrie, d'Antioche, de Jérusalem et de Constantinople. Il exerce un magistère moral, bénéficie du prestige d'être le successeur de saint Pierre – ce qui lui permet de se qualifier d'« apostolique » –, mais est loin d'avoir l'autorité que va lui conférer l'œuvre de réforme de Léon IX[4] et Grégoire VII, poursuivie et amplifiée au XIIIe siècle. Élu en théorie, comme tout évêque, par le clergé et le peuple de la ville, il est en réalité le jouet des factions de la noblesse romaine, et la première moitié du XIe siècle voit un amoindrissement de son autorité. Il est néanmoins – toujours en théorie – le seigneur temporel du patrimoine de Saint-Pierre, tel que l'avait délimité un accord conclu avec Pépin le Bref en 756 et renouvelé par Charlemagne. Ce domaine prend en écharpe une bande de territoires compris entre la mer Tyrrhénienne et l'Adriatique : Rome et le Latium, l'ancien exarchat de Ravenne, la Romagne, les duchés de Spolète et de Bénévent, la Pentapole[5]. Les papes y prélèvent des droits de justice, des taxes et des loyers divers.

---

4. Le pape Léon IX (1049-1054) fut à l'origine du mouvement de réforme de l'Église : rectification des mœurs du clergé, lutte contre la simonie, défense des biens ecclésiastiques face aux empiétements des laïcs, respect de la liberté des élections épiscopales.

5. Il s'agit des villes d'Ancône, Fano, Pesaro, Rimini et Senigallia.

L'autorité du pontife romain sur l'Église catholique est alors assez maigre. Dans les royaumes d'Occident, les princes et les rois fondent des monastères, supervisent la nomination des évêques, quand ils ne la contrôlent pas entièrement, convoquent enfin les conciles qui légifèrent pour les questions de discipline, de pratique de la pénitence ou de paiement de la dîme. Même en matière de dogme, le pape ne peut imposer ses vues : évêques et abbés en discutent lors des synodes.

Les rapports entre le pape et l'empereur, tous deux détenteurs d'un pouvoir à vocation universelle, avaient été fixés dans une lettre du pape Gélase Ier adressée en 496 à l'empereur Anastase. Elle établissait la théorie dite des « deux glaives » : le glaive – entendez le pouvoir – spirituel revenait à l'Église; le glaive temporel était aux mains de l'empereur qui devait le mettre au service du Saint-Siège. Cette conception établissait un équilibre entre les deux puissances, équilibre qui penchait toutefois en faveur de l'Église de Rome. Le pouvoir politique de l'empereur était soustrait à l'autorité pontificale; mais il devait obéir aux évêques pour les affaires religieuses. Pape et empereur étaient voués à coopérer pour le salut de l'humanité. À l'époque carolingienne, puis sous la dynastie ottonienne en Allemagne (962-1024), la doctrine du pape Gélase servit de cadre aux relations entre ces deux puissances, au prix de quelques accrocs, le pouvoir impérial tendant à s'affirmer face à celui de souverains pontifes affaiblis.

Depuis qu'Otton le Grand avait rétabli l'Empire en 962, leurs rapports étaient en effet réglés par le privilège appelé *Ottonianum* du 13 février 962, qui confirmait à l'Église romaine les possessions reconnues par Pépin, reconnaissait que le pape devait être élu selon les normes canoniques, garantissant ainsi son indépendance vis-à-vis de la turbulente noblesse romaine, mais subordonnait l'entrée en fonction du nouveau pontife à l'assentiment impérial et sous condition d'un serment de fidélité.

Les empereurs en vinrent à exercer un contrôle sur l'élection pontificale elle-même. Dès 963, le souverain saxon déposait le pape Jean XII, sous prétexte d'adultère, en réalité pour opposition politique. Il installa sur le siège romain Léon VIII. Celui qui aurait dû se contenter d'être l'auxiliaire du pape en était devenu le maître. Lorsqu'il fut couronné en 1014, Henri II promit d'être le « protecteur » du Saint-Siège, non son serviteur. Et Henri III, qui reprit le titre de « patrice des Romains » jadis porté par Charlemagne, ne nomma pas moins de quatre papes, tous évêques d'Empire. L'un d'eux était l'évêque de Toul, Brunon, devenu le pape Léon IX, l'initiateur du mouvement de réforme de l'Église. Si les hommes choisis étaient d'honnêtes prélats, ils n'en demeuraient pas moins, à l'encontre du droit canon, titulaires de leur siège épiscopal d'origine et restaient donc vassaux de l'empereur…

Une étroite unité de pensée anima logiquement l'Empire et la papauté durant le règne d'Henri III. Elle fut rompue à la mort du souverain en 1056. Mettant à profit la régence de l'impératrice Agnès, la papauté s'affranchit de la tutelle impériale[6]. Par le décret du Latran de 1059, le pape Nicolas II réservait l'élection pontificale aux seuls cardinaux, écartait donc la noblesse romaine et passait sous silence la confirmation impériale. Seule concession faite au pouvoir laïc, le décret précisait que l'honneur dû à l'empereur devait être sauf.

6. Henri IV n'ayant que cinq ans, la jeune veuve d'Henri III (elle n'avait pas trente ans), Agnès de Poitou, fut en charge de la régence. En 1061, elle commit l'erreur de soutenir l'antipape Honorius II contre le pape légitime Alexandre II. L'année suivante, l'archevêque Annon de Cologne enleva Henri IV ; Agnès, à qui on reprochait une liaison avec son conseiller, l'évêque d'Augsbourg, prit le voile. De 1062 à 1065, le royaume fut gouverné par les archevêques de Cologne et de Brême.

Le processus de réforme de l'Église visait ainsi un affermissement du pouvoir pontifical, s'émancipait du contrôle de l'Empire et était en passe de s'opposer à ses détenteurs. D'une certaine manière, Henri IV ne fut pas responsable de la crise qui marqua son règne : il trouva en arrivant sur le trône en 1065 une situation qui évoluait en sa défaveur. Or, roi d'Allemagne, il devait obtenir l'assentiment du pape pour être couronné empereur.

L'homme a mauvaise réputation, y compris auprès des historiens, tant son règne ne fut qu'une suite de conflits, dont son comportement autoritaire fut sans doute en partie responsable. Les sources du temps le dépeignent comme coléreux, rusé, voire cruel. Il serait toutefois erroné de lui dénier toute intelligence politique. Nous n'avons aucun portrait de lui, mais, fait rarissime, son squelette fut exhumé en 1900 : c'était celui d'un homme d'un mètre quatre-vingts, mince et musclé, apparemment épargné par les maladies. Une reconstitution faciale fut même pratiquée à l'occasion du 900e anniversaire de sa mort et exposée au musée historique de Spire.

Les ambitions de Grégoire VII

Dans l'entourage des papes Grégoire VI et Léon IX, un jeune moine d'une petite trentaine d'années nommé Hildebrand s'était affirmé par son efficacité et son ardeur. Son attirance pour la mystique et l'austérité fut vite connue. Envoyé en légation en France où il préside un concile à Tours (1054), il poursuit sa carrière à la curie et devient le principal conseiller des papes Nicolas II (1058-1061) et Alexandre II (1061-1073). On lui doit sans doute la rédaction du décret du Latran de 1059. Sa formation intellectuelle est moins solide que celle des grands penseurs de la réforme tel le cardinal Humbert de Moyenmoutier ;

il apparaît davantage orienté vers l'action pratique, où son caractère radical le pousse à trancher dans le vif et à refuser tout compromis. Son courage intellectuel et physique est incontestable, ainsi que son opiniâtreté, qui se transforme, en cas d'affrontement, en obstination intransigeante.

Son élection sur le siège pontifical le 22 avril 1073 fut tumultueuse et demeura entachée de suspicion, puisqu'il fut porté au pouvoir par un mouvement populaire. On se passa de l'assentiment impérial… Hildebrand adopta le nom de Grégoire en souvenir de Grégoire le Grand et prit le numéro sept, considérant ainsi comme légitime le pape Grégoire VI déposé par l'empereur Henri III en 1046. Par ces deux choix il engageait d'emblée le bras de fer contre l'Empire.

Il avait en tête de poursuivre l'œuvre de ses prédécesseurs, mais choisit de l'orienter dans le sens d'un accroissement supplémentaire de l'autorité pontificale, ce qui impliquait une transformation profonde de l'institution ecclésiale, une remise en cause totale des rapports avec le monde laïc et l'émancipation vis-à-vis du pouvoir impérial. Il s'agissait toujours de veiller au respect du célibat des prêtres, d'éliminer toute pratique simoniaque permettant d'obtenir moyennant finances une charge ecclésiastique et le droit d'administrer les sacrements. Mais un autre chantier, tout aussi important, était de rétablir le droit canon dans les élections épiscopales, donc de les ôter des mains des laïcs. Ceux-ci y accordaient une extrême importance car les évêques, en dehors de leur magistère ecclésiastique, étaient chargés de fonctions publiques à la tête de leur cité (hygiène, approvisionnement, sécurité) et participaient aux conseils des princes, voire à leurs expéditions armées.

Si elle réussissait, la réforme aboutirait à la création d'une Église très différente, hiérarchisée et centralisée au bénéfice de Rome, où l'autonomie des Églises nationales et le pouvoir collégial des évêques seraient réduits. Le pape contrôlerait la sphère du sacré, et concentrerait dans sa personne autant que dans sa fonction l'autorité dévolue par le Christ à l'Église. Un lien hiérarchique direct serait établi entre lui et les évêques, écartant les princes laïcs. Tout cela devant s'accomplir au bénéfice d'une perspective de purification, de sanctification du monde. La transformation concernait, au-delà de l'Église, l'ensemble de la société. Elle était gigantesque.

Un texte en résume parfaitement l'esprit et en souligne le caractère radical. Ce sont les fameux *Dictatus Papae*, un des documents les plus célèbres que le Moyen Âge ait produits. Il fut rédigé par Grégoire VII en personne au début du mois de mars 1075. Les historiens hésitent sur sa destination : il ne s'agissait peut-être que d'un document à usage interne, un résumé du programme pontifical. Grégoire VII y exposait une plate-forme d'actions, autour de laquelle devraient se rassembler les évêques de toute la chrétienté occidentale. Il semble toutefois qu'il fut peu diffusé, mais on retrouve ses lignes directrices dans la plupart des lettres de la chancellerie romaine et dans les décisions du pape. Il comporte vingt-sept dispositions, sèchement rédigées ; celles qui nous intéressent ici le plus concernent les rapports entre le pape et l'empereur et l'étendue de l'autorité pontificale. Bien que rédigées avant le conflit avec Henri IV, elles contiennent une charge polémique explosive. Qu'on en juge : « Seul le pontife romain peut être en droit qualifié d'universel » ; « Du pape seul tous les princes doivent baiser les pieds » ; « Il lui est permis de déposer les empereurs » ; « Lui-même ne doit être jugé par personne » ; « N'est pas catholique celui qui n'est pas en accord avec l'Église romaine. » Un pape indépendant de tout pouvoir temporel, disposant du droit de déposer l'empereur et d'excommunier tout opposant : l'arsenal mis en place est impressionnant. Le texte n'est pas parvenu à la connaissance de la cour impériale, mais son esprit anima les écrits des réformateurs et des adversaires de l'empereur. Et c'est dans la droite ligne de ce document que Grégoire VII prétendit déposer Henri IV.

Dans ses lettres à l'évêque Hermann de Metz, en 1076 puis en 1081, il affirme que le pouvoir de lier et de délier, qu'il tient du Christ, s'applique à tout le monde, y compris aux rois, puisque Dieu n'en avait excepté personne. Le spirituel l'emportant sur le temporel, ce pouvoir autorisait à rompre les serments de fidélité, donc à déposer les souverains. Le pape devenait le juge suprême de la chrétienté ; l'empereur n'était plus que son vassal. La doctrine de Gélase s'était évanouie.

Au fur et à mesure que l'action réformatrice se déploya, grâce à l'activité soutenue des légats pontificaux et au travers des conciles réunis dans les provinces, les souverains laïcs y virent naturellement une atteinte à leur propre autorité, puisqu'ils risquaient de perdre l'atout précieux que constituait le contrôle des nominations épiscopales. Il ne pouvait être question de laisser ces hommes dotés d'un pouvoir névralgique relever d'une autre autorité que la leur. Bien des prélats se montrèrent également réticents : la soumission au pouvoir du pape avait moins d'attrait que la participation à la politique royale ou impériale. Et puis, le pape était loin, et le roi tout proche…

L'Empire menacé

Le royaume d'Allemagne se sentait menacé au premier chef. C'est là que l'opposition au pape Grégoire VII fut la plus vive, alors que la réforme lancée par Léon IX avait obtenu le soutien impérial.

L'Église d'Empire était en effet organisée selon un régime particulier, voulu par les Ottoniens et mis en place progressivement entre la fin du Xe siècle et le milieu du XIe siècle. Ce « système d'Église d'Empire » (*Reichskirchensystem*) allait totalement à l'encontre de la reprise en main souhaitée par le pape.

L'Église impériale était organisée de façon à asseoir l'autorité de l'empereur dans toutes les terres des royaumes de Germanie et d'Italie du Nord. Les souverains avaient renforcé à leur profit des éléments existant depuis les temps carolingiens, voire le Bas-Empire. Les évêques, souvent lettrés et connaisseurs du droit, étaient leurs conseillers, parfois des théoriciens politiques. Ils les assistaient dans l'ensemble de leurs tâches politiques, servaient de relais et d'appuis dans tout le territoire, effectuaient des missions diplomatiques et même dirigeaient des troupes à leur service. Résultat : les évêchés tendaient à devenir des fiefs et leurs titulaires s'inséraient, socialement et familialement, dans les mailles des réseaux féodaux. Dès lors, les rois de Germanie les utilisèrent pour contrebalancer le pouvoir des puissants ducs de Saxe, de Souabe ou de Bavière. Ils mirent donc la main sur les élections épiscopales, intégrèrent les prélats au gouvernement du territoire en leur confiant la direction de comtés et en les mettant à l'abri de toute intrusion laïque par le biais de ce qu'on appelait les « immunités[7] ». On comprend que, en passe de maîtriser de véritables principautés, à la tête de vassaux, possesseurs de forteresses, les évêques d'Empire aient renâclé à accepter l'intrusion romaine. Henri IV bénéficiait donc du système mis en place. Mais il commençait à lui échapper : les grands laïcs, par l'intermédiaire des chapitres cathédraux dont ils remplissaient les rangs avec des clients ou des membres de leur famille, s'emparaient des sièges épiscopaux. Dès lors, les prélats risquaient de se désolidariser

7. Une immunité est un privilège royal accordé à un abbé ou un évêque qui met ce dernier à l'abri de toute intervention, fiscale, judiciaire ou policière des agents royaux dans sa juridiction, sauf autorisation expresse de sa part.

progressivement du roi et, dans l'affrontement avec le pape, de choisir leur camp en fonction de ce qu'ils estimaient être leur intérêt.

Tout, dans ce faisceau de dispositions, contrariait Grégoire VII. Tout y était contraire à l'esprit et aux différents aspects de sa réforme. Les prélats l'avaient bien compris et l'archevêque de Brême résuma leurs sentiments en une formule percutante à la fin de l'année 1074 : « Cet homme dangereux, dit-il à propos du pape, veut commander aux évêques comme s'ils étaient ses employés. »

Au-delà de l'affrontement entre deux personnes, la querelle des Investitures fut un combat entre deux visions du monde. Mettre à bas le système d'Église d'Empire, c'était saper l'une des colonnes sur lesquelles reposait le pouvoir de l'empereur. Entre l'équilibre politique du royaume d'Allemagne et la volonté réformatrice de Grégoire VII, nul compromis n'était envisageable.

« Abandonne le siège apostolique ! [...] Descends, descends ! »

L'Empire avait été triomphant sous Henri III ; sa mort précoce en 1056 laissa le champ libre aux appétits des grands du royaume. À l'affût de tout signe de faiblesse du pouvoir royal, ils s'empressèrent d'en grignoter les prérogatives et d'avancer leurs pions au détriment les uns des autres : les princes ecclésiastiques contre les ducs laïcs, ainsi l'archevêque de Cologne Annon contre Godefroi, duc de Lotharingie ; chacun au sein de son groupe surveillant en outre les autres afin de se hisser au sommet. Une fois atteint l'âge de la majorité, en 1065, Henri IV prit les rênes du pouvoir. Il déploya aussitôt une ambitieuse politique en Saxe, accrut le rôle et la puissance de la ville de Goslar qui lui servait de palais principal, érigea des forteresses, prit appui sur la petite noblesse, la classe de ceux que l'on appelait les ministériaux et qui n'étaient pas toujours des hommes libres. Il heurtait ainsi de plein fouet les nobles qui se révoltèrent. Le chroniqueur Frutolf de Michelsberg se fait leur porte-parole : « En 1068, le roi se mit à mépriser les princes, à humilier les nobles, à élever les médiocres [...] et, rempli de méfiance envers les puissants, à bâtir des châteaux personnels. » La guerre éclata en 1073. Une coalition regroupa des princes laïcs et ecclésiastiques ; elle mena la vie dure au roi qui vit sa forteresse de Harzbourg livrée aux flammes et dut attendre la bataille de l'Unstrut, le 9 juin 1075, pour triompher de ses ennemis.

À peine était-il délivré de ce fléau intérieur que lui parvenait, le 8 décembre, une lettre du pape Grégoire VII lui intimant l'ordre de se soumettre : Henri IV, comme ses prédécesseurs, était intervenu dans les élections épiscopales en Italie, à Milan, Fermo et Spolète, y plaçant des fidèles. Attitude intolérable aux yeux du pape, décidé à faire plier le monarque et à lui imposer ses vues. Il avait déjà suspendu en février 1075 plusieurs prélats accusés de simonie ou de concubinage : parmi eux, l'évêque Hermann de Bamberg et l'archevêque de Brême, Liémar. Il frappait ainsi quelques-uns des plus solides partisans du souverain. La lettre du 8 décembre fut peut-être la première application des *Dictatus Papae*.

Henri IV refusa de céder : à l'assemblée de Worms, à la fin de janvier 1076, vingt-six prélats, soit les deux tiers de l'épiscopat germanique, invoquèrent les conditions troubles de l'élection de Grégoire VII pour le condamner. On évita soigneusement d'employer le terme de « déposition » : cela aurait été reconnaître la validité de son élection. L'assemblée préféra prononcer sa déchéance. La décision fut ratifiée par une seconde assemblée, réunissant des prélats italiens, à Plaisance. Le pape en fut informé par une violente lettre impériale, qui commençait en ces termes : « Moi, Henri, roi, non par usurpation mais par la pieuse décision divine, à Hildebrand, non pape mais faux moine » et s'achevait en intimant à Grégoire VII l'ordre de quitter sa fonction :

« Saint Paul en effet a dit : "Si nous-même, si un ange venu du ciel vous annonçait un évangile différent de celui que nous vous avons prêché, qu'il soit anathème !" Toi donc, tu es condamné en vertu de cet anathème, par le jugement de tous nos évêques et le nôtre, descends, abandonne le siège apostolique. Qu'un autre s'asseye sur le trône de saint Pierre, un autre qui ne couvrira pas ses violences du manteau de la religion mais enseignera la saine doctrine de saint Pierre. Et donc, moi, Henri, roi par la grâce de Dieu, avec tous nos évêques, nous te le disons : descends, descends ! »

Henri se souvenait que ses prédécesseurs avaient démis des papes ; il n'innovait pas, mais exerçait un pouvoir fixé dans l'*Ottonianum* de 962. Il agissait en vertu du droit, au nom de sa fonction de patrice de la ville de Rome qui lui avait été confiée par le serment des Romains avec l'accord de Dieu.

Le conflit éclata. Grégoire VII condamna dès le mois de février l'assemblée de Worms, délia les fidèles du serment prêté au roi, prononça son excommunication et le déposa ! Le mois suivant, il excommunia l'archevêque de Mayence et les évêques présents à Worms ; il alourdit sa sanction contre le roi en proclamant son bannissement. La mesure était d'une violence inouïe. À Pâques 1076, lors de l'assemblée d'Utrecht, Henri IV riposta en confirmant la déchéance du « faux moine Hildebrand ». La réunion se déroula dans un climat dramatique : selon les chroniqueurs, au moment de la lecture de la sentence, la foudre frappa l'église qui prit feu. Certains y virent un signe de la colère divine.

Le bloc épiscopal commença alors à se fissurer, tandis que les opposants laïcs au souverain relevaient la tête ; les princes du Nord, conduits par le duc de Saxe Otton de Nordheim, étaient rejoints par ceux du Sud, les ducs de Bavière, de Souabe et de Carinthie. Réunis à Trebur, à une quinzaine de kilomètres de Mayence, en octobre 1076, ils avertirent le roi que s'il n'était pas délivré de son excommunication le 2 février 1077, ils décideraient de son sort lors d'une assemblée qui aurait lieu à Augsbourg sous la présidence du pape, ce qui laissait présager sa destitution. Henri IV, dont le nombre de partisans fondait comme neige au soleil, n'eut d'autre solution que de se rendre auprès du pape en Italie, mais les princes s'ingénièrent à lui barrer le passage des Alpes, espérant ainsi empêcher tout accord et parvenir à leurs fins… Partant nuitamment de Spire, accompagné de la reine et de quelques fidèles, il passa néanmoins par la Bourgogne et prit la route du col du Mont-Cenis.

Canossa

La traversée des Alpes fut dramatique. La petite troupe avança, écrit un partisan du pape, l'abbé Lambert de Hersfeld, à grand-peine, les hommes progressant parfois à quatre pattes sur les sentiers escarpés, la reine et sa suite portées sur les épaules des guides. De nombreux chevaux glissèrent dans les précipices. Finalement, Henri IV parvint en Italie où les cités lui firent bon accueil. Apprenant sa venue, le pape, alors en route pour rejoindre les princes allemands, se réfugia dans la forteresse de Canossa, domaine de son alliée la comtesse de Toscane Mathilde. Sollicitée par le roi qui lui rappela des liens de cousinage, assez lointains à vrai dire, celle-ci accepta de servir d'intermédiaire.

Que s'est-il réellement passé en ces jours de la fin du mois de janvier 1077, au pied du château enneigé de Canossa ? L'affaire n'est connue que par quelques textes émanant tous du camp pontifical, dont celui de Lambert de Hersfeld. Henri IV, parvenu avec son escorte devant l'enceinte, dut se soumettre aux exigences du pape : « Il est resté trois jours devant la porte du château. Son aspect était lamentable, il s'était défait de tous ses insignes, était en pleurs, pieds nus et vêtu de laine », écrivit Grégoire VII dans une lettre adressée à l'ensemble des prélats allemands aussitôt après l'événement. Le chroniqueur grégorien Berthold de Reichenau confirme la scène : « En habit de laine, transi, les pieds nus [...] il demandait en pleurant, à la manière habituelle des pénitents, que la grâce de la communion et de la réconciliation apostolique lui soit accordée. »

Le roi d'Allemagne avait donc fait pénitence, en public, se soumettant au rituel habituel, fixé depuis le VIe siècle. Quelques jours auparavant, le pape avait imposé les mêmes exigences aux évêques et aux laïcs excommuniés venus lui demander pardon ; qui plus est, il avait même fait enfermer dans des cellules, isolés les uns des autres, les ecclésiastiques, « afin que la douceur de l'indulgence ne fasse pas paraître leur faute comme minime, voire nulle », indique Lambert de Hersfeld. L'idée d'une « humiliation » du roi, souvent reprise dans la littérature, paraît donc être un contresens. Ce sont ses ennemis qui, les premiers, la répandirent, lorsque la guerre reprit en 1080.

Le quatrième jour enfin, le pape, cédant aux prières de la comtesse Mathilde et du parrain du roi, l'abbé Hugues de Cluny[8], pardonna au souverain et leva l'excommunication. Henri IV s'engagea par serment à se rendre à

---

8. Hugues le Grand, abbé de Cluny de 1049 à 1109, était l'une des personnalités les plus influentes du temps, à la mesure du rayonnement et de la puissance de son abbaye. Il fut notamment l'artisan de l'édification de la troisième abbatiale de Cluny (Cluny III) qui devint au début du XIIe siècle la plus grande église de la chrétienté.

l'assemblée d'Augsbourg et à se soumettre à l'arbitrage pontifical qui déciderait s'il était ou non digne de conserver sa couronne. Dans l'affirmative, il promettait de se montrer à l'avenir docile envers le pontife et de mener à bien dans son royaume l'œuvre de la réforme ecclésiastique. Par mesure de sécurité, des prélats l'accompagnant – l'archevêque de Brême, l'évêque de Verceil, celui d'Osnabrück, ainsi que des nobles – prêtèrent serment de veiller au respect de ces promesses.

L'épisode a fait l'objet de multiples interrogations; les enquêtes des historiens se sont succédé et, régulièrement, de nouvelles analyses sont proposées, tant en ce qui concerne le déroulement précis des faits qu'en ce qui concerne leur signification et leur importance.

Les faits d'abord. Il est peu vraisemblable qu'Henri IV soit resté trois jours nu-pieds dans la neige; il n'y aurait pas survécu. Sans doute s'est-il rendu par trois fois devant les portes closes de la forteresse. Cet acte de pénitence fut, comme le propose l'historien Gerd Althoff, la première étape d'un processus de pacification dont les termes auraient été négociés entre les parties. Le pape sauvait la face, la soumission du monarque justifiant son pardon. Il n'avait au demeurant guère le choix : un prêtre est tenu d'accorder sa grâce au pécheur repentant, ce sur quoi avait sans doute tablé Henri IV. Significativement, dans ses lettres Grégoire VII ne parle jamais de victoire.

Cela étant, le souverain n'avait-il pas mis en danger son image ? Ne s'était-il pas humilié durant ces trois jours passés devant l'enceinte de Canossa, en habit de pénitent, jeûnant et frigorifié ? N'était-il pas désormais vaincu, ligoté par son serment, obligé de soumettre sa couronne à la décision pontificale ? Ou bien n'avait-il pas agi au mieux, avec habileté, plaçant les princes devant leurs responsabilités une fois obtenu son pardon ? Car avec l'excommunication s'était aussi évanouie la déposition prononcée par le pape. Henri IV était de nouveau, juridiquement, roi. Le résultat valait bien une pénitence dans la neige. Certains ne s'y trompèrent pas ; le chroniqueur Bonizon, évêque de Sutri, dénonce même dans son *Livre à un ami* l'hypocrisie du souverain : « Il a trompé les moins perspicaces. » La question a donc souvent été posée : Henri IV fut-il sincère dans son repentir ? On peut raisonnablement en douter. La pénitence humblement exécutée se muait en succès : le calcul politique semble fort probable[9].

De la crise à la guerre

Mais la réconciliation, qu'elle ait été sincère ou simulée, ne mit pas un terme à l'ensemble des griefs invoqués contre le roi, dont l'avenir politique demeurait en suspens. Par ailleurs, Henri IV ne revint sur aucune de ses prérogatives : il continua de nommer des évêques, exigeant toujours d'eux un serment de fidélité, et persista à s'intituler « roi des Romains », comme ses prédécesseurs, sans tenir compte du pape qui voulait lui imposer le titre réducteur de « roi des Allemands ». Canossa n'avait rien modifié.

Les princes allemands les plus hostiles à son autorité, et qui étaient parmi les plus puissants (le duc de Saxe, les archevêques de Mayence, Salzbourg et Magdebourg), refusèrent eux aussi de tirer les conséquences de l'entrevue : rompant leur engagement le 15 mars 1077, ils procédèrent à l'élection de l'un d'entre eux sur le trône royal, Rodolphe de Rheinfelden, duc de Souabe. Les légats du pape présents reconnurent aussitôt l'antiroi, plaçant Grégoire VII

9. Lorsque le conflit reprit, en 1080, les grégoriens prétendirent que la déposition du roi n'avait pas été levée en 1077. Or, dans les engagements pris à Canossa, Henri IV s'intitulait « Moi Henri, roi », sans que le pape y ait trouvé à redire.

en porte-à-faux. La guerre civile reprit. La papauté avait mal jugé la situation interne de l'Allemagne ; elle avait cru que les princes soutenaient sa réforme, alors qu'ils ne faisaient que poursuivre leurs propres objectifs contre le roi.

De 1077 à 1080, Grégoire VII ne ménagea pas ses efforts pour que le concile d'Augsbourg siège. La procédure décidée à Canossa lui tenait à cœur : créant un véritable précédent, elle permettait de mettre en pratique les *Dictatus Papae* et de montrer aux yeux de tous que le pape était le juge suprême de la chrétienté. Mais les princes d'Empire avaient rendu caduc ce scénario. De son côté, Henri IV s'efforça par tous les moyens d'empêcher la réunion, car c'eût été reconnaître la légitimité de Rodolphe de Rheinfelden. Il menaça même le pape de déposition si celui-ci s'obstinait à soutenir l'antiroi.

Mais, de ce fait, il violait le serment prêté à Canossa et s'exposait à une nouvelle excommunication, qui le frappa en 1080 lors d'un synode tenu à Rome pendant le carême. Grégoire VII se justifia en déclarant n'avoir d'autre parti que celui de la justice ; et c'était au nom de la justice qu'il sanctionnait « Henri, qui s'appelle roi, fils de l'empereur Henri », sous le motif qu'il s'opposait au concile prévu à Augsbourg : « Je livre à l'excommunication Henri, qu'ils appellent roi, et tous ses complices, et je les lie par l'entrave de l'anathème [...]. Je lui enlève tout pouvoir et toute dignité royale. » Au passage, il dénonçait l'essence même du pouvoir royal : « Qui ignore que les rois et les princes sont les successeurs de ceux qui, sous l'influence du prince du monde, à savoir le diable, au moyen de l'orgueil, des pillages, des meurtres, ont voulu dans leur insupportable arrogance dominer leurs semblables ? » La guerre était ouverte et c'était une guerre totale.

Dans le texte du synode du carême, Grégoire VII désignait Rodolphe comme roi – et lui imposait une forme de vassalité au titre de « combattant de saint Pierre » (*miles sancti Petri*). C'était aller au-delà des *Dictatus Papae* dans lesquels il s'était attribué le droit de déposer les souverains, non de les nommer ! L'initiative agaça les princes qui voyaient leur droit électoral menacé par Rome. Enfin, Grégoire VII souhaita ouvertement la défaite d'Henri IV : « Que ce même Henri avec ses complices perde toutes ses forces dans les batailles et de toute sa vie n'obtienne plus la victoire. » Le sort des armes en décida autrement : le 15 octobre 1080, Rodolphe de Rheinfelden mourait à la suite de la bataille de l'Elster[10], après avoir eu la main droite tranchée, celle avec laquelle on prête serment : les partisans d'Henri IV y virent un jugement de Dieu…

Le roi répliqua : lors d'une assemblée réunie à Brixen (Bressanone) le 25 juin 1080, il fit déposer celui qui « se f[aisa]it passer pour moine sans en avoir l'état », accusé d'hérésie, de pratiques divinatoires et même d'avoir empoisonné ses quatre prédécesseurs[11] ! Grégoire VII était sommé de descendre de son siège, sous peine d'éternelle damnation. Les quelque trente prélats réunis nommèrent un antipape, l'archevêque Wibert de Ravenne (Clément III). Ce n'était plus un conflit, ni simplement une guerre, mais un schisme, qui déchirait l'Église. L'affaire prenait une ampleur qui en affola plus d'un. À Brixen, l'évêque d'Osnabrück se cacha au moment du vote et réapparut ensuite, laissant croire qu'il avait effectivement voté…

La guerre ravagea l'Italie du Nord et l'Allemagne. Tous les grands princes s'y engagèrent, les Welf de Bavière, les

---

10. La bataille du fleuve Elster, près de Hohenmölsen, vit les troupes royales alliées à celles du duc de Bohême affronter celles d'Otton de Nordheim et de Rodolphe de Rheinfelden. Celles-ci prirent le dessus, Henri IV s'enfuit en Bohême, mais le bénéfice de l'affrontement lui revint car, blessé au ventre, Rodolphe de Rheinfelden mourut le lendemain.

11. « D'une seule voix toutes les bouches se plaignirent fort de la redoutable folie d'un certain Hildebrand, faux moine, surnommé le pape Grégoire VII », indique la sentence de l'assemblée de Brixen.

Babenberg d'Autriche, les ducs de Saxe, de Souabe et de Bohême. On se battit de toutes parts les armes à la main, mais aussi à coups de pamphlets d'une stupéfiante violence, emplis d'insultes, de calomnies, d'allusions à une sexualité dépravée. Les politiques reprenaient sans sourciller les libelles forgés par les moines et les clercs. Le cardinal Bénon, d'origine allemande, faisait de Grégoire VII un nécromancien ayant partie liée avec les démons ; le Saxon Bruno de Mersebourg, le moine Manegold de Lautenbach brossèrent en regard un portrait diffamatoire de l'empereur, accusé d'avoir fait violer sa propre sœur et d'avoir commis de multiples agressions et crimes sexuels. Ces rumeurs, noircissant à l'extrême l'adversaire, entraînaient les protagonistes à prendre des mesures radicales qui empêchaient tout apaisement du conflit.

À Rodolphe de Rheinfelden les princes trouvèrent un remplaçant facile à manœuvrer, le modeste comte Hermann de Salm, de la famille des Luxembourg, et la guerre continua, menée avec acharnement par Otton de Nordheim. De sanglantes batailles s'enchaînèrent, l'Allemagne fut déchirée. Les évêques rivaux s'affrontaient en rase campagne ou lors de sièges, secondés par leurs vassaux, aidés par leurs alliés. Le conflit se fragmentait en une multitude d'affrontements locaux. On se battait à l'arme blanche au sein même des monastères entre partisans et ennemis du roi.

Naissance d'une pensée politique

Ce fut aussi un combat d'idées. La crise jeta les bases d'une réflexion politique novatrice appelée à traverser les siècles. Les défenseurs de l'Empire dressèrent une panoplie d'arguments contre les prétentions romaines. Selon eux, l'empereur devait échapper aux sanctions pontificales car il avait été, en tant que roi de Germanie, sacré, ce qui lui conférait une dimension particulière et le mettait à part des autres hommes. Henri IV revendiqua avec force cette sacralité : « Je suis couronné par Dieu », écrit-il dans un acte officiel en 1084, se mettant au même niveau que les empereurs byzantins que l'on pouvait voir sur des mosaïques couronnés par le Christ. Ses partisans ne pensaient pas autrement. L'un d'eux, le juriste Pierre Crassus, rédige en 1084 une *Défense du roi Henri* où il affirme : « Il est clair qu'il ne relève ni du pouvoir du moine Hildebrand, ni du vôtre, Saxons, de décider de la royauté, donnée par Dieu. » La réforme grégorienne et la volonté politique qui l'animait contrariaient les efforts des souverains germaniques pour se poser en égaux des empereurs grecs et donc en légitimes continuateurs de l'Empire romain.

La déposition du roi était par ailleurs rejetée au nom du droit. Comment le pape pouvait-il prétendre écarter un homme à l'élection duquel il n'avait pas pris part ? La réaction des partisans d'Henri IV s'engageait là encore dans les voies d'une réflexion politique inédite. En outre, en s'arrogeant le droit de frapper les serments de nullité, Grégoire VII mettait en danger tout l'édifice social. L'évêque Widon d'Osnabrück dénonçait une mesure qui « autorise à commettre le parjure ». Si, sur tous les serments, planait désormais comme une épée de Damoclès – la menace pontificale –, plus aucun lien social ne serait fiable, à commencer par ceux de la vassalité. La société serait en passe de se dissoudre, de se disloquer, selon le terme de l'historien Jacques van Wijnendaele. Il fallait donc en revenir à Gélase, voire au Christ lui-même qui avait dit, selon saint Luc (22, 38), que deux glaives suffisaient. Et l'on pouvait même arguer du sacre pour hisser le roi au-dessus de l'humanité, faire de la royauté terrestre le reflet de la monarchie divine et affirmer, comme le faisait Benzo d'Albe, que l'empereur était le « vicaire du Christ », une appellation que les papes ne reprirent à leur compte qu'au début du XIIIe siècle !

Les fidèles d'Henri IV s'indignaient enfin que le camp pontifical prétende s'appuyer sur la fameuse « donation de Constantin », un faux fabriqué sans doute au VIIIe siècle, d'après lequel le premier empereur chrétien aurait accordé au pape Sylvestre Ier en 315 l'intégralité du pouvoir temporel dans toute l'Europe occidentale, tandis que l'empereur se retirait en Orient. La papauté s'était explicitement référée à ce document pour la première fois en 979 et les partisans de la réforme grégorienne, le cardinal Humbert de Moyenmoutier en tête, en firent la pièce maîtresse de leur polémique. Or, dès 1001, la chancellerie impériale avait dénoncé la supercherie, « un mensonge établi depuis des siècles », en vain[12].

Une société en perdition

La société se fragmenta. À Quedlinbourg, en Saxe, lors de la fête de Pâques 1085, les évêques alliés au pape déposèrent et excommunièrent leurs confrères soutenant l'empereur ; ceux-ci firent de même à leur encontre quelques jours plus tard à Mayence. Les fidèles s'alarmaient, ne sachant plus si les sacrements reçus (baptême, extrême-onction) étaient valables, puisque ceux qui les administraient étaient excommuniés. Les conflits se multiplièrent, touchant la plupart des localités, intensifiés par les enjeux personnels, les jalousies, les haines recuites qui trouvaient de plus en plus à s'exprimer.

12. C'est en effet à la cour d'Otton III que pour la première fois on montra que ce document était une invention de la curie romaine. Plus tard, en 1442, il revint à l'humaniste Lorenzo Valla d'en parfaire la démonstration.

On ne se battait plus autour de la nomination des évêques, mais pour quelque chose de plus brûlant, de fondamental : l'équilibre entre les deux pouvoirs universels. La guerre déciderait si le pape avait ou non le droit de déposer un roi. Grégoire VII inventa même alors ce qui deviendrait une des composantes de la guerre sainte : il accorda aux combattants qui suivaient Rodolphe de Rheinfelden l'absolution de leurs péchés et les bénit – ce qui, à l'encontre d'une erreur d'interprétation fréquente, ne leur garantissait pas l'accès au paradis, celui-ci dépendant du Jugement dernier.

Deux rois d'Allemagne, deux papes et, partout dans l'Empire ou presque, deux évêques sur chaque siège, l'un fidèle au monarque, l'autre partisan de Rome… « Pape, roi, évêques, ducs, nous sommes tous dédoublés (*Omnes sumus geminati*) », se lamentait dès 1079 l'auteur des *Annales d'Augsbourg*. En 1084, Henri IV gagna en apparence la partie ; après presque trois années de siège, il entra à Rome, installa pendant le carême Clément III sur le siège pontifical et fut couronné empereur par lui. Grégoire VII, claquemuré depuis plus d'un an dans le château Saint-Ange, fut délivré par ses alliés normands, qui, sous la conduite de Robert Guiscard, chassèrent les impériaux, non sans mettre la ville à feu et à sang. Réfugié à Salerne, il y mourut, exilé, le 25 mai 1085, abandonné de tous ou presque. Vingt ans durant encore Henri IV mena la lutte contre ses adversaires, le pape Urbain II[13] allié au duc de Bavière Welf IV et à la toujours active comtesse Mathilde. Son règne ne fut qu'« une plaie qui ne cicatrisait pas » (Michel Parisse). Le

13. Urbain II (1088-1099), qui lança l'appel à la première croisade à Clermont en 1095, poursuivit l'œuvre de Grégoire VII, avec détermination mais plus de souplesse. Il sut rallier à sa cause les rois de France et d'Angleterre, réussit à isoler Henri IV et à venir à bout de l'antipape Clément III.

pire arriva lorsqu'il fut trahi par ses propres fils, d'abord par Conrad, en 1090, puis par Henri, « le fils de notre ventre », écrira-t-il, qu'il avait associé au trône. Le jeune Henri V, soutenu par le pape Pascal II, emprisonna son père dans une tour au milieu du Rhin (Noël 1105), avant de le laisser mourir, en exil lui aussi, à Liège, le 7 août 1106. Longtemps fut refusée au corps du souverain, mort excommunié, la sépulture dans la cathédrale de Spire, nécropole des empereurs. Il ne put rejoindre ses ancêtres qu'en 1111.

La guerre des jumeaux

Le déchirement qui affecta le monde latin ne s'apaisa qu'avec la paix signée à Worms en 1122 entre Henri V et le pape Calixte II. Mais les problèmes de fond n'étaient pas résolus. Les deux pouvoirs, temporel et spirituel, restaient face à face, érigés en entités autonomes toutes deux attachées à défendre leurs prérogatives et agissant selon leur système juridique propre. Les querelles entre souverains et papes ne cessèrent pas, de Barberousse à Philippe le Bel, en passant par Frédéric II, jusqu'au projet avorté de Maximilien, à la fin du XVe siècle, de réunir les deux fonctions sous une seule personne, la sienne[14]. L'équilibre entre

14. Frédéric Barberousse (1155-1190) fut en conflit dix-sept années durant contre le pape Alexandre III qui revendiquait plusieurs régions d'Italie et refusait la domination de l'empereur sur la ville de Rome ; Barberousse nomma même trois antipapes. Frédéric II (1220-1250) dut lutter par les armes contre Grégoire IX et Innocent IV qui lui déniaient le droit de contrôler l'Église du royaume de Sicile et soutenaient les villes lombardes révoltées contre lui. C'est également pour des questions de juridiction que Philippe le Bel et Boniface VIII s'opposèrent dans un violent conflit (1297-1304).

les deux glaives avait été impossible à tenir ; la doctrine gélasienne avait été mise en échec.

Et si la faute relevait de structures mentales profondes, séculaires ? C'est la thèse récemment défendue par un historien allemand, Claudius Sieber-Lehmann, qui donne de ce conflit une lecture assez séduisante, même s'il faut la considérer avec prudence. Partant des propos de l'évêque Gérard de Cambrai qui, en 1023, voyait le roi et le prêtre comme des jumeaux (*geminae personae*), il observe que, cinquante ans plus tard, l'image n'était plus pertinente. La scission de la société occidentale aurait pu être résolue – telle est sa suggestion – si l'on avait disposé d'autres catégories, notamment si l'on avait été capable de penser la dualité autrement qu'en termes de dualisme, donc de rivalité et de hiérarchie. La gémellité aurait pu fournir une catégorie efficace et l'image des jumeaux fraternels aurait pu servir de guide pour aboutir à un équilibre entre le pape et l'empereur. L'Antiquité, avec les Dioscures (Castor et Pollux), fournissait à cet égard un modèle positif. Mais, d'une part, le chiffre deux était associé chez les théologiens à des images négatives, d'opposition et de conflit ; d'autre part, envisager une association fraternelle entre le pape et l'empereur était irréaliste car le monde judéo-chrétien avait développé, à partir du modèle biblique Jacob/Ésaü, une vision négative de la gémellité, visible dans les commentaires ecclésiastiques comme dans la perception par la société et les familles de la venue au monde de jumeaux. Faute donc de disposer d'une approche positive de la gémellité, l'idée du double, perçue en termes de duel, aurait empêché de concevoir une véritable coopération entre le pape et l'empereur, une synthèse entre le spirituel et le temporel. En somme, les catégories mentales propres au monde européen auraient interdit une approche optimiste du problème posé par la querelle des Investitures et empêché de l'aborder avec des outils intellectuels efficaces.

L'affrontement entre le pape et l'empereur avait eu raison de ses deux principaux protagonistes, avait déchiré l'Allemagne et l'Italie, secoué le reste de l'Europe, et ouvert la porte à l'interminable guerre des deux pouvoirs, qui se ralluma sans cesse. Des siècles durant l'Allemagne, du moins certaines de ses élites, vit dans le pape un intrus, un adversaire implacable. Cela explique peut-être, pour partie, le succès de Martin Luther en 1517. Cette lutte impitoyable entre deux hommes fut aussi le premier grand conflit d'idées à l'échelle de l'Europe. La question des rapports entre le laïc et le religieux, entre le pouvoir de l'État et celui de l'Église y fut abordée en des termes dont l'écho est encore sensible de nos jours.

Le pape fit inscrire sur sa pierre tombale : « J'ai aimé la justice et détesté l'iniquité; c'est pourquoi je meurs en exil », tandis qu'un chroniqueur anonyme composa pour l'empereur une épitaphe consolatoire : « Tu as quitté le royaume des troubles pour le royaume de la paix. » Les malheurs qui avaient accablé Grégoire VII et Henri IV les rapprochèrent ainsi par-delà la mort.

Sylvain GOUGUENHEIM

Bibliographie sélective

Sources

Les textes polémiques de la période ont pour la plupart été édités par les *Monumenta Germaniae Historica* (*MGH*), dans les trois volumes de la section *Libelli de Lite* (*LdL*, Hanovre, Hahn, 1891-1897). C'est le cas de plusieurs textes cités ci-dessus (le cardinal Bénon, Bonizon de Sutri, le *De unitate ecclesiae conservanda*, Pierre Crassus, Manegold de Lautenbach, Widon d'Osnabrück).

Les lettres de Grégoire VII sont éditées dans le *Registrum Gregorii VII*, *MGH*, *Epistolae selectae*, II/1 et II/2, Hanovre, Hahn, 1920-1923.

Parmi les chroniques :

Annales d'Hildesheim, *MGH*, *Scriptores rerum Germanicarum*, 8, Hanovre, Hahn, 1878.

Benzo d'Albe, *Sieben Bücher an Kaiser Heinrich IV*, *MGH*, *Scriptores rerum Germanicarum*, 65, Hanovre, Hahn, 1996.

Berthold de Reichenau, *Chronicon*, *MGH*, *Scriptores rerum Germanicarum*, Nova Series, 14, Hanovre, Hahn, 2003.

Lambert de Hersfeld, *Annalen*, Darmstadt, Wissenschaftliche Buchgesellschaft, 2000 (texte latin et traduction allemande).

Études

Althoff, Gerd, *Heinrich IV*, Darmstadt, Wissenschaftliche Buchgesellschaft, 2006.

Cowdrey, H. E. J., *Pope Gregory VII*, Oxford, Clarendon Press, 1998.

Gouguenheim, Sylvain, *La Réforme grégorienne. De la lutte pour le sacré à la sécularisation du monde*, Paris, Temps Présent, 2010 ; 2e éd., 2014.

Hasberg, Wolfgang et Scheidgen, Hermann-Josef (éd.), *Canossa. Aspekte einer Wende* (Canossa. Aspects d'un tournant), Ratisbonne, Pustet, 2012.

Schieffer, Rudolf, *Papst Gregor VII. Kirchenreform und Investiturstreit* (Réforme de l'Église et querelle des Investitures), Munich, Beck, 2010.

Sieber-Lehmann, Claudius, *Papst und Kaiser als Zwillinge? Ein anderer Blick auf die Universalgewalten im Investiturstreit* (Le Pape et l'Empereur comme jumeaux ? Un autre regard sur les pouvoirs universels lors de la querelle des Investitures), Cologne, Weimar, Vienne, Böhlau Verlag, 2015.

Weinfurter, Stefan, *Canossa. Entzauberung der Welt* (Canossa. Désenchantement du monde), Munich, Beck, 2006.

Wijnendaele, Jacques van, *Propagande et polémique au Moyen Âge. La querelle des Investitures (1073-1122)*, Paris, Bréal, 2008.

5

BAUDOUIN IV ET SALAH ED-DÎN

L'agonie du royaume latin de Jérusalem

De Godefroi de Bouillon à Saint Louis, de Richard Cœur de Lion à l'empereur Barberousse, l'histoire des croisades est riche en fortes personnalités. Le royaume de Jérusalem fut créé à la mort de Godefroi de Bouillon, qui avait refusé le titre de roi pour se contenter de celui d'avoué du Saint-Sépulcre. Lorsqu'en juillet 1174 le roi Amaury Ier mourut, la couronne passa à son fils, Baudouin, quatrième du nom. Âgé de treize ans, et déjà condamné : il était atteint de la lèpre. Son royaume exigu était entouré de principautés (Égypte, Syrie) contrôlées par un combattant d'envergure, Salah ed-Dîn, que nous avons coutume de nommer Saladin. Celui-ci poursuivait avec passion un but prestigieux : s'emparer du royaume chrétien, et plus encore de sa capitale emblématique. Dans la terrible journée du 4 juillet 1187, alors que Baudouin IV était mort depuis deux ans seulement, il écrasa les Francs à la bataille de Hattin, scellant le destin éphémère des États latins d'Orient et incarnant pour des siècles l'islam victorieux. Dans cette lutte inégale, on ne sait qui admirer le plus, de Salah ed-Dîn, conquérant tantôt magnanime, tantôt impitoyable, ou de l'homme d'État au courage hors norme et au destin tragique que fut Baudouin IV.

Le croisé et le conquérant

À la fin du mois de novembre 1183, Salah ed-Dîn, sultan[1] d'Égypte et de Syrie, alors âgé de quarante-cinq ans, mena ses armées au sud du royaume franc de Jérusalem, au pied de l'énorme château de Kérak de Moab qui contrôlait les routes reliant Le Caire à Damas. Les mamelouks s'emparèrent sans coup férir de la ville basse, massacrèrent la population à qui l'accès à la citadelle avait été refusé, puis investirent la forteresse, tenue par le seigneur d'outre-Jourdain, Renaud de Châtillon. Les Francs étaient à l'abri d'une place forte perchée au sommet d'un plateau escarpé, aux murailles de lourdes pierres sombres. Mais, enfermés, sans ressources suffisantes, ils savaient que leur salut dépendait de l'extérieur. Le grand feu allumé le soir du 22 novembre au sommet de la forteresse fut aperçu depuis Jérusalem et une armée de secours fit route à marche forcée. À son approche, le Sultan, soucieux de ne pas être pris à revers, leva le siège, avouant son impuissance ; le château de Kérak de Moab était sauvé.

L'ost de secours était précédé de la Vraie Croix. À sa tête, transporté dans une litière, gisait un homme fiévreux, mains et pieds gangrenés, la face tuméfiée, les narines sanglantes, l'iris des yeux enflammé. Un homme sans visage, aux muscles atrophiés, aveugle : Baudouin IV, roi de Jérusalem. Âgé de vingt-deux ans, il venait d'obliger, une fois encore, Salah ed-Dîn à rebrousser chemin. Lépreux, chef de guerre, vainqueur… Il n'y a pas de chroniqueur franc de Terre sainte qui ne se soit incliné devant son courage ; l'un d'eux, Ernoul, laisse passer son émotion devant

1. Le titre de sultan désigne en terre d'islam le détenteur du pouvoir temporel. Il est décerné par le calife de Bagdad, mais Salah ed-Dîn se l'attribua lui-même.

l'aspect effroyable du souverain dans ces derniers jours : « Or vous dirai du roi mésel [lépreux] qui approcha de sa fin et fut si malade qu'il ne lui restait doigts aux mains, ni yeux, ni nez... »

Dans la longue histoire des croisades, il n'est peut-être pas de figure plus émouvante que celle de ce souverain malade, qui tint les rênes d'un royaume minuscule couvrant à peine 300 kilomètres du nord au sud et 100 kilomètres dans sa largeur maximale. Le fils du roi Amaury Ier et d'Agnès de Courtenay[2], frappé de la lèpre lorsqu'il était enfant, fut couronné à treize ans, en juillet 1174, et eut en charge le pouvoir deux ans plus tard. Baudouin IV fut un souverain isolé, démuni, aux prises avec des adversaires résolus à lui arracher sa terre. Depuis qu'en juillet 1099 les croisés avaient repris à l'Islam le tombeau du Christ, les petits États forgés sur la côte orientale de la Méditerranée, à l'emplacement actuel du nord de la Syrie, du Liban et d'Israël, vivaient constamment sur le pied de guerre et, pour ainsi dire, sous perfusion. Si Jérusalem était pour les chrétiens la ville de la résurrection du Christ, elle restait aux yeux des musulmans celle d'où Muḥammad, à la suite du voyage nocturne l'ayant amené de La Mecque, s'était élevé, porté par la jument Bouraq, jusqu'au paradis en compagnie de l'archange Gabriel.

---

2. Agnès de Courtenay, fille du comte d'Édesse Josselin II, d'abord mariée à Renaud, comte de Mar'ash, épousa Amaury en 1157 ou 1158. Prétextant un lien de consanguinité, les barons du royaume, soutenus par le patriarche de Jérusalem, obligèrent les époux à se séparer. Ce n'est qu'à cette condition qu'Amaury put devenir roi. Agnès épousa alors Hugues d'Ibelin ; puis, devenue veuve en 1170, elle prit pour quatrième mari (en 1174) Renaud, seigneur de Sidon. On conçoit que celle qui aurait pu être reine n'ait jamais renoncé à exercer le pouvoir et ait multiplié ses interventions permanentes à la Cour afin d'infléchir la politique du royaume.

Or, depuis Noël 1100, la troisième ville sainte de l'islam était la capitale d'un royaume chrétien, protégé au nord par les comtés de Tripoli et d'Édesse et la principauté d'Antioche, à l'est par la seigneurie d'outre-Jourdain. Dès lors, les trêves avaient alterné avec les guerres ; une deuxième croisade déclenchée à l'annonce de la chute d'Édesse, en 1144, n'avait rien donné (1147-1149). Les États latins ne survivaient que parce que le monde islamique, alors dirigé par les califes de Bagdad[3], était assez indifférent au sort de la Terre sainte, et que les principautés musulmanes proches ou voisines se déchiraient en luttes intestines. En particulier en Égypte, aux mains de la dynastie des Fatimides[4], ou en Syrie et en haute Mésopotamie, où les princes sunnites n'étaient animés par aucun sentiment d'unité, ce dont les Francs surent profiter. Mais s'il advenait qu'un même souverain tienne entre ses mains ces deux territoires, le royaume de Jérusalem serait pris en tenaille. Et cette hantise se réalisa : en novembre 1174, le maître de l'Égypte, qui se surnommait Salah ed-Dîn, « Rectitude de la foi », s'emparait de Damas…

De son vrai nom Yusuf ibn Ayyub, il était issu d'une famille kurde au service du puissant atabeg (gouverneur) d'Alep et de Mossoul, Zengi, l'homme qui avait repris la

3. La dynastie califale qui gouvernait depuis Bagdad l'ensemble du monde musulman était celle des Abbassides. Ils avaient remplacé les Omeyyades en 750 et restèrent au pouvoir jusqu'à la prise de la ville par les Mongols en 1258. Salah ed-Dîn fut contemporain d'al-Mustadhi (1170-1180) avec qui il fut en bons termes et d'an-Nasîr (1180-1225) avec lequel ses relations furent houleuses en raison des ambitions du Sultan.

4. Les Fatimides, dont le nom vient de Fatima, la fille du prophète Muḥammad, étaient d'obédience chiite : ils estimaient que la succession du Prophète devait revenir aux descendants de son cousin Ali, l'époux de Fatima, devenu calife en 656 et assassiné en 661. Ils prirent par les armes le pouvoir en Afrique du Nord à partir de 909 puis s'emparèrent de l'Égypte en 969.

cité d'Édesse aux croisés en 1144, déclenchant ainsi la deuxième croisade. Salah ed-Dîn devint officier dans les armées de son successeur, Nûr ed-Dîn, conquérant du comté d'Édesse en 1150, maître de Damas et de l'ensemble de la Syrie depuis 1154. Il fut envoyé par lui en Égypte où il fit ses premières armes dans les années 1164-1169 en résistant aux incursions d'Amaury Ier. Les deux camps, syrien et franc, tentaient de profiter de la faiblesse des derniers Fatimides pour contrôler, voire s'emparer de l'Égypte. En 1169, Salah ed-Dîn assassina le vizir et s'imposa auprès du calife du Caire. Deux ans plus tard, il éliminait ce dernier, supprimait la dynastie fatimide et soumettait les chiites. Le chroniqueur Guillaume de Tyr, chancelier du roi de Jérusalem, notait avec clairvoyance : « La conquête de l'Égypte par les Turcs nous causait beaucoup de mal. [...] Notre brutal ennemi Nûr ed-Dîn pouvait, en partant d'Égypte avec une nombreuse flotte, attaquer notre royaume et assiéger n'importe quel port, par deux armées à la fois. »

En théorie serviteur de Nûr ed-Dîn, Salah ed-Dîn mena une politique autonome de plus en plus ambitieuse. Après la mort de son maître (mai 1174), il se rendit à Damas, épousa sa veuve et dépouilla leur fils en feignant de protéger leurs intérêts, ce qui lui permit de s'emparer d'une grande partie de la Syrie. Seules les cités d'Alep et de Mossoul lui échappaient ; il dut attendre respectivement en 1183 et 1185 pour en faire la conquête. Ces terres qui, une à une, tombaient dans son escarcelle lui procuraient des troupes supplémentaires et lui offraient le contrôle des artères du grand commerce oriental. Les conquêtes nourrissaient les conquêtes et rendirent le Sultan suspect aux yeux du calife de Bagdad. Il est vrai que Salah ed-Dîn avait pris comme nom de règne le même que celui du calife : al-Nasir, « Celui qui reçoit la victoire de Dieu »...

Deux grands princes

En face de ce véritable seigneur de la guerre se dressait un jeune roi, de vingt-trois ans son cadet, dont la maladie faisait de chaque journée un martyre. Leur face-à-face pourrait se résumer en une opposition schématique : quoi de plus éloigné en apparence qu'un conquérant à cheval, en pleine force de l'âge, en pleine possession de ses moyens physiques, et un lépreux gisant sur une civière ? Ce serait oublier trop de choses. Les deux hommes avaient beaucoup en commun : le courage et la ténacité, la compréhension des mécanismes du pouvoir, une vision stratégique des problèmes de la Terre sainte, le souci de la justice, voire de l'équité, une piété profonde et inaltérable. Baudouin fut l'égal de Salah ed-Dîn dans la maîtrise du gouvernement et peut-être meilleur dans la conduite des affaires militaires. Ils auraient pu s'entendre s'ils n'avaient été issus de deux mondes en conflit et si différents ; peut-être se sont-ils, à distance, appréciés ou du moins respectés…

Certes admirés pour leur courage, leur volonté, leurs succès, tous deux avaient néanmoins de nombreux ennemis : le parti de la Cour, animé par sa propre mère, pour Baudouin ; les émirs de Syrie et les assassins du Vieux de la Montagne[5], qui faillirent à plusieurs reprises mettre fin à ses jours, pour Salah ed-Dîn. Baudouin fut victime de l'image dont on affligeait les lépreux, fussent-ils rois. Son

5. L'appellation de « Vieux de la Montagne » désignait les chefs successifs d'une secte chiite retranchée dans la forteresse d'Alamût, au nord de l'Iran, puis en Syrie, et qui procéda à de nombreux assassinats contre des princes francs ou musulmans sunnites. À deux reprises au moins Salah ed-Dîn faillit être leur victime. Convaincus, après avoir absorbé du haschich, d'avoir goûté aux joies du paradis, les hommes envoyés en mission ne reculaient devant rien pour accomplir leurs meurtres et étaient universellement redoutés.

entourage lui obéissait, mais avec des réserves, et non sans manigances. Les ambitieux n'attendaient que sa mort ou, à tout le moins, sa déchéance physique complète : il y avait ceux qui rêvaient de prendre sa place et ceux qui le méprisaient parce qu'il était trop faible pour se battre, parce que sa maladie le rendait incapable de procréer. Si le roi de Jérusalem paraissait vulnérable, le sultan d'Égypte et de Syrie semblait en revanche trop puissant ; et on ne lui pardonnait pas ses échecs militaires. Salah ed-Dîn gouvernait en maître, entouré des membres de sa famille, les seuls dont il ne craignait rien. Baudouin sut nommer des hommes de confiance à des postes d'importance, comme Guillaume de Tyr à la chancellerie ; il sut nouer de bonnes relations avec plusieurs des barons de Terre sainte, tel Raymond III, comte de Tripoli, mais il n'avait pas les moyens de se faire obéir des plus indociles, ni de freiner les arrivistes. Deux hommes d'une grande intelligence politique ; deux règnes tumultueux traversés de part en part par la guerre et les conflits, deux règnes épuisants. Baudouin mourut avant de voir le triomphe de son adversaire – cela au moins lui fut épargné ; Salah ed-Dîn sut développer une propagande qui camoufla ses échecs et en fit, pour l'avenir, le champion du djihad.

Leur aspect physique nous est inconnu, nous n'en avons aucune image fiable. Les miniatures représentant Baudouin IV sont stéréotypées ; Guillaume de Tyr nous a laissé quelques traits de sa personne, soulignant son intelligence, son élégance, ses merveilleuses aptitudes de cavalier et son courage stupéfiant face à la maladie. Les seuls portraits contemporains que l'on ait du Sultan sont ceux gravés sur ses monnaies – par la force des choses grossièrement esquissés – et ne permettent pas de nous faire une idée de l'homme. Les peintures ultérieures, comme celle, impressionnante, de Cristofano dell'Altissimo (1590) à la galerie des Offices de Florence, sont de pures inventions. Peut-être était-il, à en croire certains chroniqueurs musulmans, de petite taille et sec. On le voit en tout cas combattre sans répit tout au long de son règne, mener ses armées en campagne, résister aux défaites et aux retraites exténuantes dans le désert. Il ne craignait pas de s'exposer dans les combats où une tunique de soie couleur safran – sa couleur personnelle – le désignait aux yeux de tous, amis et ennemis.

Baudouin fut sans cesse présent dans son royaume, le parcourant à cheval et combattant même au cœur de la mêlée. Les pieds privés de sensibilité, « cherchant les étriers » (Pierre Aubé), il dirigeait sa monture par la force des genoux, se battant d'une main, sans bouclier. Sous une chaleur accablante, il était contraint de porter un heaume qui mettait au supplice son visage tuméfié par la lèpre. Bien qu'il fût dès l'enfance un cavalier exceptionnel, sa vulnérabilité augmentait avec le temps ; désarçonné à la bataille de Marj Ayûn, il n'aurait dû la vie qu'à la vigueur d'un chevalier qui l'emporta sur ses épaules. La guerre fut ainsi la principale activité de ces deux princes exceptionnels.

Les barons indomptables

Le royaume de Jérusalem n'avait rien d'une monarchie absolue et le roi gouvernait avec le Conseil des barons. Les plus puissants, le comte de Tripoli, le prince d'Antioche, étaient moins des vassaux que des fidèles. Au sein du royaume même, une vingtaine de seigneuries se partageaient les deux tiers du territoire. Celle de la famille d'Ibelin était l'une des plus importantes : possessionnée entre Jaffa et Ascalon, elle s'étendait de la côte à la vallée du Jourdain. À leurs domaines, ses seigneurs ajoutaient des liens matrimoniaux qui les rendaient parents de la maison impériale de Byzance et de celle de Jérusalem. L'aîné,

Hugues, avait épousé Agnès de Courtenay en 1163, et le cadet, Balian II, prit pour femme en 1176 la veuve du roi Amaury, Marie Comnène. Le puîné, Baudouin, seigneur de Ramla, fut l'un des barons les plus influents.

Si le roi pouvait compter sur la fidélité de la plupart d'entre eux, il avait aussi maille à partir avec leur volonté d'indépendance. Le plus célèbre, Renaud de Châtillon, devenu seigneur d'outre-Jourdain en 1176, n'en faisait qu'à sa tête. Ce chevalier du Gâtinais, sans fortune, était arrivé en Terre sainte en 1147 dans l'armée du roi de France Louis VII, et il avait choisi d'y rester. Une chance insolente lui permit d'épouser en 1153 la jeune veuve du prince d'Antioche, Raymond de Poitiers. Dès lors à la tête d'une puissante principauté, il donna libre cours à ses appétits. En 1160 il tomba aux mains des musulmans, alors qu'il tentait de s'emparer d'immenses troupeaux de bétail à la frontière du comté d'Édesse. Sorti contre rançon des geôles d'Alep après seize années d'une dure captivité qui en avait fait un ennemi juré de l'islam, il reprit ses razzias sans tenir compte des trêves ni des engagements jurés. Ami des Bédouins, il connaissait à merveille le désert ; les routes menant via Eilat à La Mecque passaient par ses terres et les riches caravanes qui les empruntaient étaient des cibles tentantes. Ses coups de main n'étaient pas suscités que par l'appât du gain : il voulait couper les communications entre l'Égypte, l'Arabie et la Syrie, et s'imposer comme le maître de cet espace frontalier vital. Ses agressions provoquèrent en 1182 et 1187 la riposte de Salah ed-Dîn. Baudouin n'y pouvait mais. Alors qu'il le sommait de restituer les biens volés, Renaud répondit qu'il était maître de ses terres comme le roi l'était des siennes…

C'est à la fin de l'année 1182 qu'il effectua son action la plus stupéfiante. Il construisit dans sa forteresse de Kérak une flotte en pièces détachées qu'il fit remonter dans le golfe d'Aqaba. Les navires cinglèrent à travers la mer Rouge, semant la désolation sur la côte du Hedjaz, à Djedda, Rabigh et Hawrî. Pourchassés par une flotte venue en hâte du Caire, les Francs débarquèrent et marchèrent en direction de Médine. Leurs intentions étaient de détruire le tombeau de Muḥammad et de s'emparer des Lieux saints de l'islam. La panique gagna le monde arabe ; on crut à l'imminence du Jugement dernier. Mais les chrétiens furent arrêtés à une journée de marche de Médine et massacrés. Les ultimes survivants, aveuglés, furent égorgés à La Mecque ou conduits au Caire où on les exécuta. L'expédition qui avait semé l'épouvante se soldait par un échec total ; les Francs des États latins eux-mêmes n'en surent jamais rien : « Après qu'ils fussent [*sic*] embarqués on n'en entendit plus parler et nous ne savons ce qui leur arriva », note le chroniqueur Ernoul. Les hommes de Renaud étaient morts dans le désert en enfants perdus ; lui-même était sans doute resté à Kérak.

La guerre inévitable

Le raid maritime de Renaud de Châtillon ne fut qu'un épisode au sein d'une multitude de combats, d'escarmouches et de raids. La montée en puissance de Salah ed-Dîn, l'encerclement réalisé en 1174 placèrent les Francs dans un péril mortel. La guerre était inévitable et elle ne pouvait être que défensive. S'il avait pu, Baudouin l'aurait évitée tant les Francs ne cherchaient pas à s'emparer de terres nouvelles mais à préserver les leurs. « Quand Baudouin commença à régner, écrit le patriarche d'Antioche, Michel le Syrien, il confirma la paix que son père avait faite avec le fils de Nûr ed-Dîn. » Au contraire, Salah ed-Dîn menait des guerres de conquête. Le Sultan, dont les symboles étaient l'aigle et le lion, « resta sa vie durant un guerrier avant d'être un prince », résume Jean-Michel Mouton, un de ses derniers biographes. Auteur de deux coups d'État qui lui assurèrent le pouvoir au Caire puis à Damas, il guerroya sans cesse, et d'abord contre d'autres musulmans.

Sa propagande fut remarquablement élaborée par sa chancellerie. Elle est exposée dans les nombreuses lettres expédiées au calife de Bagdad comme à d'autres princes musulmans et relayée par ses émissions monétaires où figurait l'étoile à six branches, symbole de Jérusalem. Elle s'affichait aussi dans les forteresses qu'il bâtissait, comme celle de Sadr, à l'orée du Sinaï, dont l'entrée reprenait la décoration de la « porte de la Victoire » construite au Caire en 1097 par les Fatimides. Tout un cérémonial rehaussait son prestige : ceux qu'il recevait devaient, sauf autorisation de sa part, rester debout alors qu'il était assis en tailleur sur des coussins, tel un calife, alors qu'il ne détenait pas ce titre. Il se présentait partout comme le champion de l'islam, poursuivant un but unique : la reprise de Jérusalem et l'élimination de la présence franque. D'où le préalable indispensable : réaliser l'unité du monde musulman, donc évincer du Caire les Fatimides et soumettre les atabegs (gouverneurs) de Syrie. C'était déjà le programme de Nûr ed-Dîn, qui avait inséré dans sa titulature l'épithète de *mujahid*, « combattant de la guerre sainte ». Et c'est ainsi que Salah ed-Dîn justifiait ses actions, se proclamant l'unique combattant du djihad, seul argument susceptible d'unir les principautés musulmanes et en accord avec une piété que ses biographes soulignent d'abondance ; n'était-il pas soucieux, dans tous ses actes, de suivre le Coran à la lettre ? Il combattait de préférence à l'heure de la grande prière du vendredi, pour bénéficier des prières des mosquées, et son cri de guerre était : « À moi gens de l'islam ! » En Égypte il remit en vigueur les discriminations frappant les *dhimmis*, juifs et chrétiens, que les Fatimides avaient laissé s'étioler : port de signes de couleur sur les vêtements, obligation de ne circuler qu'à pied ou sur des ânes, prohibition de la détention d'armes, interdiction des cloches et des processions, impôt spécial supplémentaire. Cela ne l'empêchait pas d'être entouré de quinze médecins qui étaient tous juifs ou chrétiens – comme s'il se méfiait de ses coreligionnaires.

Djihad de conviction donc. Ou djihad de circonstance ?, s'interrogent de nombreux historiens. Jérusalem ne prend de l'importance dans ses faits et gestes qu'à partir de 1182-1183 : il fit alors imprimer sur ses monnaies et graver à l'entrée de la forteresse de Sadr le sceau de Salomon, l'étoile à six branches, symbole de la ville. L'idée de guerre sainte elle-même n'apparaît que vers 1185. Voulut-il s'emparer de Jérusalem pour des raisons religieuses ou son pragmatisme politique le poussait-il à éliminer les États latins qui bloquaient ses débouchés vers la Méditerranée ? Ou bien encore, le djihad n'aurait-il été qu'une réponse aux critiques venues du monde islamique l'accusant de mener des opérations contre d'autres musulmans pour sa gloire et le bénéfice des membres de sa famille qu'il plaçait à la tête des terres conquises[6] ? Toujours est-il que le Sultan lança alors attaque sur attaque contre le royaume franc.

Le Sultan en échec

Les troupes de Baudouin ne pouvaient rivaliser en nombre avec celles de ses ennemis. Hormis les quelque 500 chevaliers des ordres militaires du Temple et de l'Hôpital[7], il n'y avait pas d'armée permanente. Comme les

6. Il nomma son frère al-Adil à la tête d'Alep ; son neveu Farukh Shah gouverna Damas tandis que l'Égypte fut confiée à un autre neveu, Taqi al-Dîn. Après une grave maladie, Salah ed-Dîn plaça ses propres fils à Damas et au Caire.

7. Les ordres militaires du Temple et de l'Hôpital de Saint-Jean de Jérusalem étaient des ordres religieux créés à la fin du XIe et au début du XIIe siècle, soumis au pape, astreints à des obligations caritatives et

souverains européens, le roi de Jérusalem disposait de ses troupes personnelles, de celles de ses vassaux, de l'arrière-ban constitué par les combattants fournis par les villes et les petits seigneurs, et enfin de mercenaires. En raison du danger permanent qui planait sur les frontières, le service des vassaux n'était pas limité dans le temps. De plus, s'ils devaient fournir armes et montures, ils percevaient du roi une solde journalière. Les effectifs des Francs pouvaient s'élever au maximum à 15 000 ou 20 000 hommes, dont environ 2 000 cavaliers. Salah ed-Dîn bénéficiait de l'armée forgée par Nûr ed-Dîn, augmentée de contingents kurdes et d'éléments égyptiens. Sa garde personnelle était constituée de Turcs d'origine servile, les mamelouks. Si l'on additionne les forces rassemblées en Syrie et en Égypte, il disposait de 50 000 hommes environ. Des deux côtés les espions faisaient admirablement leur travail ; les Francs, souvent natifs de Terre sainte, alliés aux tribus bédouines, connaissaient aussi bien le pays que leurs adversaires.

« Aussi longtemps qu'il vécut, il [Baudouin] triompha magnifiquement », note le chroniqueur italien du XIIIe siècle Sicard de Crémone. On est en effet surpris, en retraçant l'histoire des combats menés par Baudouin IV contre Salah ed-Dîn, de la succession des échecs du Sultan, qui perdit bataille après bataille et fut contraint de rebrousser chemin à chacune des campagnes qu'il entama. Ses rares victoires furent sans portée, mais celles des Francs ne pouvaient être décisives.

Au mois de janvier 1175, le comte Raymond III de Tripoli avait obtenu un important succès : il avait marché

---

militaires. Ils constituaient de véritables armées permanentes, peu nombreuses – quelques centaines de combattants à cheval – mais réputées pour leur efficacité et leur discipline. On a coutume de désigner leurs membres comme des « moines-soldats », mais leur mode de vie les apparentait plus à des chanoines.

sur Homs et obligé Salah ed-Dîn à lever le siège d'Alep, l'empêchant d'unifier la Syrie sous son autorité. En juillet, Baudouin conduisit pour la première fois un raid, s'empara de la forteresse de Beit Jin et dévasta la région de Damas. En août 1176, après une nouvelle expédition dans la plaine de la Bekaa, il sortit vainqueur d'un affrontement à Ain Anjarr contre les troupes conduites par le frère du Sultan, Turan Shah. Puis vint le jour de Montgisard.

À l'automne 1177, Salah ed-Dîn rassembla une vaste armée, que l'on peut raisonnablement estimer aux alentours de 30 000 cavaliers ; leurs étendards étaient si nombreux que « les houris du paradis semblaient les avoir faits de leurs voiles », s'émerveille Imâd al-Dîn al-Isfahâni, le secrétaire du Sultan, qui narra avec emphase ses exploits. Escomptant tirer profit de l'attaque lancée par Raymond de Tripoli contre les villes de Homs et de Hama, qui mobilisaient une partie des troupes chrétiennes, il marcha en direction de Gaza. Soixante-quinze ans plus tard, dans son *Livre des deux jardins*, l'historien Abu Shâma décrit avec admiration l'avancée victorieuse du Sultan : « Là il pilla, fit des prisonniers et du butin, culbuta l'ennemi et le tailla en pièces, puis il réunit tous les prisonniers et leur fit couper la tête. Après quoi, l'armée se répandit dans le pays qu'elle pilla et dévasta. » Salah ed-Dîn commit alors l'erreur de prendre la route de Jérusalem : retranché dans Ascalon, Baudouin se mit à sa poursuite à la tête de quelques centaines de cavaliers auxquels s'ajoutaient les troupes de l'arrière-ban et de quelques barons (Renaud de Châtillon, les deux frères Baudouin de Ramla et Balian II d'Ibelin). Le 25 novembre, le jeune roi fut vainqueur à Montgisard, au sud-est de Jaffa. Michel le Syrien s'en émerveille : « Les Turcs, dont les forces étaient comme une mer », furent balayés par la charge des Francs et, pris de panique, s'éparpillèrent dans le désert où les Bédouins, qui ralliaient toujours le vainqueur, achevèrent de les anéantir. « Notre

Sire voulut cette chose accomplir par un petit nombre de gens… », se félicite l'auteur de l'*Histoire d'Éraclès*[8].

Salah ed-Dîn rentra au Caire en passant par le désert de l'Arabie pétrée, sans eau ni guide. Pierre Aubé dépeint les rescapés comme une « horde informe de guerriers loqueteux et prostrés ». Le Sultan prit le deuil plusieurs jours durant. « Rarement les musulmans essuyèrent plus complète défaite », note l'historien Joshua Prawer qui tempère aussitôt : « Le réservoir humain et économique que Saladin avait à sa disposition enlevait tout caractère définitif au combat le plus malheureux. »

L'année suivante, Baudouin renforça ses défenses ; les murailles de Jérusalem furent restaurées et deux puissantes forteresses érigées à Chastel-Neuf et au gué de Jacob (le Chastelet). La première, près de Banyas, une ville située au pied du mont Hermon, au nord du Golan, barrait la route menant de Damas à Tyr, tandis que la seconde, précédant le château de Safed, fermait le passage du Jourdain au nord du lac de Tibériade et protégeait la route d'Acre. Baudouin poursuivait ainsi la stratégie défensive mise en place par les Francs : ériger une ceinture de places fortes aux frontières du royaume capable d'en verrouiller l'accès. Dans un pays où les chrétiens étaient minoritaires, c'était le seul dispositif efficace. Mais si l'une de ces places tombait à l'ennemi, les routes vers la côte et les grandes villes seraient ouvertes.

En avril 1179, les musulmans sortirent vainqueurs d'une escarmouche dans la forêt de Banyas où succomba, mortellement blessé, le connétable Onfroi de Toron qui était depuis trente ans à la tête de l'armée royale et dont les qualités militaires étaient redoutées. L'historien Ibn

8. L'*Histoire d'Éraclès* est la traduction en français de la chronique de Guillaume de Tyr réalisée au début du XIIIe siècle. Le nom d'Éraclès ne renvoie pas au héros mythologique mais à l'empereur byzantin Héraclius (610-641).

al-Athîr[9] se réjouit de la disparition de cette « affliction que Dieu avait déchaînée contre les musulmans ». Puis, à Marj Ayûn, le 10 juin, Salah ed-Dîn remportait enfin une victoire que salua ce même chroniqueur : « Les Francs firent plusieurs charges et furent sur le point de les chasser des positions qu'ils occupaient. Mais Allah fit descendre son secours sur les musulmans ; les polythéistes furent mis en déroute et il en fut fait un grand carnage. » Le 29 août, le vainqueur s'empara du Chastelet et le détruisit. Une partie des prisonniers fut exécutée, le reste conduit à Damas pour y être vendu sur les marchés aux esclaves. S'ensuivit une trêve de deux ans brièvement interrompue en octobre 1179 lorsque des navires partis du Caire pénétrèrent dans le port d'Acre, incendièrent des bâtiments et semèrent la panique.

En juin 1182, Farukh Shah, neveu du Sultan qui lui avait confié la direction de Damas, ravagea la Galilée et s'empara de la forteresse de Habis Jaldak, pendant que Salah ed-Dîn attaquait par le sud. Les Francs ne pouvaient se battre sur deux fronts et Baudouin choisit de se porter à la rencontre du Sultan. En juillet, au pied de la forteresse de Belvoir, ce dernier, dont les troupes se battaient à quinze contre un, échoua face aux 700 chevaliers chrétiens. Le mois suivant, il assiégea Beyrouth que le roi vint débloquer grâce à une flotte de trente-trois galères construite dans l'urgence à Tyr. En octobre, Baudouin, à la suite d'une expédition au nord-ouest du djebel druze, reprit la place forte de Habis Jaldak. À la fin du mois de novembre, il lança un raid qui le mena aux portes de Damas où il détruisit la ville de Dareiya.

Presque chaque fois le jeune roi malade de Jérusalem sortit donc vainqueur de ses affrontements avec les armées

9. Ibn al-Athîr, originaire de Mossoul, n'était pas particulièrement favorable à Salah ed-Dîn, en qui il voyait un agresseur – du moins est-ce le sentiment qui transparaît dans son *Histoire des atabegs de Mossoul*, sa *Chronique* (*Kamil al-Tawarikh*) conservant un ton plus impassible.

du Sultan. Les Francs compensaient leur constante infériorité numérique par une plus grande discipline et par leur capacité à mener des charges de cavalerie lourdes et puissantes qui brisaient les rangs adverses. Même lorsqu'ils se déplaçaient en colonne en territoire ennemi, ils ne bronchaient pas face au harcèlement des archers à cheval et demeuraient bien groupés, en blocs compacts. Ils avaient depuis longtemps appris à refuser le piège tendu et ne se lançaient pas à la poursuite de la cavalerie légère du Sultan qui les aurait inévitablement menés à combattre en rangs dispersés des troupes nombreuses massées plus loin.

Mais Baudouin IV n'avait plus l'initiative des opérations. Il devait combattre sur plusieurs fronts et déplacer sans cesse ses troupes d'une frontière à l'autre face à un adversaire qui montrait sa capacité à combiner des opérations du nord au sud, sur terre et sur mer. Il n'était évidemment pas question dans de telles conditions de conquérir des territoires, ni même d'étendre le périmètre défensif : il aurait fallu pour cela disposer d'effectifs en nombre suffisant pour être déployés dans de nouvelles garnisons, et avoir une population franque assez importante pour mettre en valeur les terres conquises. On en était loin : dans les limites du royaume, les trois quarts des sujets étaient musulmans ou syriaques.

L'année du tournant

En 1183, l'édifice qui, jusque-là, tenait bon, vacilla. Les 12 et 24 juin, Salah ed-Dîn acquit sans combat les cités d'Alep et de Homs, cédées par ces princes avec lesquels les Francs concluaient traditionnellement des alliances de revers. Il contrôlait désormais la totalité des frontières terrestres du royaume de Jérusalem et s'apprêtait à réaliser son programme, tel qu'il l'exposait dans une lettre à un prince musulman : « Maintenant que toutes les contrées musulmanes sont sous notre juridiction, nous devons employer notre force contre les Francs maudits. Nous devons descendre dans l'arène, frapper, lutter et combattre pour la cause de Dieu. Nous effacerons dans leur sang les souillures dont ils ont couvert la Terre sainte. »

Alarmé, Baudouin IV rassembla l'ost et l'arrière-ban. Son corps était alors « tout pourri », écrit le chroniqueur Ernoul, il ne pouvait plus marcher et avait perdu la vue… Le 1er octobre, l'armée fut conduite par Guy de Lusignan, à qui il venait de confier la régence. L'homme connaissait mal la région et n'était pas un bon stratège. Ses troupes, fortes de 1500 cavaliers et 15000 hommes de pied environ, s'enfoncèrent dans le territoire musulman. Leur marche en phalange fut entravée par les attaques répétées des archers à cheval du Sultan. Pendant huit jours les Francs allaient rester encerclés près de Zir'in, à la fontaine de Tubanie. Enterrés dans des tranchées, refusant le combat, ils eurent le soulagement de voir Salah ed-Dîn, lui-même à court de vivres, abandonner le siège.

À deux reprises, en novembre 1183 puis en août 1184, Raymond III de Tripoli dut dégager Kérak de Moab assiégé par Salah ed-Dîn. De dépit, le Sultan pilla et incendia Naplouse et Jénine, emmenant la population en esclavage. Seule une aide venue d'Europe pouvait désormais sauver un État en sursis, à bout de forces et appauvri. L'auteur de l'*Histoire d'Éraclès* sut trouver le mot juste pour dépeindre la situation : « Je appelle le roiaume baronie por ce qu'il estoit si petit. »

Un roi démuni

L'argent manquait en effet. Les ressources coutumières du roi ne permettaient pas de supporter l'effort de guerre que la politique de Salah ed-Dîn rendait permanent. Il disposait des revenus de ses domaines propres, notamment les quatre cités de Jérusalem, Acre, Naplouse et Tyr. S'y ajoutaient les rentes foncières, les droits de péage et de monnaie, la capitation levée sur ses sujets, des amendes de justice et les rentes de divers monopoles (boucherie, verrerie, tannerie). Mais l'ensemble était grevé par les exemptions et les récompenses, et se diluait dans le paiement des soldes militaires, l'achat des chevaux, des armes et des engins de siège. En février 1183, réunissant la Haute Cour, Baudouin instaura un impôt général : tous les habitants, chrétiens, juifs et musulmans, de toutes les conditions sociales, devaient verser 1 % de la valeur de leurs biens et 2 % de leurs revenus. Un plafond était fixé pour ceux dont la fortune était inférieure à 100 besants – le revenu annuel d'un chevalier avoisinait les 400 à 500 besants. L'impôt rapporta de quoi équiper 700 chevaliers et 15 000 hommes de pied ; en face, Salah ed-Dîn, riche des ressources de ses territoires, disposait, pour les seules troupes égyptiennes, de 3,6 millions de dinars, soit une somme très largement supérieure à celle rassemblée par Baudouin. Cela lui permettait d'entretenir une armée quasi permanente, du moins de tenir ses troupes en campagne plusieurs mois d'affilée.

Bien sûr, le roi de Jérusalem pouvait nouer des alliances. Amaury Ier, comme son prédécesseur Baudouin III, avait su conclure une entente avec Manuel Comnène, l'empereur de Byzance. Il était même devenu le vassal du basileus en 1171. Avoir son appui permettait de lancer des opérations contre l'Égypte en sachant protégée la frontière syrienne. Baudouin IV s'efforça de maintenir une si précieuse alliance. Las, en 1176 Manuel Comnène subit une lourde défaite devant les Turcs à Myriokephalon. L'Empire grec, désormais sur la défensive, n'interviendrait plus jamais en Syrie. Il disposait toutefois encore d'une redoutable flotte de guerre. En 1177, un plan d'attaque contre l'Égypte, associé à des manœuvres des atabegs d'Alep et Mossoul hostiles à Salah ed-Dîn, fit planer l'espoir d'un succès décisif. Mais la combinaison d'une opération navale byzantine avec une expédition terrestre conduite par les Francs avorta, à cause, semble-t-il, des exigences et des atermoiements de Philippe d'Alsace, le comte de Flandre, venu en Terre sainte. Son attitude finit par exaspérer les Byzantins dont la flotte repartit. C'était perdre une splendide occasion, la dernière. Le comte, par ailleurs, refusa la régence que lui proposait Baudouin, et prétendit épouser Sibylle, la sœur du roi. Espérait-il obtenir un jour la couronne de Jérusalem ? « Nous fûmes stupéfaits de la malice de cet homme et de la tournure perverse de son esprit », écrivit, consterné, Guillaume de Tyr.

La mort de Manuel Comnène le 24 septembre 1180 amorça une période catastrophique des relations entre Byzance et le royaume de Jérusalem. L'impératrice Marie d'Antioche fut assassinée sur ordre d'Andronic Comnène, cousin de Manuel, qui s'empara du pouvoir, déclencha des pogroms contre les marchands latins de Constantinople et conclut une alliance avec… Salah ed-Dîn. Baudouin IV était privé de son seul allié.

Espérer des secours d'Europe était peine perdue. Les souverains latins restèrent sourds aux demandes venues de Terre sainte. L'appel à la croisade lancé par le pape Alexandre III le 16 janvier 1181, quelques mois avant sa mort, demeura sans écho. Trois ans plus tard, l'ambassade dépêchée par Baudouin auprès du pape et d'Henri II d'Angleterre échoua également. Nul en Europe ne se souciait de voler au secours de la « patrie du Christ », en dehors d'initiatives isolées, telle celle du comte de Champagne Henri le Libéral[10]. Pis encore était la situation à la Cour.

10. Henri le Libéral, dont le surnom était dû à sa générosité, était l'un des plus puissants seigneurs de France. Protecteur des lettrés, à

Le roi pris au piège de la Cour

Le pèlerin musulman Ibn Djobaïr, en route pour La Mecque en 1183, traversa le Moyen-Orient. Passant par la Syrie, il traversa Saint-Jean-d'Acre – qu'il voit aussi grand que Constantinople – et Tyr, décrivit les forteresses franques et porta un jugement assez exact sur la situation politique : « Le seigneur d'Acre [littéralement "ce porc"], que ses sujets appellent roi, était invisible et se cachait à tous les regards, car Dieu l'avait frappé de la lèpre. » Le véritable homme fort du royaume était Raymond, « ce maudit comte, seigneur de Tripoli et de Tibériade [...] digne du trône, pour lequel il semble né ».

La lèpre faisait horreur et l'on isolait les lépreux ; la maladie passait pour une sanction divine, sa monstruosité reflétant celle des péchés commis par sa victime. Baudouin IV vivait de plus en plus isolé, privé de toute possibilité de mariage, donc de successeur. On vit se développer une lutte sans merci entre deux partis : celui de la Cour et celui des barons. Le premier se constitua autour d'Agnès de Courtenay, restée influente, et de son frère Josselin, nommé sénéchal en 1176. Il se renforça à partir de 1180, lorsque Agnès permit à Amaury de Lusignan d'obtenir la charge de connétable laissée vacante par la mort d'Onfroi de Toron. Ce seigneur poitevin, venu chercher fortune en Terre sainte en 1174 et déjà chambellan du royaume depuis 1175, était entré dans les bonnes grâces de la mère du roi.

La plupart des grands offices étaient aux mains de ce que l'historien Jean Richard a qualifié de « camarilla », camarilla faisant régner « une atmosphère de gabegie et

---

l'origine de l'essor remarquable des foires de Champagne, il partit deux fois combattre en Terre sainte.

de turpitudes ». Ce parti était renforcé par l'appui que lui fournissait l'incontrôlable Renaud de Châtillon et consolida encore sa position en forçant la nomination de l'évêque de Césarée, Héraclius, au patriarcat de Jérusalem contre celui qui était bien plus apte à exercer cette fonction : Guillaume de Tyr.

Conscient des progrès de sa maladie, Baudouin songeait au salut du royaume : l'idéal eût été de trouver un baron assez puissant pour le défendre sans attenter aux droits de la Couronne. Il chercha à marier ses sœurs à des hommes dignes d'en assumer la destinée. En novembre 1176, Sibylle épousa Guillaume Longue Épée, marquis de Montferrat et cousin du roi de France Louis VI et de l'empereur Barberousse. Six mois plus tard elle était veuve… Un fils posthume naquit de leur union, prénommé Baudouinet, le futur Baudouin V.

Le veuvage de Sibylle rendait l'avenir incertain et Baudouin pensa lui donner pour époux Baudouin d'Ibelin. Las, le seigneur de Ramla, prisonnier à Marj Ayûn, ne se libéra que dans le courant de l'année 1180. Entre-temps, Agnès de Courtenay avait marié sa fille au jeune frère d'Amaury de Lusignan, Guy, qui pouvait ainsi caresser la perspective d'accéder au trône de Jérusalem. Il semble que Baudouin IV ait eu la main forcée ; en l'espèce, il mécontentait ses barons et se trouvait pris au piège du clan ambitieux et indifférent aux intérêts réels du royaume qui dominait la Cour. En mars 1183, il dut encore accepter le mariage de sa demi-sœur Isabelle[11] avec Onfroi IV de Toron, petit-fils du connétable mort dans la forêt de Banyas.

Convaincu de l'incapacité de Guy de Lusignan à la suite de la bataille de la fontaine de Tubanie, Baudouin IV lui ôta la régence, la confia à Raymond III de Tripoli et, par

11. Après s'être séparé d'Agnès de Courtenay, Amaury Ier avait épousé Marie Comnène, dont il eut une fille, Isabelle.

précaution, associa au trône son neveu, Baudouin V, tout juste âgé de six ans, le 20 novembre 1183. Guy refusa de se soumettre et se réfugia à Ascalon où le souverain se rendit, en litière, paralysé, aveugle ; les portes de la cité restèrent fermées. Rentré à Acre, il réunit un Parlement pour saisir les fiefs de Guy, considéré comme félon, mais le clan d'Agnès de Courtenay s'y opposa. Le patriarche Héraclius, les maîtres du Temple et de l'Hôpital rendirent impossible toute décision juridique. Après que Guy de Lusignan eut attaqué au début de l'année 1184 des Bédouins, pourtant protégés du roi, la Haute Cour le condamna. Baudouin IV fit alors adopter une procédure inédite pour la succession royale au cas où son neveu mourrait sans héritier : le futur roi devrait être nommé par une commission composée du pape, de l'Empereur et des rois de France et d'Angleterre ; elle devrait trancher entre les droits des enfants de Sibylle et Isabelle. C'était reconnaître la faiblesse d'un royaume qui, aussi prestigieux qu'il fût, n'était plus maître de son destin et courait vers sa perte.

Deux années auparavant, en 1182, Guillaume de Tyr se désolait : « Nous sommes affligés par l'état détestable de l'actualité, dégoûtés de ce qui se déroule sous nos yeux et arrive à nos oreilles [...]. Il n'est rien advenu dans les actions de nos princes qu'un homme sensé jugerait digne d'être conservé dans le trésor de la mémoire... » Il n'avait pas vu le pire.

Les cornes de Hattin

Les ambitieux se rassemblèrent. Au groupe dirigé par Agnès de Courtenay vint se joindre le sinistre Gérard de Ridefort, élu contre toute attente grand maître du Temple au début de 1185 et animé d'une haine viscérale contre Raymond III de Tripoli qui avait fait échouer son mariage bien des années auparavant, lorsqu'il n'était, pour reprendre les mots d'Alain Demurger, qu'un « aventurier vantard et tapageur ».

Baudouin IV mourut seul, ou presque, le 16 mars 1185 ; les barons avaient déserté la Cour par hostilité envers le parti d'Agnès de Courtenay; Guillaume de Tyr, parti à Rome pour faire appel de son excommunication par le patriarche Héraclius, dont il avait contesté l'élection, était mort en 1184, peut-être empoisonné par un agent du prélat. La décomposition du royaume mimait celle du corps du roi…

Baudouin V, âgé de neuf ans, succéda comme prévu à son oncle; il mourut l'année suivante. Le royaume était placé sous la régence de Raymond III de Tripoli. Mais le parti de la Cour l'évinça et fit couronner Guy de Lusignan le 20 juillet 1186. Dans cette violation des dispositions testamentaires de Baudouin IV, qui s'apparentait à un coup d'État, Gérard de Ridefort joua un rôle crucial. La haine guidait les actes de ce « mauvais génie » du Temple (Alain Demurger), au détriment de la sécurité du royaume et même de tout bon sens. Le 1er mai 1187, à la tête d'une maigre troupe de Templiers, il attaqua près de Séphorie plusieurs milliers de soldats de Salah ed-Dîn qui se dirigeaient vers Acre. C'était une folie; les Templiers périrent tous, sauf trois, dont Ridefort qui avait pris la fuite.

Conseillé par sa camarilla, le nouveau roi se lança deux mois plus tard à la tête d'une expédition mal préparée. L'armée franque, qui rassemblait environ 15 000 hommes, soit la quasi-totalité des effectifs disponibles, fut harcelée sous un soleil écrasant. Au mépris de toute lucidité, le grand maître du Temple exhorta Guy de Lusignan à poursuivre sa marche. Le lendemain (4 juillet 1187), exténués, privés d'eau, les Francs réfugiés sur la colline de Hattin furent, en dépit de charges héroïques, taillés en pièces par les troupes musulmanes; « la terre, écrit Imâd al-Dîn, était devenue un océan de sang ». Guy de Lusignan fut épargné par le Sultan, mais les membres des ordres militaires du Temple et de l'Hôpital furent exécutés, tandis que des milliers de prisonniers finirent sur les marchés aux esclaves syriens.

Salah ed-Dîn enchaîna les victoires dans une marche triomphale : Tibériade et Acre tombèrent en juillet, Ascalon en septembre. Puis, enfin, Jérusalem, le 2 octobre, jour anniversaire de l'ascension nocturne de Muḥammad. La date ne devait rien au hasard. Le défenseur de la cité, Balian II d'Ibelin, força par son courage et sa détermination le respect du Sultan : il n'y eut pas de massacre; ceux qui avaient les moyens de payer leur rançon, ou que Balian racheta, environ 7 000 âmes, purent quitter la ville; les autres, environ 15 000, furent réduits en esclavage. Les chrétiens grecs et syriaques choisirent de rester sur place. Salah ed-Dîn se montra généreux : il laissa partir des centaines de pauvres et autorisa plusieurs dames franques à quitter la cité en toute sécurité. Les églises furent purifiées à l'eau de rose, certaines transformées en mosquées, les cloches et les croix furent détruites, les fresques badigeonnées. La grande croix d'or placée au sommet de la Coupole du Rocher fut abattue : « Aussitôt que la croix fut tombée, toute l'assistance, les musulmans comme les Francs, se mit à pousser un cri. Les musulmans prononcèrent les mots : "Allah est grand !" en signe de joie; pour les Francs, ce fut un cri d'affliction et de tristesse. Les assistants entendirent une clameur si grande que peu s'en fallut que la terre n'en fût ébranlée », rapporte Ibn al-Athîr. Quatre-vingt-huit ans après la victoire de Godefroi de Bouillon, Salah ed-Dîn restituait « la » ville à l'islam; il égalait, dit encore Ibn al-Athîr, le calife Omar, le premier musulman à s'en être emparé en 637. Cette journée lui assura une gloire impérissable.

Dans la foulée, Salah ed-Dîn s'empara de Kérak de Moab, du château de Saône et des ports de Tarsus, Gibelet et Lattaquié. Informé de la mise sur pied d'une croisade dirigée par l'empereur Barberousse et les rois de France et d'Angleterre, il s'était lancé dans une course contre la montre dont la rapidité rehaussait le prestige ; ne lui échappèrent qu'Antioche, Tyr et Tripoli. Par la suite, ses biographes Imâd al-Dîn al-Isfahâni et Baha ed-Dîn célébrèrent le chef de guerre à la piété exemplaire, aux mœurs sobres, le héros du djihad, transformant au besoin ses premiers échecs militaires en splendides victoires. Cette image de propagande resta populaire à travers le temps. Les dirigeants arabes de la seconde moitié du XXe siècle l'utilisèrent largement : dans l'Égypte de Nasser et de Sadate, dans la Syrie d'Hafez el-Assad et dans l'Irak de Saddam Hussein, Salah ed-Dîn fut le héros des luttes contre toute forme d'occupation, « symbole kurde d'une résistance arabe », conclut Jean-Michel Mouton. En Europe, à partir du XVIIIe siècle, on le présenta comme un chevalier modèle, guère éloigné des héros de la Table ronde, courtois, sage, héroïque et magnanime. Un autre Salah ed-Dîn de légende, fabriqué sur un modèle idéal occidental, mythifié à défaut d'être connu. De récentes biographies lui ont redonné son authentique dimension.

Érigée en 1992, une statue célèbre à Damas le Sultan, à cheval, entouré de guerriers et d'un soufi, dominant Guy de Lusignan et Renaud de Châtillon. Baudouin IV n'a pas de statue ; l'Église n'a pas cru bon d'en faire un martyr, sinon un saint, mais, en face de celui que l'Occident présente volontiers comme le « sultan chevalier », et qui fut avant tout un politique avisé, il incarna au plus haut point les vertus chevaleresques, luttant jour et nuit avec un courage stupéfiant contre sa maladie et l'asphyxie de son royaume, toutes deux inexorables.

Sylvain GOUGUENHEIM

Bibliographie sélective

Sources

Recueil des historiens des croisades (*RHC*), Paris, 1844-1895 (*Historiens occidentaux*, 5 tomes ; *Historiens orientaux*, 5 tomes).

Abu Shâma, *Livre des deux jardins*, *RHC*, *Historiens orientaux*, t. IV.

Chronique d'Ernoul et de Bernard le Trésorier, édition L. de Mas Latrie, Paris, Chez Mme veuve Jules Renouard, 1871.

Guillaume de Tyr, *Chronique*, XX, 12, édition R. B. C. Huygens, Turnhout, Brepols, 2 vol., 1986.

Histoire d'Éraclès, *RHC*, *Historiens occidentaux*, t. III.

Ibn al-Athîr, *Kamel Altevarykh*, *RHC*, *Historiens orientaux*, t. I.

Ibn Djobaïr, *Extrait du voyage d'Ibn Djobaïr*, *RHC*, *Historiens orientaux*, t. III.

Imâd al-Dîn al-Isfahâni, *Conquête de la Syrie et de la Palestine par Saladin*, traduction H. Massé, Paris, De Boccard, coll. « Documents relatifs à l'histoire des croisades », t. X, 1972.

Michel le Syrien, *Chronique*, *Corpus Scriptorum christianorum orientalium*, t. III, Paris, Ernest Leroux, 1910.

Études

Aubé, Pierre, *Baudouin IV de Jérusalem. Le roi lépreux*, Paris, Perrin, 1999 ; rééd. coll. « Tempus », 2010.

Demurger, Alain, *Vie et mort de l'ordre du Temple*, Paris, Seuil, 1989.

Grousset, René, *Histoire des croisades et du royaume franc de Jérusalem*, Paris, Plon, 3 vol., 1934-1936.

Mouton, Jean-Michel, *Saladin, le sultan chevalier*, Paris, Gallimard, 2001.

Prawer, Joshua, *Histoire du royaume latin de Jérusalem*, Paris, CNRS, 2 vol., 1969.

Richard, Jean, *Le Royaume latin de Jérusalem*, Paris, PUF, 1953.

6

PHILIPPE AUGUSTE ET JEAN SANS TERRE

Vers une Angleterre française, ou vers une France anglaise ?

À première vue, il peut sembler très exagéré de dire que l'affrontement entre Philippe Auguste et Jean sans Terre a changé la face du monde. Il ne s'agit après tout que d'un des nombreux épisodes du duel multiséculaire franco-anglais qui, du XIe *au* XIXe *siècle, a connu bien des rebondissements. Mais si on y regarde de plus près, on constate ce qui fait l'importance primordiale de ce conflit : c'est lui qui pose entre 1199 et 1216 les bases de la grande rivalité entre France et Angleterre qui a marqué l'histoire de l'Europe, en clarifiant la nature et l'identité des deux adversaires. Son enjeu, cardinal, est en effet de déterminer si la France et l'Angleterre vont devenir deux entités distinctes, ou bien une sorte de double monarchie, à l'image de ce que sera l'Autriche-Hongrie au* XIXe *siècle.*

Les forces et les enjeux

Lorsqu'en 1199 le prince Jean devient roi d'Angleterre, à la mort de son frère Richard Cœur de Lion, tué au siège du château de Châlus en Limousin, il est en même temps duc de Normandie, comte d'Anjou, du Maine, de Touraine, duc d'Aquitaine, et seigneur de Bretagne par l'intermédiaire de son neveu Arthur, fils de son défunt frère Geoffroy, duc de Bretagne. C'est-à-dire que ce roi d'Angleterre est maître de toute la moitié ouest du royaume de France. Lui-même n'est pas anglais. C'est un Angevin, de la famille des Plantagenêts. Il est le huitième enfant d'Henri II Plantagenêt, comte d'Anjou et duc de Normandie, et d'Aliénor, duchesse d'Aquitaine. Rien d'anglais dans tout cela. Henri II avait hérité de la couronne d'Angleterre par sa mère Mathilde, descendante du Normand Guillaume le Conquérant qui s'était emparé de l'île anglo-saxonne en 1066. En épousant Aliénor d'Aquitaine en 1152, Henri II se retrouvait donc à la tête d'un « empire Plantagenêt » qui faisait de lui le plus puissant souverain d'Europe occidentale. Il y avait encore ajouté la Bretagne quand son troisième fils, Geoffroy, avait épousé la duchesse Constance, et que leur fils, le petit Arthur, avait été placé sous la garde de son oncle Henri Plantagenêt, roi d'Angleterre.

Dans cette impressionnante collection de territoires, l'Angleterre n'est qu'un élément, et même pas le plus vaste. Depuis 1066, elle est dirigée par des étrangers, d'abord des Normands[1], puis des Angevins[2]. Pour tous ces souverains français, la possession de l'Angleterre constitue à la fois un élément de prestige – ils bénéficient du titre de roi – et une source de puissance d'où ils peuvent tirer hommes et argent afin de mener leur politique continentale. Ils ne parlent même pas anglais et ne font que de courtes apparitions dans leur royaume : Richard y a résidé six mois en dix ans de règne !

1. Guillaume Ier, 1066-1087 ; Guillaume II, 1087-1100 ; Henri Ier, 1100-1135, Mathilde et son cousin Étienne de Blois, qui se livrent une guerre civile acharnée (1135-1154).

2. Henri II, 1154-1189 ; ses fils Richard Cœur de Lion, 1189-1199, et Jean sans Terre, 1199-1216.

C'est que leurs préoccupations sont dans le royaume de France, où leur position est à la fois formidable et précaire. Là, ils sont ducs et comtes, c'est-à-dire vassaux du roi de France, auquel ils prêtent l'hommage lige qui les engage à l'obéissance et à la fidélité contre tout autre seigneur. Le roi est leur suzerain, leur seigneur suprême, qui leur confie ces énormes fiefs que sont la Normandie, le Maine, l'Anjou, la Touraine, le Poitou, l'Aquitaine, à condition qu'ils lui rendent quelques services, en particulier militaires, qu'ils lui soient fidèles et y fassent respecter la justice. S'ils manquent à ces devoirs, le roi les convoque devant sa cour de justice et peut leur confisquer leur fief, ce que l'on nomme, en droit féodal, la « commise ». Pour les seigneurs locaux, turbulents, surtout dans le Sud-Ouest, qui cherchent à se libérer de la tutelle du duc ou du comte, le grand jeu consiste donc à faire appel devant le roi des décisions du tribunal ducal ou comtal, pour faire invalider ses sentences. On imagine la multitude des contestations et guerres locales engendrées par ce système de la féodalité.

Pour le roi de France, le but est d'affaiblir et si possible de démanteler l'empire Plantagenêt, trop puissant, qui menace son existence même, en jouant sur les subtilités du droit féodal pour confisquer ses fiefs les plus dangereux. Encore faut-il trouver un prétexte, et ensuite avoir la force d'appliquer la décision. Car, soyons réaliste – et les hommes du Moyen Âge le sont –, c'est toujours la force qui en définitive fait le droit. Confisquer un fief est une chose, en réussir la conquête militaire en est une autre.

Or il suffit de regarder la carte : le roi de France ne peut compter que sur les ressources de son domaine privé, ce petit territoire informe qui s'étend de Compiègne à Bourges en passant par Paris, Étampes et Orléans. Comment pourrait-il envisager d'imposer sa volonté au tout-puissant vassal Plantagenêt ? Pourtant, la couronne de France a connu une histoire beaucoup plus paisible que celle d'Angleterre : depuis 987, pendant deux siècles, la dynastie capétienne a régné sans discontinuer, de père en fils, et a acquis, en dépit de sa faiblesse domaniale, le prestige que confèrent la continuité et le sacre. Et puis, elle a eu la chance de trouver en face d'elle une famille Plantagenêt désunie, dont elle a su exploiter les multiples divisions : Philippe Auguste a aidé les fils d'Henri II contre leur père, puis il a soutenu Jean contre son frère Richard pendant que celui-ci était à la croisade. Et maintenant il se retrouve face à ce même Jean, devenu roi d'Angleterre en avril 1199.

Deux adversaires sans scrupules

La personnalité des deux adversaires a été largement déformée par les chroniqueurs de l'époque, qui sont tendancieux, de parti pris, et qui font œuvre de propagandistes. Dans ce duel, si le roi Jean fait figure de méchant, il le doit beaucoup à la façon dont son règne a été raconté. Alors que les exploits de son frère, le brillant chevalier Richard Cœur de Lion, ont été rapportés par une pléiade de chroniqueurs acquis à sa cause, comme Roger de Howden et William de Newburgh, qui l'ont personnellement fréquenté, les chroniques du règne de Jean ont été rédigées plusieurs années après sa mort, par des gens qui ne l'ont pas connu et qui ont été influencés par les rumeurs nées du désastre final : un moine bénédictin de Saint-Alban, Roger de Wendover, qui commence sa chronique vers 1225-1230, et son confrère Matthieu Paris, qui écrit vers 1235. Ces deux hommes sont à l'origine de sa légende noire, passée à la postérité.

Né en 1167, dernier des quatre garçons d'Henri II et d'Aliénor, Jean a trente-deux ans quand il accède au trône. Il n'était pas destiné à régner, et dans ses plans de partage son père n'avait rien prévu pour lui, d'où son surnom de *Lackland*, « sans Terre ». Ce petit homme d'un mètre soixante-trois a hérité du tempérament bouillant de la famille Plantagenêt. Débordant d'énergie, il ne tient pas en place, séjourne rarement plus de trois jours au même endroit. Il est très cultivé, pratique le latin et ne se sépare jamais de ses livres, même à la guerre, où sa bibliothèque le suit dans une charrette. Son précepteur, le juriste Ranulph Glanville, lui a donné le goût de la philosophie, du droit, de l'histoire et de la théologie. C'est un grand lecteur de saint Augustin et d'Hugues de Saint-Victor. Très conscient de ses devoirs de roi, il assiste régulièrement aux séances du Conseil et s'occupe personnellement de l'administration et de la justice : « Notre paix doit être préservée inviolablement, même si elle ne s'appliquait qu'à un chien », aurait-il dit. Il n'est pas dénué de qualités militaires et est capable d'élaborer d'habiles stratégies et de réaliser de véritables exploits tactiques, comme en 1203 où il surprend une armée française après avoir franchi presque 150 kilomètres en deux jours. Le surnom de « Molle Épée » que lui donne en 1200 le moine Gervais de Canterbury n'est en aucun cas mérité. Pieux, ce qui ne l'empêche pas de jurer – son juron favori est : « Par les dents de Dieu ! » ou « Par les pieds de Dieu ! », alors que son frère Richard ne jurait que par une autre partie de l'anatomie divine : les jambes –, il sait aussi se montrer généreux dans ses aumônes et dans ses dons aux abbayes et aux églises. Très méticuleux, il fixe son emploi du temps avec précision, convoque les justiciables à des moments et dans des lieux bien déterminés. D'une propreté presque maniaque pour l'époque, il se fait préparer un bain dans chaque ville où il passe. Il aime la splendeur, les beaux vêtements, les femmes et la bonne table. Bref, rien qui puisse justifier l'abominable réputation de « demi-fou » qui lui est faite par des historiens comme Charles Petit-Dutaillis – dans *La Monarchie féodale en France et en*

Angleterre – à la suite des chroniqueurs et jusqu'au milieu du XXe siècle, où on a commencé à rectifier cette image.

Certes, ce n'est pas un saint. D'un tempérament violent, il est sujet à de terribles colères, comme son père – qui allait jusqu'à se rouler par terre et à manger la paille de son matelas dans ses crises de rage –, il est très méfiant, fourbe, dissimulé, capable d'actes de cruauté, comme de laisser mourir de faim des prisonniers. Toujours prêt à renier sa parole, à extorquer de l'argent à ses sujets, ses manières tyranniques finiront par provoquer la révolte de ses barons, ce qui causera sa perte.

Son adversaire, Philippe Auguste, a quant à lui hérité d'une flatteuse réputation, un peu surfaite, et qu'il doit au départ à l'œuvre de ses deux chroniqueurs et thuriféraires, le moine de Saint-Denis Pierre Rigord (vers 1150-vers 1207), auteur des *Gesta Philippi Augusti*, et le prêtre Guillaume le Breton (vers 1165-1226), chapelain du roi, qui poursuit l'œuvre de Rigord et rédige une biographie en vers, *La Philippide*, sorte de grand poème épique à la gloire de son maître.

À l'avènement de Jean sans Terre, en 1199, Philippe Auguste a trente-quatre ans. Il règne depuis déjà dix-neuf ans, pendant lesquels il a travaillé à saper la puissance des Plantagenêts, d'abord en s'alliant à Richard contre son père, puis en poussant Jean à déposséder son frère pendant la captivité de Richard au retour de la croisade. Le trait fondamental de la personnalité de Philippe est en effet une totale absence de scrupules. C'est un réaliste machiavélique avant la lettre, que ce soit en politique, où il n'hésite pas à trahir ses serments, proposant par exemple secrètement de l'argent à l'empereur pour qu'il garde Richard prisonnier, alors qu'il était interdit de s'en prendre à un croisé ; en matière matrimoniale, en répudiant brutalement sa deuxième épouse, Ingeburge de Danemark ; ou en matière ecclésiastique, en intriguant auprès du pape pour déposséder Jean sans Terre de l'Angleterre, alors qu'il est lui-même excommunié. Dénué de tout sentiment humain, il mérite ce jugement de Gilles de Paris, le précepteur de son fils, dans son poème latin, le *Carolinus* : « S'il avait puisé à la source de la mansuétude divine un peu plus de modération, s'il s'était formé à la douceur paternelle, s'il était aussi abordable, aussi traitable, aussi patient qu'il se montre intolérant et emporté, s'il était aussi calme qu'actif, aussi prudent et circonspect qu'empressé à satisfaire ses convoitises, le royaume n'en serait qu'en meilleur état. »

Impitoyable, Philippe Auguste est pourtant un esprit religieux et même dévot, pour ne pas dire bigot, pourfendeur de Juifs et d'hérétiques : « Enflammé d'un saint zèle pour la foi, raconte Rigord, admiratif, il arrive à l'improviste au château de Brie-Comte-Robert et livre aux flammes plus de quatre-vingts Juifs qui s'y trouvaient réunis. » En 1210, il fait subir le même sort aux hérésiarques sectateurs d'Amaury de Chartres, et c'est bien grâce à sa permission qu'est lancée en 1209 la croisade contre les Albigeois. Ce genre d'exploit lui vaut même, aussi surprenant que cela puisse paraître, une tentative de canonisation qui s'appuie sur des rumeurs de miracles et de visions rapportées par ses hagiographes Rigord et Guillaume le Breton. Pour le premier, « il est impossible de savoir si c'est le roi qui a le plus aimé ses sujets ou les sujets qui ont le plus aimé le roi ». Son attitude à Bouvines, où il se présente quasiment en chef de croisade contre un empereur excommunié, Otton, bénissant ses troupes, a aussi contribué à cette fallacieuse réputation.

Contrairement à Jean sans Terre, Philippe n'est pas un prince cultivé ; il ne comprend pas le latin et n'a aucun goût pour les livres. La table, le vin, les femmes et la Bible lui suffisent. Il n'hésite pas à braver les interdits du pape et à persécuter les évêques qui s'opposent à sa volonté. Retors, il exploite toutes les ressources du droit féodal pour affaiblir ses vassaux. Ses performances militaires sont mitigées. Bouvines lui a valu la réputation d'un grand guerrier, mais c'est la seule victoire qu'il ait remportée en quarante-trois ans de règne, et il fait pâle figure à côté de Richard Cœur de Lion, qui l'a éclipsé à la croisade et lui a infligé une humiliante défaite à Fréteval en 1194. Entre Jean sans Terre et lui, il s'agit d'un duel d'envergure, opposant deux personnalités habiles et sans scrupules, et où tous les coups sont permis.

Premier acte : match nul (traité du Goulet, 1200)

Le duel commence dès l'avènement de Jean, couronné duc de Normandie à Rouen le 25 avril 1199, et roi d'Angleterre à Westminster le 27 mai. Philippe Auguste ne perd pas un instant et abat sa première carte : Arthur de Bretagne. Fidèle à sa politique, il joue un Plantagenêt contre un Plantagenêt. Arthur, douze ans, est le fils de Geoffroy, frère aîné de Jean sans Terre, mort en 1186 et qui avait épousé la duchesse de Bretagne Constance. Tout le problème vient de l'incertitude qui règne encore à cette époque dans les règles de succession : pour Philippe Auguste, si Geoffroy avait vécu plus longtemps, il aurait succédé à son frère Richard à la tête de l'héritage Plantagenêt, et son fils, Arthur, est son héritier légitime. Jean sans Terre, lui, se base sur un droit anglo-saxon qui privilégie les fils survivants sur leurs neveux.

Pendant que Jean se fait couronner en Angleterre, Philippe se rend au Mans, où Arthur lui rend hommage pour l'Anjou, le Maine et la Touraine, et le roi le ramène à Paris avec sa mère Constance. Ils sont soutenus par des nobles d'Anjou et du Maine, sous la direction du sénéchal Guillaume des Roches, qui préfèrent la tutelle du jeune Arthur, jugé plus faible, à celle autrement redoutable du roi Jean. Ce dernier réagit sans tarder. Il entre à son tour au Mans, et après une vaine entrevue avec Philippe la guerre commence en Normandie et dans le Maine. Philippe, cependant, n'insiste pas, pour deux raisons : d'abord, Guillaume des Roches, qui s'inquiète maintenant des progrès du roi, est repassé du côté de Jean, et puis surtout Philippe Auguste est confronté à l'opposition grandissante de Rome en raison de ses affaires matrimoniales. En 1193, il avait épousé la sœur du roi du Danemark, Ingeburge, pour obtenir l'aide de la flotte danoise contre l'Angleterre, et il l'avait répudiée le lendemain, pour une raison inconnue. Quelques évêques complaisants ayant prononcé le divorce, il s'était remarié avec la fille d'un seigneur bavarois, Agnès de Méran. Le pape Célestin III déclare la sentence de divorce « illégale, nulle et non avenue », ce dont le roi ne tient aucun compte. Mais en 1198 arrive sur le trône pontifical un des plus remarquables et des plus autoritaires papes du Moyen Âge, Innocent III, un juriste et théologien de trente-sept ans, qui entend faire triompher le pouvoir spirituel sur le pouvoir temporel dans la chrétienté. D'après ce principe théocratique, l'empereur et les rois doivent se soumettre aux décisions romaines en matière de foi et de morale. Et pour faire appliquer ce principe, le pape a trois armes : l'excommunication, qui interdit théoriquement au souverain concerné de recevoir les sacrements et d'assister aux offices, ce qui met en danger le salut de son âme ; l'interdit, qui consiste à priver tous les sujets du roi des sacrements (il ne peut plus y avoir de baptêmes, de mariages et d'enterrements en terre consacrée dans tout le royaume jusqu'à ce que le roi se soumette, et c'est ainsi le salut de toute la population qui est en jeu) ; enfin, si le roi ne cède pas, le pape peut prononcer sa déposition, appeler les sujets à la révolte et offrir la couronne à un autre prince. Bien évidemment, ces mesures ne peuvent être efficaces que si le clergé local collabore, en particulier les évêques, ce qui n'est pas évident car ils dépendent largement du roi pour leur temporel. C'est bien une épreuve de force qui s'engage, et dans le duel entre Philippe Auguste et Jean sans Terre, Innocent III va donc jouer un rôle essentiel, pesant sur le conflit en excommuniant tour à tour les deux adversaires.

En 1198, le pape lance l'interdit contre le royaume de France pour obliger Philippe Auguste à reprendre son épouse Ingeburge, qu'il a fait enfermer dans un couvent. Plusieurs évêques refusent de publier la sentence, mais une majorité du clergé l'applique, dont les évêques de Paris et de Sens. Le roi riposte, les maltraite et confisque leurs biens, mais la situation se dégrade, et dans ces conditions Philippe doit mettre un terme à la guerre contre Jean. Le 22 mai 1200 est signé le traité du Goulet, près des Andelys. Philippe renonce à la suzeraineté sur la Bretagne et donne son accord pour le mariage entre son fils, le prince Louis, et la nièce de Jean sans Terre, Blanche de Castille. En échange, Jean renonce à la suzeraineté sur le Berri et l'Auvergne, territoires disputés entre Plantagenêts et Capétiens ; il se reconnaît vassal du roi de France pour ses fiefs continentaux, et il verse 20 000 marcs comme droit de relief, c'est-à-dire droit de succession d'un vassal à son seigneur.

Tout semble résolu. Les tensions s'apaisent : Philippe renvoie Agnès, reprend Ingeburge, se réconcilie avec les évêques, l'interdit est levé (8 septembre 1200), Jean rentre en Angleterre et en mai 1201 il vient même à Paris rendre visite au roi de France : « Le roi d'Angleterre fut reçu avec la plus grande courtoisie, dit Rigord. Le roi de France lui donna, dans sa générosité, des présents de toute nature, or, argent, riches étoffes, chevaux d'Espagne et une foule d'autres objets précieux, puis le roi d'Angleterre, charmé de ces marques d'amour et de bonne entente, prit congé de Philippe et se retira dans ses États. »

Deuxième acte : avantage à Jean (de Mirebeau à l'élimination d'Arthur, 1200-1203)

L'« amour » et la « bonne entente » ne durent pas longtemps, surtout entre deux fauves d'une pareille envergure. Cette fois, Jean sans Terre est responsable de la reprise du conflit en donnant au roi de France des motifs de rupture par ses maladresses. Sa plus grosse erreur, dont on ne saurait dire s'il s'agit d'un caprice ou d'une décision politique, est de faire enlever Isabelle d'Angoulême, fiancée d'Hugues le Brun, fils du puissant comte de la Marche Hugues IX, et de l'épouser lui-même le 30 août 1200. Isabelle est la fille et l'héritière du comte d'Angoulême, de la prestigieuse famille de Lusignan. En l'épousant, Jean espère mettre la main sur ce fief dont les titulaires sont des vassaux récalcitrants depuis des dizaines d'années. Mais, par son action arbitraire, il dresse contre lui les puissantes familles de Lusignan et de la Marche, qui sont suivies par de nombreux seigneurs poitevins, d'autant plus qu'il confisque plusieurs châteaux dans la région. Résultat : les nobles spoliés en appellent à la justice royale. Philippe Auguste convoque le roi d'Angleterre devant ses juges. Jean, invoquant divers prétextes, ne se présente pas, et le 28 avril 1202 Philippe Auguste fait proclamer par l'assemblée de ses barons la confiscation de tous les fiefs de Jean sans Terre dans le royaume de France. Curieusement, aucun document officiel n'atteste de cette décision capitale qui n'est rapportée que par le chroniqueur anglais Raoul de Coggeshall : « La cour de France, s'étant réunie, jugea que le roi d'Angleterre devait être privé de toute la terre que jusqu'ici lui et ses ancêtres avaient tenue du roi de France, pour la raison que depuis longtemps ils avaient négligé de faire tous les services dus pour ces terres et ne voulaient presque en rien obtempérer aux invitations de leur seigneur. » Les historiens pensent que la décision de commise des fiefs des Plantagenêts a été prise par simple acclamation.

Reste à l'appliquer. Car Jean ne va pas se laisser déposséder sans réagir. Philippe Auguste lance une double attaque dès le mois de juin 1202. Pendant qu'il avance lui-même en Normandie, prenant Gournay et assiégeant le château d'Arques, il envoie le jeune Arthur, qu'il vient de fiancer à sa fille Marie, envahir le Poitou. Jean est au Mans. Il doit choisir : Normandie ou Poitou ? Il estime que le plus urgent est d'aller secourir sa vieille mère, Aliénor d'Aquitaine, assiégée par Arthur à Mirebeau. Par un mouvement d'une remarquable rapidité, il franchit en deux jours la distance entre les deux villes, tombe à l'improviste sur l'armée d'Arthur, qu'il bat et fait prisonnier, ainsi que de nombreux seigneurs poitevins. Philippe Auguste descend alors jusqu'à Tours, mais n'ose aller plus loin et rentre à Paris.

Jean sans Terre semble l'emporter. Mais comme trop souvent il va ruiner sa victoire par des décisions malencontreuses. Au cours de la campagne précédente, il avait obtenu l'aide de plusieurs grands seigneurs poitevins en échange de la promesse de laisser en vie ceux qu'il ferait prisonniers et de bien traiter son neveu Arthur. Au lieu de cela, trop sûr de lui, il destitue Guillaume des Roches de son poste de sénéchal d'Anjou et de Touraine, confisque des châteaux, laisse mourir de faim ses prisonniers et enferme Arthur au château de Falaise, puis à Rouen. Dès le mois de mars 1203, Guillaume des Roches et les principaux barons angevins et poitevins, de même que le comte d'Alençon, font hommage direct à Philippe Auguste et s'engagent à le servir, ce qui permet au roi de France, au cours de l'année 1203, de pénétrer en Anjou et dans le Poitou, jusqu'à Saumur et Loudun, et de se rendre maître de places normandes afin d'isoler Rouen, pendant que Guillaume des Roches s'empare d'Angers. Jean, pendant ce temps, s'en prend à la Bretagne d'Arthur, dévaste Fougères et Dol, dont il incendie la cathédrale. Puis, avant de repasser en Angleterre en décembre, il se débarrasse de la menace que représente Arthur en le faisant assassiner dans sa prison de Rouen.

À vrai dire, on ne sait rien de très précis concernant la mort d'Arthur. Il disparaît des archives, et tout repose sur des rumeurs, comme souvent à l'époque. D'après l'une d'elles, rapportée par les annales de l'abbaye anglaise de Margam, dans le comté de Glamorgan, le 3 avril 1303 le roi Jean, « au château de Rouen, alors qu'il était ivre et possédé du démon, le tua de ses propres mains et, lui attachant au corps une lourde pierre, le jeta dans la Seine. Il fut découvert par un pêcheur dans ses filets et, hissé sur la berge et reconnu, il fut inhumé secrètement, par crainte du tyran, au prieuré du Bec appelé Notre-Dame-des-Prés ». Si cette histoire se trouve dans les annales d'une abbaye galloise, c'est qu'elle dépendait de Guillaume de Briouze, seigneur de Brecon, qui avait été chargé par Jean de la garde d'Arthur; il était donc bien placé pour connaître la vérité. En 1207, ayant perdu la confiance de Jean, il passera dans le camp de ses adversaires, et c'est seulement alors qu'il aurait fait cette confidence. Guillaume le Breton, quant à lui, se fera un plaisir de broder sur ce thème, racontant la scène comme s'il y avait assisté, rapportant même les paroles des protagonistes, alors qu'ils sont supposés être seuls sur une barque, pour mieux noircir l'image de Jean : personne n'ayant voulu se charger de la basse besogne, dit-il, le roi emmène lui-même Arthur, en pleine nuit, dans une barque au milieu de la Seine, et alors « le malheureux enfant [il a tout de même plus de quinze ans], comprenant que sa dernière heure est arrivée, se jette aux genoux du roi en criant : “Mon oncle, aie pitié de ton jeune neveu, mon oncle, mon bon oncle, épargne-moi, épargne ton neveu, épargne ton sang, épargne le fils de ton frère !” Vaines lamentations ! Ce tyran le saisit par les cheveux, lui enfonce son épée dans le ventre jusqu'à la garde et, la retirant tout humide de ce sang précieux, la lui plonge de nouveau dans la tête et lui perce les deux tempes. Le meurtre consommé, il s'éloigne et jette ce corps sans vie dans les flots qui roulent devant lui ».

Scène mélodramatique à souhait, mais de pure invention. Ceci dit, il est plus que probable qu'il y ait eu crime, et dans le contexte du moment cela est « pire qu'un crime : une faute », selon la célèbre formule de Talleyrand au sujet de l'exécution du duc d'Enghien, car l'accusation d'assassinat de son neveu va s'ajouter aux charges pesant contre Jean dans son conflit avec Philippe Auguste.

Troisième acte : Philippe l'emporte (de Château-Gaillard à Thouars, 1204-1207)

Militairement, l'année 1204 est catastrophique pour le roi Jean. Cela commence au mois de mars avec la perte de Château-Gaillard, après un siège épique de huit mois dirigé par Philippe Auguste lui-même. L'énorme forteresse protégeant l'approche de Rouen sur la basse Seine, construite seulement cinq ans auparavant, est tout à la fois une position clé et un symbole : construite par Richard Cœur de Lion et perdue par Jean sans Terre, elle accentue le contraste, dévalorisant pour le second, entre les deux frères. La garnison, commandée par Robert de Lascy, pose d'énormes problèmes aux assiégeants, et le château n'est pris qu'après un furieux assaut. Dans la foulée, Philippe Auguste envoie Guy de Thouars s'emparer du Cotentin, et lui-même prend Falaise et Caen. Enfin, le 24 juin, après un bref siège, Rouen capitule. La Normandie est perdue pour le roi d'Angleterre.

À la suite des chroniqueurs hostiles, on a trop dit que Jean avait assisté sans réagir à la perte de ce grand fief, restant à Londres sans même envoyer de renforts à ses garnisons. La vérité est qu'il est paralysé par les réticences de ses lieutenants, qui refusent d'aller se battre sur le continent : « Par les dents de Dieu !, aurait-il dit, je vois bien qu'aucun de mes barons n'est avec moi. » La perte de la Normandie a en tout cas pour effet de couper les amarres entre l'Angleterre et le continent. Les très nombreux seigneurs, français et anglais, qui depuis 1066 possédaient des seigneuries des deux côtés de la Manche, doivent choisir, car les deux rois décrètent la confiscation des biens de ceux qui servent l'adversaire. Autre conséquence : la Manche cesse d'être un lien et devient un fossé séparant deux ennemis irréconciliables. L'Angleterre est désormais véritablement une île, et pour se protéger se dote d'un embryon de flotte de guerre : dès 1205 on compte cinquante et une galées stationnées dans quinze ports de la côte sud, groupées en trois commandements. On commence également à construire des défenses côtières afin de prévenir toute tentative de débarquement. En janvier 1205, le Conseil organise un système permettant de réquisitionner les hommes des comtés de la côte sous la direction de connétables, et 5 000 livres sterling sont dépensées pour la construction navale et l'armement. Il est donc faux de dire que Jean est resté sans réaction face à l'offensive de Philippe Auguste. D'une certaine façon, il mériterait même le titre de fondateur de la Royal Navy.

En attendant, la débâcle se poursuit sur le continent. En 1205, Philippe Auguste s'empare de la Touraine et du Poitou ; la Bretagne se rallie au roi de France. En 1206 cependant, Jean sans Terre réussit à rassembler des forces suffisantes pour débarquer à La Rochelle au mois de juin. Après une rapide campagne jusqu'au sud de la Saintonge, il reprend une partie du Poitou, ainsi qu'Angers, mais, bloqué à Thouars, il accepte en octobre de conclure une trêve de deux ans, reconnaissant la perte de la Normandie, du Maine, de la Touraine, de l'Anjou et de la Bretagne. Puis il rentre en Angleterre. En 1207 et 1208, les lieutenants du roi de France soumettent les derniers seigneurs réticents du Poitou. Le duel semble cette fois terminé, à l'avantage de Philippe Auguste. Il rebondit pourtant à partir de 1208, en prenant cette fois une dimension continentale.

Un conflit aux dimensions européennes arbitré par le pape (1208-1216)

En effet, plusieurs événements politiques et religieux vont permettre à Philippe et à Jean de conclure des alliances leur permettant de renforcer leurs positions en vue d'un triomphe définitif. En 1208, deux hommes se disputent le titre d'empereur du Saint Empire romain germanique : Otton de Brunswick, de la famille Welf, et Frédéric de Hohenstaufen. L'empereur est élu par sept princes Électeurs allemands, et doit être sacré et couronné par le pape à Rome. Otton est l'allié et l'ami de Jean sans Terre, qui l'a reçu avec de grands honneurs à Londres en 1207. Le pape Innocent III lui est également favorable, et il est élu et couronné empereur le 4 octobre 1208 sous le nom d'Otton IV. Mais très vite les relations entre le pape et l'empereur se dégradent, car ce dernier annonce son intention de reconquérir le royaume de Sicile, revendiqué par son illustre prédécesseur Frédéric Barberousse (1152-1190) comme faisant partie intégrante du Saint Empire, ce que les papes ne peuvent tolérer car ils se trouveraient alors pris en tenaille entre les territoires impériaux du nord et du sud. Dès lors, l'enchaînement est inéluctable : Innocent III excommunie Otton, délie ses sujets de leur serment de fidélité, fait appel à Frédéric de Hohenstaufen, fils de l'empereur Henri VI, de la famille rivale de celle d'Otton, et demande à Philippe Auguste d'intervenir en sa faveur.

Une alliance est conclue entre Frédéric et le roi de France, qu'il appelle « son très cher frère Philippe », tandis que Jean soutient toujours l'excommunié Otton.

Or il se trouve que Jean est lui aussi excommunié, pour une tout autre raison. En 1207, à la demande du pape, les moines de Canterbury élisent comme nouvel archevêque Étienne Langton, alors que le roi soutenait un autre candidat. Langton était en Italie lors du vote. Jean refuse de le reconnaître et de le laisser entrer en Angleterre. Dès le 23 mars, la sanction tombe : Innocent III lance l'interdit sur le royaume d'Angleterre, avant d'excommunier le roi en novembre 1209. Jean se retrouve confronté à l'hostilité d'une partie de ses évêques, dont il confisque les temporels alors qu'en même temps sa noblesse lui reproche de plus en plus ses méthodes tyranniques.

En 1212, la situation se tend encore davantage. À la demande du pape, le prince Louis, fils de Philippe Auguste, rencontre Frédéric et des engagements sont pris. Des deux côtés on cherche des alliés. Philippe entre également en contact avec des chefs gallois, des barons anglais mécontents, des seigneurs allemands ; il réussit à corrompre les Électeurs du Saint Empire qui choisissent Frédéric comme empereur. Jean réussit à mettre de son côté le comte de Boulogne Renaud de Dammartin, qui lui prête hommage pour ses fiefs, et le comte de Flandre Ferrand, que le roi de France vient de s'aliéner en lui enlevant deux villes. Entre les deux blocs, on n'attend plus que le signal pour déclencher la guerre.

C'est le pape qui le donne : en janvier 1213, il annonce la déposition de Jean sans Terre et charge Philippe Auguste d'appliquer la décision en envahissant l'Angleterre, dont la couronne sera attribuée à son fils Louis. Le roi de France ne se fait pas prier. Il réunit une armée et une flotte à Boulogne et Gravelines, avec l'approbation des barons et des évêques à l'assemblée de Soissons en avril. En mai, l'expédition est prête à partir, et le roi vient lui-même inspecter ses forces, lorsque arrive l'archevêque de Canterbury qui lui annonce que tout est annulé : Jean sans Terre a cédé sur toute la ligne devant le légat pontifical Pandolfo. Capitulation sans précédent : Jean résigne sa couronne entre les mains du pape, qui la lui rend en échange d'une prestation d'hommage et du paiement d'un tribut. Il devient vassal et protégé d'Innocent III qui lève l'excommunication dont il menace désormais Philippe Auguste s'il ose toucher à son « cher fils » Jean. Visiblement, les rois ne sont pour le pape que des marionnettes qu'il manipule à son gré. Philippe est furieux : « Grande ire [colère] et grand courroux eut à son cœur le roi de France pour l'apostole [le pape] qui lui avait fermé la route de l'Angleterre », dit une chronique. Innocent III lui retirait sa proie après la lui avoir offerte.

Mais, puisqu'il a une armée sur place, autant qu'elle serve à quelque chose : le roi la lâche sur la Flandre pour punir le comte Ferrand qui avait refusé de participer à l'expédition outre-Manche. Cependant, les Anglais détruisent sa flotte dans le port de Damme le 30 mai 1213. L'espoir renaît donc dans le camp de Jean qui élabore avec ses alliés, au cours de l'hiver 1213-1214, un vaste plan d'invasion de la France avec deux attaques simultanées : pendant qu'Otton, Ferrand et Renaud attaqueront au nord, il lancera une offensive au sud, par le Poitou, où ses agents réussissent à rallier une partie de la noblesse. Dès le 16 février, il débarque à La Rochelle, envahit la Saintonge, le Poitou occidental, le Limousin, passe la Loire, prend Angers, déployant des qualités militaires assez remarquables. Philippe Auguste, après avoir tenté de l'arrêter dans le Poitou, est contraint de revenir en Flandre pour faire face à Otton, tandis qu'il charge son fils Louis de contenir Jean. En juillet 1214, c'est un double succès pour les armes françaises : le 2, Louis oblige Jean à lever le siège de La Roche-aux-Moines, près d'Angers, et le 27 Philippe Auguste remporte l'éclatante victoire de Bouvines, près de Lille, sur Otton de Brunswick et ses alliés, notamment Ferrand et Renaud de Dammartin qui sont faits prisonniers. Le 18 septembre, la paix est signée à Chinon, et Jean reconnaît à nouveau la perte de ses fiefs continentaux. Puis il regagne l'Angleterre en octobre.

Est-ce la fin du duel ? Non, car en rentrant en Angleterre, Jean se trouve confronté à la révolte de ses barons. Encouragés par Philippe Auguste, ils se réunissent à Londres au début de 1215 et envoient un défi au roi auquel ils reprochent ses exactions et son gouvernement tyrannique. Le 15 juin, à Runnymede, près de Windsor, ils l'obligent à signer la Grande Charte, texte qui limite pour la première fois le pouvoir royal et consigne certaines libertés fondamentales des sujets, surtout des nobles. Texte d'une grande importance symbolique, marquant un premier pas vers la monarchie constitutionnelle. C'est alors qu'intervient à nouveau le pape, qui prend la défense de son vassal, le roi Jean : en décembre, il condamne la Grande Charte et excommunie trente des principaux barons révoltés. Débute alors une guerre civile entre le roi et sa noblesse, qui cherche désormais à le détrôner. Et, tout naturellement, les barons font appel à Philippe Auguste qui retrouve là une occasion de mettre la main sur l'Angleterre. Un accord est facilement conclu : le roi de France enverra son fils, Louis, qui chassera Jean et prendra sa place comme roi d'Angleterre. L'entreprise est légitimée par des légistes français qui affirment que Jean a été déchu *de facto* pour avoir assassiné Arthur et que Louis a droit au trône d'Angleterre en tant qu'époux de Blanche de Castille, nièce de Jean.

L'argument est un peu maigre, mais qu'importe : la force décidera. C'est faire bon marché de l'opposition du pape : on ne touche pas à mon vassal ! Innocent III interdit l'entreprise, qui n'est pourtant que la reprise de celle qu'il avait lui-même suscitée en 1203. Il excommunie le prince Louis, ce qui n'empêche pas ce dernier de débarquer en Angleterre le 21 mai 1216, d'entrer à Londres et de poursuivre l'armée de Jean. Situation ubuesque : un pape maniaque de l'excommunication qui soutient un roi ex-excommunié qu'il a lui-même déposé trois ans auparavant, contre un prince excommunié, fils d'un autre roi ex-excommunié, qui combat pour des barons excommuniés !

Mais le duel final tourne court. Le 19 octobre 1216, Jean sans Terre meurt à Newark, probablement de dysenterie. Les barons anglais se rallient alors à son fils Henri III et se retournent contre Louis qui, de sauveur, fait maintenant figure d'envahisseur ; et ils le battent à Lincoln le 22 avril 1217. Il ne lui reste plus qu'à repartir. Comme de surcroît la flotte française, à peine reconstituée, est de nouveau anéantie à Calais le 24 août, les liens entre la France et l'Angleterre sont totalement rompus.

Le Capétien n'a pas davantage réussi à envahir l'Angleterre que le Plantagenêt à envahir la France. Certes, à regarder la carte, Philippe semble cependant le grand vainqueur, puisque Jean a perdu l'essentiel de ses territoires en France. Mais c'est une victoire en trompe l'œil. Car jusque-là, on l'a dit en ouverture, les Plantagenêts étaient plus français qu'anglais. Ils exploitaient les hommes et les richesses de l'île pour défendre leurs intérêts continentaux. L'historien britannique Austin Lane Poole a même pu écrire qu'ils « utilisaient l'Angleterre comme une banque sur laquelle ils opéraient des retraits pour financer leurs exploits à l'étranger ». Si Jean l'avait emporté, l'Angleterre serait restée une dépendance de l'Anjou et de la Normandie. Désormais, réduite au territoire insulaire, elle devient en quelque sorte elle-même, et va pouvoir développer son identité culturelle propre, en opposition franche à celle de la France. Le fils de Jean sans Terre, Henri III (1216-1272), va être le premier véritable souverain anglais depuis 1066. Ainsi, en perdant son duel, Jean gagne l'indépendance de l'Angleterre, ouvrant une ère de rivalité pluricentenaire avec la France qui culminera dans la guerre de Cent Ans puis durant l'épisode napoléonien, avant de s'éteindre seulement avec la conclusion de l'Entente cordiale.

Georges MINOIS

BIBLIOGRAPHIE SÉLECTIVE

Aurell, Martin, *L'Empire des Plantagenêt (1154-1224)*, Paris, Perrin, 2003.

Baldwin, John, *Philippe Auguste et son gouvernement*, Paris, Fayard, 1991.

Church, Stephen (dir.), *King John. New interpretations*, Woodbridge, Boydell, 1999.

Flambard-Héricher, Anne-Marie et Gazeau, Véronique (dir.), *1204. La Normandie entre Plantagenêts et Capétiens*, Caen, CRAHM, 2007.

« Les Plantagenêts, un empire au Moyen Âge », *L'Histoire. Les collections*, n° 53, octobre 2011.

Warren, W. L., *King John*, Londres, Eyre Methuen, 1961.

7

CHARLES QUINT FACE À FRANÇOIS Ier

Le rêve perdu de l'unité chrétienne

La lutte qui opposa François Ier à Charles Quint dura près de trente ans, et n'eut presque jamais de phases de répit. Suscitée par la dispute de territoires qu'ils se disaient en droit de posséder, elle s'amplifia par le désir de chacun d'affirmer une domination sur la chrétienté en revendiquant le titre d'empereur germanique. Elle s'enrichit d'une autre prétention, autrement plus prestigieuse parce que procédant de Dieu : être reconnu comme l'empereur des derniers temps, figure mythique dont la mission était de pacifier la chrétienté, réformer l'Église, puis convertir les infidèles à la foi catholique, afin de permettre le retour du Christ sur terre, prélude à la paix éternelle. Une lutte qui causa la mort de milliers d'hommes, militaires et civils, ruina villes et campagnes, tant en Italie qu'en France, et dont le point d'orgue se situe en 1528, lorsque, après la diplomatie, les armes et les injures, ils n'eurent d'autre solution que de se provoquer en duel.

Un déséquilibre favorable au Français

À l'origine, rien ne présageait pareille rivalité. En 1515, le Français avait vingt ans, l'Autrichien, quinze. Bien que parvenus au pouvoir en même temps, les 1er et 5 janvier, l'un comme roi de France, l'autre comme héritier des terres bourguignonnes de sa grand-mère dans l'Empire, la puissance du premier était incontestablement supérieure à celle du second. La France était l'État le plus riche de la chrétienté, et ses monarques étaient regardés pour être les meilleurs des chrétiens, un prestige auquel Charles d'Autriche ne pouvait prétendre, même si son aïeul, Maximilien Ier, était empereur des Germains. Son autorité se limitait essentiellement aux Pays-Bas, et, pour le comté de Flandre, il devait l'hommage au roi de France. La paix qu'il ratifia avec son suzerain en avril 1515 respectait cette hiérarchie vassalique, et le projet de mariage de l'adolescent avec la cadette de Louis XII, Renée, devait en être le ciment. Lorsqu'à l'été François Ier partit recouvrer le duché de Milan et la république de Gênes perdus en 1512, Charles d'Autriche ne manifesta aucune réserve, et lorsque, après la victoire de Marignan, le 14 septembre, le roi de France s'imposa comme le nouveau maître de Milan, il fut le premier à le féliciter. Un geste qui allait pourtant contre les intérêts de son aïeul, puisque ces terres étaient d'Empire.

Toutefois, cette suprématie française fut rapidement mise à l'épreuve. En janvier 1516, l'autre aïeul de Charles d'Autriche, Ferdinand Ier d'Aragon, décédait. Le jeune prince revendiqua aussitôt son héritage et se proclama également roi de Castille, au prétexte que sa mère, Jeanne, était inapte à gouverner. Par cette nouvelle autorité, le Habsbourg héritait aussi des querelles qui opposaient la France à l'Aragon, tant au sujet de la Navarre, que Ferdinand Ier occupait en partie depuis 1512, que sur Naples, royaume que François Ier rêvait de conquérir et qui était dominé par les Aragonais. L'allié de 1515 s'était mué en un rival potentiel d'envergure, et le nouveau statut de Charles d'Autriche obligea à un second traité entre les deux hommes. Il fut établi à Noyon, en août 1516, et fut moins favorable au roi de France puisqu'il obligea ce dernier à abandonner ses prétentions sur Naples, pour conserver Milan et Gênes. Un compromis qui fut confirmé par Maximilien Ier en décembre. Un an et demi plus tard, Henri VIII d'Angleterre entrait dans la coalition. La paix signée entre François Ier et celui qui était appelé maintenant Charles Ier d'Espagne prit des allures de paix universelle, à la plus grande joie du pape Léon X. Celui-ci rêvait en effet d'une croisade contre les Turcs, dont l'empire menaçait la chrétienté. L'union des princes chrétiens était de bon augure. D'ailleurs, François Ier avait approuvé le projet dès décembre 1515 et en avait été nommé le chef par le Saint-Père. Une prérogative impériale que ses alliés ne lui contestèrent pas. Ils n'en avaient ni les moyens militaires ni l'argent.

En trois ans, le roi de France avait donc imposé par les armes et la diplomatie sa toute-puissance en Europe. Pour la vanter, ses publicistes le présentèrent comme le monarque universel tant attendu. Mais, côté Empire, il n'était plus question d'abandonner davantage de pouvoir au Français. Maximilien Ier envisageait de faire élire son petit-fils roi des Romains, titre qui lui permettrait de devenir empereur des Germains à son tour, et de devenir le rival affiché du plus grand roi chrétien.

Le début du conflit

Malgré les belles paroles, la croisade n'eut pas lieu. La mort de Maximilien Ier en janvier 1519 en interrompit les préparatifs. L'élection du roi des Romains concentra les énergies. Charles Ier fut candidat. François Ier aussi. Dès 1515, ce dernier avait construit un réseau pour obliger les sept Électeurs à lui accorder leur suffrage. L'argent fit beaucoup. Les promesses en tous genres aussi. Pour autant, il fallait rassurer sur les capacités du candidat à protéger l'Empire. François Ier avait un atout de taille. La victoire de Marignan était la preuve de son aptitude à conduire glorieusement une armée. D'ailleurs, à l'hiver 1519, son élection semblait acquise. Son concurrent n'avait jamais fait la guerre, n'avait jamais commandé d'armée, n'avait pas d'argent, et sa qualité de roi d'Espagne l'éloignait des intérêts allemands. Mais c'était un Habsbourg, et ceux-ci dirigeaient l'Empire depuis deux générations. Aussi, et malgré un certain retard, il devint favori au printemps. La tension monta, on crut la guerre imminente. Finalement, l'élection se déroula dans les normes, et Charles Ier fut élu à l'unanimité le 27 juin 1519. L'origine du sang avait fait la différence. Personne, depuis Charlemagne, n'avait dominé un tel espace dans la chrétienté. Pourtant, matériellement, celui qui en Germanie était déjà appelé Charles Quint restait faible face à François Ier. Quant à ce dernier, il fit bonne figure malgré sa déception. Outre qu'il vivait là sa première défaite depuis son avènement, il était à craindre que la victoire de son concurrent obligeât à un autre traité, moins favorable pour lui que le précédent. Ses possessions en Italie étaient en danger, tout comme son royaume, puisque Charles Quint ne cachait pas vouloir recouvrer le duché de Bourgogne, autre partie de l'héritage de sa grand-mère. Pour autant, la validation de l'élection n'était pas acquise. Elle dépendait du pape, *via* le couronnement impérial, et aucun empereur germanique, selon les lois de l'Église, ne pouvait être roi de Naples. Si Charles Quint ne renonçait pas à l'un ou à l'autre, il pouvait rester bloqué dans ses prétentions.

Ainsi, et malgré l'âpreté des échanges entre les envoyés de chacun, les deux princes, qui ne s'étaient jamais affrontés publiquement lors de la campagne électorale, restaient aux yeux du monde des alliés. François Ier demeurait le chef de cette croisade théorique, dont on reparla, et il conservait son aura de probable monarque universel. Cet état dura encore une année. Les fêtes du Camp du Drap d'or, en juin 1520, organisées pour confirmer la paix franco-anglaise, en furent l'expression. Reste qu'Henri VIII n'était pas plus dupe que François Ier sur l'avenir. Aussi, à peine les eût-il quittées qu'il rencontrait Charles Quint à Gravelines. Il lui accordait son soutien si le Français attaquait ses domaines et promit de l'aider à recouvrer le duché de Bourgogne. En contrepartie, le Habsbourg participerait à la conquête des terres que le Tudor revendiquait dans le royaume.

Cette guerre n'effrayait pas le roi de France. Il avait l'argent pour la financer, et les hommes pour la conduire. En outre, le territoire espagnol était difficile à défendre, et l'opposition des grands contre la gouvernance de Charles Quint divisait les forces. Une opposition qui se manifestait également dans l'Empire par des vassaux mécontents soutenus discrètement par François Ier. Et puis, le pape lui avait assuré qu'il ne confirmerait jamais l'élection de 1519, et qu'il ferait tout pour entraver la venue de l'Autrichien en Italie.

L'abcès éclata au printemps 1521, lorsque Charles Quint dénonça les soutiens français à Robert Ier de La Marck, duc de Bouillon, dans l'Empire, et à Henri d'Albret, roi de Navarre, en Espagne. Pour autant, tous restèrent encore prudents et firent mine de vouloir résoudre le conflit à l'amiable. Henri VIII, désigné pour arbitrer les litiges, proposa de réunir une conférence à Calais à l'automne.

L'étau se resserre

Derrière cette façade diplomatique, les deux princes se préparaient à s'affronter militairement. François Ier n'eut plus de complexe à soutenir officiellement le roi de Navarre, ni le duc de Bouillon dont les terres venaient d'être envahies par l'armée de Charles Quint. Quant à ce dernier, il chercha à affaiblir son ennemi d'abord en Italie, en gagnant le pape par la mise au ban de l'Empire de Martin Luther, obtenant de lui en contrepartie la promesse de la confirmation de son élection ainsi que la conservation du royaume de Naples. À Gênes et à Milan, il encouragea les partisans antifrançais à se révolter contre l'armée royale.

Mais François Ier gardait encore la main. Si le projet d'invasion de l'Espagne s'était soldé par un échec, les armées espagnoles n'étaient pas entrées dans le royaume. En Picardie et en Champagne, la situation n'était pas plus mauvaise. Pour ces raisons, les négociations à Calais se révélèrent stériles. Bientôt l'affaire tourna court et seules les armes parlèrent. Reste qu'en quelques semaines la situation évolua cette fois en défaveur du roi de France. Si ses soldats tenaient le royaume, à Milan son armée essuya de sérieux revers : fin 1521, le duché était presque perdu. La bataille de la Bicocca, le 27 avril 1522, sanctionna la défaite. À cette mauvaise nouvelle vint s'en ajouter une autre : Henri VIII alliait ses forces à celles de Charles Quint.

Ainsi, à l'été 1522, le prince le plus puissant d'Europe, porteur des espérances les plus ambitieuses de la chrétienté, était attaqué de toutes parts et en mauvaise posture partout. Pour autant, il ne renonça pas. Il chercha des alliés en Pologne et en Hongrie afin d'ouvrir un front à l'est pour affaiblir l'armée de Charles Quint, ainsi qu'en Écosse pour faire de même avec l'armée anglaise. À l'été 1523, il espérait repartir pour l'Italie avec une nouvelle armée d'invasion. Une maladie, dont on ne sait rien sinon qu'elle le tint cloué au lit plusieurs semaines, l'en empêcha. Ce fut l'amiral Bonnivet qui la conduisit. À cela vint s'ajouter la trahison du connétable Charles de Bourbon qui, mal traité par son maître, avait rejoint l'ennemi. Et puis, il y eut aussi le mauvais temps, les faibles récoltes qui augmentèrent la pauvreté, et les impôts toujours plus importants. Reste que la situation n'était pas meilleure pour Charles Quint. Le protestantisme s'imposait chaque jour davantage en Germanie, les révoltes paysannes prenaient de l'ampleur, et en Espagne la Castille était ravagée par la sécheresse et la peste. Aussi, partout on parlait de la colère de Dieu, de l'Apocalypse que les astrologues prévoyaient pour 1525, année des grandes conjonctions astrales.

Pour autant, malgré ces malheurs, aucun ne recula, et surtout pas le Français. Si le nord du royaume résistait aux assauts anglais et impériaux, dans le Milanais Bonnivet n'était pas parvenu à vaincre l'armée hispano-impériale. À la fin du printemps 1524, il fut même repoussé hors du duché. Une débâcle qui permit de mettre sur pied un projet d'invasion de la France établi en 1523 par Charles Quint, Henri VIII et le connétable de Bourbon : trois armées devaient fondre sur le royaume, par le nord, le sud-ouest et le sud-est. À l'été 1524, Charles de Bourbon occupa la Provence. Mais l'Anglais ne suivit pas. Déjà, des liens s'étaient retissés entre lui et François Ier. Ainsi, la France échappa à la destruction, et son roi, guéri, repoussa non seulement l'armée du connétable hors du royaume, mais la poursuivit jusqu'en Italie. Ses premiers pas dans le Milanais furent remarquables. Milan tomba rapidement, et en novembre il ne restait plus que Pavie à recouvrer. Le siège y fut mis. Début 1525, personne ne doutait de la victoire française.

Sauf que la chance tourna. Le 24 février, une escarmouche se mua en une bataille qui fut fatale au roi ; non seulement il la perdit, mais il y fut fait prisonnier. Jamais, depuis Poitiers en 1356, un roi de France n'avait connu telle déconvenue ; jamais, depuis Azincourt en 1415, autant de nobles n'avaient été arrêtés sur un champ de bataille ; jamais, enfin, au cours d'un conflit armé, autant de capitaines n'avaient péri au même moment. La bataille de Pavie n'était pas qu'un échec militaire, elle apparaissait comme un désastre immense pour le royaume et une humiliation spectaculaire pour François Ier.

Lorsque Charles Quint, en Espagne, apprit la nouvelle, il n'afficha aucune émotion publique, abandonnant, tel un excellent chrétien, la gloire du moment à Dieu. Mais il laissa ses publicistes se réjouir. Pour la première fois dans l'histoire, des écrits rédigés en plusieurs langues furent produits par un gouvernement afin d'informer sur un événement le plus grand nombre de chrétiens. Personne ne put ignorer la défaite, ni le portrait à charge que les thuriféraires espagnols fabriquèrent de François Ier. Jugé responsable des guerres qui blessaient la chrétienté depuis quatre ans, il fut désigné comme le pire des chrétiens, puisque ami du diable, le Turc, avec qui il se serait associé secrètement pour mieux vaincre l'empereur. À Marignan, le Valois avait fait illusion, mais Dieu, qui avait toujours préféré le Habsbourg, avait rétabli l'ordre. C'était lui qu'Il avait choisi pour être le monarque universel, en le faisant d'abord élire par les hommes puis en lui permettant de châtier le tyran français. Il était l'homme providentiel qui éradiquerait l'hérésie luthérienne et conduirait la croisade contre les infidèles. Et l'Autrichien se prêta au jeu de l'identification en ordonnant le baptême forcé des Morisques en Espagne. Pour autant, rien n'était encore gagné.

Le bras de fer

Si François Ier resta un an prisonnier de Charles Quint, en Italie puis en Espagne, des pourparlers furent engagés dès la défaite pour traiter de sa libération. En position de force, Charles Quint exigea l'application de l'accord signé en 1523 avec ses alliés, même s'il ne réclamait pour lui que le « sien », soit la Bourgogne et les droits du roi sur Milan et Naples. En revanche, pour Charles de Bourbon, il demandait la Provence et la restitution de ses anciens domaines, et pour Henri VIII l'héritage Plantagenêt, soit la Guyenne, le Poitou, la Normandie et l'Île-de-France. Des exigences irrecevables pour le vaincu. S'il accepta d'abandonner ses droits en Italie et admit de restituer à Bourbon ses terres confisquées, pour le reste il ne proposait qu'une importante rançon. Ce refus aurait pu constituer un argument pour envahir la France, totalement désemparée depuis la défaite de Pavie. Mais Charles Quint ne put l'entreprendre. Il manquait d'argent. Par ailleurs, Henri VIII – fâché que sa fille Mary, promise un temps à son allié, soit finalement abandonnée par celui-ci au profit d'Isabelle, la très riche fille du roi du Portugal – s'apprêtait à changer de camp. En septembre 1525, il tendit la main à la France. Plus au sud, en Italie, la papauté et Venise, redoutant la domination de Charles Quint sur toute la péninsule, s'organisaient en une ligue défensive. En quelques semaines, Charles Quint se retrouva dans une situation semblable à celle de François Ier quatre ans plutôt : il était devenu le prince le plus puissant de la chrétienté, mais aussi le plus seul.

Malgré cela, François Ier dut signer le 14 janvier 1526, à Madrid, le traité qui reprenait les premières exigences de son geôlier, hormis la partie anglaise. Libéré en mars pour l'appliquer, contre la remise de ses deux fils aînés qui prirent sa place dans les prisons espagnoles, il ne tint pas la plupart de ses engagements. Au contraire, il se défendit en affirmant que le traité n'était pas valable : un prisonnier n'avait pas de parole. Par ailleurs, il fut sollicité par les ambassadeurs de la ligue italienne et une nouvelle alliance vit le jour à Cognac. Dirigée par le pape, elle avait officiellement pour objet de lutter contre les Turcs. En fait, elle espérait chasser d'Italie les armées du Habsbourg. Dans cette affaire, le rôle de François Ier se bornerait à celui de libérateur, et le roi promit de ne pas profiter de l'occasion pour s'emparer à nouveau du Milanais. Comme allié de la

France, Henri VIII y adhéra aussi. La peur de la puissance de Charles Quint avait remis François Ier en selle.

Alors que les publicistes de Charles Quint faisaient paraître des textes exprimant le désir de la Bourgogne de retrouver son vrai seigneur et que François Ier demandait à ses parlements de Bourgogne et d'Auxonne de discuter de leur scission d'avec le royaume, qu'ils refusèrent naturellement, le pape déclara la guerre à l'Autrichien. Cependant, l'effet de surprise passé, les Hispano-Impériaux prirent le dessus et, quelques semaines plus tard, c'était au tour de Rome d'être envahie par les soldats napolitains de Charles Quint. Isolé, le pontife fut contraint de se désolidariser de la ligue de Cognac. Le Habsbourg crut vaincre l'opposition italienne. Mais le pape ne tint pas parole et continua à soutenir l'effort de guerre du roi de France qui organisait une armée pour descendre dans la péninsule.

En outre, l'occupation de la Hongrie par les Turcs, en août 1526, prouva la fragilité de la frontière est de la chrétienté dont Charles Quint, comme roi des Romains, était responsable. Elle fut pour François Ier une occasion d'entrer dans cette guerre d'un nouveau genre, celle de l'écrit diffamant adressé à tous les chrétiens, qui, de témoins ou de victimes, devinrent ainsi spectateurs et juges des rivalités qui opposaient ces deux princes. Évidemment, martelèrent les libellistes, ce désastre était de la responsabilité de l'Autrichien qui se trompait d'ennemi. Par le rejet de ses propositions lors de son incarcération, Charles Quint avait ouvert la porte de la bergerie au loup, se moquant du danger qui menaçait les peuples germaniques. Dépourvu d'émotions, incapable de s'attendrir sur le sort de Louis II, roi de Hongrie, mort au combat, et sur la douleur de sa veuve, pourtant sa sœur, il était également responsable des calamités publiques qu'engendrait la progression turque. Les Allemands ne pouvaient donc continuer à lui faire confiance. Des accusations auxquelles Charles Quint répondit avec une véhémence identique et selon le même procédé. Il y criait sa bienveillance à l'égard de son ancien prisonnier. Confiant en sa loyauté, il l'avait libéré ; mais ce perturbateur de paix persistait à occuper des terres qui ne lui appartenaient pas. Individu sans parole, François Ier participait non seulement à la scandaleuse confédération du pape pour le ruiner, mais aussi l'insultait publiquement ! Enfin, la conquête de la Hongrie par les Turcs n'était pas de sa faute, mais de celle du Français qui l'empêchait d'agir. D'ailleurs, François Ier avait beau jeu de pleurer sur le sort des Hongrois. Charles Quint avait la preuve – une lettre de Soliman ; un faux grossier mais qu'il publia – qui établissait la relation entre François Ier et le sultan depuis 1522, lettre dans laquelle Soliman assurait que Charles Quint paierait ses fautes et qu'après la Hongrie il envahirait la Germanie, puis ruinerait Rome. Mais Dieu était avec le Habsbourg. Il l'aiderait à détruire la ligue de Cognac sur le terrain. Bientôt le tyran français ne serait plus rien, et le musulman serait battu !

La réplique française fut un investissement plus grand dans la ligue. Au début 1527, l'armée royale entrait en Italie. Mais la position du pape était redevenue critique. Sa trahison connue, les hommes de Charles Quint le menaçaient de nouveau. Une nouvelle fois vaincu, le pontife proclama la fin de la ligue. Une capitulation qui ne déplut pas qu'au Français, maintenant sans prétexte pour rester dans la péninsule. Les lansquenets allemands, stationnés dans le Milanais et conduits par Charles de Bourbon, non payés depuis des mois, jugèrent insuffisantes les sommes accordées par le pape qui avait été obligé de financer leur solde. Le connétable les soutint. Ils marchèrent sur Rome. Le 5 mai 1527, la ville était prise et mise à sac.

L'invasion de la cité et la prise du pape abasourdirent la chrétienté. L'Autrichien et le Français crurent chacun pouvoir tirer profit de cette situation extrême. Les publicistes espagnols ressuscitèrent d'anciennes prophéties inspirées de la célèbre vision de Daniel et les adaptèrent au contexte du moment : François Ier était le tyran usurpateur, Clément VII le mauvais pape, et Charles Quint ce prince providentiel qui allait tout réformer pour le bien de l'humanité. Hors les territoires dominés légitimement par Charles Quint, le sauveur n'était pas le Habsbourg mais François Ier, et notamment en Italie où on le pria de venir en personne pour sauver les populations du monstre. Dieu ne l'avait jamais abandonné. Il l'avait affligé de misères, avait poussé son indignation à son comble pour qu'il délaisse ses ambitions personnelles et libère les peuples du dragon espagnol. C'était à lui qu'incombait la destruction des fausses croyances, pas au Habsbourg. Dieu avait créé Charles Quint pour infliger à l'Église une incroyable punition, mais il avait heureusement fait le roi de France pour remettre le vicaire du Christ sur son siège. Par le sac de Rome, Dieu commandait à ce nouveau Charlemagne qu'il accomplisse ce à quoi il était destiné : la restauration du pape en son autorité, l'unification du christianisme et l'instauration de la paix sur la terre.

Les malheurs de Rome permettaient à François Ier de redonner vie au vieux rêve français de conquérir l'Italie. Un espoir que les premières semaines d'action de ses hommes laissèrent envisager. Gênes redevint française rapidement, et la reconquête du Milanais, ravagé par six ans de guerre et d'épidémies, s'annonçait aisée. Parallèlement, à Amiens, le roi établissait une nouvelle alliance avec Henri VIII dont l'objet était une double libération : celle du pape et celle de ses fils.

Le défi

C'est en janvier 1528, à Burgos, que leurs ambassadeurs communiquèrent à Charles Quint le contenu de l'accord franco-anglais. Le 22, le Habsbourg donna sa réponse. Il soutint que tant que les hommes de François Ier seraient dans la péninsule, il ne changerait pas d'avis. Ce refus valait déclaration de guerre, et chacun des envoyés lut alors la lettre de son souverain qui la justifiait. François Ier y exprimait son déplaisir envers celui qui lui montrait tant de haine et de rancune. Au lieu de désirer la paix, ce méchant détenait le pape prisonnier, laissait les ennemis de la foi gagner chaque jour plus de terres, ravageait l'Italie et faisait couler le sang des chrétiens partout ; pour tout cela, le vaincu de Pavie lui prédisait l'enfer. Quant à Henri VIII, il souffrait aussi de la progression des Turcs, qui, après Rhodes en 1524, venaient de gagner la Hongrie. Il redoutait la prochaine colère de Dieu et jugeait le Français dans son bon droit à refuser d'exécuter le traité de Madrid. Comme lui, il réclamait la libération du pape et celle des enfants de France, admettant qu'une rançon pour solde de tout compte était la solution la plus sage. À ces graves accusations, Charles Quint se borna à réclamer l'application du traité de Madrid, et renvoya les accusations de François Ier contre lui, en le jugeant à son tour responsable de toutes les guerres depuis 1521. C'était lui, par son obstination à vouloir Milan, le responsable des milliers de morts chrétiens. Il ne croyait pas à son désir de paix puisque, partout, il semait la discorde pour en tirer profit. Il soutint que jamais il ne l'avait maltraité dans sa prison, et qu'il ne voulait que la restitution de son héritage. Quant au pape, il annonça qu'il était libre – en fait celui-ci s'était évadé un mois plus tôt – et se dit innocent de la situation passée et présente à Rome. Enfin, évoquant le succès des Turcs, il persista dans sa conviction : la faute incombait là encore à François Ier. Aussi, se disant épuisé par ses tromperies, il menaça de ne jamais lui rendre ses fils s'il n'honorait pas ses promesses de 1526.

Alors que les envoyés s'en étaient retournés dans leur pays, Charles Quint fit publier les accusations des deux princes et ses réponses en espagnol, en allemand, en latin, mais aussi en français, démarche qui outra le roi de France. Dans l'incapacité de lui déclarer rapidement la guerre, puisque ses forces étaient en Italie, cherchant autant à s'emparer de Milan que du royaume de Naples, il envisagea une autre solution. Il demanda à Charles Quint réparation, jugeant son honneur bafoué.

La demande se fit le 28 mars, à Paris, devant les grands du royaume et les envoyés des cours alliées du roi. Après avoir signifié à l'ambassadeur espagnol son congé, ce qui avait valeur de déclaration de guerre immédiate, François Ier interpella le héraut de Charles Quint, dont le nom, Bourgogne, était déjà une provocation. Il lui déclara ne pas être le prisonnier de son maître, puisqu'ils ne s'étaient pas rencontrés personnellement à Pavie, et répéta avoir été maltraité lors de son incarcération, actes que les lois de la guerre interdisaient. Il ajouta aussi que son geôlier avait alors profité de sa maladie pour lui arracher un traité sans valeur juridique. Ni tyran ni usurpateur, il ne voulait que son bon droit en Italie. Évidemment, il ne croyait pas à l'innocence de Charles Quint dans l'affaire de Rome, et retournait contre lui la responsabilité des guerres depuis 1521. Son discours achevé, il remit une lettre au héraut qui fut lue à haute voix. Le roi faisait savoir à son rival que ses paroles avaient heurté son honneur, qu'il avait le souci de garder intact jusqu'à la mort ; aussi était-il décidé à le défendre jusqu'au bout. Pour cette raison, il le jugeait menteur, et le provoquait en duel !

Le geste était grave ; il était illicite. Les duels n'étaient admis que pour les situations troubles où les règles ordinaires de la justice faisaient défaut, ce qui n'était pas le cas ici. Le mettre en application revenait à se placer au-dessus des lois. En outre, il pouvait être présenté comme une perversion de l'ordre de Dieu, où l'on se défierait de Sa bonté et de Sa puissance. Enfin, l'accepter était se laisser aller à la passion, à la colère et au ressentiment, des sentiments qui n'étaient pas chrétiens.

Après avoir reçu le cartel et la demande de confirmation du camp de son héraut, Charles Quint, qui n'avait pas non plus les moyens d'une guerre contre la France mais ne voulait pas être le premier à montrer sa faiblesse, joua le jeu. Il laissa au Français la possibilité de fixer le jour du combat, et désigna le lieu, au milieu de la rivière de la Bidassoa, entre Fontarabie et Hendaye, à l'endroit même où deux ans plus tôt François Ier avait été libéré contre ses enfants. En tant qu'agressé, il se réservait aussi le choix des armes. Il précisa en sus que, passé un délai de quarante jours sans réponse de son adversaire, la faute incomberait à ce dernier, faute qui s'ajouterait à toutes ses autres hontes.

Son héraut fut chargé de lire publiquement cette réponse lorsqu'il serait reçu par le roi, puis de la lui remettre en main propre, après avoir pareillement lu l'article du traité de Madrid qui faisait état de la promesse de restitution de la Bourgogne par François Ier. Si le roi s'y opposait, le héraut devait insister. Si François Ier ne voulait que le cartel sans un mot, il devait le lui jeter à terre, ainsi que l'article du traité, et déclarer que son maître publierait ce refus. Des précautions qui montraient, malgré l'acceptation du défi, que Charles Quint n'entendait pas forcément arriver à cet extrême. Il en fut de même pour son antagoniste.

Ce fut seulement le 10 septembre, à Paris, que Bourgogne fut autorisé à comparaître. Selon la version française, François Ier aurait expliqué de vive voix les raisons de cette réunion : recevoir du héraut de Charles Quint le cartel pour le combat, un combat qu'il avait souhaité et qu'il voulait dans les délais les plus brefs pour que le sang des chrétiens cesse de couler. La séance était publique afin que les autres princes d'Europe soient témoins des faits, et puissent jurer que le roi n'avait pas agi légèrement en provoquant en duel son ennemi. Puis, s'adressant au héraut, il lui demanda le cartel. L'envoyé commença à parler, le roi l'interrompit, le priant de lui donner la sûreté du camp, et seulement après de parler, chose que l'envoyé ne pouvait faire par ordre de son prince. Parce qu'il était dans l'incapacité de respecter la volonté de François Ier, maître en son royaume, il s'en retourna, le cartel toujours en main, en Espagne. Ainsi, côté français, c'était Charles Quint qui avait refusé le combat. L'honneur était sauf. La version espagnole fut forcément différente. La faute incombait naturellement à François Ier qui, en se levant au premier mot du héraut, aurait refusé le cartel. L'affaire était entendue. Pour chacun, l'autre avait failli et demeurait coupable de tous les reproches énoncés.

Reste que la situation n'avait jamais été aussi tendue depuis le début de leur lutte. Pourtant la paix était nécessaire, tant en France qu'en Espagne et en Italie. L'argent manquait partout, les hommes d'armes étaient épuisés, les morts s'accumulaient. Mais après une telle escalade d'insultes, de mensonges, et tant de cadavres, aucun n'envisagea de faire le premier pas. Alors fut élaborée une stratégie, en parallèle de leur spectaculaire affrontement public, pour n'en froisser aucun : faire négocier une paix par la mère de l'un (Louise de Savoie) et la tante de l'autre (Marguerite d'Autriche). Les déboires français en Italie depuis plusieurs semaines, tant dans le Milanais qu'à Naples, firent que cette paix, dite des Dames, signée à Cambrai en août 1529, tourna encore au désavantage de François Ier. S'il conserva la Bourgogne, il n'eut plus un pouce de terre en Italie et s'acquitta d'une rançon de 2 millions d'écus pour recouvrer ses fils. Enfin, il ne put empêcher le roi des Romains de se faire couronner empereur à Bologne le jour de ses trente ans, le 24 février 1530. Cette paix avait définitivement relégué François Ier au second rang dans la hiérarchie des princes de la chrétienté ; mais celui-ci ne voulut naturellement pas l'admettre.

L'impossible revanche

Durant cinq ans, le Français rumina sa vengeance et ne recula devant rien pour espérer affaiblir la puissance de celui qui avait brisé son ambition. Pour vaincre, il prit son temps, et élabora des alliances avec tous les États susceptibles de s'opposer à la puissance de son ennemi. Ainsi, et sans contradiction, il entretint des rapports étroits avec Clément VII, par le mariage de la petite-nièce de celui-ci, Catherine de Médicis, avec son cadet Henri, mais également avec Henri VIII, pourtant en rupture avec Rome ; ainsi qu'avec les princes protestants d'Allemagne et les cantons suisses qui avaient adhéré au luthérianisme. Les affaires de religion paraissaient moins graves que l'hégémonie du Habsbourg sur la chrétienté. François Ier tendit aussi la main, et cette fois pour de vrai, à Soliman le Magnifique. Tout devint bon à prendre. La mort de Francesco Sforza, en décembre 1535, donna au roi de France l'opportunité de réclamer le duché pour son second fils. Charles Quint refusa. Le conflit de Milan dura trois ans et se déroula tant sur les frontières terrestres du royaume que dans le duché de Savoie, que François Ier avait envahi. Jamais conflit armé n'avait rassemblé autant de soldats depuis l'époque romaine. Parallèlement, la guerre des mots se poursuivit. François Ier accusa publiquement son rival d'avoir fait assassiner le dauphin François mort en août 1536, ajoutant ce crime à tous les autres reproches inlassablement ressassés, et Charles Quint accusa encore le Français de mensonge, de lâcheté et de perfidie à travers toute l'Europe. Pour autant, cette guerre ne fit qu'épuiser les forces de l'un et de l'autre. La trêve de Nice de 1538 fit croire au roi de France qu'il obtiendrait peut-être le Milanais par la négociation. Charles Quint le lui laissa penser pendant près de trois ans, pour finalement refuser. À l'été 1542, le bruit des canons et des insultes retentissait de nouveau, plus violemment encore que par le passé. Mais François Ier avait perdu son allié anglais ainsi que le soutien de la papauté. Il résista deux ans, pour finalement signer à Crépy-en-Laonnois, en septembre 1545, une paix plus mauvaise encore que celle de Cambrai. Tant d'échecs auraient pu le faire réfléchir. Même pas. La paix avec l'Angleterre signée au printemps 1546, elle aussi fort médiocre pour le royaume, il entrevoyait de reprendre l'offensive à l'été suivant. La mort l'en empêcha. François Ier rendit son âme à Dieu le 31 mars 1547.

On aurait pu imaginer l'histoire de cette rivalité de trente ans terminée ; il n'en fut rien. Elle dura encore douze ans, le temps du règne d'Henri II qui caressa les mêmes rêves de gloire que son père. Lui aussi se laissa bercer par le rêve de la monarchie universelle que ses publicistes lui promirent dès son avènement. Pour autant, et malgré d'excellents résultats militaires qui affaiblirent considérablement la puissance impériale, la tentative de conquête du royaume de Naples en 1557 fut un échec, et la paix du Cateau-Cambrésis signée en avril 1559 une autre humiliation pour la France. La mort accidentelle du souverain, l'avènement de son fils François II, mineur, les problèmes financiers et les troubles religieux – qui commençaient à diviser le royaume – obligèrent le pouvoir à ne plus penser à l'Italie et à mettre entre parenthèses son rêve impérial. Quant à Charles Quint, il s'était déjà retiré de la scène politique. En janvier 1556, il avait abdiqué la couronne d'Espagne au profit de son fils Philippe II et laissé celle de l'Empire germanique à son frère Ferdinand. Puis, soucieux du salut de son âme, il s'était installé à proximité du couvent de Yuste, où il décéda le 21 septembre 1558 ; il avait cinquante-huit ans.

De ce long duel, Charles Quint était incontestablement sorti vainqueur. Pourtant, il n'était pas parvenu à réaliser son ambition : régner sur toute la chrétienté. Pour lui, comme pour François Ier, des hommes furent tués par milliers. Des hommes qui pour la plupart acceptèrent de se battre et de mourir, et pas seulement pour de l'argent, à l'instar des mercenaires suisses et des lansquenets allemands venus régulièrement grossir les contingents des deux armées rivales. Ils soutinrent sciemment une politique impérialiste dont ils n'ignoraient rien et qu'ils encourageaient même pour l'espoir qu'elle suscitait en eux, maintes fois rabâché lors des prêches dans les églises. Ils crurent sincèrement à l'idée de l'universalité de la chrétienté et au retour du fils de Dieu sur terre, tout comme nous croyons au mérite du progrès depuis le XVIIIe siècle. La lutte que François Ier et Charles Quint se livrèrent ne fut pas tant regardée par eux comme une affaire personnelle, même si nombre d'historiens le pensent encore, que comme le temps d'une délivrance possible, sans attendre celle de la mort, pour jouir enfin du bonheur. François Ier et Charles Quint, puis leurs fils, et avant eux bien d'autres monarques – en France le constat vaut au moins depuis Philippe Auguste –, ont été regardés dans leurs querelles tels des sauveurs potentiels, des hommes sur lesquels la Providence avait mis le doigt afin qu'ils conduisent leurs peuples vers un nouvel âge d'or. Les deux souverains crurent profondément qu'ils avaient été investis de cette haute mission ; leur foi en Dieu fut incontestable malgré la haine qu'ils se portaient mutuellement. Pour autant, les difficultés qu'ils connurent pour se faire reconnaître comme tels hors de leur royaume révèlent une autre idée qui s'était structurée parallèlement et qui ne cessa de s'affirmer dans les siècles à venir, celle de la nation. De cette idée était né un sentiment d'appartenance à un peuple, à un espace borné par des frontières ; et ce sentiment national, en cette première moitié du XVIe siècle, était déjà fort puissant. Ainsi, si le rêve de l'unité chrétienne restait un idéal à atteindre, il était chaque fois entravé par les résurgences nationales de ces peuples qui n'acceptaient la construction de cet empire qu'au profit de leur souverain légitime, à la fois glaive et bouclier de leur État.

Didier LE FUR

BIBLIOGRAPHIE SÉLECTIVE

Beaune, Colette, *Naissance de la nation France*, Paris, Gallimard, 1986.

Chastel, André, *Le Sac de Rome : 1527. Du premier maniérisme à la Contre-Réforme*, Paris, Gallimard, 1984.

Collectif, *La Prise de décision en France, 1525-1559*, études réunies par Roseline Claeer et Olivier Poncet, « Études et rencontres de l'École des chartes », n° 27, Paris, École nationale des chartes, 2008.

D'Amico, Juan Carlos, *Charles Quint*, Paris, Perrin, à paraître.

Le Fur, Didier, *François Ier*, Paris, Perrin, 2015.

—, *Henri II*, Paris, Tallandier, 2009.

Le Thiec, Guy et Tallon, Alain (dir.), *Charles Quint face aux réformes*, colloque international organisé par le Centre d'histoire des réformes et du protestantisme, 11e colloque Jean Boisset, Montpellier 8 et 9 juin 2001, Paris, Honoré Champion, 2005.

Redondo, Augustin (éd.), *La Prophétie comme arme de guerre des pouvoirs du XVe au XVIIe siècle*, Paris, Presses de la Sorbonne Nouvelle, 2000.

Zeller, Georges, « Les rois candidats à l'Empire », *Revue historique*, Paris, t. CLXXIII, 1934.

8

HENRI VIII ET THOMAS MORE

La fidélité jusqu'à la mort

Pour les yeux d'une belle, Henri VIII aurait-il fondé l'anglicanisme ? On aimerait presque le croire tant cette version paraît romantique, mais la vérité est évidemment plus complexe. D'une part, Anne Boleyn, l'élue de son cœur, qu'il épouse après avoir divorcé de Catherine d'Aragon, était certes désirable, sans être pour autant d'une beauté à couper le souffle… D'autre part, Henri n'a jamais désiré changer de religion ; il s'est contenté de rompre avec le pape pour assumer la direction de son Église nationale, devenue dès lors schismatique aux yeux des catholiques romains. Thomas More, qui était le meilleur des serviteurs du « meilleur des rois », ainsi que l'un des plus grands intellectuels de son temps, fut la plus célèbre victime collatérale de cet affrontement en restant fidèle au Saint-Siège ; il y gagna la palme du martyr et le titre enviable de saint de l'Église universelle. On le fête le 22 juin.

La magnificence et la galanterie n'ont jamais paru en Angleterre avec tant d'éclat qu'au début du XVIe siècle, pourrait-on dire pour plagier *La Princesse de Clèves* de Mme de Lafayette. Après les affrontements fratricides de la guerre des Deux-Roses de 1455 à 1485, après la pingrerie légendaire d'Henri VII, grand vainqueur à Bosworth du très horrifique Richard III, soupçonné d'avoir commandité l'assassinat de ses neveux les petits princes à la Tour de Londres, Henri VIII offrait une image rassurante. Pour renforcer l'affection de ses peuples, Henri avait commencé dans la bonne humeur par faire trancher le col de deux des plus proches conseillers du feu roi son père : exécrés sans être pour autant exécrables, Edmund Dudley et Richard Empson avaient été sacrifiés sur l'autel de la patrie « pour donner du courage aux autres », comme l'aurait dit Voltaire, en août 1510. Henri aimait le sport, le grand air, les tournois, les affrontements virils, l'esprit de corps, la camaraderie d'armes. Infatigable, toujours actif, il s'entoure dans ses vertes années de compagnons de jeu de sa génération, et Shakespeare mieux qu'aucun autre a restitué dans sa pièce *Henri VIII*, écrite en collaboration avec John Fletcher, le caractère festif de cette bande de joyeux drilles noceurs qui se déguisent nuitamment. Le roi apparaît lors d'un bal « en costume de berger, une houlette à la main [...], escorté de douze seigneurs travestis comme lui », résume François-Victor Hugo, le fils du poète, attentif aux échos que soulève cette scène pseudo-pastorale pour le romantisme. Thomas More, par contraste, est d'emblée un homme d'étude plus attentif aux choses de l'esprit qu'à l'exercice physique. Sensible à son côté encore éphèbe lors de leurs premières rencontres, son ami Érasme de Rotterdam, de dix ans son aîné, a pour le jeune Anglais les yeux de Chimène. « Il n'est pas de taille élevée, sans qu'on le remarque pourtant par sa petitesse », écrit-il avant d'estimer que « la proportion de ses membres est si parfaite qu'elle ne laisse rien à désirer », que sa peau est « blanche et son teint clair plutôt que pâle ; quoiqu'il soit loin d'être rouge, une légère coloration y transparaît uniformément ». Thomas More a les cheveux « châtain foncé » ou « brun doré », les yeux « gris-vert, semés de taches ». Et Érasme de compléter : « Ce regard d'habitude dénote une nature heureuse ; il est considéré comme aimable chez les

Anglais. » More est un personnage affable qui compense souvent par l'humour l'inconfort des situations : « Le visage correspond au caractère, il témoigne toujours d'un enjouement aimable et cordial, et il est parfois enclin à prendre un air rieur. » En bref, More respire la « joie » plus que la « gravité » ou la « dignité ».

Contrairement au roi son maître, l'homme semble peu préoccupé par son apparence physique ou par sa mise extérieure ; il a l'épaule droite légèrement plus haute que la gauche ; mais surtout il néglige sa toilette et se contente sur le plan alimentaire d'un régime spartiate, fruits, œufs et laitages – auxquels on ajoutera un peu de viande de bœuf, de poisson salé et de pain de ménage. L'on est loin ici de l'image pantagruélique du règne à laquelle est associée la démesure du roi. L'on y ajoutera la tempérance, rare pour l'époque ; More n'aime boire que de l'eau, même s'il boit occasionnellement de la bière très délayée ou du vin « du bout des lèvres pour ne pas paraître le détester complètement et pour s'astreindre aux pratiques communes ».

L'amitié entre le monarque et son serviteur reposera sur une totale asymétrie : on ne saurait imaginer deux personnages plus éloignés. Et pourtant, ils s'aiment et se respectent, sans que l'on puisse parler pour autant d'admiration. More est trop modeste pour admirer : un homme reste toujours un homme, fût-il un roi. Néanmoins, il restera jusqu'à la mort paradoxalement fidèle à ce prince ingrat qui finira par tuer le meilleur, le plus intelligent, le plus brillant de ses serviteurs. C'est que More, silencieusement, sans semer le moindre trouble, et comme à regret, a été, par sa vie, par son exemple, par ses convictions, le plus acharné des critiques de la dérive autoritaire d'un pouvoir monarchique qu'il n'a pourtant jamais pris de front.

Un despote bien sympathique

Henri VIII est un roi bonhomme, qui suscite la sympathie par son sens de l'effusion et de la dépense d'apparat, là où son père, le très avare Henri VII, était sec comme un coup de trique. L'on a un peu oublié l'image enjouée du début du règne, éclipsée par la gravité de la maturité et les « déboires conjugaux ». Mais Henri VIII a d'abord été, comme le rappelle l'historien britannique David Starkey, le « jeune premier de la chrétienté ». Les films comme les séries télévisées ont beau jeu de présenter ce roi facétieux et un rien farceur, aimant la musique – on lui attribue la composition de *Greensleeves*, cet air célèbre que chacun a entendu au moins une fois dans sa vie – et les plaisirs de la vie. Le film *La Vie privée d'Henri VIII*, mis en scène par Alexander Korda, fixe définitivement en 1933 l'image cinématographique de ce personnage truculent auquel Charles Laughton prête ses traits pour la postérité. Voilà qui est vrai, en gros, pour la première moitié du règne, de 1509 à 1530, durant ces années vite dominées par le personnage de Wolsey, l'ambitieux cardinal qui souhaite pour son roi le titre d'empereur et pour lui-même celui, non moins prestigieux, de souverain pontife. Un empereur et un pape anglais, pourquoi pas ? Wolsey est ambitieux, mieux encore, il est travailleur ; ordonné prêtre en 1498, ce fils d'un boucher d'Ipswich a gravi l'un après l'autre tous les échelons de l'Église et de l'État : évêque de Lincoln, archevêque d'York, puis cardinal, lord chancelier enfin, l'équivalent de nos ministres de la Justice-gardes des Sceaux. C'est lui qui prendra à son service Thomas More, l'un des juristes les plus doués de sa génération. Ces hommes-là travaillent ; Henri VIII, lui, sans être frivole, est bien décidé à profiter de la vie, délaissant pendant les premières années de son règne les affaires de l'État ou du moins déléguant au maximum les activités fastidieuses de la politique. Quand il sortira ses griffes, il se révélera être un redoutable prédateur, mais dans un premier temps Henri VIII est encore un gros chat qui s'amuse et qui ronronne, fils respectueux de l'Église, attaché à la poursuite d'une alliance avec l'Espagne et avec la papauté destinée d'abord à contrer l'influence française…

Contrairement à son célèbre souverain, Thomas More est un être discret et distingué, sobre dans sa mise et ennemi de toutes les dissipations. Sa résistance héroïque à son roi, dont il refusera d'admettre la suprématie sur l'Église, lui permettra d'accéder au statut enviable de martyr de la « vraie foi », catholique, apostolique et romaine, avant d'être canonisé au XXe siècle et donné en exemple au début du siècle suivant à tous les hommes d'État par Jean-Paul II. Le cinéma est lui aussi passé par là et, sorti en 1966, *Un homme pour l'éternité* de Fred Zinnemann transforme le saint homme en une sorte de philanthrope humanitaire, annonciateur des valeurs de justice auxquelles nous prétendons tous être attachés. Le face-à-face d'Henri VIII et de Thomas More a ainsi acquis dans la conscience occidentale une sorte de fonction prémonitoire. Face au déchaînement du despotisme totalitaire, que recommander de plus noble que l'auteur humaniste de l'*Utopie*, nouveau concept qui allait connaître une belle postérité et achever de consacrer la dimension prophétique et vertueuse de son auteur ?

S'il existe bien un duel entre Henri VIII et Thomas More, celui-ci ne peut être compris que de façon allégorique : les deux personnages ont assumé pour les générations qui les ont suivis une fonction inédite, et en grande partie étrangère à leur temps. On opposera de façon binaire la conviction privée et la violence d'État, la liberté de conscience et la tyrannie. Il appartiendra à l'historien de faire la part des choses et de restituer les enjeux de cette confrontation entre les forces de l'esprit et la puissance temporelle.

Le monastère ou le phalanstère ?

Thomas More est né le 7 février 1478 entre 2 et 3 heures du matin, dans Milk Street, au cœur de la Cité de Londres. Son père, John More, est un juriste influent qui l'amènera à suivre la carrière du barreau, renonçant à une vocation de chartreux bien ancrée. L'idée monastique est sans doute au cœur de l'œuvre la plus singulière de Thomas More. Rédigée en 1515-1516, l'*Utopie* s'est prêtée à un contresens majeur : on a vu en ce rêve éveillé et plein d'humour l'amorce du socialisme, ce socialisme baptisé par Marx et Engels du nom de « socialisme utopique ». More raconte une histoire à dormir debout et il invente le socialisme. On aurait dû se méfier davantage…

On a cru de façon tout aussi erronée que l'auteur était un opposant au régime de son temps, par sa critique incisive de l'économie monétaire et du capitalisme. Or, c'est d'abord en humaniste et en chrétien que More décrit un mal endémique en Angleterre, les enclosures. Les propriétaires enclosent les champs afin de favoriser l'élevage des moutons et la production de la laine exportée en Flandre. « Hommes, femmes, gens mariés, veuves, orphelins, pères et mères avec leurs petits enfants et leur famille » sont ainsi réduits à la misère. More décrit la spirale qui conduit de la pauvreté au chômage et à la délinquance. Mais loin d'être le discours d'un opposant, cette analyse reprend le point de vue des souverains Tudors, Henri VII autant qu'Henri VIII étant adversaires de l'instabilité rurale, nuisible à la population, en un temps où la force des nations résidait dans le nombre des peuples. Les Tudors n'ont de cesse de condamner une pratique qui conduit selon eux à la « dépopulation du royaume ». En 1489, le Parlement avait passé une loi contre la disparition des villages, présentée comme une menace crédible du fait de l'appropriation des prés communaux; encore en 1517, un an après la première édition de l'*Utopie*, une grande enquête dénonce les risques démographiques liés aux enclosures. Thomas More, en condamnant les excès de la richesse et la superfluité, illustre parfaitement la politique royale, il l'anticipe même, comme seul pouvait le faire un proche des milieux gouvernementaux. Même dans ses aspects en apparence les plus radicaux, l'*Utopie* n'est pas un texte révolutionnaire. La condamnation de la violence féodale, pareillement, ne peut que renforcer la détermination des Tudors à imposer leur monopole sur la force armée, au détriment des nobles et de leurs suites tapageuses et querelleuses.

D'ailleurs, sa société modèle est surtout un modèle d'ennui. C'est par là qu'elle anticipe le mieux les sociétés du futur, condamnées presque par avance au conformisme et à la conformité des vêtements et de l'habitat, en prétendant promouvoir l'égalité entre les hommes. Les habitants et leurs habitats sont tous identiques : « Qui a connu une de leurs villes, les a toutes connues pour ce qu'elles sont toutes semblables. » La différenciation des vêtements doit être strictement utilitaire : « Les habits par toute cette île sont de même façon, hors les vêtements des femmes, qui diffèrent de ceux des hommes, et ceux des gens non mariés de ceux des mariés. » Il s'agit bien de se garder des « fols honneurs » ou de la « vaine noblesse », tout comme des « perles et pierres précieuses ».

More critique encore la thésaurisation et toute forme d'accumulation primitive du capital : « Que diraient les Utopiens de ceux qui font trésor, non pas pour se servir à leur usage du monceau d'or, mais pour prendre plaisir à le regarder seulement ? » Les habitants échangent leurs maisons tous les dix ans afin d'éviter la réinstauration de la propriété individuelle. La seule fantaisie est réservée aux jardins privés où l'on cultive légumes, fruits et fleurs, le supplément d'âme qui permet de survivre à la collectivisation et à ce qui n'est pas encore tout à fait un kolkhoze. L'*Utopie* est bien une société communiste, au sens premier du terme ; « misère de la philosophie, philosophie de la misère ! », comme le dira Marx au sujet de Proudhon. La pauvreté de chacun est censée promouvoir l'abondance de tous. Pourtant, Thomas More, le « révolutionnaire » pour sa postérité, n'a sans doute été que le serviteur le plus conservateur de son roi. Une fois de plus, cet homme de gauche était un homme de droite que l'on ignore… Ce n'est donc pas l'auteur de l'*Utopie* qui a croisé, métaphoriquement s'entend, le fer avec Henri VIII. L'économie de marché, la première mondialisation qui s'ébauchait au sein du capitalisme commercial n'avaient rien à redouter de lui. L'opposition de Thomas More à son roi est essentiellement religieuse.

L'*Utopie* s'est prêtée en résumé au contresens le plus fondamental. Des générations ont vu dans ce jeu d'esprit espiègle l'annonce et l'amorce d'un socialisme émancipateur du genre humain ; or, la société décrite et jamais prônée par le livre paraît plus directement inspirée par le monastère que par le phalanstère. Elle est une communauté monastique étendue au monde profane. More n'a pas été le génial ancêtre de Saint-Simon, Fourier, Marx et Lénine, en dépit de sa présence avérée jusqu'en 2013 sur l'obélisque dédié aux penseurs socialistes du jardin Alexandrovski longeant la muraille du Kremlin, où il avait sa place aux côtés de Campanella, Proudhon, Jaurès et… Plekhanov[1]. Quoi qu'il en soit, Thomas More reste, pour le meilleur comme pour le pire, associé dans les esprits à un mouvement socialiste qui a salué en lui un camarade visionnaire, critique prophétique des abus du système économique de son temps.

1. La colonne a retrouvé depuis lors sa destination initiale en redevenant un mémorial de la dynastie des Romanov.

La philosophia Christi *d'Érasme*

La rencontre du Hollandais père de l'humanisme, en novembre 1499, demeure l'un des événements décisifs de la vie de More. Leur amitié durera jusqu'à la mort de ce dernier ; elle se nourrit d'une passion commune pour les bonnes lettres restituées dans leurs textes latins et surtout grecs, y compris pour le Nouveau Testament. C'est Thomas More qui conduit Érasme auprès des enfants royaux à la nursery d'Eltham Palace, à proximité de Greenwich, au sud-est de Londres. Le futur Henri VIII, qui n'est encore qu'un garçonnet de huit ans, invite l'humaniste à lui écrire en vers latins une *Ode pour dire les mérites de l'Angleterre, de son roi Henri VII et des enfants royaux*. Quand, dix ans plus tard, Henri succède à son père, les deux hommes croient que leur fortune est faite ; ou du moins ils imaginent avec la naïveté des intellectuels que le triomphe de leurs idées est assuré. Où est-il donc le prince idéal, protecteur des lettres et des arts, qui permettra la réconciliation de la sagesse antique et de l'Évangile ? L'Angleterre n'est-elle pas déjà une forme d'utopie, sorte d'île prédestinée d'où sortira la réforme modérée et mesurée capable d'embraser la chrétienté ? Est-ce tout à fait un hasard si c'est chez More, dans la cité de Londres, qu'Érasme élabore son manifeste le plus célèbre, l'*Éloge de la folie*, paru en 1511 ?

Qui est fou, qui est sage ? On ne sait plus comment se situer dans ce tourbillon. De fait, Henri VIII commence par être le prince accompli de l'humanisme. Et en 1509, en épousant après son frère Catherine d'Aragon, tante du futur Charles Quint, il parachève l'alliance antifrançaise de l'Angleterre et de l'Espagne que souhaite la papauté. On ne parle que plaies et bosses, que croisades contre les Ottomans… Wolsey est le grand prêtre de ces relations diplomatiques qui permettent à Thomas More de s'affirmer. L'homme se révèle tôt un remarquable avocat d'affaires, comme nous dirions aujourd'hui, et il entre successivement au service des bourgeois de Londres, dont il défend les intérêts financiers, et de la Couronne, qui sait s'entourer des meilleurs. Fin 1511, un accord anglo-espagnol prévoit une attaque conjointe de l'Aquitaine. Au printemps suivant, le pape Jules II dépouille Louis XII de son titre de « Très-Chrétien », ainsi que de la possession de son royaume, pour les confier à Henri VIII, en le priant de le conquérir. En mai 1515, More est désigné comme ambassadeur sur le continent. Il se plaint à Érasme de ces nouvelles contraintes : « Les fonctions d'ambassadeur ne m'ont jamais souri. Elles me paraissent nous convenir beaucoup moins, à nous autres laïcs, qu'à vous ecclésiastiques qui, ou bien n'avez chez vous ni femmes ni enfants, ou bien les trouvez partout. » Trois ans plus tard, c'est Érasme qui récrimine : « More est entièrement pris par les affaires de la Cour », se désole-t-il.

More se révèle être un excellent courtisan ; bien plus, il devient en quelques années l'homme des missions délicates, et en particulier de la répression des hérétiques. L'Angleterre de l'automne du Moyen Âge avait été touchée par la contestation religieuse ; comme les vaudois du continent, les lollards allaient par deux porter la parole en prêchant la pauvreté et en rejetant la doctrine catholique de l'eucharistie. More détestait les « luthériens », ainsi que l'on dénommait tous les « mal sentants de la foi » ; il allait se révéler leur pire adversaire. Pour faire parler les suspects, il faut d'abord du doigté et un esprit aiguisé, familier des arcanes de la dogmatique. Satan se cache le plus souvent dans des détails d'arguties sans fin. Henri VIII, soucieux de parfaire son image de prince catholique, entre dans la controverse antiprotestante. Il soutient qu'il y a bien sept sacrements et non pas deux ou trois comme le soutiennent les luthériens. More approuve, il est même possible qu'au côté de quelques autres fronts graves il aide ce roi pataud et si peu à l'aise avec les concepts à fourbir son implacable réfutation. Parmi les sacrements « papistes » que maintient Henri VIII, contre l'avis de Luther, comment ne pas mentionner le mariage, ce noble sacrement auquel il vouera une passion croissante avec les années ? Le pape Léon X n'en peut plus de joie, et devant les mérites de l'œuvre il attribue sans attendre au roi d'Angleterre le beau titre de « défenseur de la foi », qui s'est toujours maintenu dans les armes britanniques (automne 1521).

Henri VIII apprécie de plus en plus Thomas More ; il reconnaît ses compétences « tant en astronomie, qu'en géométrie, en théologie, voire en politique », comme le note l'une des premières vies du saint homme à l'extrême fin du siècle. Le roi aime à s'entretenir avec le savant à la vesprée, un peu avant ou un peu après le repas du soir. Avec l'évêque de Rochester, John Fisher, et l'évêque de Londres, Cuthbert Tunstall, More est chargé, bien que laïc, de polémiquer avec les ecclésiastiques tentés par « l'hérésie luthérienne » : recherche des livres prohibés, autodafés, interdictions d'importer des ouvrages suspects succèdent à la dénonciation de Luther et de ses œuvres. Durant l'hiver 1525-1526, le futur chancelier mène des opérations de police parmi les hérétiques. Mais un retournement de grande ampleur se produit en octobre 1527. De plus en plus méfiant envers les prêtres et envers Wolsey, Henri VIII se confie à un laïc, l'excellent Thomas More, qui rapporte la scène sept ans plus tard dans sa correspondance : « Je rentrais d'au-delà des mers où j'avais été envoyé par le roi, et m'acquittant de ma tâche, j'allais trouver Sa Majesté à Hampton Court. Soudainement, Sa Majesté vint vers moi dans la grande galerie et me parla de sa grande affaire, en m'informant que son mariage était non seulement contraire au droit positif de l'Église et à la loi écrite de Dieu, mais également contraire à la nature, et que l'Église ne pouvait en dispenser quiconque. »

C'est ainsi que la question du divorce d'Henri VIII et Catherine d'Aragon entre à l'improviste dans la vie de Thomas More. Vaguement gêné, ce dernier fait tout pour ne pas se prononcer sur une affaire qui regarde le droit canon, celui de l'Église, et non pas la *common law*, ce droit fondé sur le précédent. Henri VIII est un grand émotif ; dans un accès d'effusion, il prend son conseiller par le cou. More se récuse, il insiste. Il compte sur lui et sur la force de son amitié pour l'aider à convaincre le clergé que son mariage n'est pas valide. N'a-t-il pas épousé la femme de son frère Arthur, commettant par là un horrible péché[2] ? N'est-ce pas un inceste ? Henri VIII cite la Bible, à court d'arguments. Dans le Lévitique, ne trouve-t-on pas la phrase suivante : « Tu ne découvriras pas la nudité de la femme de ton frère. C'est la nudité de ton frère » ? Et cette autre : « Si un homme prend la femme de son frère, c'est une impureté ; il a découvert la nudité de son frère ; ils seront sans enfants » ? À l'inverse, le Deutéronome prévoit qu'en cas de veuvage, si les deux frères habitaient encore sous le même toit, le survivant reprendra l'épouse, afin d'éviter qu'elle ne se remarie « au-dehors avec un étranger ». C'est ce que l'on appelle le lévirat.

Élévation et chute de Thomas More

More reste coi. Il refuse de se prononcer pour ou contre son roi. Mais combien de temps l'irascible Henri VIII supportera-t-il cette réserve ? L'avenir de la chrétienté tout

2. Le frère aîné d'Henri, Arthur, était mort en 1502, juste après avoir épousé l'infante d'Espagne, Catherine d'Aragon. Nul ne sait si le mariage avait été consommé pour autant.

entière semble suspendu à l'issue de la crise ; Henri VIII implore le pape d'intervenir en sa faveur ; mais que peut faire Clément VII au moment du sac de Rome[3] ? Thomas More partage de plus en plus avec les années cette mentalité obsidionale : il a le sentiment que la religion catholique est une forteresse cernée de toutes parts par les infidèles. Hérétiques luthériens ou Ottomans, c'est pour lui du pareil au même… Et voilà qu'Henri VIII opère sa volte-face : le fils fidèle de l'Église se transforme en quelques années en opposant du Saint-Siège. Thomas More vitupère les ennemis de l'intérieur ; il ne voit d'autre remède pour les plus endurcis que le bûcher.

Non, More n'est guère un esprit tolérant au sens que revêt ce mot, paraît-il, depuis Voltaire et les Lumières ; pour lui, un bon hérétique est un hérétique mort, et la meilleure façon d'en finir, c'est encore de le brûler. Il défend la primauté de Pierre et postule l'équilibre de la foi et de la raison, dans la pure tradition thomiste. En dépit de ses premières divergences avec son souverain, More poursuit sans encombre une carrière de grand commis de l'État. Il est l'un des signataires en août 1529 de la paix des Dames, conclue à Cambrai grâce essentiellement à Louise de Savoie, mère de François Ier, et à Marguerite d'Autriche, tante de Charles Quint. Cet accord met un terme définitif aux engagements français en Italie. L'Angleterre des Tudors y figure en arbitre de la chrétienté… L'habile diplomate n'a plus qu'à accepter dès son retour de prendre la place de Thomas Wolsey. En octobre, lors d'une audience privée à Greenwich, il accepte le grand sceau des mains du roi. Le voilà donc chancelier ; pour une fois en Angleterre,

3. Les troupes espagnoles, italiennes et les lansquenets allemands au service de Charles Quint ont mis à sac la Ville éternelle en 1527, laissant tout juste au pape la possibilité de trouver refuge au château Saint-Ange.

un laïc occupe une place réservée traditionnellement aux clercs. Nul ne regrettera le regrettable Wolsey, mort opportunément d'un arrêt cardiaque au moment de sa disgrâce. Combien de temps faudra-t-il pour que l'auteur de l'*Utopie* le suive dans sa chute ? More s'interroge : « L'honneur qui rejaillit sur moi n'est-il point au-dessus de mon faible mérite ? N'est-ce point un abaissement plutôt qu'une élévation glorieuse ? N'est-ce point une charge importune plutôt qu'un accroissement d'honneurs ? »

Il ne croit pas si bien dire. Le choix d'Henri reste mystérieux ; le roi est tombé amoureux fou d'Anne Boleyn qui se dérobe à ses étreintes : « Le mariage d'abord, sinon rien. » Thomas More n'a aucune tendresse particulière pour la reine Catherine d'Aragon que l'on va écarter en 1531, quitte à prononcer le divorce deux ans plus tard, mais il refuse de s'engager et invoque les scrupules de sa conscience… Les questions matrimoniales ne sont pas de son ressort. Il est du reste beaucoup trop subtil pour se faire des illusions sur les sentiments du souverain. « Je n'ai aucune raison d'être particulièrement fier de l'amitié de Sa Majesté pour moi, confie-t-il, car si ma tête devait lui valoir un château en France, je sais qu'elle ne resterait pas très longtemps sur mes épaules. »

Le nouveau chancelier n'a aucun doute sur sa mission ; en le laissant devenir le second personnage du royaume, son seigneur lui demande clairement de traquer les adversaires de la foi. Il faut sans attendre arrêter la prolifération des miasmes de l'hérésie. Il ne manque pas non plus d'humour, notre bon apôtre, lorsqu'il déclare au sujet d'un pauvre impie brûlé à Maidstone, dans le Kent, en février 1530, qu'il est passé des « flammes du bûcher à celles de l'enfer ». L'on pense même que, mettant la main à la pâte, le chancelier aurait participé personnellement à certains interrogatoires musclés dans sa maison de Chelsea, en amont de Londres. L'une de ses victimes se serait exclamée avant de mourir : « Sir Thomas More a été à la fois mon accusateur et mon juge. »

Pendant les deux ans et demi où il occupe la chancellerie, six personnes sont brûlées vives pour hérésie, dont une moitié directement de son fait. Le chancelier de fer ne manque pas d'humanité, mais il réserve sa mansuétude et sa compassion aux trépassés en demandant avec candeur que l'on intercède pour les âmes du purgatoire qui n'ont plus rien à perdre. Les luthériens dénoncent ces trafics, jugeant simoniaques les indulgences et les messes pour les défunts. Entre Londres et Rome, les tensions montent ; en janvier 1531, le Parlement menace le clergé pour lui faire admettre que le roi est le protecteur et le chef suprême de son Église nationale. Les hommes d'Église cèdent en mai et Thomas More rend les sceaux sans attendre. Il entame alors une brève carrière d'opposant de l'intérieur. En dépit de sa situation peu enviable, il appelle toujours à persécuter les hérétiques, allant jusqu'à admettre parfois que des innocents soient inquiétés ; tout accusé est un présumé coupable. Comment ne pas appliquer toute la rigueur de la loi contre un suspect dès lors « qu'aucun de ses voisins honnêtes n'ose prétendre en son âme et conscience qu'il n'est pas un hérétique » ?

More se tient malgré tout sur la réserve ; à aucun moment il ne remet en cause la légitimité du monarque et mène une vie de paisible retraité à Chelsea. Henri VIII tente de l'amadouer et, maniant la carotte et le bâton, il exerce un curieux chantage affectif sur son serviteur en le sommant de prendre position : « Dis-moi que tu m'aimes, dis-moi que tu m'aimes plus que l'évêque de Rome. » More se montre au départ relativement réservé par rapport au Saint-Siège, tout en rappelant à Henri VIII : « Le pape, Votre Majesté ne saurait l'ignorer, est un prince, comme vous. » Il se garde bien de prendre pour autant le parti de la reine Catherine, précisant que comme tous les sujets il prie « fidèlement Dieu pour Sa Majesté et aussi pour la reine, leur souhaitant longue et heureuse vie ainsi qu'à leur noble descendance ». Il ne se sépare vraiment d'Henri VIII que sur la question de la primauté du pape, « instituée par le corps de la chrétienté [...] pour éviter les schismes, et renforcée par une succession continue depuis au moins plus de mille ans ». La rupture entre Westminster et Rome devient définitive après l'officialisation du mariage avec Anne Boleyn en mai 1533. Henri ne sera menacé d'une excommunication effective qu'en 1538. À l'automne 1534, le Parlement confirme la souveraineté « terrestre » du roi. Cette suprématie concerne l'Église d'Angleterre ou *Anglicana ecclesia*. L'idée d'une confession ou d'une doctrine anglicanes distinctes est encore à venir. Pour l'instant, il s'agit de garantir le caractère « impérial » de la Couronne en affirmant que le roi est « à juste titre, et comme il se doit, le chef suprême de l'Église d'Angleterre ».

Les clés de saint Pierre

More le pragmatique refuse de se prononcer comme le font les théologiens sur l'institution par Dieu de la primauté de Pierre. Il a longtemps opté pour le compromis : « Puisque toute la chrétienté est un seul corps, écrit-il au départ, je ne peux pas percevoir comment un de ses membres peut, sans l'accord commun du corps, se séparer de la tête commune. Et ensuite, si nous ne pouvons pas légitimement la quitter de nous-mêmes, je ne peux pas percevoir (à moins que la chose ne soit traitée dans un concile général) à quoi la question pourrait servir de savoir si la primauté a été instituée par Dieu ou ordonnée par l'Église. » Lors de son procès, il reviendra sur ce point et admettra la prérogative particulière que le Christ notre Sauveur a accordée directement à saint Pierre et aux évêques de Rome ses successeurs. Mais, au départ du moins, More entretient un point de vue minimaliste et maintient que le concile général est la plus haute autorité au sein de l'Église, afin de faire contrepoids aux affirmations nationales. On est bien éloigné ici de quelque infaillibilité pontificale, telle qu'elle sera entérinée dans la seconde moitié du XIXe siècle par le premier concile du Vatican. En mars 1534, le Parlement passe un Acte de succession, déclarant que la Couronne sera transmise aux enfants nés ou à naître de l'union d'Henri VIII et d'Anne Boleyn. Tous les sujets peuvent être appelés, le cas échéant, à prêter serment qu'ils reconnaissent cette disposition. L'ancien chancelier se récuse. Il est trop fin juriste pour se laisser piéger par ceux qui l'interrogent. On déplore son opiniâtreté et on l'enferme à la Tour de Londres, où il parfait son image de saint vertueux en méditant sur la passion du Christ dont il est prêt à suivre le douloureux exemple. Sa famille même condamne sa détermination ; de plus en plus isolé, il reçoit la visite de son épouse, Dame Alice, qui lui déclare : « Bonjour, Messire More, je m'étonne que vous qui passiez pour sage ayez désormais la folie de rester dans cette prison étroite et sordide, au milieu des souris et des rats, alors que vous pourriez être libre au grand air, en jouissant de la faveur et de l'amitié du roi et de son conseil, si seulement vous suiviez l'exemple des évêques et des hommes les plus doctes du royaume. »

More a clairement choisi ; il préfère le salut de son âme à tous les arrangements qu'on lui propose et qui sont autant de trahisons à ses yeux. En mai 1535, il répond encore à Thomas Cromwell devenu le principal conseiller d'Henri VIII : « Je ne disputerai plus ni sur les titres du roi ni sur ceux du pape, non sans que du roi je ne sois et n'entende demeurer le très fidèle sujet, priant chaque jour pour lui et tous les siens, ainsi que pour vous tous qui êtes ses honorables conseillers, et pour tout le royaume, sans songer à me mêler autrement de ses affaires. »

En juillet, Thomas More comparaît à Westminster Hall pour répondre à ses juges, bien en peine de prouver sa culpabilité. « J'admets que j'ai toujours donné à Sa Majesté mon avis en suivant les décrets de ma conscience, sans jamais rien dissimuler. Et donc, loin de me croire coupable de haute trahison, je maintiens à l'inverse que lorsque notre grand prince m'a demandé mon avis dans une affaire dont dépend la paix du royaume, j'aurais été un vil flatteur et j'aurais agi contre ma conscience si je n'avais pas dit ce que je crois être la vérité. Autrement j'aurais été un mauvais sujet et j'aurais été félon devant Dieu. Si j'ai offensé le roi à ce titre, on ne saurait reprocher à quiconque de répondre à une question qu'on lui pose. » C'est imparable ; More n'a jamais pris position contre son roi. « Dieu seul, rappelle-t-il, peut juger le secret de notre cœur. »

Le matin du 6 juillet, Thomas More est exécuté sur Tower Hill. Il prend le temps de remercier Henri VIII de l'avoir tenu reclus dans un endroit où il a pu amplement méditer sur sa fin. « Je lui sais gré de me libérer des misères de ce pauvre monde », conclut-il. Il pardonne au bourreau après lui avoir donné un baiser : « Je te préviens seulement que j'ai le cou très court ; ne frappe pas de travers pour ne pas compromettre ta réputation. » Thomas More a eu une belle mort, à l'image de sa vie. Il a porté sa croix à la suite du Sauveur. On raconte qu'entendant la nouvelle de la disparition de celui qui avait été le plus fidèle de ses serviteurs, Henri VIII se serait enfermé dans sa chambre pour y pleurer.

Alors, peut-on vraiment parler de duel entre Thomas More et son roi ? More, s'il est un *gentleman*, au sens anglais, n'est précisément pas tout à fait un gentilhomme au sens continental. Par sa formation de *common lawyer*, il relèverait en France du monde des magistrats. On notera également qu'un duel ne peut se dérouler qu'entre égaux, et qu'un roi par définition ne saurait relever le défi d'un particulier. Il s'ensuit que si l'on engageait un duel avec son souverain, on le traiterait comme un égal, remettant radicalement en cause toute hiérarchie sociale… Or Thomas More a toujours été religieusement, socialement et politiquement conservateur. Son vrai défi est moral et intérieur ; il gagne par son courage et par son sacrifice une stature inestimable pour nous qui ne savons plus, surtout en matière politique, ce qu'est la fidélité. Roland Mousnier nous rappelle le sens de ce mot pour les sociétés d'Ancien Régime : « Le fidèle se voue corps et âme à son roi, à son seigneur, à son maître. Il est *l'homme* de son maître. […] Il ne fait plus qu'un avec celui-ci. Mais la réciprocité est formelle, bien qu'implicite. Tout ce que le fidèle doit à son maître, à son seigneur, à son roi, le roi, le seigneur, le maître, le protecteur, le doit à son sujet, à son fidèle, à sa créature. » On ne saurait mieux résumer les relations complexes et poussées jusqu'au sacrifice ultime qui existent ainsi entre les deux hommes. Si Luther, peu enclin à oublier, voit en Thomas More un simple « tyran », le prudent Érasme notera qu'il avait précédemment déploré sa témérité : « Plût au Ciel qu'il ne se fût jamais engagé dans une affaire dangereuse et qu'il eût laissé aux théologiens une cause théologique. » Tout le monde ne peut pas avoir été résistant.

Quant à Henri VIII, le dernier mot reviendra à notre Henri IV national qui déclarera en 1591 : « Ce roi, grand prince autrement, comme ce siècle-là en fut fertile par tous les États, était fort adonné aux femmes. » Il poursuit : « Son peuple n'était guère aisé de cette alliance d'Espagne, qu'on disait incestueuse, et s'offensait assez contre le pape qui le gourmandait avec cette autorité sur ce sujet-là. » Avant de menacer à son tour : « Ce mal survenant en un temps où l'on criait contre les papes, il fut bien aisé de persuader à ce roi de secouer leur joug, et de se contenter d'avoir la doctrine universelle et catholique ; mais en son pays, une police ecclésiastique, et un ordre du clergé particulier qui ne dépendît que de lui. Proposition pour laquelle prouver il n'y aurait guère de difficulté, et de la vérité de laquelle les privilèges et les libertés de l'Église gallicane ne s'éloignent guère. » Dans le fond, ce roi d'Angleterre avait emprunté un chemin que d'autres pouvaient être tentés de suivre un jour. Mais lui, il alla jusqu'au bout, transformant sa rupture avec Rome en un schisme qu'il reviendrait à sa fille Élisabeth de rendre pérenne en dotant son Église établie de trente-neuf articles de foi entre 1563 et 1571. Ceux-ci demeurent encore aujourd'hui le fondement doctrinal de l'anglicanisme.

Bernard COTTRET

BIBLIOGRAPHIE SÉLECTIVE

Billacois, François, *Le Duel dans la société française des XVIe-XVIIe siècles*, Paris, EHESS, 1986.

Cottret, Bernard, *Thomas More. La face cachée des Tudors*, Paris, Tallandier, 2012.

Guy, John Alexander, *The Public Career of Sir Thomas More*, Brighton, Harvester Press, 1980.

Moreau, Jean-Pierre, *Rome ou l'Angleterre ?*, Paris, PUF, 1984.

Mousnier, Roland, « Les concepts d'*ordres*, d'*états*, de *fidélité* et de *monarchie absolue* en France de la fin du XVIe siècle à la fin du XVIIIe siècle », *Revue historique*, 247-2, 1972, pp. 289-312.

Peltonen, Markku, *The Duel in Early Modern England : Civility, Politeness and Honour*, Cambridge, Cambridge University Press, 2003.

Phélippeau, Marie-Claire, *Thomas More*, Paris, Gallimard, 2016.

9

PHILIPPE II D'ESPAGNE ET ÉLISABETH Ire D'ANGLETERRE

La fin de l'âge d'or espagnol

En un siècle où l'Europe se déchire avec violence entre Réforme protestante et Contre-Réforme catholique, deux souverains, le Roi Catholique d'Espagne Philippe II (1556-1598) et la reine d'Angleterre, chef de l'Église anglicane, Élisabeth Ire (1558-1603), apparaissent aux contemporains et dans la mémoire collective comme les champions de deux causes religieuses irréconciliables autant que comme d'implacables adversaires susceptibles d'embraser l'Europe du temps. L'un, prisonnier d'une légende noire tenace, semble incarner un catholicisme fanatique, persécutant en ses royaumes tous ceux qui s'éloignaient de la religion romaine. Boutefeu impénitent, il aurait lancé ses armées à l'assaut du monde pour la défense de la « vraie foi » et l'affirmation de la puissance espagnole. L'autre, dont le gouvernement paraissait à beaucoup monstrueux puisque exercé par une femme, laisse dans l'histoire une trace ambiguë : championne d'un protestantisme conquérant pour les uns, ou victime désignée d'un catholicisme agressif pour les autres. Mais tous deux, par leur personnalité et leur action, dominent leur époque – qui est aussi celle de Cervantès et de Shakespeare –, alors que la guerre civile écarte la France de la scène internationale.

Une entente de raison

À contempler leurs portraits brossés par les meilleurs peintres, tout les sépare. Sobrement vêtu de noir, à la réserve du collier de la Toison d'or, Philippe II, que son prognathisme habsbourgeois n'embellit pas, a l'apparence d'un froid et sombre bureaucrate au regard dur qui n'a jamais appris à sourire. Élisabeth, plus gracieuse que belle, fière de ses mains qu'elle aime à montrer, a un goût immodéré de la toilette, des fards dont elle abuse et des robes somptueuses surchargées de dentelles et de bijoux. À considérer leurs royaumes, la lutte semble inégale. Philippe II a hérité de son père, l'empereur Charles Quint, d'immenses territoires, Castille et Aragon, Pays-Bas et Franche-Comté, Milanais, royaume de Naples, Sicile et Sardaigne. À elle seule, l'Espagne compte 7 millions d'habitants et, de ses possessions américaines[1], le Roi Catholique tire d'inépuisables trésors d'or et d'argent. L'Angleterre d'Élisabeth semble bien modeste, même augmentée du pays de Galles et de l'Irlande, puisqu'elle ne rassemble qu'entre 3 et 3,5 millions d'habitants.

Pourtant les deux monarques sont plus proches qu'il y paraît. N'ont-ils pas en commun l'intelligence, la culture, l'énergie et l'autorité ? Presque parfaitement contemporains, six ans seulement les séparent. Philippe est l'aîné, né en 1527, Élisabeth en 1533, et ils meurent à cinq ans de distance mais au même âge, Philippe en 1598, à soixante et onze ans, Élisabeth en 1603, à près de soixante-dix ans. La proximité chronologique est encore plus nette lorsqu'on date leur avènement – 1556 pour le roi d'Espagne, 1558 pour la reine d'Angleterre – et si l'on mesure la longueur

1. Notamment aux Caraïbes, au Mexique, en Amérique centrale et au Pérou.

de leur règne, quarante-deux et quarante-cinq ans. Aussi la paix signée au Cateau-Cambrésis en avril 1559 par l'un et l'autre avec la France d'Henri II est-elle le premier acte international de leur règne. L'Angleterre renonçait à Calais conquis l'année précédente par les armées françaises, alors que l'Espagne mettait un terme au rêve italien des Valois. La menace commune aux deux monarques venait donc de la France. La seule chance pour la reine d'Angleterre de récupérer Calais était de s'allier à l'Espagne. Madrid avait les mêmes intérêts : pour contenir les ambitions du royaume des lys – tenté de défendre les prétentions de Marie Stuart, naguère reine de France, au trône d'Angleterre[2] –, Philippe II entendait préserver la couronne anglaise d'un éventuel débarquement français. Paradoxalement, la catholique Espagne et l'Angleterre réformée étaient contraintes d'entretenir de bonnes relations.

Peu de temps avant son avènement, Philippe avait à deux reprises rencontré sa future adversaire Élisabeth. Dans l'espoir d'assurer le retour de l'Angleterre au sein de l'Église romaine, il avait épousé en juillet 1554 la très catholique reine Marie Tudor (1553-1558) qui laissa dans l'histoire l'image même du fanatisme. Mais le futur roi d'Espagne n'a pas encouragé « Marie la Sanglante » à persécuter les protestants anglais. Bien au contraire. Il prêcha la modération, intercéda en faveur des victimes et épargna à lady Élisabeth, sa belle-sœur, un trop long exil de la Cour[3]. Après une année passée sur le sol anglais,

2. Mariée en avril 1558 au dauphin François, fils d'Henri II et de Catherine de Médicis, Marie Stuart (1542-1587), fille du roi Jacques V d'Écosse et de Marie de Guise, fut reine d'Écosse presque dès sa naissance et reine de France du 10 juillet 1559 au 5 décembre 1560. Veuve de François II, elle retourna en Écosse où l'attendait un destin tragique.

3. Marie Tudor (1516-1558), reine d'Angleterre en 1553 après son demi-frère le protestant Édouard VI, était fille d'Henri VIII et de sa première femme Catherine d'Aragon, tandis que lady Élisabeth était

Philippe avait regagné le continent en août 1555, mais était de retour à Londres pour un second séjour auprès de sa femme, de mars à juillet 1557, dans l'espoir d'obtenir l'aide anglaise contre la France à laquelle l'Espagne venait de déclarer la guerre. Après la conquête de Calais par Henri II en janvier 1558, Philippe proposa même de lever une armée pour aider l'Angleterre à reprendre la ville. À chaque occasion, le futur roi d'Espagne ne cessa de manifester son amitié envers Élisabeth, tenue en suspicion par la reine, songeant même après la mort de Marie Tudor – probablement d'un cancer à quarante-deux ans – à l'épouser et renouvelant son offre jusqu'en janvier de l'année suivante.

Mariage impossible ? Voire. La communauté d'intérêts des deux Couronnes face à la France le rendait envisageable. En outre, Élisabeth y aurait gagné la force d'écarter les prétentions de Marie Stuart au trône de Londres[4]. Pourtant la nouvelle souveraine anglaise éluda la proposition espagnole. Les raisons religieuses constituaient un obstacle insurmontable. L'ambassadeur d'Espagne à Londres

---

l'enfant du deuxième mariage d'Henri VIII avec Anne Boleyn. Durant son union avec Marie Tudor, Philippe d'Espagne était donc le beau-frère d'Élisabeth. Soupçonnée de s'être compromise, quoiqu'elle s'en défendît, dans l'insurrection de Thomas Wyatt, opposé au mariage espagnol de Marie Tudor, Élisabeth fut détenue pendant deux mois à la Tour de Londres en mars-avril 1554, avant d'être placée en résidence surveillée au château de Woodstock. Elle fut autorisée à revenir à la Cour en avril de l'année suivante.

4. Marie Stuart fondait sa prétention sur son ascendance Tudor : sa grand-mère paternelle, Marguerite Tudor, femme de Jacques IV d'Écosse, était sœur d'Henri VIII. Au cas où la descendance d'Henri VIII s'éteindrait (ce qui semblait devoir être le cas, car ni Édouard VI ni Marie Tudor n'avaient eu d'enfants, et Élisabeth restait encore sans alliance) ou serait considérée comme illégitime (seule l'union du roi avec Catherine d'Aragon, sa première épouse, était canoniquement valable), Marie Stuart s'estimait en droit de réclamer la couronne anglaise.

le rappela à son maître : « Quant à cette femme, vous n'avez rien à attendre d'elle. [...] L'hérésie l'a pénétrée depuis son berceau. » Jamais Élisabeth ne se déclarerait catholique pour épouser Philippe II. Avait-elle d'ailleurs l'intention de se marier ? En son langage, le diplomate disait vrai. La même année 1559 avait vu naître les deux bases de l'anglicanisme : le Parlement anglais adopta l'Acte de suprématie, qui confiait à la reine la direction spirituelle du royaume, et l'Acte d'uniformité, qui rétablit le Livre des prières calviniste du temps d'Édouard VI, avant que les Trente-Neuf Articles (1563) ne définissent le dogme. Leur projet d'union enterré, le duel mortel entre le Roi Catholique et la reine schismatique serait-il engagé ?

Contrairement à l'idée reçue, il tarda à naître. Durant un quart de siècle, Philippe II continua de ménager Élisabeth. La rupture de l'Angleterre avec la sainte Église romaine laissa de marbre le Roi Catholique. Mieux, celui-ci conseilla au pape de ne pas fulminer d'excommunication contre la souveraine. Quand, malgré les mises en garde de Madrid, celle-ci fut tout de même rendue publique en février 1570, le roi n'en continua pas moins à donner à Élisabeth le titre de reine que lui déniait le souverain pontife. De même se garda-t-il d'aider Marie Stuart, reine catholique d'Écosse, quand celle-ci, confrontée en 1565 à la révolte de ses sujets protestants, se réfugia en Angleterre. Philippe II ménageait l'avenir et hiérarchisait les risques, préférant une Angleterre protestante à une Angleterre liée à la France. « Il faut défendre l'Angleterre contre l'Écosse et la France, martelait son ministre Granvelle, comme nous défendrions Bruxelles. »

Tandis qu'Élisabeth, consciente de sa faiblesse, persistait à ne pas rompre avec la première puissance du monde, le roi d'Espagne, considéré comme le défenseur acharné du catholicisme et de la Contre-Réforme, s'accommodait ainsi du protestantisme d'outre-Manche. La conservation des Pays-Bas lui imposait de déjouer toute alliance franco-anglaise. Aussi, pour éviter le pire, devait-il préserver de bonnes relations avec l'Angleterre. Les raisons stratégiques l'emportaient sur les considérations religieuses. Pour combien de temps ?

Une drôle de guerre

C'est non pas de Bruxelles, mais d'outre-mer, que vinrent les « mauvais procédés » de l'Angleterre envers l'Espagne. Selon le principe que les richesses des pays colonisés appartenaient au pays colonisateur, aucun étranger ne pouvait alors commercer avec les possessions espagnoles du Nouveau Monde, chasse gardée de Madrid. Or, à deux reprises, en 1562 et en 1564-1565, le marin anglais John Hawkins se livra illégalement au commerce triangulaire, notamment à Hispaniola, ancien nom d'Haïti et de la République dominicaine[5]. En outre, dès la deuxième de ces expéditions, Élisabeth avait investi personnellement dans le capital nécessaire à la réussite de l'entreprise. Malgré le préjudice subi et la participation financière de la reine, Philippe II se refusa à rompre avec Londres.

Quelques années plus tard, en septembre 1568, après un nouvel acte de piraterie anglaise dans les Caraïbes – dont Élisabeth était une fois encore actionnaire –, la marine espagnole réagit et attaqua au large de Veracruz, au fond du golfe du Mexique, les navires de Hawkins et de Drake[6]. L'émotion fut considérable à Londres qui éleva les deux marins au rang de véritables icônes patriotiques. Deux

5. Hawkins avait vendu aux Espagnols d'Amérique des Noirs achetés sur les côtes de Guinée.

6. Corsaire et explorateur, Francis Drake (1540-1596), fait chevalier en 1581, fut un héros pour les Anglais et un pirate aux yeux des Espagnols qui le surnommèrent, jouant sur son nom, El Draque ou El Drago.

mois après, des bateaux espagnols transportant la solde des troupes du roi d'Espagne stationnées à Anvers durent, pour cause de tempête, se réfugier dans les ports anglais de la Manche. Londres n'hésita pas alors à saisir la précieuse cargaison. Les « faucons » tenaient le prétexte rêvé pour en découdre. La situation s'envenima. Madrid confisqua alors les biens anglais domiciliés à Anvers, provoquant en représailles semblable saisie des biens espagnols en Angleterre. Les relations commerciales furent interrompues entre les deux pays. Jusqu'où irait l'escalade ? La rupture définitive paraissait imminente. Pourtant ni Élisabeth, à l'initiative de l'incident, ni Philippe, même fatigué par les actes anglais d'hostilité, ne souhaitaient une guerre ouverte, au grand désespoir des bellicistes. Ainsi, en son palais apostolique, le pape s'impatientait-il de la faiblesse supposée du Roi Catholique.

Les années suivantes ne mirent pas un terme aux actes de piraterie. Ils eurent pour cadre l'Atlantique et l'Amérique centrale où, en 1572, Francis Drake prit en embuscade dans l'isthme de Panama un convoi de mules chargées d'or et d'argent en provenance du Pérou, avant de saccager la ville de Nombre de Dios sur la côte orientale du Panama, portant ainsi atteinte à l'intégrité du territoire espagnol en Amérique. Lorsque ce même intrépide Drake réussit en trois années, de 1577 à 1580, la circumnavigation qui le rendit célèbre, dépouillant au passage des galions espagnols sur les côtes chiliennes et péruviennes, chacun comprit en Europe que la domination des mers n'était plus le domaine réservé de l'Espagne. Paralysant les arrivées de métaux précieux à Séville, Élisabeth portait en outre atteinte aux finances royales de Madrid. Les banquiers prêteurs de la couronne d'Espagne, conscients des aléas des rentrées d'or et d'argent, augmentaient alors leurs taux d'intérêt pour compenser les risques et compromettaient ainsi le crédit du roi. La « redoutable infanterie de l'armée d'Espagne » risquait d'en faire les frais.

Les menaces de guerre soufflaient aussi en Europe. Pour faire contrepoids à la puissance espagnole, l'alliance diplomatique que l'Angleterre signa à Blois en avril 1572 avec la France inquiéta Philippe II qui, on le sait, la redoutait depuis toujours. Elle n'eut cependant pas de conséquences fâcheuses : le roi et la reine n'étaient toujours pas prêts à rompre. La découverte d'un complot fut en revanche sur le point de les précipiter dans la guerre. Un banquier florentin du nom de Roberto Ridolfi, établi à Londres mais en contact régulier avec Bruxelles, Madrid et Rome, s'était entretenu secrètement dans la capitale anglaise avec l'ambassadeur d'Espagne et l'agent de Marie Stuart pour concevoir un plan audacieux. Le duc d'Albe, gouverneur des Pays-Bas espagnols, enverrait argent, armes et soldats aux rebelles catholiques anglais, tandis que des troupes espagnoles débarqueraient dans le pays, marcheraient sur Londres, se saisiraient d'Élisabeth et iraient délivrer Marie Stuart, entre les mains de sa cousine depuis 1568, pour la proclamer reine. Découverte, la machination provoqua la colère des Anglais, hantés par un débarquement espagnol sur leurs côtes associé à un soulèvement des catholiques. Aussitôt, l'ambassadeur d'Espagne fut expulsé du pays. Une nouvelle fois la guerre semblait inévitable. Une fois encore, elle fut évitée.

Le gouvernement anglais avait fermé la représentation diplomatique espagnole, mais Madrid disposait toujours d'un chargé d'affaires à Londres. Le contact n'était pas rompu. Et Élisabeth, dans un subtil numéro d'équilibriste, s'efforça de concilier l'alliance française avec une chaotique mais relative entente avec l'Espagne. On renoua les liens économiques entre Londres et Madrid, interrompus depuis 1568, et l'on travailla discrètement à rétablir les relations diplomatiques. Chacun s'efforçait à la conciliation. Philippe II rouvrit le port d'Anvers aux négociants londoniens et Élisabeth fit dire qu'elle répugnait à s'engager aux côtés des révoltés des Pays-Bas contre Madrid, c'est-à-dire contre un gouvernement légitime. Tant il est vrai que le roi d'Espagne savait combien le commerce était une nécessité vitale pour l'Angleterre, tandis qu'Élisabeth prétendait ne pas vouloir encourager la rébellion des « gueux de mer[7] », se contentant d'exhorter, en vain, Philippe II à négocier avec les rebelles.

Pareille prudence partagée irritait tous ceux qui à Madrid, à Londres ou à Rome souhaitaient « en finir ». Le pape Grégoire XIII comme les Anglais catholiques exilés en Europe poussaient à la « grande entreprise » – comprenez la guerre ouverte contre la « perverse Jézabel ». Madrid, tout auréolée de la victoire sur les Turcs à Lépante[8], comptait nombre de partisans de la guerre contre Albion, tandis qu'en Angleterre de proches conseillers de la reine pressaient Élisabeth de s'engager ouvertement aux côtés des protestants révoltés contre l'Espagne. Mais aux deux souverains l'affrontement direct répugnait encore.

Les occasions de rupture ne manquaient pourtant pas. L'annexion du Portugal par Philippe II en 1580 inquiéta la reine d'Angleterre à laquelle les partisans du concurrent de Philippe II au trône portugais, dom Antonio, prieur de Crato, réclamaient de l'aide. Élisabeth redoutait de voir l'excellent port de Lisbonne servir de base de départ à une flotte espagnole qui menacerait son île. Elle hésita, tergiversa, pour finalement refuser ses secours par crainte du conflit ouvert avec Madrid. En Irlande aussi, elle s'irritait

7. Ainsi nommait-on les calvinistes des Pays-Bas réfugiés à l'étranger et combattant l'Espagne sur mer, par référence aux « gueux de terre » en révolte depuis 1566, d'abord à Bruxelles, puis dans tous les Pays-Bas.

8. La Sainte Ligue, commandée par Don Juan d'Autriche, demi-frère de Philippe II, remporta cette célèbre bataille navale sur les Ottomans le dimanche 7 octobre 1571.

des agissements hostiles du roi d'Espagne toujours prêt à soutenir les catholiques contre Londres afin d'en faire une tête de pont espagnole. En Angleterre même, Élisabeth devait se défier de Philippe II. À deux reprises, en 1581 puis en 1583, l'ambassadeur d'Espagne[9] Mendoza crut bon de vouloir rééditer le complot de Ridolfi : une armée d'invasion, financée par Philippe II, débarquerait en Écosse où les catholiques auraient reçu argent et armes, une autre ferait diversion en Irlande, tandis qu'on assassinerait la reine pour placer Marie Stuart sur le trône. En janvier 1584, Mendoza fut expulsé et les relations diplomatiques une nouvelle fois interrompues entre les deux royaumes.

Philippe II, informé des complots qu'il approuvait secrètement sans en être l'inspirateur, refusait de s'engager personnellement tout en soutenant de ses deniers la énième expédition catholique voulue par le pape en Irlande. De son côté, Élisabeth ne manifestait toujours aucune sympathie pour les révoltés des Pays-Bas mais les aidait discrètement. Les deux monarques choisissaient d'agir en coulisse, se défiaient des positions franches et se gardaient des actes publics.

Les catholiques anglais réfugiés en Espagne se désespéraient de l'inaction du maître de l'Escurial. « Le roi, écrivait l'un d'eux, a aussi peur de la guerre qu'un enfant a peur du feu, alors que le sort de la chrétienté dépend d'un assaut contre l'Angleterre. » La prudence du roi était devenue proverbiale. N'était-il pas justement surnommé « le roi prudent », ou, pour stigmatiser son immobilisme, le monarque « aux pieds de plomb » ? Par tempérament, cet homme de dossiers répugnait à s'engager. Une froide analyse des forces sur lesquelles il pouvait compter ne l'encourageait guère à lancer son royaume dans une aventure

9. L'ambassade d'Espagne à Londres, fermée en 1571, avait été rouverte en 1578.

guerrière. Philippe savait que les ressources de l'Espagne n'étaient pas inépuisables ; il doutait de la force du parti catholique en Angleterre et ne cultivait aucune compassion pour Marie Stuart, prisonnière depuis seize ans de sa cousine. De son côté, si Élisabeth repoussait toujours l'entrée en guerre contre la première puissance du monde, il fallait en chercher l'explication dans ses constantes hésitations – marque de son caractère – et dans sa conviction que son royaume n'était pas prêt à pareille confrontation.

L'ambiguïté pratiquée comme un art par les deux monarques résisterait-elle encore longtemps à la pression des va-t-en-guerre ? Car avec toujours plus de force à chaque incident, les protestants anglais dénonçaient le fanatisme et l'impérialisme du roi Philippe, tandis que les Espagnols voulaient en finir avec la « méchanceté » et la « perfidie » des « hérétiques anglais ».

La rupture

L'année 1585 fut celle de l'entrée en guerre ouverte des deux royaumes. Élisabeth prit l'initiative. Inquiète des succès militaires répétés d'Alexandre Farnèse, gouverneur général pour l'Espagne, contre les révoltés des Pays-Bas, et après l'assassinat en juillet 1584 de Guillaume d'Orange, chef de la rébellion, par un sujet franc-comtois de Philippe II, la reine décida d'intervenir ouvertement. Le temps des atermoiements était désormais révolu. Sortant de sa prudente réserve, triomphant de ses perpétuelles hésitations, Élisabeth engagea son royaume dans une guerre qui allait durer vingt ans. À la mi-août 1585, par un traité d'alliance avec la Hollande[10] signé à Nonsuch,

10. Alors que l'Union d'Arras (1578) avait regroupé les provinces du sud des Pays-Bas, catholiques et restées fidèles à Madrid, les provinces

elle fit débarquer sur le continent 5 000 fantassins et 1 000 cavaliers. Épisode d'une guerre de Religion à l'échelle européenne ? Élisabeth le niait, justifiant sa décision par la proximité des forces militaires espagnoles face aux côtes anglaises. Au-delà des affinités spirituelles entre réformés de part et d'autre de la mer du Nord, le souci de défense préventive du royaume d'Angleterre obligeait à la guerre.

L'engagement militaire anglais prévoyait aussi des opérations maritimes contre les colonies espagnoles. On vit alors Francis Drake, « le pirate de la reine », reprendre du service pour écumer les Caraïbes, ravager les îles Canaries, provoquant en retour des saisies par les Espagnols de bâtiments anglais et hollandais. En octobre 1585, l'attaque et la mise à sac par les Anglais de Vigo, sur les côtes de Galice – sur le territoire même de la monarchie hispanique –, accompagnées par la profanation des lieux de culte de la ville, décidèrent Philippe II à agir. Le pillage de ses colonies, les raids sur les côtes espagnoles comme le soutien accordé désormais officiellement aux rebelles de Hollande conduisaient naturellement à une réplique d'envergure. Le roi établit sa stratégie. Une marine de guerre partirait de Lisbonne pour débarquer des troupes en Irlande et y établir une tête de pont. Cette première phase du dispositif provoquerait la riposte des forces navales anglaises qui négligeraient ainsi la surveillance de la Manche où l'*armada*[11] s'engagerait ensuite pour faire sa jonction avec le corps expéditionnaire d'Alexandre Farnèse, fort de 17 000 hommes, qui serait acheminé sur des embarcations

---

du Nord, dont la Hollande, rejointes par des villes du Sud comme Bruges, Gand, Bruxelles ou Anvers, s'étaient réunies au sein de l'Union d'Utrecht (1579), protestante et hostile au roi d'Espagne. Les dix-sept provinces des Pays-Bas étaient depuis cette date divisées entre Pays-Bas espagnols et Provinces-Unies, celles-ci désignées commodément sous le nom de Hollande.

11. En espagnol : flotte ou marine de guerre.

à fond plat depuis les ports des Flandres jusque dans le nord-est du Kent. Programmée pour juillet 1587, la double opération avait Londres comme objectif. Maîtres de la capitale grâce à l'appui des catholiques anglais, les vainqueurs y installeraient un roi fidèle à Rome. Dans toutes les possessions de la monarchie en Europe, on s'activa aux préparatifs de ce qu'on appelait alors une gigantesque « entreprise ».

Informée par ses espions des projets de l'ennemi, Élisabeth, poussée par le parti antiespagnol de son Conseil, entreprit de les contrarier ou de les retarder en envoyant au printemps 1587 l'indispensable Drake, devenu depuis 1581 sir Francis, saccager dans la rade de Cadix les navires, provisions et munitions qui étaient destinés à rejoindre l'*armada* en préparation à Lisbonne. Drake intercepta aussi des convois de fournitures en route pour la capitale du Portugal, ravagea le port espagnol de La Corogne et s'empara au large des Açores d'un navire chargé de richesses rentrant d'Amérique. Sir Francis pouvait être satisfait : en humiliant ainsi les Espagnols, il avait bien « roussi la barbe du roi d'Espagne ». Il en fallait davantage pour abattre ce dernier, même si personnellement les attaques de goutte ne lui laissaient aucun répit. La nouvelle de l'exécution de Marie Stuart, le 8 février 1587, qui réjouit le camp protestant et horrifia les catholiques, renforça sa détermination. Il était urgent de frapper la « nouvelle Jézabel », hérétique et régicide. Le pape Sixte Quint exigeait du Roi Catholique une action immédiate. La chrétienté était convaincue de vivre une veillée d'armes.

L'échec de la « grande entreprise »

Tandis que l'Angleterre mettait ses côtes en défense, l'Invincible Armada se tenait prête à appareiller de Lisbonne.

Cent trente bâtiments, montés par 30000 hommes, levèrent l'ancre le 28 mai 1588. L'« entreprise » – le qualificatif d'« invincible » lui fut donné plus tard par dérision – n'était pas sans défauts. Son commandant, le duc de Medina Sidonia, qui avait remplacé au pied levé le fameux amiral marquis de Santa Cruz[12], qui venait de mourir, était peu expérimenté et de tempérament timoré. Prisonnier de la feuille de route impérative imposée par Philippe II, il manquait cruellement de sens de l'initiative. L'approvisionnement se révéla vite insuffisant et de mauvaise qualité, et l'artillerie ibérique moins performante que l'anglaise. Le plan prévu avait aussi ses faiblesses. Qui assurerait la sécurité du transport des soldats de Farnèse sur les barges désarmées naviguant en direction des côtes du Kent ? L'*armada* ne pourrait l'assurer en pleine mer. Il lui faudrait disposer d'un port en Angleterre même pour conserver la maîtrise du pas de Calais pendant quelques jours, le temps du transbordement. Mais les instructions royales ne l'avaient pas prévu. Surtout, pouvait-on fixer à l'avance et à une telle distance des lieux concernés le jour de la rencontre entre les opérations maritimes et terrestres au départ des Flandres ?

Le 19 juillet – deux mois après avoir quitté Lisbonne –, la flotte entra dans la Manche, suivie et harcelée par les navires anglais une semaine durant. Elle jeta l'ancre devant Calais le 27 pour attendre les troupes de Farnèse dont on apprit qu'elles ne seraient prêtes que vers la mi-août. Le rendez-vous était manqué. Dès le 5 août, devant Gravelines, les Anglais, qui évitaient l'abordage favorable

12. Álvaro de Bazán, marquis de Santa Cruz, possédait de brillants états de service. Il n'avait cessé de lutter contre les corsaires barbaresques en Méditerranée, avait participé au secours de Malte assiégée par les Turcs (1565) et à la bataille de Lépante. Dans l'Atlantique, il avait contribué à la prise de Lisbonne pour le compte de Philippe II (1580) et conquis les Açores en 1582.

aux Espagnols[13], en profitèrent pour bombarder à bonne distance les vaisseaux ennemis et leur lancer des brûlots enflammés. Déjà malmenés par un vent violent qui les éparpillait, les bâtiments espagnols se dispersèrent au large d'une côte inhospitalière, sous le feu nourri de leurs ennemis. Quand ce qu'il restait de l'Invincible Armada s'échappa de nuit – le vent avait tourné –, non pour faire retraite vers le sud, mais pour gagner la mer du Nord, elle n'était plus une force combattante mais un amas de bateaux en fuite que les tempêtes, les repoussant toujours plus au nord, n'allaient pas épargner. Longeant – après avoir été longtemps poursuivie par les navires anglais – la côte orientale de l'Écosse, contournant les Orcades et l'Irlande, la flotte, très endommagée et dont les équipages mouraient de maladie ou de soif, regagna piteusement l'Espagne. Des cent trente bâtiments, cinquante revinrent, et des 30000 hommes, seulement un tiers. La « grande entreprise » était manquée. « Elle est venue, elle a vu, elle a fui », chantait-on en parodiant le percutant *Veni, vidi, vici* de Jules César.

Philippe se cloîtra en son palais de l'Escurial, abîmé en prières. Comme ses sujets, le vaincu ressentait douloureusement l'humiliation d'une défaite aussi pitoyable et devinait la déception de ses alliés, le pape, les ligueurs de France[14], les catholiques loyalistes des Flandres. Élisabeth, elle, triomphait. Chacun avait en tête le célèbre discours qu'elle avait prononcé à Tilbury, avant-port de Londres,

13. Alors que la flotte espagnole, forte de 8000 marins, avait embarqué 20000 soldats, les navires anglais n'avaient pas de troupes terrestres à bord. Ils comptaient davantage sur leur artillerie, supérieure à celle de leur adversaire. À l'éperonnage était préférée la canonnade.

14. Dans le royaume d'Henri III, les ligueurs – ou catholiques ultras –, en opposition frontale avec le roi, avaient à leur tête les princes de la maison de Guise, déjà stipendiés et désormais alliés de l'Espagne depuis le traité de Joinville en 1584.

le 19 août, avant même la victoire définitive, où elle avait su encourager ses hommes et exalter leur fierté. « Je sais, avait-elle déclaré, que j'ai le corps d'une faible femme, mais je possède le cœur et les tripes d'un roi, et d'un roi d'Angleterre. [...] Je sais que votre courage mérite des récompenses et des couronnes et je vous donne ma parole de prince que vous les recevrez. » Élisabeth était vainqueur, et cette victoire, *sa* victoire, constituait – elle le devinait – le sommet de son règne. Par un de ces retournements dont l'histoire est prodigue, la prétention à la « monarchie universelle », attribuée jusque-là au roi d'Espagne, passait dans le camp anglais. Un portrait d'Élisabeth commémorant la défaite espagnole montrait la reine la main posée sur le globe terrestre, symbole de la puissance internationale qui semblait désormais lui échoir.

Si l'Angleterre voyait s'éloigner la menace d'un débarquement sur ses côtes, elle n'en était pas pour autant totalement délivrée. À deux reprises, en 1590 puis en 1597, Philippe II prépara une deuxième puis une troisième *armada* – d'une centaine de navires. Comme la première, elles échouèrent, vaincues par la tempête. À Londres, la reine ne savourait pas paresseusement sa victoire. Toujours active, elle laissa ses marins – car officiellement elle voulait en ignorer la plupart des actes – gêner tout effort espagnol pour réarmer et couper l'Espagne de ses ressources coloniales. Francis Drake, John Hawkins ou, nouveau venu, Walter Raleigh[15] se livrèrent presque chaque année au pillage en mer des galions espagnols et renouvelèrent les attaques sur les ports des Caraïbes ou des côtes ibériques. Toutes ne furent pas victorieuses, mais même infructueuses elles fragilisaient la monarchie hispanique.

---

15. Il avait fondé l'établissement de la Virginie en 1584 et combattu l'Invincible Armada.

Fin de partie

L'expédition anglaise de 1589 fut pensée par la reine comme la réponse à l'Invincible Armada de l'année précédente. Une flotte de guerre commandée par Drake et portant les troupes du général John Norris (ou Norreys) fut envoyée en direction des côtes du Portugal. Libérerait-elle le petit royaume annexé par l'Espagne, détruirait-elle la flotte qui restait à Philippe II, ou bloquerait-elle l'arrivée de galions venus d'Amérique ? L'entreprise prit trois mois, sans succès patent. Les Portugais ne répondirent pas à l'appel à la rébellion, les pilleries furent médiocres et la flotte ne poussa pas jusqu'aux Açores. Élisabeth, irritée par cet échec, chassa sir Francis de la Cour.

Un autre danger menaçait Albion, redoutable car proche des côtes anglaises. Alliés aux ligueurs français du duc de Mercœur, maître de la Bretagne, les Espagnols réussirent à s'incruster en divers points de la province et à s'y fortifier, à Paimpol, à Blavet (futur Port-Louis), et surtout dans la presqu'île de Crozon voisine de la rade de Brest qu'Élisabeth redoutait de voir tomber entre les mains ennemies, car ses fortifications faisaient peser une menace permanente sur l'Angleterre. De Bretagne, leurs navires pouvaient razzier aisément les ports de Cornouailles. Calais même, anglais pendant plus de deux siècles et récemment repris par la France, fut occupé deux ans durant (1596-1598) par les troupes de Philippe II qui pouvait être tenté d'y rassembler une nouvelle *armada*.

Consciente des périls, malgré sa victoire de 1588, Élisabeth se devait de desserrer l'étau. Aux pillages réguliers des navires espagnols elle ajouta un pare-feu diplomatique et une attaque en règle d'un grand port d'Andalousie.

Aux protestants de France la reine n'avait cessé depuis 1562 d'apporter son aide, en hommes et en subsides, tandis que Philippe secourait de son côté le camp catholique. Henri IV, successeur huguenot du roi Henri III, assassiné en 1589, s'employait, au milieu de la guerre civile, à conquérir son royaume à la pointe de son épée. Il avait fini par abjurer sa foi réformée – ce qui bouleversa Élisabeth – pour être sacré roi de France en 1594, prélude au ralliement progressif à sa cause des princes ligueurs, ses adversaires catholiques liés à l'Espagne. Cependant, c'est avec le nouveau monarque que la reine signa, en mai 1596 à Greenwich, un traité défensif dirigé contre Madrid. En cas d'attaque espagnole contre l'Angleterre, la France se porterait au secours de celle-ci et *vice versa*. L'Angleterre n'était plus seule face au maître de l'Escurial.

La même année, pour tenter de décourager une nouvelle descente espagnole sur le sol anglais, Élisabeth décida d'une offensive sur le port de Cadix qu'elle confia à son favori, le comte d'Essex. La chance fut au rendez-vous. Ce fut un succès complet : entre juin et juillet 1596, la ville subit seize jours de pillage avant d'être incendiée, tandis que la flotte de Philippe II se sabordait. Le roi, de nouveau humilié, se cloîtra dans son cabinet de travail, aboulique, ruminant ses échecs, mais espérant encore contre toute espérance, tant sa foi et son sens du devoir lui imposaient encore de ne pas renoncer[16].

La Providence lui sourit enfin lorsque, à la demande du roi de France, il signa à Vervins le 2 mai 1598 la paix avec Henri IV. Indignée de la volte-face française, Élisabeth cria à la trahison, n'ayant pas de mots assez durs à l'intention du roi Bourbon, cet « Antéchrist d'ingratitude ». Les signataires du récent traité de Greenwich ne s'étaient-ils pas interdit de signer une paix séparée ? La reine était à

16. La troisième expédition qu'il lança contre l'Angleterre fut un nouvel échec, mais ce fut aussi le cas de l'attaque anglaise sur les Açores. Après tant d'autres, de tels combats semblaient vains pour espérer triompher définitivement de l'adversaire.

nouveau isolée. Lui fallait-il à son tour faire la paix avec Madrid ? À Londres, le Conseil était divisé : les uns, conscients des sacrifices exigés du peuple anglais, espéraient de la paix la fin des dépenses de guerre ; d'autres, en un dernier sursaut, espéraient par les armes écraser définitivement l'ennemi et sauver l'indépendance de leur pays.

Élisabeth comprenait que de semi-succès en demi-échec le conflit s'enlisait. Ni les grandes entreprises – l'Invincible Armada espagnole ou le sac anglais de Cadix – ni les pillages réguliers des galions ou les descentes sur le sol anglais n'avaient réussi à dégager un vainqueur. Au pouvoir depuis tant d'années – quarante ans pour l'un, quarante-deux pour l'autre –, les deux monarques, soumis par ailleurs à de rudes épreuves politiques et personnelles, chercheraient-ils enfin une issue à leurs différends ?

La fin du conflit ne fut pas militaire : la mort l'imposa. Philippe II lisait, signait, expédiait toujours autant de dépêches, mais à demi allongé sur sa chaise longue de goutteux, tenaillé par la douleur. Il avait préparé sa succession, laissant les provinces méridionales des Pays-Bas à sa fille Isabelle Claire Eugénie d'Autriche, bientôt mariée à son cousin l'archiduc Albert. La maladie avait rarement laissé le roi en paix. Mais en cette année 1598 elle triomphait d'un corps souffrant. Philippe n'était plus qu'un infirme n'aspirant qu'à préparer son entrée dans l'éternité. Il se fit porter de Madrid jusqu'à l'Escurial où il voulait mourir. Après cinquante-trois jours de souffrance et de prières, il rendit son âme à Dieu le 13 septembre.

Songea-t-il à celle qui avait hanté ses réflexions un demi-siècle durant, l'hérétique souveraine d'un petit royaume qui lui avait coulé tant de navires, fait mobiliser tant de soldats et de marins et dépenser tant de maravédis[17] ?

17. Alors unité de compte permettant de mesurer la valeur des monnaies. Un ducat valait 375 maravédis, un réal, 34.

Élisabeth n'en avait pas encore fini avec les Irlandais révoltés, toujours secourus par l'aide espagnole car le successeur de son vieil ennemi, Philippe III (1598-1621), poursuivait la lutte. À Lisbonne, en 1599, on mit au point une nouvelle *armada* contre l'Angleterre. Au sud des Provinces-Unies, le général espagnol Spinola mit le siège devant le port d'Ostende, dont la chute espérée permettrait une offensive contre les rebelles hollandais. En 1601, une flotte partit de La Corogne pour débarquer en Irlande soutenir les rebelles catholiques. En finirait-on jamais ?

À nouveau, la chance sourit à la reine. L'*armada* fut une nouvelle fois malmenée par la tempête, Ostende résista et l'expédition de Kinsale, au sud de l'Irlande, échoua[18]. À la clôture du Parlement de 1601, Élisabeth justifia sa politique à sa manière, prétendant n'avoir cherché avec l'Espagne que des relations de paix et ayant été en butte constante à l'hostilité de son roi. Elle poursuivit : « Je peux vous assurer, mes fidèles sujets, qu'aucun prince n'a jamais aimé son peuple plus que je ne le fais. [...] Je remercie Dieu de m'avoir faite reine, mais surtout de m'avoir fait régner sur vous, mon peuple bien-aimé. [...] Mon bonheur à moi, c'est le vôtre. » Discours qui résonnait comme un testament.

C'est que les années avaient aussi marqué la souveraine. On prétendait qu'elle refusait les miroirs, longtemps ses complices, pour ne plus voir son visage creusé. Elle négligeait sa toilette, ne mangeait « que du pain mollet et du potage de chicorée », s'abandonnait à des accès de fureur incontrôlée. Son état de santé s'aggrava dans l'hiver 1603. Le déclin fut rapide. « Je ne souffre pas, disait-elle, et pourtant je m'éloigne. » Elle s'éloigna définitivement le 24 mars 1603, quatre ans et demi après son principal ennemi.

---

18. Ostende ne fut enlevé aux Hollandais qu'en septembre 1604, après trois ans de siège.

L'avènement de Jacques Ier d'Angleterre, premier des Stuarts[19] sur le trône de Londres, mit un terme au conflit anglo-espagnol. Ni Élisabeth ni Philippe II n'avaient été capables de faire la paix. La lutte avait épuisé les deux royaumes. L'Angleterre, finalement vainqueur de Madrid, s'était ruinée en mettant sur pied une flotte de guerre quasi permanente, en intervenant aux Pays-Bas et en combattant l'Irlande rebelle. Côté espagnol, la défense des colonies et des convois d'Amérique, la mobilisation d'escadres toujours en alerte, la guerre contre la Hollande avaient épuisé les finances d'un empire qui venait de subir sa troisième banqueroute en 1597[20]. Les coups portés réciproquement depuis bientôt trente ans étaient restés sans effet. La paix, une paix blanche, fut finalement signée à Londres entre les deux belligérants le 18 août 1604. Elle imposait des renoncements : à la piraterie chez les Anglais, aux interventions des deux signataires en Irlande et aux Pays-Bas méridionaux. Les deux souverains rétablirent des relations diplomatiques normales. On vit même en 1623 le futur roi d'Angleterre Charles Ier faire le voyage – il est vrai incognito – dans l'Espagne de Philippe IV dans l'espoir de trouver une épouse parmi les infantes.

Dans le long duel qui opposa la reine d'Angleterre au roi d'Espagne, la passion religieuse ne fut pas déterminante. Philippe II, plus pragmatique qu'on l'imagine, ne partageait pas la volonté d'en découdre de ses conseillers, le duc de Feria ou l'ambassadeur Mendoza, et il avait su résister aux objurgations du pape. Quand, de son côté, Élisabeth invoquait les raisons religieuses de son action, ce n'était

19. La dynastie des Stuarts régna sur l'Écosse de 1371 à 1714 et conjointement sur l'Angleterre de 1603 à 1714, sauf pendant la première révolution d'Angleterre et l'intermède cromwellien.

20. Après celles de 1557 et de 1575.

que propagande ou pour flatter l'agressivité anticatholique de quelques-uns de ses ministres, notamment Walsingham ou Leicester[21]. Leur lutte ouverte, célèbre mais tardive, spectaculaire mais longtemps repoussée, opposait davantage des intérêts nationaux contraires qu'elle n'exprimait des fanatismes religieux.

Du règne d'Élisabeth date l'affirmation du destin maritime de l'Angleterre, alors que celui de l'Espagne tend à s'effacer. Le triomphe de l'un comme le recul de l'autre sont encore à venir. Mais dès le début du XVIIe siècle les prémices en sont posées. Une puissance navale espagnole qui s'estompe, une Angleterre qui va découvrir dans les Provinces-Unies et leurs « rouliers des mers » un nouvel adversaire à sa mesure : le duel entre Élisabeth Ire et Philippe II a préparé les nouveaux antagonismes de l'Europe moderne.

Jean-François SOLNON

---

21. Le secrétaire d'État Francis Walsingham, qui lutta férocement contre les catholiques anglais et déjoua nombre de conspirations contre la reine, était appelé le « maître espion » d'Élisabeth. Robert Dudley, premier comte de Leicester, fut l'un des favoris de la souveraine.

Bibliographie sélective

Chastenet, Jacques, *Élisabeth Ire*, Paris, Fayard, 1953.
Cloulas, Ivan, *Philippe II*, Paris, Fayard, 1992.
Cottret, Bernard, *La Royauté au féminin. Élisabeth Ire d'Angleterre*, Paris, Fayard, 2009.
—, *Histoire de l'Angleterre*, Paris, Tallandier, 2007.
Duchein, Michel, *Élisabeth d'Angleterre. Le pouvoir et la séduction*, Paris, Fayard, 1992.
Erickson, Carolly, *Élisabeth première*, Paris, Le Seuil, 1985.
Lemonnier, Léon, *Élisabeth d'Angleterre. La reine vierge ?*, Paris, Hachette, 1947.
Loth, David, *Philippe II, 1527-1598*, Paris, Payot, 1981.
Moulin, Joanny, *Élisabeth. La reine de fer*, Paris, Le Cerf, 2015.
Pérez, Joseph, *L'Espagne de Philippe II*, Paris, Fayard, 1999.
—, *Histoire de l'Espagne*, Paris, Fayard, 1996.
Pfandl, Ludwig, *Philippe II d'Espagne*, Paris, Tallandier, 1981.
Sallmann, Jean-Michel, *Nouvelle histoire des relations internationales*, t. I. *Géopolitique du XVIe siècle : 1490-1618*, Paris, Le Seuil, collection « Points », 2003.

10

LOUIS XIV ET GUILLAUME III D'ORANGE

Une guerre de trente ans

Cousins, mais autant dire frères ennemis, tous deux ont été rois, l'un par la naissance, l'autre par la volonté d'un peuple. Au siècle des longues rapières, leur duel a duré trois décennies et a structuré durablement les relations européennes. Plus que le combat de David contre Goliath, leur opposition fut le choc de deux ambitions, avec en arrière-plan la confrontation de deux conceptions du pouvoir, de deux visions du monde, de deux sociétés opposées, l'une fondée sur la gloire de l'État, l'autre sur la puissance commerciale. Pour tout dire, ce fut le heurt de deux univers culturels, ceux du catholicisme et du protestantisme, dans un monde où les États-nations étaient en voie de formation.

L'incident de la Voorhout

Ce lundi 12 mai 1664, dans le petit château de Versailles, légué par son père et dont il avait déjà remarquablement embelli les jardins, Louis XIV assistait, au milieu de ses invités, à la cinquième journée de la *Fête des plaisirs de l'île enchantée*, dont le programme comportait une course de têtes[1], une loterie et la première représentation du *Tartuffe ou l'Imposteur* de Molière. Beau, élégant, rayonnant de majesté, il avait vingt-cinq ans. Il exerçait le pouvoir en plénitude depuis la mort trois ans auparavant du cardinal Mazarin. Son règne s'annonçait prometteur. Par sa politique de fermeté manifestée jusque dans les symboles protocolaires, il avait fait comprendre au roi d'Espagne Philippe IV, à l'empereur Léopold Ier, au roi d'Angleterre Charles II et au pape Alexandre VII qu'il entendait placer son royaume au premier rang des monarchies héréditaires et ne céder à aucune intimidation. Il commençait à être redouté, sans pour autant avoir d'ennemis personnels.

Le même jour, comme tous les deuxièmes lundis de mai, à moins de 400 kilomètres à vol d'oiseau, dans la prestigieuse Lange Voorhout de La Haye plantée de tilleuls, se déroulait la kermesse traditionnelle. Une foule joyeuse avait envahi les allées du palais du Binnenhof et de l'étang du Vijver. Elle faisait ses emplettes dans les baraques de la foire où s'étalaient à profusion soieries, dentelles, fourrures, brocarts, ombrelles et gants parfumés, s'amusant au passage des numéros des jongleurs, baladins et autres montreurs d'ours.

Dans une allée étroite et encombrée, deux carrosses soudain se firent face. Les chevaux s'immobilisèrent. L'un des équipages devait nécessairement reculer. Qui allait céder ? Dans la première voiture se tenait – visage froid et teint pâle, cheveux noirs et menton pointu – le prince Guillaume III d'Orange-Nassau, fluet adolescent de treize ans, dans la seconde le prestigieux représentant de Sa Majesté Très-Chrétienne, Louis Godefroi, comte d'Estrades, avantageux quinquagénaire à la mine fleurie. Ce dernier, qui avait déjà vécu à Londres pareil incident diplomatique avec l'ambassadeur d'Espagne, dont Louis XIV avait obtenu

1. Sorte de tournoi à cheval où l'on devait abattre de sa lance une tête de paille.

une réparation éclatante, ne pouvait reculer. La foule s'était attroupée et prenait parti pour son jeune compatriote, tandis que des gentilshommes français accouraient de l'ambassade voisine pour prêter main-forte au diplomate. Un homme, heureusement, s'interposa. C'était le grand pensionnaire de Hollande, Jean de Witt, le plus influent personnage de la république des Provinces-Unies, pour qui il était impératif de conserver l'alliance française. Il conseilla sagement au prince, son pupille, de sortir du carrosse et de le faire reculer. L'empoignade avait été évitée de justesse. Mais le garçon timide et dissimulé avait été profondément mortifié. Sans le savoir, le héros comblé des *Plaisirs enchantés* venait de rencontrer, par personne interposée, celui qui allait devenir le premier et le plus acharné de ses ennemis…

Une ascendance prestigieuse

Né le 14 novembre 1650 à La Haye, au Binnenhof, fils posthume de Guillaume II d'Orange, Guillaume III était l'héritier des Nassau dont l'une des possessions, la principauté d'Orange relevant du Saint Empire, lui conférait le rang de souverain. Son arrière-grand-père, Guillaume Ier dit le Taciturne, protégé de Charles Quint et de Philippe II, avait reçu le titre de stathouder (c'est-à-dire de lieutenant général) de Hollande, Frise occidentale, Zélande et Utrecht. Lors de la guerre d'indépendance (1568-1648), ce valeureux soldat avait abandonné le service de l'Espagne et rallié la rébellion naissante, devenant ainsi le père fondateur des Provinces-Unies, qui s'étaient séparées des Pays-Bas méridionaux – à peu près l'actuelle Belgique. Le jeune Guillaume III se targuait d'avoir d'autres héros dans sa famille : son grand-père, Frédéric Henri, et son grand-oncle, Maurice de Nassau, s'étaient illustrés par leurs talents militaires au service de leur patrie.

Il était en outre le petit-fils par sa mère, Marie Henriette Stuart (1631-1660), de Charles Ier d'Angleterre, mort sous la hache du bourreau en 1649, et l'arrière-petit-fils d'Henri IV, roi de France. Il avait pour oncles Charles II, monté sur le trône en 1660 après la guerre civile anglaise, et le duc d'York, futur Jacques II[2], et pour cousin Louis XIV en personne. Son père Guillaume II, emporté par la petite vérole à vingt-quatre ans, huit jours avant sa naissance, avait exercé brièvement les fonctions de stathouder, avec une autorité despotique qui avait effrayé les bourgeois d'Amsterdam.

Pourtant, ce chétif héritier de si prestigieuse lignée n'était plus rien. Sa maison avait été exclue des hautes charges de l'État – les fonctions de stathouder avaient même été abolies. Son éducation avait été confiée à Jean de Witt, irréductible républicain, ennemi avoué des Orange-Nassau. Marginalisé politiquement, il jouissait néanmoins d'un ascendant indéniable dans le petit peuple et la noblesse rurale. L'opinion était ainsi partagée entre deux factions rivales, le parti des États, bourgeois et républicain, et le parti orangiste, patriote et populaire.

La république des Provinces-Unies

Lors de la signature en janvier 1579 de l'Union d'Utrecht, acte fondateur de l'indépendance du pays, les sept provinces dissidentes, avec leurs villes administrées par des régents, avaient formé un gouvernement confédéral, les États-Généraux, tout en conservant jalousement leur autonomie,

2. Second fils de Charles Ier, Jacques Stuart (1633-1701) fut roi d'Angleterre et d'Irlande sous le nom de Jacques II et roi d'Écosse sous le nom de Jacques VII. Il monta sur le trône en 1685, à la mort de son frère Charles II, et fut détrôné en 1688 par Guillaume III d'Orange. Il mourut en exil au château de Saint-Germain-en-Laye le 16 septembre 1701.

leur parlement, leur armée et, pour cinq d'entre elles, leur flotte et leur amirauté. Dans cet assemblage constitutionnel byzantin, la Hollande, avec l'immense Amsterdam, la plus grande ville du continent européen, avait une voix prépondérante. Son secrétaire exécutif, le grand pensionnaire, chef du parti des États, jouait un rôle politique majeur.

C'était le siècle d'or néerlandais, celui des Rembrandt, Vermeer, Hals, Huygens, Grotius... De confession calviniste, le pays était immensément riche, ouvert aux arts et aux sciences, tolérant en matière religieuse. La prospérité insolente de cette luxuriante nation, devenue en quelques décennies, grâce à sa marine marchande, à la banque d'Amsterdam et à la Compagnie des Indes orientales, la première puissance commerciale du monde, avait compliqué ses relations avec l'Angleterre et la France. De la rivalité anglo-hollandaise sur les mers et dans les comptoirs coloniaux d'Afrique, d'Amérique et d'Asie étaient nées deux guerres, la première en 1652-1654, la seconde en 1665-1667. Au cours de cette dernière, la France avait volé au secours des Néerlandais, leur envoyant, en vertu d'un traité d'assistance signé en 1662, un corps expéditionnaire de 6000 hommes. La paix avait été signée à Breda le 31 juillet 1667.

Les jeux d'alliances s'étaient aussitôt modifiés, tant l'affirmation grandissante de la puissance française, militaire et navale, bouleversait les équilibres géopolitiques de l'Europe du Nord. La guerre de Dévolution[3], déclenchée

3. Par le traité des Pyrénées du 7 novembre 1659, Louis XIV avait renoncé aux droits de sa femme Marie-Thérèse d'Autriche sur la succession d'Espagne, moyennant le versement d'une dot de 500000 écus d'or. Cette dot n'ayant jamais été réglée, quelques mois après la mort de Philippe IV il réclama le duché de Brabant, le marquisat d'Anvers, le comté de Namur, le duché de Limbourg, la seigneurie de Malines, la Haute-Gueldre, le comté d'Artois, le duché de Cambrai, le comté de Hainaut, la Franche-Comté et une partie du Luxembourg, au nom

dès le 24 mai 1667 par Louis XIV en vue d'achever la conquête des Pays-Bas espagnols, avait suscité une intense émotion dans les Provinces-Unies qui, selon leur adage favori, voulaient bien de la France comme amie, mais non comme voisine (*Gallus amicus sed non vicinus*). Les États-Généraux se rapprochèrent donc des Anglais et des Suédois dans une Triple Alliance qui, haussant le ton, brisa net l'élan du Roi-Soleil, le contraignant en mai 1668 à signer une paix de compromis avec l'Espagne à Aix-la-Chapelle.

Dans ce contexte, le jeune Guillaume, adulé du peuple et protégé par son oncle Charles II d'Angleterre, caressait l'ambition de récupérer le stathoudérat. En janvier 1668, devenu majeur, il avait reçu des États de Zélande l'éminente dignité de premier noble de la province. À cette occasion, Middelburg[4] lui avait réservé un accueil délirant qui avait fait enrager le grand pensionnaire et les patriciens du parti des États, hostiles à toute manifestation monarchique du pouvoir. En mai 1670, il était entré au Conseil d'État avec voix délibérative, contre l'avis de Jean de Witt que le prince semblait défier de plus en plus. Enfin, en février 1672, devant la montée des périls extérieurs, il fut nommé à titre honorifique capitaine et amiral général, fonctions qui le rapprochaient un peu plus du stathoudérat.

---

d'un droit dit « de dévolution », vieille coutume de droit privé du Brabant, d'après laquelle les enfants d'un premier lit – c'était le cas de Marie-Thérèse – étaient les seuls héritiers de leurs parents, au détriment des enfants d'un second, en l'occurrence le nouveau roi, Charles II d'Espagne.

4. Située dans l'ancienne île de Walcheren, Middelburg était la capitale de la province de Zélande.

Les débuts de la guerre de Hollande

Pendant ce temps, Louis XIV, piqué dans son orgueil de jeune maître, concentrait ses efforts militaires et diplomatiques afin d'en découdre avec ces « marchands de fromages », ces « boutiquiers et pêcheurs » calvinistes qui lui avaient volé la victoire totale dans les Flandres espagnoles. Après avoir conclu à Douvres un traité secret avec Charles II, il lança l'offensive au printemps de 1672. Le passage du Rhin au gué de Tolhuys et l'avancée fulgurante des troupes de Condé et Turenne semèrent la panique dans les rangs de la fragile armée batave. Partout, les échevins offraient les clés de leurs villes aux vainqueurs : Doesbourg, Zutphen, Nimègue, Bommel, Arnhem, Utrecht. Le refus méprisant du roi de France d'accepter les propositions de paix du grand pensionnaire – fort généreuses pourtant – déclencha un mouvement insurrectionnel dans les villes et les campagnes. Devant ce désastre et l'appel du peuple à un sursaut national, les États de Hollande rétablirent le stathoudérat au profit du dernier rejeton du Taciturne, au début de juillet.

Observons-le sous son masque impassible d'empereur romain, tel que nous le représentent les tableaux de Raguineau ou de Netscher. Il n'a pas vingt-deux ans et en paraît trente-cinq. Il est malingre. Sous la chevelure qui tombe avec raideur sur des épaules étroites et voûtées, le front est large, le nez en bec d'aigle. Les yeux enfoncés brûlent d'une sombre ardeur. Les lèvres amères et boudeuses disent à elles seules toute la tristesse d'une enfance privée d'affection.

Pourtant, cet homme souffreteux était animé d'un courage d'acier, d'une force d'âme immense. Jamais on ne l'avait vu pleurer. Rire non plus d'ailleurs. Aux malheurs persistants de la fortune il opposait un superbe et grave dédain qui trahissait la sécheresse de cœur plus encore que le flegme stoïcien. Il n'avait ni pitié ni tendresse. C'était un homme d'action brusque, maladroit, cinglant, incapable d'affabilité. Il n'aimait pas le faste ni l'ostentation. Impénétrable, peu loquace, il dissimulait sa timidité comme sa dévorante ambition derrière un masque hiératique.

Gardons-nous d'en faire un rustre : son intelligence était vive, remarquable, sa mémoire prodigieuse. Il connaissait cinq langues à la perfection, sans compter le latin qu'il entendait assez bien. Sa foi calviniste était rigide, toute centrée sur le dogme de la prédestination. On ne lui connut qu'une aventure féminine, tardive, avec Élisabeth Villiers, comtesse d'Orkney. Il se murmurait que son ancien page, Hans Willem Bentinck, futur duc de Portland, était son amant. Plus tard, on citera un autre de ses protégés, Keppel, comte d'Albemarle. Pour les historiens, ce ne sont sans doute que des commérages.

Il avait assurément l'étoffe d'un grand chef. Le pouvoir le passionnait, tout comme la guerre. « Je donnerais, disait-il, une bonne partie de mes États pour avoir servi quelques campagnes sous M. le prince de Condé ! » En attendant de ceindre une couronne, il rêvait d'orner son front des lauriers de la victoire. Malheureusement, en dépit d'une brusquerie tactique qui fit sa réputation, il lui manqua toujours le flair et le coup d'œil des grands stratèges. Ceci dit, au lieu de l'abattre, l'échec et l'adversité le fouettaient, affermissaient sa pugnacité. Il se sentait investi d'une mission historique, mieux, providentielle, celle de défendre les libertés bataves contre le belliciste roi de France – « mon ennemi mortel », confiait-il –, qu'il accusait d'aspirer à la « monarchie universelle ».

Le stathouder

La guerre de Hollande allait le révéler à lui-même et lui montrer la voie à suivre : combattre ce tyran prétentieux drapé d'hermine et de velours fleurdelisé au milieu d'une cour idolâtre, s'opposer de toutes ses forces à cette France expansionniste qu'il exécrait, avec sa pompe romaine et son prosélytisme catholique. Dès son accession au stathoudérat, malgré son jeune âge, il s'était imposé de façon stupéfiante aux généraux aguerris. Mais comment résister à la plus puissante armée du monde et à un pays dix fois plus peuplé ? Avec son approbation, ces Messieurs d'Amsterdam, suivis des régents des autres villes, ouvrirent les écluses et crevèrent les digues, noyant le plat pays si chèrement gagné au cours des siècles, dur sacrifice qui permit de stopper net l'avancée des troupes de Sa Majesté Très-Chrétienne.

En août 1672, accusés d'imprévoyance et de trahison, victimes de la vindicte populaire, Jean de Witt, qui venait d'abdiquer, et son frère Cornelius, grand bailli de Putten, furent assassinés à La Haye, leurs corps sauvagement lacérés, dépecés, pendus par une populace gorgée de bière, d'eau-de-vie et de haine. Guillaume avait-il commandité ce crime atroce perpétré grâce à la passivité de sa milice du drapeau bleu (la couleur de l'ancien comté de Nassau) ? Probablement pas : il n'avait eu qu'à laisser faire, quitte à entraver ensuite la poursuite judiciaire des responsables…

Les succès militaires, hélas, ne furent pas au rendez-vous. Ce « roi de guerre sans royaume », comme l'appelle Charles-Édouard Levillain, dut lever les sièges de Woerden et de Charleroi, puis céder l'importante place de Maëstricht en juin 1673. Sa victoire à Naarden, au bord du Zuiderzee, ne contrebalança pas ces défaites, même si elle provoqua le retrait partiel des Français. La situation ne se redressa que lentement, grâce à la constitution, au cours de l'été de 1673, de la « grande alliance de La Haye » entre l'empereur, la régente d'Espagne et le duc de Lorraine, et au retrait de l'Angleterre du conflit en février 1674.

L'occupation par Louis XIV de la principauté d'Orange ulcéra Guillaume. En représailles, il tenta de fomenter une révolte dans le Midi, signant en avril 1674 avec un certain Jean-François de Paule de Sardan un traité visant à créer une confédération protestante des provinces de Guyenne, Languedoc, Dauphiné et Provence. En vain.

En août, à Seneffe, dans le Hainaut, le stathouder affronta son modèle, le Grand Condé. Les 20000 morts laissés sur le champ de bataille disaient sa rage de vaincre. « Sans le *Te Deum* et quelques drapeaux portés à Notre-Dame, se lamentait Mme de Sévigné, nous croirions avoir perdu le combat. »

Louis XIV admit qu'il devait arrêter cette guerre au plus vite. Dès 1675, les premières négociations s'ouvrirent à Nimègue. La France était prête à de larges concessions, mais Guillaume l'impétueux n'entendait pas céder à si bon compte. Les affrontements se poursuivirent donc. En mai 1676, les Français commencèrent le blocus de Bouchain[5]. C'est alors que l'arrivée d'une armée de secours de 50000 Hispano-Néerlandais fut annoncée près de Valenciennes. Louis XIV accourut à la cense d'Urtebise[6], où il déploya ses unités. Placé sur une hauteur avec des forces supérieures en nombre, une excellente artillerie, une cavalerie expérimentée, il tenait la victoire à portée de main. Il hésita : il excellait dans la guerre de siège, lente, majestueuse, réglée comme un ballet ; en revanche, la bataille rangée, plus aléatoire, lui répugnait. Un Conseil improvisé se tint à cheval, « le cul sur la selle »,

5. Petite place sur l'Escaut, entre Cambrai et Denain.

6. Vieille métairie située sur un plateau au sud-ouest de Valenciennes.

dit Saint-Simon, avec Louvois et les quatre maréchaux présents : Créqui, Schomberg, Lorges et La Feuillade. Tous, à l'exception de Lorges, conseillèrent par prudence l'abstention. Louis céda, mais regretta toute sa vie cette occasion manquée où il aurait pu se mesurer directement à son farouche cousin et sans doute lui donner la magistrale leçon qu'il méritait.

Guillaume continuait cependant d'accumuler les défaites : le 11 avril 1677, dans le val de Cassel, près de Saint-Omer, il fut battu à plate couture par Monsieur, Philippe d'Orléans, frère du roi, et le maréchal de Luxembourg. Outre cinquante-quatre drapeaux, il perdit ses bagages, sa vaisselle d'or et sa magnifique collection de plans de toutes les places fortes de l'Europe. Il échoua encore devant Audenarde, Maëstricht et Charleroi. Il enrageait. Le parti des États se montrait de plus en plus réticent à financer la poursuite d'une guerre nuisible aux affaires.

Il avait tout intérêt à se rapprocher de ses deux oncles anglais et à entraîner leur pays dans une guerre contre la France. Son projet de mariage avec Marie II Stuart, fille protestante de Jacques, duc d'York, prit corps à ce moment-là. Il se rendit à Londres où, en effet, il épousa la princesse en novembre 1677. Elle avait quinze ans, était douce, réservée, en admiration devant son époux. Lui, l'humeur toujours sombre, semblait la négliger. Cette union n'était pour lui qu'un marchepied politique.

La paix de Nimègue

La reddition spectaculaire de Gand et d'Ypres en mars 1678, suivie de l'offre de Louis XIV de conclure un accord équilibré mettant fin aux hostilités, marqua le tournant capital de la longue guerre de Hollande. Ce fut pourtant le moment où Charles II, qui avait louvoyé entre les deux camps, se résolut à signer avec les Néerlandais une alliance offensive et à leur envoyer un premier contingent militaire. Trop tard. Les bourgeois républicains d'Amsterdam n'aspiraient plus qu'à la reconstruction de leur pays et à la reprise du grand commerce international. Le 10 août, à 11 heures du soir, la paix fut donc signée à Nimègue. Louis XIV restituait Maëstricht, supprimait le tarif commercial litigieux de 1667[7]. Guillaume, de son côté, récupérait sa principauté d'Orange.

Restait à stopper les armées respectives qui s'apprêtaient à en découdre aux environs de Mons. L'arrière-petit-fils du Taciturne rêvait de donner une cinglante correction au redoutable maréchal de Luxembourg. Le 14 août, ce dernier, qui venait d'être averti de la suspension d'armes, fut surpris d'apercevoir, de son quartier général de l'abbaye de Saint-Denis-en-Broqueroie, l'armée néerlandaise surgir dans la plaine tous étendards déployés et marcher dans sa direction, alors que Guillaume, en raison de sa plus grande proximité avec la route de Nimègue, aurait dû être prévenu de l'accord bien avant lui. Le combat fut confus et violent. Les Français déplorèrent 2500 morts, contre 4500 du côté des Hispano-Néerlandais, et furent contraints de lever le siège de Mons. Le stathouder, qui s'était battu comme un lion, tenait enfin sa victoire ! *In extremis*. Il prétendra n'avoir pas été avisé, mais un soupçon de duplicité flotta toujours sur son comportement…

Le traité entre la France et l'Espagne fut signé à son tour le 17 septembre. La Franche-Comté et de nombreuses

7. Tarif douanier que Colbert fit adopter par Louis XIV le 18 avril 1667 en vue de frapper les importations de cinquante-sept articles (cire, étain, huile, savon, tissus et pièces de bonneterie…). Doublant celui de 1664, il visait principalement les produits transportés par les Hollandais, lesquels avaient riposté en taxant le sel, les vins et autres produits venant de France ou transitant par elle, comme les harengs et les épices.

places de Flandre et du Hainaut, dont Ypres, Saint-Omer, Cambrai, Maubeuge et Valenciennes, devenaient françaises. Louis XIV finissait brillamment une guerre commencée piteusement dans les polders de Hollande.

Des réunions à la Glorious Revolution

La paix était évidemment la pire chose qui pût arriver au stathouder, dont les fonctions de dictateur à la romaine n'étaient justifiées, aux yeux des marchands hollandais, qu'en période de péril immédiat. L'armée allait être licenciée et lui, pour ainsi dire, réduit au chômage ! Il se sentait d'autant plus menacé qu'à La Haye l'ambassadeur du roi, le comte d'Avaux, avait reçu mission de constituer un « parti français » parmi les bourgmestres d'Amsterdam, à seule fin de saper son autorité…

Cependant, Louis XIV allait involontairement voler au secours de son meilleur ennemi en pratiquant, à partir de 1680, la politique dite des « réunions », qui consistait à se servir des ambiguïtés de certaines chartes et des méandres du droit féodal pour annexer sans coup férir le maximum de villes et de villages sur les rives du Rhin et de la Sarre. La puissance de celui qu'on commençait à appeler le Grand Roi était au zénith. C'est à ce moment que Strasbourg sur le Rhin et Casale sur le Pô devinrent françaises. Louis n'ignorait pas que Guillaume était déterminé à reprendre les armes et qu'un traité d'alliance secret l'unissait à l'Espagne. Dès le mois d'août 1682, il avait une nouvelle fois envahi la principauté d'Orange, manière peu élégante mais efficace d'exciter la fureur de son propriétaire, paralysé par l'incurable pacifisme de ces Messieurs d'Amsterdam et de Rotterdam !

De son côté, l'Espagne, victime du grignotage incessant des réunions – la plus grande de ses pertes étant la place de Luxembourg –, finit par déclarer la guerre au roi de France, sans bénéficier d'aucune aide, l'empereur se trouvant alors occupé par les Ottomans qui assiégeaient Vienne. Son intervention était donc vouée à l'échec et sa province belge menacée d'absorption définitive. En août 1684, elle se résigna à signer la trêve de Ratisbonne. Quant au stathouder, qui grillait d'envie de lever une armée de 16000 hommes, quitte à bousculer les édiles trop prudents, inutile de dire qu'il en fut fort marri.

Heureusement, deux événements vinrent nourrir et combler son obsession anti-louis-quatorzienne. Le premier fut la révocation de l'édit de Nantes le 17 octobre 1685, qui conduisit 40000 à 50000 familles huguenotes à s'exiler en Hollande, en Angleterre, au Brandebourg ou en Suisse. Guillaume leur réserva un accueil particulièrement généreux et empressé. Attitude qui renforça son image internationale de champion de la tolérance religieuse face à une France persécutrice.

Le second événement fut l'hostilité avec laquelle le petit peuple anglais, la bourgeoisie londonienne et une partie des élites proches de la couronne britannique accueillirent la politique absolutiste et antianglicane du maladroit duc d'York, son oncle et beau-père, qui avait succédé en février 1685 à son frère sous le nom de Jacques II. La naissance inattendue d'un petit prince de Galles, promis à devenir un roi papiste, fut ressentie comme une catastrophe par les protestants d'outre-Manche et braqua l'opinion contre le roi. Les premières défections dans l'armée, l'appel à sa candidature par l'amiral de la flotte et sept hauts dignitaires de l'Église, le début d'un soulèvement populaire convainquirent Guillaume qu'il avait une carte maîtresse à jouer. Il la joua et remporta la mise.

Le 15 novembre 1688, après d'immenses préparatifs, une flotte de cinquante vaisseaux de guerre et deux cent vingt-cinq transports de troupes débarqua sur la plage de

Torbay, dans le Devon, 11 000 fantassins et 4 000 cavaliers – Anglais, Hollandais, Brandebourgeois, réfugiés français – placés sous son commandement. On imagine avec quel plaisir l'époux de la très pieuse princesse Marie, bardé de la légitimité anglicane, avait endossé sa nouvelle casaque de sauveur du Parlement et des libertés anglaises ! Sur ses étendards flottait la devise : *Pro religione protestante et pro libero Parlemento*. L'affaire fut rondement menée, la diffusion d'un manifeste rassurant venant appuyer la force de ses armes. Rogue et maladroit, Jacques, qui avait refusé l'assistance militaire de Louis XIV, s'enfuit en France, où son royal cousin mit à sa disposition et à celle de sa famille le château Vieux de Saint-Germain-en-Laye.

Guillaume entra alors en négociation avec les Communes et les Lords. Il refusa carrément d'être régent ou simple prince consort, à côté de Marie, première dans l'ordre de succession. Celle-ci, effacée et soumise, indifférente à la politique, le soutint. Bref, tous deux se firent acclamer conjointement roi et reine d'Angleterre, *de France* – car les Anglais n'avaient pas renoncé à ce titre depuis Édouard III – et d'Irlande, et couronner le 11 avril 1689 dans l'abbaye de Westminster. Le parlement d'Écosse à son tour se prononça en faveur des comonarques. En décembre, avec l'accord de ces derniers, la fameuse Déclaration des droits (*Bill of Rights*) adoptée par le Parlement anglais restreignit leurs prérogatives et stipula qu'à la disparition de l'un l'autre continuerait de régner, ce qui devint effectif après la mort de Marie en décembre 1694. Telle fut la *Glorious Revolution*, réalisée presque sans effusion de sang et instaurant une monarchie constitutionnelle promise à un bel avenir. Quelle apothéose pour Guillaume, enfin roi ! N'était-il pas devenu l'égal de celui qu'il combattait depuis dix-sept ans avec constance et détermination ? N'était-il pas le héraut incontesté du protestantisme européen, face à celui que les pamphlets orangistes appelaient l'Antéchrist, la Bête de l'Apocalypse ? Que lui importait dès lors d'être mal aimé de ses ingrats sujets, qui ne voyaient en lui qu'un étranger froid et hautain ?

La ligue d'Augsbourg

Lors de la guerre de Succession palatine, encore appelée guerre de la Ligue d'Augsbourg (1688-1697)[8], Guillaume continua d'être le plus coriace adversaire du Roi-Soleil, mettant au service des Impériaux, des Espagnols et des Suédois toutes les ressources de la couronne britannique, notamment sa flotte de guerre, la première du monde.

Le 10 juillet 1690, près de Drogheda, en Irlande, il affronta Jacques II, qu'un petit corps expéditionnaire français commandé par le comte de Lauzun était venu assister. Ce fut une grosse bousculade plutôt qu'un vrai combat. Il n'en sortit pas moins vainqueur. Les troupes jacobites[9] et françaises se débandèrent, et l'Irlande fut rapidement pacifiée.

Le 17 mars 1691, avec 100 000 hommes, Louis XIV investit Mons, se payant le luxe, pour rappeler sa bravoure d'antan, de se rendre à plusieurs reprises à la tranchée et de s'exposer aux coups de mousquet. Guillaume rassembla précipitamment ses troupes et partit au secours de

8. Cette longue guerre, qui mit la France aux prises avec l'empereur, les princes d'Empire, l'Angleterre, les Provinces-Unies, l'Espagne, la Suède et la Savoie, avait au moins trois causes : la succession de l'électorat de Cologne, Louis XIV soutenant le candidat profrançais, Guillaume Egon de Fürstenberg, contre le frère du duc de Bavière, candidat de Léopold Ier et du Saint-Siège ; la succession de l'électorat palatin, dont le roi réclamait la partie située sur la rive gauche du Rhin, au nom de sa belle-sœur Élisabeth Charlotte, Madame Palatine ; et enfin les affaires anglaises, la France soutenant Jacques II contre Guillaume d'Orange.

9. Troupes restées fidèles à Jacques II d'Angleterre.

cette place forte. Trop tard ! La place avait capitulé. Alors, furieux, il repassa la Manche.

L'année suivante, il revint sur le continent. Il était tellement plus agréable de faire la guerre que de gouverner ces impossibles Anglais ! Mais la chance le fuyait toujours. Le 3 août, à Steinkerque, le maréchal de Luxembourg, un moment surpris par son arrivée impromptue, eut le temps de lancer la contre-attaque. Avec leur folle bravoure, les princes français et les jeunes seigneurs de la Cour contraignirent Guillaume à la retraite : il avait perdu 10 000 soldats, 1 300 prisonniers, dix canons et neuf drapeaux.

L'obstiné roi-stathouder avait sans doute fait sienne la devise de son arrière-grand-père : « Point n'est besoin d'espérer pour entreprendre, ni de réussir pour persévérer ! » Pas question pour lui de flancher ! En 1693, il se mesurait encore à Luxembourg. L'engagement commença le 29 juillet au matin par une violente canonnade autour du village de Neerwinden. Trois fois les Français recommencèrent leur manœuvre, après d'éprouvants corps à corps dans les rues ruisselantes de sang. Guillaume, enfin, tomba dans le piège que lui avait tendu son adversaire : il dégarnit son centre et sa gauche pour reprendre le village. Les escadrons français renversèrent les barricades improvisées, envahirent le camp et repoussèrent les fuyards. Au soir de cette terrible journée on dénombra près de 28 000 morts. Neerwinden fut la plus grande boucherie du siècle. Luxembourg, qui avait pris un nombre impressionnant de drapeaux ennemis, reçut à cette occasion le surnom de « tapissier de Notre-Dame ».

Malgré ces revers, une des plus belles réussites de Guillaume fut la reddition en septembre 1695 de la garnison française de Namur, après deux mois de siège. Dans les tranchées, son habit de velours barré du ruban bleu de la Jarretière avait fait impression. Il est vrai que le coriace Luxembourg était mort neuf mois plus tôt !

La paix de Ryswick signée le 21 septembre 1697 ne fit ni vainqueurs ni vaincus. Louis XIV gardait Strasbourg, mais rendait ses autres conquêtes et surtout reconnaissait Guillaume comme roi d'Angleterre. Un succès personnel dont l'orgueil de l'intéressé goûta toutes les douceurs.

La crise de la succession d'Espagne

Une grande question, cependant, demeurait pendante, celle de la succession d'Espagne, avec un roi valétudinaire et dégénéré, Charles II, dont l'Europe attendait la mort depuis trente-six ans. À qui allaient revenir le fabuleux héritage de Charles Quint et ses vingt-trois couronnes ?

Plusieurs traités de partage avaient été signés entre les grandes puissances afin d'éviter une nouvelle conflagration. Le dernier, en mars 1700, ratifié par la France, les Provinces-Unies et l'Angleterre, qu'on devait ensuite imposer à l'empereur Léopold Ier, ennemi de tout compromis[10], donnait à l'archiduc Charles, son fils, les Indes et les Pays-Bas ; au Grand Dauphin, fils de Louis XIV, la Lorraine, le Pays basque espagnol, les Deux-Siciles et les présides de Toscane, destinés à revenir à la France lorsque ce prince succéderait à son père.

C'est alors que, le 1er novembre suivant, survint à Madrid le décès de Charles II. Ne pouvant se résoudre au démembrement de son empire, le défunt le léguait dans son intégralité au petit-fils du roi de France, Philippe, duc d'Anjou.

---

10. L'empereur estimait avoir droit à toute la succession pour avoir épousé la sœur cadette de Charles II d'Espagne, Marguerite-Thérèse, seule héritière légitime puisque les infantes aînées, Anne d'Autriche, fille de Philippe III, et Marie-Thérèse, fille de Philippe IV et demi-sœur aînée de Charles II, avaient toutes deux renoncé à l'héritage paternel à leur mariage.

Louis XIV hésita longuement avant de l'accepter. Ce qui le détermina fut de considérer que, même en renonçant à cet improbable legs et en revendiquant la stricte application du dernier traité de partage, il ne pouvait faire l'économie d'un conflit avec l'empereur. Il avait par ailleurs de bonnes raisons de douter de la sincérité de Guillaume, passé maître dans l'art du double jeu. L'Angleterre et les Provinces-Unies, ivres de paix, allaient-elles se jeter dans une nouvelle et sanglante lutte armée à seule fin d'arracher des compensations pour son propre royaume ? Il ne le croyait pas. Bref, tant qu'à faire la guerre, mieux valait la faire pour la totalité de l'héritage que pour une partie.

Guillaume se trouvait à Hampton Court lorsqu'il apprit la décision de Louis. Il fut offusqué d'avoir été joué. L'Angleterre avait licencié son armée ; celle des Provinces-Unies avait été réduite. Les marchands de Londres et d'Amsterdam poussaient à la paix et à la reconnaissance de Philippe V. Il était le seul à vouloir reprendre les hostilités. Son ami Heinsius, le grand pensionnaire, se trouvait dans la même situation à Amsterdam.

Une fois de plus, il fut aidé par Louis XIV qui commit une série d'erreurs qui conduisirent à la conflagration européenne. La première fut de conserver les droits du nouveau roi d'Espagne à la couronne de France, ce qui laissait craindre la naissance d'une double monarchie hégémonique en Europe. La deuxième fut de chasser les Hollandais installés dans les garnisons de certaines places frontières des Pays-Bas espagnols – Namur, Charleroi, Mons, Courtrai… –, sans attendre le délai de trois mois prévu pour dénoncer l'accord antérieur. « Suis-je homme à perdre sans combat, écrivait Guillaume à Heinsius, ce pour quoi j'ai combattu pendant vingt-huit ans ? » Enfin, de multiples indices montraient que la France s'impliquait chaque jour davantage dans l'administration de la lymphatique Espagne et de son empire. Intolérable défi lancé à des nations qui, en reconnaissant Philippe V, n'avaient pas imaginé asseoir Louis XIV sur le trône de Madrid !

Merveilleusement secondé par ces faux pas, Guillaume menait sa barque. Tous les moyens lui étaient bons pour attiser la haine du peuple anglais contre la France : discours, sermons, pamphlets, corruption électorale… Les marchands londoniens furent vite convaincus que Louis XIV menaçait leurs intérêts dans le commerce colonial. Le 7 septembre 1701, un traité secret unit l'Angleterre, les Provinces-Unies et l'empereur. Le 16, à la mort de Jacques II à Saint-Germain, le roi de France reconnut son fils Jacques-Édouard comme roi d'Angleterre sous le nom de Jacques III. Ce fut la goutte d'eau qui fit déborder le vase. Guillaume avait atteint son objectif : la guerre !

Cette guerre, malheureusement, il ne la verrait pas. Usé, rongé de tuberculose, atteint de fréquentes crises d'asthme, il se sentait éreinté, physiquement à bout. Il mourut le 8 mars 1702 des suites d'une promenade dans le parc de Hampton. Son cheval ayant trébuché sur une taupinière, il avait été projeté à terre et s'était cassé la clavicule. Ramené en carrosse au palais de Kensington, il s'alita et succomba à une pneumonie. Ravis, ses ennemis jacobites portèrent de nombreux toasts au « petit monsieur en habit de velours » qui avait si malicieusement fait chuter l'usurpateur !

Guillaume avait cinquante et un ans, Louis soixante-trois. Jamais ils ne s'étaient rencontrés. Leur duel, inachevé, demeure emblématique de la rivalité franco-anglaise qui allait structurer l'Europe jusqu'à Waterloo.

Jean-Christian PETITFILS

Bibliographie sélective

Baxter, Stephen Bartow, *William III and the Defense of the European Liberty, 1650-1702*, Westport (Connecticut), Greenwood Press, 1976.

Claydon, Tony, *William III*, Harlow, New York, Longman, 2002.

Gerard, Wim, *Un conquérant de l'Angleterre, Guillaume III d'Orange*, Paris, SEPFE, 1960.

Hubert, Eugène, *Les Pays-Bas espagnols et la république des Provinces-Unies depuis la paix de Münster jusqu'au traité d'Utrecht (1648-1713) : la question religieuse et les relations diplomatiques*, Bruxelles, Hayez, 1907.

Levillain, Charles-Édouard, *Vaincre Louis XIV, Angleterre-Hollande-France, histoire d'une relation triangulaire, 1665-1688*, Paris, Champ Vallon, 2010.

Lynn, John A., *Les Guerres de Louis XIV, 1667-1714*, Paris, Perrin, 2010.

Petitfils, Jean-Christian, *Louis XIV*, Paris, Perrin, 1996.

Rowen, Herbert H., *The Prince of Orange. The Stadholders in the Dutch Republic*, Cambridge, Cambridge University Press, 1988.

Van Der Kiste, John, *William and Mary*, Londres, Sutton Pub, 2003.

11

FRÉDÉRIC II ET MARIE-THÉRÈSE

Le conquérant et la résistante

Le duel que se livrent Marie-Thérèse d'Autriche et Frédéric II de Prusse domine le XVIII*e* *siècle allemand et centre-européen en même temps qu'il ouvre l'avenir. Leur affrontement oppose deux fortes personnalités qui impriment durablement, au surplus, leur marque à leurs États. Pour cela, ils bénéficient de la durée, « l'étoffe des grandes entreprises » selon Charles de Gaulle. Le règne de Marie-Thérèse s'étend sur quarante ans, de 1740 à 1780, celui de Frédéric II sur quarante-six ans, de 1740 à 1786. Mais il y a plus, car autour de ces deux grands monarques s'est formé un mythe. Dès son vivant, Marie-Thérèse est célébrée comme la* Landesmutter*, la « mère de ses peuples », et cette image est restée dans la mémoire collective. Pour Frédéric II, bien qu'il ait remporté encore jeune ses premiers succès, c'est l'image du vieux Fritz qui s'est imposée. On pourrait même dans son cas parler d'un mythe fondateur, puisqu'il va devenir la référence suprême, le père fondateur de la grandeur prussienne, pour des générations d'Allemands.*

Les prémices

Un premier point rapproche Marie-Thérèse et Frédéric II : ils montent sur le trône la même année, soit en 1740. Ils sont alors respectivement âgés de vingt-trois et de vingt-neuf ans. L'un et l'autre ont été appelés à régner. Mais ici de premières différences apparaissent. Charles VI n'ayant pas eu de fils, la jeune Marie-Thérèse a très vite été destinée à lui succéder. Elle n'a pourtant pas été préparée à l'exercice du pouvoir suprême. Jeune femme d'une beauté épanouie, elle coule des jours heureux au côté de son époux François-Étienne de Lorraine. Fait rare dans l'Europe monarchique du temps, leur mariage, même s'il a aussi répondu à des considérations politiques, a d'abord été un mariage d'amour. Au regard de la totale inexpérience de la jeune femme dans les affaires de l'État, beaucoup se demandent si, le moment venu, la réalité du pouvoir ne passera pas, sous son couvert, entre les mains de François-Étienne.

Frédéric a connu à l'inverse une adolescence agitée d'épreuves. Soumis à des traitements souvent humiliants par son père, Frédéric-Guillaume Ier, le fameux Roi-Sergent[1], il finit par se révolter et tente de fuir en Angleterre. Après qu'il a été repris, la sanction est terrible. Il doit assister, le 6 novembre 1730, à l'exécution de son meilleur ami, le chevalier von Katte. Il est d'abord condamné à mort, puis, la sentence rapportée, enfermé dans une forteresse. Comprenant qu'il n'est pour lui d'autre parti, sauf à gâcher ses ultimes chances de monter sur le trône, Frédéric se plie à la volonté paternelle. Peu à peu les deux hommes se rapprochent. Signe de cette réconciliation, Frédéric-Guillaume confie progressivement des responsabilités à son fils dans le but de le préparer à exercer, le moment venu, le métier de roi. De son côté, Frédéric se prépare aussi à cette échéance, par la lecture mais aussi en développant un réseau de

1. Frédéric-Guillaume Ier (1713-1740) règne en despote, s'appuyant sur une administration efficace. Il forge un outil militaire redoutable, objet de tous ses soins. Malgré le différend qui les a opposés, il servira de modèle à son fils.

correspondants, dont Voltaire, à travers l'Europe. Il écrit même un traité, *L'Anti-Machiavel*, dans lequel, réfutant les principes du grand Florentin, il dresse le portrait du souverain idéal, instruit par la raison et se refusant à user de l'arme de la ruse. Bref, quand le 31 mai 1740 son père meurt dans ses bras, le « Marc Aurèle de l'Allemagne », comme Voltaire se plaît à l'appeler, est prêt à reprendre le flambeau. Les portraits qu'en a peints Antoine Pesne montrent un jeune prince, le visage plein, le regard vif.

À première vue, un monde sépare les États de la maison d'Autriche et le royaume de Prusse. L'Autriche appartient au groupe très fermé des grandes puissances européennes, la Prusse, en revanche, à la catégorie des États moyens. Vienne étend sa souveraineté de la mer du Nord à l'Adriatique. L'Autriche possède une position dominante au sein du Saint Empire en dehors duquel elle ajoute les Pays-Bas – en gros l'actuelle Belgique –, la Hongrie et ses possessions italiennes, notamment le Milanais. Mais, au-delà des apparences, la réalité s'annonce très différente. Lors des conflits récents de la guerre de Succession de Pologne (1733-1738)[2], puis de la guerre turque (1735-1739)[3], l'armée autrichienne a découvert d'inquiétantes carences qui trahissent de

2. La guerre de Succession de Pologne (1733-1738) a pour origine la dispute qui oppose Auguste III de Saxe et Stanislas Ier, ancien roi de Pologne et beau-père de Louis XV, pour la couronne de Pologne. Alors qu'Auguste est soutenu par la Russie, les États de la maison d'Autriche et la Prusse, la France et l'Espagne appuient Stanislas. Le conflit ne désigne pas de véritable vainqueur. Au traité de Vienne, Stanislas renonce à la Pologne, mais reçoit en échange le duché de Lorraine qui reviendra à sa mort au roi de France. Époux de Marie-Thérèse, François-Étienne de Lorraine devient duc de Toscane. Don Carlos d'Espagne reçoit Naples et la Sicile, tandis que l'Autriche acquiert en guise de compensation les duchés de Parme et de Plaisance.

3. La guerre turque (1735-1739) se développe en parallèle à la guerre de Succession de Pologne. Alliée de la Russie, l'Autriche s'engage à ses côtés contre l'Empire ottoman. Elle y subit des revers qui l'obligent

sérieux dysfonctionnements internes. De son côté, la Prusse peut aligner une armée de 80 000 hommes bien entraînés, une force considérable pour un État d'à peine plus de 2 millions d'habitants, mais centralisé et, au surplus, administré avec une rigueur et une discipline toutes militaires. Jusqu'à la récente guerre de Succession de Pologne, elle s'est comportée en alliée loyale de Vienne. Frédéric-Guillaume souffre cependant d'avoir été traité avec désinvolture par les dirigeants autrichiens. Alors qu'il espérait obtenir les duchés de Brieg et de Juliers, dans l'ouest de l'Allemagne, pour prix de sa participation au conflit, il en est sorti bredouille. Depuis il n'aspire plus qu'à se venger de la morgue autrichienne et compte sur son fils pour se faire l'instrument de sa vengeance. Il sera exaucé au-delà de ce qu'il pouvait espérer.

La lutte pour la Silésie

Dès l'annonce de la mort de Charles VI, Frédéric lance à Voltaire : « Il s'agira […] plutôt de poudre de canon, de soldats, de tranchées que d'actrices, de ballets et de théâtre. » Il nourrit en effet de grands desseins, puisqu'il se fixe pour objectif de conquérir la Silésie. Rien de moins. Un gros morceau assurément, car il a jeté son dévolu sur la plus riche province de la monarchie habsbourgeoise. Sachant qu'il n'en aurait pas les moyens, il ne vise pas à établir la suprématie de la Prusse en Allemagne, mais ambitionne en revanche d'y réduire la puissance habsbourgeoise. Il est convaincu d'avoir les dieux avec lui pour mener à bien cette vaste entreprise. Lors de la guerre de Succession de Pologne, il a pu mesurer sur le terrain

---

par le traité de Belgrade de 1739 à céder à la Sublime Porte la Valachie occidentale, le nord de la Serbie et Belgrade.

l'affaiblissement du potentiel militaire autrichien. Par ailleurs, sa misogynie l'empêche d'imaginer qu'une femme puisse se montrer un adversaire bien coriace. Il est enfin prêt à parier que la montée sur le trône de Marie-Thérèse suscitera une série de contestations, à commencer par celles du roi de Saxe et de l'Électeur de Bavière, tous les deux mariés à des filles de Joseph Ier, le prédécesseur de Charles VI. L'un et l'autre pourraient être tentés de faire valoir leurs droits. Dès lors, il apparaît essentiel à Frédéric de frapper d'emblée.

Les débuts de la guerre donnent raison au jeune roi de Prusse. À la mi-décembre 1740, alors que les opérations militaires sont traditionnellement suspendues en hiver, il envahit la Silésie. Pour avoir ainsi violé d'une manière aussi éhontée les principes du droit international, il s'attire d'emblée auprès de Marie-Thérèse la réputation d'un voyou. Elle ne reviendra jamais sur ce jugement. Le 10 avril suivant, les Autrichiens sont défaits à Mollwitz et doivent évacuer la Silésie. La vaincue semble ne plus avoir d'autre choix que d'abandonner la lutte et de traiter. Frédéric va cependant découvrir qu'il a face à lui une souveraine bien différente de la pauvre femme fragile et faible qu'il avait imaginée. Marie-Thérèse compense en effet son inexpérience par une énergie de fer. Alors que les anciens conseillers de son père lui recommandent de négocier avec le roi de Prusse, alors que François-Étienne lui donne le même avis, elle leur oppose un refus catégorique. Elle a hérité la Silésie de son père, elle la défendra donc jusqu'au bout de ses forces. Elle ne connaît pas d'autre politique digne d'elle et de sa maison. Si Frédéric avait pensé régler l'affaire en quelques mois, cette guerre ne va pas durer moins de cinq ans !

Après Mollwitz, d'austro-prussienne, la guerre devient européenne. La défaite autrichienne aiguise les appétits. Le traité de Nymphenburg du 28 mai 1741 mobilise une vaste coalition contre Marie-Thérèse. À la Prusse se joignent la

Bavière, la Saxe, la France, l'Espagne et la Savoie. Ce pourrait être le début de la curée tant est grande la disproportion des forces. Déjà Français et Bavarois marchent sur Vienne ; en novembre, Prague tombe aux mains des Français et des Saxons. Face à cet extrême péril, Marie-Thérèse fait feu de tout bois. À Buda, il lui faut un grand talent de tacticienne pour rallier à sa cause la diète de Hongrie qui décide, à son appel, la levée de 40000 hommes. La tâche s'annonçait en effet compliquée puisque – à part des autres États de la maison d'Autriche – la Hongrie est régie par une Constitution qui interdit l'engagement de ses troupes hongroises en dehors des limites du royaume. Marie-Thérèse confirme ce talent quand, acculée de tous côtés, elle se résout à signer, le 9 octobre 1741, un armistice avec Frédéric II. Au risque de paraître se déjuger. En réalité, elle n'a nullement renoncé à la Silésie, mais elle estime devoir parer au plus pressé, en l'espèce éviter l'anéantissement. De toute façon, cette cessation des hostilités ne dure guère. Dès le printemps, Frédéric reprend la lutte.

Le scénario de la première campagne se répète. Marie-Thérèse reprend certes l'avantage sur plusieurs fronts. Prague est notamment reconquise en janvier 1742. Mais elle ne peut empêcher Charles-Albert de Bavière, le candidat des Français et des Prussiens, d'être élu empereur du Saint Empire en lieu et place de François-Étienne qui était son candidat. Ainsi, pour la première fois depuis le milieu du XVe siècle, la couronne impériale échappe aux Habsbourg. Enfin et surtout, Marie-Thérèse enchaîne les revers, pas moins de quatre jusqu'à la fin du conflit : Chotusitz (17 mai 1742), Hohenfriedberg (3 juin 1745), Soor (1er octobre 1745), Kesselsdorf (15 décembre 1745). En effet, Frédéric se révèle être un grand capitaine, le plus grand du siècle. À Mollwitz, sa contribution n'avait pas été décisive. Il signe en revanche trois des quatre victoires suivantes – Kesselsdorf étant l'œuvre de l'un de ses lieutenants. Il applique sur le terrain le principe qu'il avait posé dans *L'Anti-Machiavel*, à savoir qu'il entre dans les devoirs du souverain de commander en chef devant l'ennemi. Une règle qu'il s'impose et qu'il est, après Charles XII, le seul monarque du XVIIIe siècle à mettre en pratique. Avec quel éclat ! Au point que Napoléon, fin connaisseur en la matière, le rangera, aux côtés d'Alexandre et de César, parmi les plus grands capitaines de tous les temps. Quand, après Iéna, il tiendra à se recueillir sur sa tombe dans l'église de la Garnison de Potsdam, il aura ces mots, s'adressant à ses maréchaux : « Messieurs, s'il était là, nous ne serions pas ici. »

Marie-Thérèse n'a pas la chance de pouvoir opposer au roi de Prusse un stratège de la même étoffe. Après Mollwitz, elle confie le commandement en chef à son beau-frère, Charles de Lorraine, un général valeureux, mais dont la bonne volonté ne suffit pas face à Frédéric II. Et pourtant, malgré l'accumulation des défaites, elle lui maintient sa confiance jusqu'à la fin du conflit. Après chacune de ses victoires, Frédéric s'attend à ce qu'elle lâche prise. *Bis repetita*. Contrainte par la nécessité, Marie-Thérèse signe bien le 12 juin 1742, à Breslau, un traité en bonne et due forme par lequel elle cède au roi de Prusse le plus gros de la Silésie. Mais c'est pour mieux rebondir dès que l'occasion s'en présente. Elle ne cache d'ailleurs nullement ses intentions : « Si je devais faire, le matin, la paix avec le roi, explique-t-elle, je lui livrerais bataille le soir. » Et d'ajouter, confiant par là le fond de sa pensée : « Je donnerais plutôt ma chemise et mon jupon que la Silésie. » Et pourtant, après les trois défaites successives de 1745, elle admet qu'elle n'a plus d'autre choix que de se résigner à l'inacceptable. Le 25 décembre, la paix de Dresde consacre cette décision et, avec elle, la perte de la Silésie.

Frédéric a toutes les raisons de se réjouir de ce dénouement. Après cinq ans de guerre, il a atteint l'objectif qu'il s'était fixé : il a augmenté son royaume d'une superbe province. Seule ombre au tableau, il a passablement irrité son allié français par son comportement, sortant par deux fois du conflit sans consultation préalable avec Versailles. Pour Marie-Thérèse, en revanche, le bilan est en demi-teinte. Celui-ci ne doit pas s'évaluer à la seule hauteur de la paix malheureuse conclue avec la Prusse. Pour honorer son alliance avec l'Angleterre, l'Autriche reste dans la guerre contre la France jusqu'à son terme, le traité d'Aix-la-Chapelle du 18 octobre 1748, soit près de trois ans plus tard. Marie-Thérèse a perdu son duel avec Frédéric II, puisqu'à la fin des fins elle a dû lui céder sa Silésie. Mais ce résultat doit aussi s'apprécier à l'aune de la curée qui, au milieu de l'année 1741, menaçait l'Autriche. Or, non seulement ce partage des dépouilles a pu être évité, mais la monarchie habsbourgeoise n'a été amputée d'aucune de ses possessions héréditaires. Un résultat inespéré à inscrire en dernière analyse à l'esprit de résistance opposé par Marie-Thérèse à l'adversité. Elle a enfin obtenu à la mort de Charles-Albert que l'ordre naturel des choses soit rétabli dans le Saint Empire. Élu à la dignité impériale, François-Étienne a été couronné à Francfort en octobre 1745.

Dans l'attente

Maintenant que les canons se sont tus, le moment est venu pour les deux souverains de se consacrer aux œuvres de la paix. Leurs méthodes de gouvernement diffèrent. Frédéric II gouverne seul, dans le sens où il décide seul. Si le roi est le premier serviteur de l'État, comme il se plaît souvent à l'affirmer, il s'ensuit qu'il doit exercer le pouvoir sans partage. « Dans un État comme celui-ci, pose-t-il en postulat dans son *Testament politique* de 1752, il faut de nécessité qu'il puisse faire ses affaires par lui-même. » Dans ce système absolutiste poussé jusqu'à sa pointe extrême, il ne saurait y avoir de place pour un Conseil du roi. Les ministres sont ravalés au rang de simples exécutants de la volonté du monarque. Frédéric ne les rencontre d'ailleurs que rarement, généralement une seule fois par an. Pour l'essentiel, il correspond avec eux pour leur transmettre ses instructions. Et malheur à eux s'ils les appliquent mollement, voire, pis, s'ils s'en écartent. Le modèle du despote éclairé n'hésite pas à user à leur encontre de l'arme de la menace. Au comte Podewils, son ministre des Affaires étrangères, il écrit tout bonnement : « Je vous avertis, ne vous jouez pas de moi, et exécutez au pied de la lettre ce que je vous ordonne, ou votre tête sautera sans aucune façon. »

Neuf années durant, Marie-Thérèse a été absorbée par la guerre. Elle a mobilisé son énergie pour redresser une situation qui paraissait désespérée et elle y a largement réussi. Mais, le conflit terminé, le temps est venu d'en tirer les leçons. Celui-ci a révélé de graves failles dans l'organisation interne de la Monarchie. La nécessité s'impose donc d'entreprendre un vaste programme de réformes. Mais, avant de s'atteler à la tâche, Marie-Thérèse s'entoure de conseils et elle ne tranche qu'après les avoir écoutés. Par la suite, elle le confirmera en assurant : « La tâche la plus importante d'un monarque est le choix de ses conseillers », un propos que Frédéric n'aurait jamais tenu. Ainsi elle reprend à son compte l'option défendue par le comte Friedrich Wilhelm von Haugwitz, dont elle fait alors son principal collaborateur pour les affaires intérieures : le renforcement des administrations centrales au détriment des diètes provinciales. Elle agit de même quand il s'agit de définir l'orientation de la diplomatie autrichienne. Faut-il rester fidèle à l'alliance anglaise ou lui substituer une alliance avec la France de Louis XV ? Ulcérée par le comportement des Anglais qui n'avaient cessé de la presser de conclure la paix avec le roi de Prusse pour concentrer ses forces contre la France,

Marie-Thérèse incline pour une révision de la politique extérieure de la Monarchie. Elle tranche donc dans le sens d'une ouverture en direction de Versailles, mais après avoir été appuyée par le comte Kaunitz. Cet aristocrate d'une vieille lignée de Bohême est rapidement installé dans la position de principal conseiller ; il venait de représenter ses intérêts au congrès d'Aix-la-Chapelle.

La paix revenue, Frédéric II et Marie-Thérèse s'accordent sur un point : il ne s'agira que d'une trêve. Le roi de Prusse est convaincu que sa grande rivale n'a pas fait son deuil de la Silésie. De fait, si elle affirme *coram publico* le contraire, elle est bien décidée à défier son meilleur ennemi dès que l'occasion se présentera. L'un comme l'autre se préparent donc à cette échéance. Tout en se disant prêt à renouveler son alliance avec la France, Frédéric II commet une erreur d'analyse qui le conduit à une grave déconvenue. Persuadé que l'antagonisme entre la France et l'Autriche est trop ancien et trop profond[4] pour qu'un rapprochement des deux cours ait quelque chance de succès, il croit possible de concilier l'alliance française avec une entente avec l'Angleterre. Fort de cette double garantie, il serait ainsi couvert contre tout risque d'une agression autrichienne.

Frédéric n'a pas compris que l'Angleterre a pris la place de la maison d'Autriche comme ennemi prioritaire de la France. Cette erreur facilite la tâche de Marie-Thérèse. L'entreprise de rapprochement commence par la

4. L'histoire de l'Europe est en effet dominée depuis le XVIe siècle par la lutte des Valois puis des Bourbons contre les Habsbourg pour la suprématie en Europe. La maison d'Autriche a longtemps été partagée entre une branche espagnole et une branche allemande. Au terme de la guerre de Succession d'Espagne qui a vu l'installation des Bourbons à Madrid, Louis XIV a compris que cet antagonisme n'avait plus de sens. Mais le temps lui a manqué pour en tirer les conséquences. Il va appartenir à Louis XV et à Marie-Thérèse de mettre fin à ce conflit devenu anachronique.

nomination de Kaunitz au poste d'ambassadeur auprès de la cour de Versailles. Cet esprit éclairé s'y meut comme un poisson dans l'eau. Habilement il sait s'y gagner la faveur de la marquise de Pompadour. En charge de la diplomatie autrichienne à partir de 1753, il continue depuis Vienne de tisser sa toile. Le traité de Westminster, par lequel l'Angleterre et la Prusse se garantissent en janvier 1756 leurs possessions allemandes, accélère le processus des négociations menées dans le plus grand secret par l'abbé de Bernis pour la France et le prince de Starhemberg pour l'Autriche. Bernis donne le ton de l'irritation française : « On ne pouvait pas permettre au roi de Prusse, explique-t-il, de signer un traité de la main gauche avec les Anglais et un de la main droite avec nous. » De son côté, Marie-Thérèse justifiera par le traité de Westminster son refus de maintenir l'alliance anglaise : « Le roi de Prusse et moi sommes irréconciliables, écrira-t-elle au roi d'Angleterre, et aucune considération ne peut me porter à entrer dans une alliance à laquelle il participe. » Signé le 1er mai 1756, le traité de Versailles consacre le spectaculaire renversement des alliances qui bouleverse le grand jeu diplomatique. Frédéric n'a rien vu venir. Le coup est d'autant plus dur que cette alliance s'élargit à la tsarine Élisabeth, impatiente d'en découdre avec le roi de Prusse qu'à l'instar de Marie-Thérèse elle a pris en haine.

La guerre de Sept Ans

Il reste aux alliés à parfaire leurs préparatifs avant de lancer la guerre au printemps de l'année suivante. Frédéric ne leur en laisse pas le temps. Il mesure la gravité de la menace si ses ennemis devaient garder la maîtrise de l'initiative. Kaunitz n'a-t-il pas déclaré devant la *Geheime Konferenz* (Conférence secrète) : « La Prusse doit être culbutée si la maison archiducale veut survivre », ce qui laisse entendre que les buts de guerre de Vienne vont bien au-delà de la simple reconquête de la Silésie. Bref, si Frédéric ne parvient pas à contrecarrer les plans de ses adversaires, le déséquilibre des forces en présence ne pourra qu'acculer la Prusse à une débâcle programmée. Le principe *praevenire quam praeveniri* (« devancer plutôt que d'être devancé ») va donc régler sa ligne de conduite. En clair, il portera le premier coup contre l'Autriche dans laquelle, à la lumière de la guerre précédente, il voit le maillon faible de la coalition. Il écrasera son armée. Après quoi, ses alliés hésiteront à poursuivre la lutte avant même de l'avoir engagée.

Le scénario prend cependant un autre tour que celui escompté par Frédéric. Il défait bien les Autrichiens, le 1er octobre 1756, à Lobositz, mais sans les écraser : « Ce ne sont plus les mêmes », s'exclame-t-il de dépit. De fait, Marie-Thérèse a également appliqué sa volonté de réforme au domaine militaire, aidée en ce domaine par le général-comte Leopold von Daun. Jusqu'alors un point faible, le parc d'artillerie a entre autres été notablement renforcé. Frédéric doit donc remettre l'ouvrage sur le métier afin de remporter sans retard une victoire décisive. Il croit y parvenir quand il envahit la Bohême en avril 1757. Si l'effet de surprise est total, il ne réussit pourtant pas à conserver l'avantage. Le 18 juin, Daun, à la tête de l'armée de Bohême orientale, lui inflige sa première défaite à Kolin. C'est aussi la première victoire remportée par Marie-Thérèse sur son ennemi juré. Sans surprise, elle exulte, comme l'exprime bien sa lettre à son général, écrite le soir même de la bataille sous le coup de l'émotion : « Le 18, jour de naissance de la Monarchie. Cher comte Daun ! Je n'aurais pas pu laisser s'achever cette grande journée sans vous adresser mes félicitations les plus cordiales et les plus reconnaissantes. La Monarchie vous doit son salut et moi mon existence. [...] Que Dieu vous garde, comme mon véritable meilleur ami, encore de nombreuses années pour le bien de l'État, de l'armée et de ma personne. » Pour finir, elle salue dans Daun son « premier chevalier »[5]. Faut-il ajouter que Frédéric n'aurait jamais pu écrire une lettre semblable à l'un de ses généraux ? Elle montre comment Marie-Thérèse sait créer entre elle et ceux qui la servent un lien affectif fort qui puise ses racines dans la tradition médiévale revitalisée par les valeurs de l'âge baroque.

Frédéric a donc échoué à porter le coup décisif. La guerre va s'enliser jusqu'en 1763, faite de rebondissements, de hauts et de bas pour chacun des deux camps. Certes, le maître de guerre remporte des victoires éclatantes, comme à Rossbach et à Leuthen, coup sur coup, en novembre puis en décembre 1757, la première sur le pauvre Soubise[6], la seconde sur les Autrichiens. Alliant la vitesse et la surprise, Frédéric est alors au sommet de son génie militaire. Ces deux batailles sont pour lui ce qu'Austerlitz sera pour Napoléon. Elles deviendront dans la mémoire de l'armée, prussienne puis allemande, des victoires de référence. Ces succès ne peuvent pourtant masquer la tendance de fond qui se précise année après année. Au fil des campagnes, les forces prussiennes se réduisent et l'étau se resserre sur Frédéric, coincé entre les armées autrichienne et russe. Il subit même en août 1759, à Kunersdorf, une déroute telle qu'il songe à se suicider[7]. Il se reprend pourtant et

5. À la mort de Daun, en 1766, Marie-Thérèse fera ériger un monument à sa gloire. Celui-ci portera l'inscription : « Sauveur de ses États. »

6. Le maréchal de Soubise a dû son commandement à la faveur de la marquise de Pompadour. Ce seigneur élégant et cultivé n'a rien d'un foudre de guerre, un péché qui, face à Frédéric, ne pardonne pas.

7. Frédéric a cette fois face à lui des forces russes et autrichiennes réunies. Comme à son habitude, il se dépense sans compter et manque d'être tué – la balle qui devait le frapper en plein cœur est miraculeusement détournée par sa tabatière. Mais au soir de la bataille, il doit constater l'ampleur du désastre. Il ne repasse l'Oder qu'avec 3 000 de ses soldats.

continue la lutte, profitant de l'incapacité des Autrichiens et des Russes à combiner leurs stratégies. À la fin de 1761, la situation est pourtant devenue à ce point désespérée qu'elle apparaît sans issue. C'est alors que se produit ce qu'il sera bientôt convenu d'appeler « le miracle de la maison de Brandebourg ». Hitler l'aura en tête quand il rêvera, à la mort de Roosevelt, en avril 1945, d'une rupture entre les Américains et Staline.

Le salut vient de l'Est le 5 janvier 1762 quand la tsarine Élisabeth décède, emportée par la maladie. Avec elle disparaît une ennemie qui avait juré la perte de Frédéric II. Celui-ci ne joue pas la comédie des sentiments. *Morta la bestia*, exulte-t-il. La suite change complètement la donne. À l'opposé de sa tante, Pierre, le nouveau tsar, s'est pris d'admiration pour le roi de Prusse. En conséquence, il opte pour un revirement complet et décide de joindre ses forces à celles de Frédéric. Pour peu de temps, il est vrai. Victime d'un complot dans lequel son épouse Catherine a trempé, il est assassiné en juin 1762. La nouvelle impératrice décide d'annuler la décision du défunt, mais, au lieu de rejoindre l'alliance autrichienne, elle retire la Russie de la guerre. Un parti qui a pour résultat de rétablir un équilibre des forces entre Berlin et Vienne.

Si la guerre continue, les deux belligérants sont à bout de souffle. En outre, leurs alliés les abandonnent. Le 3 novembre 1762, des préliminaires de paix sont signés à Fontainebleau entre l'Angleterre et la France. La Prusse et l'Autriche ne tardent pas à les imiter. Le 15 janvier suivant, Frédéric II et Marie-Thérèse mettent fin par le traité d'Hubertsburg au conflit qui les opposait depuis sept ans. Non seulement il n'est plus question d'abattre la Prusse, mais Marie-Thérèse a dû se résoudre pour de bon à renoncer à la Silésie. Cette conclusion équivaut donc à une victoire pour Frédéric II. Pourtant il était entré dans le conflit avec des ambitions plus hautes, visant de nouveaux agrandissements aux dépens de la maison d'Autriche. Il doit lui aussi abandonner ce rêve. Après leur premier affrontement, Frédéric II et Marie-Thérèse avaient considéré que la paix ne serait qu'une trêve. Il en va cette fois autrement. La Prusse et l'Autriche sont sorties de la guerre dans un tel état d'épuisement que ce serait folie de vouloir reprendre les armes avant longtemps.

Les ultimes combats

À son retour à Berlin, qu'il avait quitté dès le début de la guerre, Frédéric est devenu le vieux Fritz. Marqué dans son corps par les épreuves endurées, courbé, édenté, les traits émaciés, il est tel que la légende va fixer son image. Marie-Thérèse n'a pas connu la vie des camps, mais elle s'est totalement investie dans cette guerre, jusqu'à la limite de ses forces. Elle porte tout autant les stigmates de la guerre sur son corps déjà alourdi par seize grossesses. Ces deux lutteurs ne sont pas pour autant prêts à baisser la garde et continuent à se méfier l'un de l'autre. Marie-Thérèse voit toujours Frédéric avec les mêmes yeux : le « Tamerlan du Nord » demeure pour elle l'incarnation du diable. En revanche, la perception de sa rivale par Frédéric a changé. Il avait commencé, on s'en souvient, par la tenir pour quantité négligeable. L'indomptable énergie de Marie-Thérèse, mise au service d'une farouche volonté de résistance, l'a conduit à revoir son jugement. Elle a même gagné son respect, au point qu'il installe son portrait dans son bureau.

S'ils ne se placent pas dans la perspective d'un nouveau conflit, Frédéric II et Marie-Thérèse veillent à assurer sans retard leurs arrières diplomatiques. Le premier a été ulcéré à son tour par le comportement du cabinet de Sa Gracieuse Majesté, qui l'avait pressé de sortir de la guerre dès qu'il n'avait plus eu besoin de ses services, et qui, pour arriver à ses fins, lui avait coupé ses subsides. En conséquence, il se tourne vers Catherine II avec laquelle il s'allie en 1764. De son côté, Marie-Thérèse renouvelle son alliance avec la cour de Versailles dans laquelle elle voit la meilleure garantie contre le roi de Prusse et la tsarine de Russie dont elle a percé les ambitions.

Sans aller jusqu'à la montée aux extrêmes du proche passé, la confrontation se poursuit donc. Elle commence par prendre une forme inattendue. À la mort brutale de son époux, en août 1765, Marie-Thérèse, submergée par la douleur, pense d'abord à abdiquer. Revenue à ses devoirs, elle ne se borne pas à œuvrer pour l'élection de Joseph, son fils aîné, à la dignité d'empereur du Saint Empire, elle choisit de le nommer dans le poste de corégent que son mari avait également occupé. Mais, alors que celui-ci s'était bien gardé d'empiéter sur les prérogatives de son épouse, Joseph est décidé à ne pas se contenter d'un rôle de figuration. Or, lui aussi est fasciné par le roi de Prusse, la pire des hérésies pour sa mère qui n'hésite pas à le qualifier de « cocotte de l'esprit », ciblant ainsi sa propension à jouer au souverain-philosophe sur le modèle de Frédéric II.

Les deux hommes se rencontrent à deux reprises, en août 1769 à Neisse, puis en septembre de l'année suivante à Neustadt. Alors que, novice en politique, Joseph avait cru pouvoir appâter Frédéric en lui proposant une déclaration mutuelle de neutralité, il n'en a rien obtenu. Quoi d'étonnant, puisqu'une telle déclaration aurait été en contradiction avec l'alliance scellée récemment entre Berlin et Saint-Pétersbourg ? Frédéric et Joseph se sont surtout jaugés et jugés. Fin observateur, Frédéric n'a pas eu de mal à comprendre que le corégent était rongé par l'impatience. Quant à Joseph, déçu de la conclusion de ses entretiens, il cherche surtout à montrer qu'il n'a pas été la dupe de son interlocuteur. Il a rencontré « un homme qui parle à merveille, mais il n'y a pas un de ses propos qui ne ressente le fourbe », écrit-il à sa mère. Mais n'est-ce pas ce que celle-ci voulait entendre ?

Ces rencontres ont en tout cas montré que Joseph s'est déjà assuré une marge d'autonomie par rapport à Marie-Thérèse. L'affaire du partage de la Pologne en apporte la confirmation. « Homme malade de l'Europe », l'ancien royaume des Jagellon est miné depuis des décennies par les manœuvres de la noblesse qui aboutissent à paralyser le pouvoir royal. Cet affaiblissement croissant n'a pu qu'attiser les appétits de ses voisins. L'idée est venue de Frédéric qui n'a pas eu de mal à y gagner Catherine. Il est convenu d'y associer l'Autriche. Sauf que Marie-Thérèse se déclare aussitôt hostile à ce dépeçage dans lequel elle voit une négation du droit, une politique à la « prussienne », ce qui dans son esprit revient au même. Si cette opposition n'a pas de quoi surprendre, Joseph accueille à l'inverse favorablement cette solution et, fait nouveau, reçoit le soutien de Kaunitz. Marie-Thérèse finit par s'y rallier, considérant que seule une guerre pourrait permettre de l'empêcher. Elle tente une ultime manœuvre dans le but d'éviter de prendre part à ce larcin. Pour prix de son abstention, la Prusse lui rendrait une partie de la Silésie, ce qui lui vaut une réplique tout à fait dans le style frédéricien : « J'ai la goutte aux pieds et ce serait une proposition à me faire si je l'avais à la tête. » Au total, selon les termes de l'accord signé le 5 août 1772 à Saint-Pétersbourg, l'Autriche s'agrandit de la future Galicie, avec Cracovie et Lvov, soit une population de 2,5 millions d'habitants. De son côté, la Prusse annexe la Prusse-Occidentale, ce qui lui permet de faire le lien avec la Prusse-Orientale et donc d'assurer la continuité territoriale du royaume.

Marie-Thérèse n'en continue pas moins à tenir le partage de la Pologne pour une faute majeure. Encore après la conclusion de l'accord, elle évoquera dans une lettre à l'archiduc Ferdinand, un autre de ses fils, « ce malheureux partage de la Pologne qui m'a coûté dix ans de ma vie » et, ajoute-t-elle, « qui met une tache à mon règne ». Ses lamentations n'impressionnent guère Frédéric II dont l'esprit pratique retient le dénouement de l'affaire : « Plus elle pleurait, plus elle prenait », ironise-t-il. Cette crise a en tout cas mis en lumière qu'elle n'exerce plus un contrôle absolu sur la politique extérieure de la Monarchie. Elle en souffre comme souveraine parce qu'il ne lui échappe pas que son autorité est battue en brèche, et comme mère parce qu'elle doit constater qu'elle est victime de manœuvres déloyales de la part de son fils. Mais son chagrin a encore une autre cause. Alors que Joseph, à l'image de Frédéric, se pose en champion d'une politique de puissance, Marie-Thérèse se veut une souveraine chrétienne au service d'une certaine idée politique du droit des gens. Mais que valent ces scrupules face aux appétits des grands fauves ?

L'affaire de la succession de Bavière en 1778 donne aux deux rivaux l'occasion d'un ultime face-à-face. À la mort de Maximilien, l'Électeur de Bavière, en décembre 1777, Joseph voit le moment venu de réaliser « l'arrondissement bavarois », un rêve caressé depuis longtemps par les Habsbourg parce qu'il aurait pour effet de renforcer leur présence au sein du Saint Empire. Un accord est conclu dès janvier 1778 avec Charles-Théodore, l'Électeur palatin et chef de la maison des Wittelsbach, aux termes duquel, dans un premier temps, l'Autriche obtiendrait la Basse-Bavière tandis que Charles-Théodore agrandirait son pré carré en Rhénanie. Dans un second temps, des échanges pourraient permettre à Vienne d'élargir son installation en Bavière contre la cession des Pays-Bas autrichiens. Sur le papier, un arrangement parfait, sauf qu'il n'a pas pris en compte la réaction de Frédéric II. Celui-ci a tout de suite compris qu'il en résulterait un accroissement de l'influence habsbourgeoise au sein du corps germanique et, au final, un déséquilibre du rapport des forces à l'avantage de

Vienne. Le tolérer serait à contre-courant de toute la politique d'expansion qu'il a menée depuis son accession au trône. Il faudra donc que ce différend soit tranché par les armes. Jusqu'alors Marie-Thérèse est restée en retrait. Mais lorsque, dès le début du conflit, Joseph cède à la panique, et ce alors qu'aucune bataille n'a été livrée, le temps est venu pour elle de monter en première ligne. Quoique cette démarche lui coûte, elle décide de s'adresser directement à son vieil ennemi.

« Mon âge et mes sentiments pour la conservation de la paix, lui écrit-elle, sont connus de tout le monde et je ne saurais lui en donner une preuve plus réelle que la démarche que je fais. » L'initiative de Marie-Thérèse ne produit certes pas de résultat immédiat. La réponse de Frédéric est courtoise, mais il en ressort sur le fond que la guerre va continuer. Pourtant, le fil de la négociation, déjà engagée avant cette lettre, n'est pas rompu. Les pourparlers prennent une dimension nouvelle quand les deux belligérants acceptent la médiation conjointe de la France et de la Russie. Après plusieurs mois de négociations, les termes de la paix conclue le 13 mai 1779 à Teschen ne sont pas très éloignés des propositions avancées par Marie-Thérèse. L'Autriche renonce à l'essentiel de la Bavière au profit de Charles-Théodore qui n'engrangera donc pas les Pays-Bas. Elle n'en conserve qu'un petit morceau, le Quadrilatère de l'Inn, situé entre l'Inn et le Danube. Quant à Frédéric, il reçoit une promesse d'expectative sur les margraviats d'Ansbach et de Bayreuth dans le sud de l'Allemagne.

Quand sonne l'heure du grand départ, Marie-Thérèse précède Frédéric II. Alors qu'elle quitte la scène du monde le 28 novembre 1780, son grand rival la suit, six ans plus tard, le 17 août 1786. Autant ils se sont opposés dans la vie, autant, face à la mort, ils sont unis par un même stoïcisme. Peu avant de rendre l'âme, la souveraine a ces mots : « Je veux voir la mort en face », par lesquels elle atteint la grandeur du stoïcisme chrétien. Frédéric, qui n'aurait pas misé sa chemise sur l'existence de l'au-delà, s'apparente davantage au modèle antique. Une ultime quinte de toux lui arrache ces mots qui seront ses derniers : « La montagne est passée, nous irons mieux. »

L'importance de leur héritage les rapproche encore. L'un et l'autre ont en partage d'être des fondateurs. Marie-Thérèse a sans doute échoué à reprendre sa chère Silésie, mais, dans les deux grandes guerres qui ont jalonné son règne, elle a su faire partager à ses peuples la conscience d'un destin commun et a jeté les fondements de l'État habsbourgeois. S'il inscrit ses pas dans ceux de ses prédécesseurs, Frédéric II est le véritable fondateur de la grandeur prussienne et c'est comme tel qu'il est entré dans l'histoire. Le duel entre ces deux personnages est capital à un autre titre. L'un et l'autre lèguent leur querelle à leurs héritiers. Même quand ils seront alliés, les deux États seront opposés par une sourde rivalité pour la suprématie en Allemagne qui ne sera tranchée que près d'un siècle plus tard, à l'avantage de la Prusse, le 3 juillet 1866, sur le champ de bataille de Sadowa.

Jean-Paul BLED

Bibliographie sélective

Bérenger, Jean, *Joseph II d'Autriche. Serviteur de l'État*, Paris, Fayard, 2007.

Bled, Jean-Paul, *Marie-Thérèse d'Autriche*, Paris, Fayard, 2001 ; Paris, Perrin, coll. « Tempus », 2011.

—, *Frédéric le Grand*, Paris, Fayard, 2004.

Bluche, François, *Le Despotisme éclairé*, Paris, Fayard, 1968.

Fejtö, François, *Joseph II*, Paris, Quai Voltaire, 1994 ; Paris, Perrin, coll. « Tempus », 2016.

Ferri, Edgarda, *Maria Teresa. Una donna al potere* (Marie-Thérèse. Une femme au pouvoir), Milan, Mondadori, 1996.

Gaxotte, Pierre, *Frédéric II*, Paris, Fayard, 1935 ; nouvelle édition 1972.

Guglia, Eugen, *Maria Theresia. Ihr Leben und ihre Regierung* (Marie-Thérèse. Sa vie et son gouvernement), Munich, Oldenbourg, 1917.

Kunisch, Johannes, *Friedrich der Grosse. Der König und seine Zeit* (Frédéric le Grand. Le roi et son temps), Munich, Verlag C. H. Beck, 2004.

Mittenzwei, Ingrid, *Friedrich II. von Preussen* (Frédéric II de Prusse), Berlin 5 (Est), 1980.

Mraz, Gerda et Gottfried, *Maria Theresia. Ihr Leben und ihre Zeit in Bildern und Dokumenten* (Marie-Thérèse. Sa vie et son temps. Images et documents), Munich, Süddeutscher Verlag, 1979.

Schieder, Theodor, *Friedrich der Grosse. Ein Königtum der Widersprüche* (Frédéric le Grand. Un règne de contradictions), Francfort, Propyläen Verlag, 1983.

Vallotton, Henry, *Marie-Thérèse impératrice*, Paris, Fayard, 1963.

12

ALEXANDRE Ier ET NAPOLÉON

La lutte à mort (politique)

« Je viens de voir l'empereur Alexandre; j'ai été fort content de lui; c'est un fort beau et bon empereur; il a de l'esprit plus qu'on ne pense communément. » Lorsqu'on ajoute à cette lettre de Napoléon à Joséphine, datée du 25 juin 1807, le fait que, l'après-midi même, les empereurs des Français et de Russie s'étaient donné l'accolade sur un radeau amarré au centre du Niémen et qu'ils s'étaient accordés sur leur « haine » commune des Anglais, on peut être surpris de les retrouver en si bonne place dans les grands affrontements de l'histoire. La vérité est, on l'aura compris, que la comédie diplomatique de Tilsit – lieu des embrassades – ne constitua qu'un répit dans une lutte inévitable. Les intérêts de la France et de la Russie s'opposaient trop en ce début du XIXe *siècle pour que la paix signée deux semaines après la scène du radeau eût la moindre chance de résister aux forces profondes de la géopolitique.*

Lorsqu'au matin du 24 mars 1801 le tsarévitch Alexandre, alors âgé de vingt et un ans, accéda au trône de toutes les Russies, après que son père eut succombé dans la nuit sous les coups de conspirateurs dont il avait été le complice passif, il n'y avait pas même un an et demi que Napoléon Bonaparte – trente-deux ans – gouvernait la France. Une des priorités du Premier consul avait été d'obtenir l'apaisement avec l'Europe. Il le fit vite et bien, et on sera surpris de constater que le « dieu de la guerre » (Clausewitz) fut d'abord l'archange de la paix. Un traité avait été signé avec l'Autriche, à Lunéville, quelques semaines avant l'accession du nouveau Romanov. N'ayant pas plus envie que son malheureux prédécesseur de tenter sa chance sur les champs de bataille, fût-ce avec l'appui de l'or anglais, celui-ci laissa donc se poursuivre les négociations entamées et autorisa la signature de la paix de Paris, le 8 octobre 1801. D'autres accords allaient suivre dans les mois suivants avec, en point d'orgue, le traité d'Amiens entre la France et l'Angleterre (25 mars 1802). Pour la première fois depuis avril 1792, il n'y avait plus de guerre sur le continent.

Mais cette paix générale ne réglait pas toutes les questions qui avaient déchiré l'Europe. Chacun avait dû en rabattre sur ses ambitions et, par conséquent, l'équilibre retrouvé était fragile. On sait que c'est l'Angleterre qui le rompit, moins d'un an plus tard. Mais comme elle se retrouvait seule face à la puissance prépondérante, elle se mit à se chercher des soutiens, frappant sans attendre à la porte de ses anciens clients. La Russie en faisait partie.

Deux politiques inconciliables

Il n'y avait pas que « l'or de Londres » pour convaincre Saint-Pétersbourg de reprendre la lutte. Contrairement à son père Paul Ier qui avait trouvé des charmes à la remise en ordre favorisée par Brumaire, Alexandre ne paraissait guère impressionné par Napoléon qu'il voyait avant tout comme l'héritier non pas tant des idées nouvelles que des tentations hégémoniques de la Révolution. La petite noblesse des Bonaparte en ajoutait encore à son mépris. Le

Premier consul avait de même pris à son compte le dédain que les vieilles puissances éprouvaient pour ces Romanov incapables de se succéder sans bain de sang ou opportune strangulation, dignes souverains de ceux qu'on appelait alors les « Barbares du Nord ». Se considérant déjà comme l'héritier d'un millénaire de rois prestigieux, le chef de la République française partageait ainsi leurs préventions à l'égard de tous les tsars.

En hommes d'État, les deux protagonistes étaient éventuellement prêts à faire taire leurs sentiments personnels, mais il y avait plus grave. La prépondérance française empêchait le tsar d'espérer remplir le programme traditionnel de la diplomatie russe : devenir une puissance européenne en avançant ses pions vers l'ouest et bénéficier en permanence d'un accès aux mers chaudes. Devenir une puissance européenne impliquait concrètement de mettre la main sur la Finlande alors suédoise, de conserver le morceau de Pologne obtenu lors du partage de 1793 et de devenir le vrai arbitre de l'Allemagne dont beaucoup de petits princes étaient alliés avec la cour de Russie. Avoir accès aux mers chaudes signifiait y prendre une position stable, soit à Malte, soit dans les îles Ioniennes, soit dans les Balkans en en chassant les Ottomans ou – pourquoi pas ? – les Autrichiens, à la rigueur en renforçant l'alliance avec Naples où des Bourbons affaiblis étaient ouverts au soutien russe. Chaque aspect de ces tropismes diplomatiques heurtait le projet napoléonien qui entendait : réorganiser l'Allemagne en écartant ses deux autres prédateurs, le Prussien et l'Autrichien, d'où le refus de voir arriver un nouvel acteur sur ce terrain ; rester à l'affût de toute possibilité de revenir en force en Pologne pour prolonger cette domination vers l'est ; se concilier la Suède qui restait une puissance inquiétante au nord de l'espace germanique ; faire de la Méditerranée un lac français en profitant de la paix retrouvée avec l'Empire ottoman. Et peu importe ici que les appétits russes dérangeassent d'autres locataires continentaux, à commencer par l'Angleterre qui ne souhaitait ni troisième Rome russe à Constantinople, ni installation dans les îles Ioniennes et encore moins de prétentions orthodoxes sur les peuples balkaniques.

Insensiblement, Alexandre Ier infléchit sa politique pour complaire à la f(r)action anglophile et francophobe de son entourage – ceux-là mêmes qui avaient renversé Paul Ier, avec l'aide de l'ambassadeur britannique Withworth. De son côté, Napoléon voulait bien limiter les ambitions territoriales du tsar mais, pour faire mine de les avoir satisfaites, versa quelques pourboires aux princes germaniques apparentés aux Romanov après le recès de Ratisbonne de 1803 qui réorganisait la carte allemande. Alexandre n'était pas dupe d'une telle attitude qui visait à « l'amuser » pour mieux le contenir. Il pesta même de voir que tout ce qu'il obtenait lui était *octroyé* depuis Paris. Le rapprochement franco-turc et les avancées italiennes de Napoléon – annexion du Piémont et occupation de plusieurs ports napolitains – finirent de l'agacer, jusqu'à le convaincre de se ranger aux côtés du puissant « parti de la guerre » de Saint-Pétersbourg.

On en vint assez vite aux provocations. Choqué par l'exécution du duc d'Enghien (21 mars 1804), Alexandre fit prendre le deuil à sa Cour, forçant l'ambassadeur français Hédouville à demander ses passeports. En réponse, *Le Moniteur* publia une ferme mise au point, rappelant au passage le rôle du tsar dans l'assassinat de son père. La marche à la guerre fut encore plus fermement enclenchée par la proclamation de l'Empire français (18 mai). En juillet suivant, le chargé d'affaires russe à Paris, Oubril, transmit un message de son gouvernement exigeant l'abandon de toute prétention française en Orient et l'évacuation des ports napolitains. La réponse française fut un « non » ferme et tout juste poli. Oubril fut à son tour rappelé à

Saint-Pétersbourg, tandis que son collègue Novossiltzov partait pour Londres proposer une alliance. Un traité de subside fut promptement négocié. Le noyau d'une nouvelle coalition venait de se former. Tout aussi inquiètes pour l'Allemagne et l'Italie, l'Autriche et Naples y adhérèrent. La Suède vint bientôt fermer la marche.

La Russie acculée

Alexandre partit donc en guerre et mal lui en prit. La coalition de 1804 s'effondra en trois temps : prise de Vienne le 13 novembre 1805, bataille d'Austerlitz le 2 décembre suivant, changement de dynastie à Naples avec l'avènement de Joseph Bonaparte le 30 mars 1806. Même si le choc avait été rude, d'autant plus que le tsar avait prétendu commander lui-même ses armées et n'en était pas sorti grandi, la défaite d'Austerlitz n'était pas militairement insurmontable pour la Russie. C'est pourquoi la guerre continua, le temps de trouver en Frédéric-Guillaume III de Prusse un nouvel allié. Le tsar et le roi se prêtèrent serment d'amitié éternelle à la lueur des chandelles devant la tombe de Frédéric le Grand, premier symptôme du mysticisme d'Alexandre. Mais l'effondrement précoce de la Prusse à Iéna et Auerstedt laissa son armée seule en lice ou presque. Résistant à Eylau (8 février 1807), elle fut écrasée – presque décimée – à Friedland le 14 juin suivant. Le moment de causer entre ennemis était venu.

La rencontre des deux empereurs fut mise en scène avec soin. Elle eut lieu le 25 juin 1807, en début d'après-midi, sur un grand radeau construit par le génie de la garde impériale française au milieu du Niémen. Le tsar parla le premier : « Sire, je hais les Anglais autant que vous les haïssez, et je serai votre second dans tout ce que vous entreprendrez contre l'Angleterre. » Napoléon lui répondit qu'après une telle entrée en matière la paix était quasiment faite. On discuta ainsi en public pendant un quart d'heure, puis les deux souverains se retirèrent pour un tête-à-tête secret de plus d'une heure et demie. Le radeau tanguant trop, on poursuivit les amabilités et, surtout, les négociations sur la terre ferme. Dès lors, les souverains se virent quotidiennement, passèrent des revues ensemble, inspectèrent les bivouacs, distribuèrent cadeaux et décorations. Ils assistèrent aussi, bras dessus, bras dessous, à une représentation de la Comédie-Française accourue spécialement de Paris pour l'occasion. Les journaux des deux pays s'en délectèrent, si bien que tout le monde finit par croire que ces deux hommes « s'aimaient ». L'envers du décor, s'il avait été connu, aurait montré une réalité bien moins romantique.

Les assauts pacifiques de Tilsit – qui sont la moindre des choses dans une rencontre diplomatique de ce type – ne doivent pas masquer l'essentiel : ennemis jurés deux semaines plus tôt, Napoléon et Alexandre ne tombèrent pas sous le charme l'un de l'autre et la politique ne fut jamais abandonnée. Peu après sa première rencontre avec l'empereur des Français, le tsar écrivit à sa sœur, la grande-duchesse Catherine : « Mais que dites-vous de ces événements ? Moi ! passer mes journées avec Bonaparte, être des heures entières en tête à tête avec lui ! Je vous demande un peu si cela n'a pas l'air d'un rêve. » À sa mère, il confia qu'il comptait s'appuyer sur la « vanité » de son interlocuteur pour sauver ce qui pouvait l'être. De l'autre côté, en dépit de sa lettre précitée à Joséphine, Napoléon n'en était pas moins réaliste : sa victoire lui permettait d'asseoir son système continental et il ne s'en priva pas. Contrairement à ce qu'on a cru parfois pouvoir écrire, il n'y eut pas de « partage du monde » à Tilsit, mais un traité dicté par le vainqueur (Napoléon) au vaincu (Alexandre). Leurs dix ans d'écart et son expérience permettaient au premier de se rêver en mentor du second, ce en quoi l'avenir montrera qu'il se trompait. S'il donna une leçon, ce fut celle de la patience, car la Russie avait besoin de temps pour se remettre de ses défaites. Pour le reste, Alexandre était loin d'être aussi naïf qu'il voulait le laisser croire. Pour l'heure, Napoléon avait encore les meilleures cartes en main, mais qui pouvait jurer qu'il en serait toujours ainsi ? L'empereur de Russie paria donc sur le temps et les aléas de la vie internationale.

Le 7 juillet 1807 deux textes furent signés par Talleyrand pour la France, par Kourakine et Lobanov pour la Russie : un traité de paix de vingt-neuf articles patents et sept articles secrets et un traité d'alliance en neuf articles. Leurs déclarations liminaires annonçaient une bonne nouvelle : il y avait désormais « paix et amitié » entre les deux empires. Là s'arrêtaient les amabilités. Le reste – c'est-à-dire l'essentiel – n'était qu'une suite de conditions imposées par la France à la Russie. Le tsar acceptait par la force des choses de renoncer – provisoirement dans son esprit – aux ambitions européennes qu'il avait héritées de sa grand-mère Catherine II. Il reconnaissait l'Empire français, l'avènement de Joseph Bonaparte à Naples, l'existence de la Confédération du Rhin sous influence française, la création d'un royaume de Westphalie pour Jérôme Bonaparte. L'Allemagne et l'Italie échappaient pour de bon à l'influence russe et passaient nettement dans l'orbite française, avec le consentement de puissances germaniques moyennes (Bavière, Bade, Wurtemberg, Saxe, etc.) réunies dans la Confédération du Rhin. La comparaison qui a pu être faite par un aussi bon connaisseur de l'histoire diplomatique que Michel Kerautret entre cette entité germanique et l'Otan de la guerre froide montre bien où Napoléon voulait en venir. Mais il y avait encore pire, si l'on ose dire : Alexandre était contraint de garantir la création d'un duché de Varsovie – sorte de Pologne qui ne disait pas son nom – composé de territoires repris à la Prusse et artificiellement placé sous l'autorité du roi de

Saxe. Il acceptait ainsi qu'un glacis hostile empêche toute progression russe au nord-ouest du continent. Car le duché allait être – nul n'en doutait – un satellite de la France, sans cesse renforcé par Napoléon – notamment après la victoire sur l'Autriche en 1809.

Autres concessions, le tsar devait retirer ses troupes de Moldavie et de Valachie, territoires conquis sur les Ottomans un an plus tôt. Il s'engageait en outre à négocier avec la Turquie en vue d'une paix définitive, sous l'œil de Napoléon. Cette fois, c'est de leurs ambitions dans le sud-est de l'Europe que les Russes devaient faire leur deuil. L'évacuation n'eut pas lieu, mais ces dispositions des traités de Tilsit rappelaient une des traditions de la diplomatie française : l'attachement à l'alliance de revers ottomane.

Le seul avantage « européen » que la Russie retirait en apparence du dispositif de Tilsit constituait en réalité la certitude d'une autre catastrophe. Les traités l'érigeaient en effet en « médiateur » du conflit franco-anglais, avec comme conséquence que si le gouvernement britannique ne se décidait pas positivement pour la paix avant le mois de novembre 1807, non seulement la Russie devait lui déclarer la guerre, mais de surcroît appliquer le Blocus continental, c'est-à-dire cesser tout commerce avec elle.

Le désastre de Friedland coûtait donc cher à la Russie. Elle voyait ses ambitions européennes déjouées : elle ne pouvait plus influer sur le sort de l'Allemagne, le duché de Varsovie lui barrait l'expansion à l'ouest, l'obligation de s'accorder avec la Turquie lui fermait la route des Balkans et de la Méditerranée. Après l'écrasement militaire, la défaite diplomatique était presque totale. Elle allait vite se doubler d'un écroulement de l'économie.

Vers la revanche

L'adhésion de la Russie au Blocus continental allait la forcer, d'une part, à ouvrir son marché aux produits français – qui devaient remplacer les productions britanniques ou coloniales – et, d'autre part, à se priver des recettes de douane et à accepter une baisse de l'activité de ses ports. Sauf à ce que les produits français soient de meilleure qualité pour le même prix et que la marine marchande impériale parvienne à tout coup à bon port[1], le Blocus ne pouvait que perturber une économie russe très dépendante du commerce avec l'Angleterre. La francophobie de l'entourage du tsar – et sans doute de l'autocrate lui-même – en fut décuplée. Si bien que l'on peut dire que dès les mois qui suivirent Tilsit la rupture était programmée. Elle allait intervenir après cinq années de « coups de canif » dans le contrat et conduire l'Empire français à sa perte.

De son côté, Napoléon pouvait croire qu'il avait verrouillé le continent. En effet, si on replace ce traité dans le contexte du temps – et en feignant de ne pas connaître la suite –, on peut juger qu'il était excellent pour l'Empire. La Russie était peu sanctionnée directement, mais elle n'était pas pour autant exonérée de sa défaite sur le plan de la géopolitique continentale. On peut parler à cet égard d'apogée de l'Empire français et de l'empire des Français

1. Compte tenu des rapports de forces sur mer, c'est par la terre que devaient transiter finalement les marchandises exportées vers la Russie. Cette solution ne permettait pas d'assurer des livraisons aussi importantes que par mer. Non seulement les quantités étaient insuffisantes, mais leur acheminement devait s'opérer sur de très mauvaises routes dès qu'on avait quitté Varsovie. Il y eut donc très vite pénurie de produits manufacturés, français comme anglais, dans les villes russes. Premier ambassadeur de Napoléon à Saint-Pétersbourg, Savary s'en plaignait dès les premières semaines de sa mission.

sur l'Europe. Débarrassé de l'Autriche après Austerlitz, le conquérant avait châtié la Prusse par le traité de paix bilatéral signé avec elle, toujours à Tilsit, le 9 juillet[2]. En écartant la Russie des routes occidentales, des Balkans et de la Méditerranée, il l'avait confinée dans ses positions orientales. En l'entraînant dans la croisade économique antianglaise, il renforçait sa position tout en l'affaiblissant davantage. Qui pouvait imaginer que l'empereur de Russie s'en contenterait longtemps ?

Dès décembre 1807, la Russie entra bien dans le conflit contre la « perfide Albion », mais aucune référence au Blocus ne figurait dans sa déclaration de guerre. Le commerce russo-anglais n'en fut pas moins divisé par dix en quelques mois. En ne s'engageant pas davantage sur ce point, le tsar se ménageait une porte de sortie, tant en politique extérieure (avec l'Angleterre) qu'intérieure (avec la bourgeoisie commerçante et l'aristocratie propriétaire russes). Pour contrer la mauvaise volonté du tsar, Napoléon entreprit dès ce moment de neutraliser la Baltique, multipliant les alliances et même des annexions, comme celle des zones côtières de l'Allemagne du Nord et de la Hollande. Il agrandit le duché de Varsovie après sa victoire sur l'Autriche en 1809 et planta solidement ses aigles sur les bords de l'Adriatique avec la création des provinces Illyriennes, dans les actuelles Croatie et Bosnie.

Alexandre ne resta pas inerte. Lors d'une nouvelle entrevue avec Napoléon, à Erfurt, début octobre 1808, il lui fit certes bonne mine, mais refusa de se plier à ses désirs d'approfondissement de l'alliance. Pis, encouragé par Talleyrand, il résista parfois crânement à son interlocuteur,

---

2. Non seulement la Prusse perdait ses territoires polonais, mais elle devait aussi régler une très forte indemnité de guerre à la France (150 millions). La Grande Armée devait stationner sur son territoire jusqu'au paiement définitif.

ce qui n'empêcha pas l'empereur des Français d'écrire à Joséphine : « Je suis content d'Alexandre; il doit l'être de moi : s'il était une femme, je crois que j'en ferais mon amoureux. » On ne peut exclure que le grand homme se soit fait jouer par son interlocuteur. Il fut bientôt dessillé et commença – enfin – à nourrir des doutes sur la sincérité de son allié. La manifestation suivante de la mauvaise volonté du Russe eut lieu peu après, pendant la campagne de Wagram (1809). En bon allié, le tsar aurait dû se mobiliser au côté de l'empereur des Français. Ses troupes ne servirent en réalité qu'à empêcher l'entrée en lice de l'armée « varsovienne » (comme disait Napoléon qui ne voulait pas qu'on dise « polonaise »), sans s'en prendre un seul instant aux soldats autrichiens. L'alliance n'avait duré qu'un peu plus d'un an et demi. Encouragé par les embarras français en Espagne, Alexandre prépara de plus en plus sérieusement sa revanche. Il poursuivit sa politique de violation massive du Blocus et, au printemps de 1811, fit avancer ses troupes vers le duché de Varsovie, avant de renoncer à provoquer la guerre. Dans le même temps, alors que Napoléon cherchait une nouvelle impératrice, il refusa d'accorder la main d'une de ses jeunes sœurs, contribuant donc au choix de Marie-Louise de Habsbourg… puis s'en plaignit avec amertume. On voit qu'en effet le tsar avait beaucoup appris en quelques années. Il était désormais un comédien politique consommé. Mais il savait aussi faire voir ses muscles, maintenant que l'armée française était empêtrée en Espagne et avait montré sur les champs de bataille d'Autriche qu'elle n'était plus aussi irrésistible que par le passé. Il afficha donc une mauvaise humeur agressive lors de l'annexion par la France du duché d'Oldenbourg, gouverné par un parent des Romanov – l'héritier du trône était le beau-frère d'Alexandre.

Tous les éléments étaient réunis pour la grande conflagration, malgré les efforts de l'ambassadeur français Caulaincourt qui fut rappelé à Paris au motif, *dixit* Napoléon, qu'il était « totalement russe ». L'affrontement devint inévitable lorsque, fin avril 1812, la Russie adressa un ultimatum à l'Empire français, exigeant le retrait de toutes ses troupes des frontières.

La guerre pour finir

Napoléon conçut sa réponse aux menaces à la mesure de sa puissance. Il se prépara à ce qu'il appelait la « guerre suprême », une croisade de l'Occident contre les « Barbares du Nord ». À partir de l'automne 1811, il réunit sur les bords du Niémen une armée dite « des vingt nations », formée de Français, de Polonais, de Portugais, d'Espagnols, d'Italiens, de contingents de ses alliés de la Confédération du Rhin et même d'Autrichiens et de Prussiens. Une masse de près de 500 000 hommes franchit le fleuve à partir du 22 juin 1812. Le Français pensait qu'on en viendrait rapidement aux mains dans une bataille décisive. Nul n'ignore qu'il se trompait. Avec le plein appui du tsar, les généraux russes avaient décidé de l'attirer le plus loin possible dans l'immensité de leur pays, l'obligeant à étirer ses lignes de communication et à puiser sans cesse dans ses réserves. Ils abandonnèrent Vilnius, Vitebsk puis Smolensk, n'acceptant véritablement le combat qu'à 120 kilomètres de Moscou, sur les rives de la Moskova, non loin du village de Borodino. Contrairement à ce qui s'était passé à Austerlitz et à la fin de la campagne de 1807, Alexandre se tint avec sagesse loin de ses états-majors, acceptant de ne jouer qu'un rôle militaire secondaire, tout en s'affirmant comme le « père de la nation ». Nombre de Russes répondirent à son appel pour cette guerre patriotique.

Le 7 septembre 1812, Napoléon remporta à la Moskova une victoire à la Pyrrhus qui lui ouvrit la route de Moscou. Il y fit son entrée une semaine plus tard. Il tenta alors de reprendre contact avec son « bon frère » Alexandre, mais celui-ci fit la sourde oreille… symboliquement, bien sûr, bien qu'il fût handicapé par des problèmes d'audition. Il savait son adversaire en mauvaise posture et n'avait aucune raison de lui ouvrir une porte de sortie. Tous ses messages restèrent sans réponse. Après trente-cinq jours perdus à Moscou – que le gouverneur Rostopchine avait fait incendier –, commença la retraite française et le chemin de croix de « l'armée des vingt nations ». Elle atteignit Smolensk le 8 novembre et y séjourna jusqu'au 14. Elle se remit en route dans des conditions terribles : les températures atteignaient des records, certaines nuits jusqu'à - 30 °C, les Cosaques harcelaient les traînards et des unités russes attaquaient sans relâche. Plusieurs armées du tsar étaient en passe de prendre les débris napoléoniens en tenaille. Pour leur échapper, il fallut que des pontonniers français et polonais se sacrifient dans l'eau glacée pour construire des ponts sur la Bérézina où les fuyards se précipitèrent en désordre mais échappèrent majoritairement à l'écrasement. Même si les Russes étaient distancés, la suite fut encore plus terrible : cette fois, le général Hiver ne fit plus aucun cadeau, engloutissant les troupes fraîches au fur et à mesure de leur arrivée. Le sauve-qui-peut était devenu général. Le 5 décembre, Napoléon abandonna les lambeaux de son armée pour rentrer à Paris. Il laissa le commandement à Murat qui lui-même l'abandonna à Eugène de Beauharnais. De toute façon, il n'y avait presque plus rien à commander. L'arrivée des survivants à Vilnius, le 8 décembre, marqua la fin de la retraite, mais pas celle des épreuves. Une épidémie de typhus vint achever ce que les combats et l'hiver avaient si bien commencé : près de 10000 rescapés moururent en quelques jours. Du 12 au 15 décembre, ce qui restait des troupes napoléoniennes repassa le Niémen.

Alexandre avait remporté la deuxième manche. Il se voyait désormais en sauveur de l'Europe, guidé par Dieu qui avait fait de lui son bras armé. Il ne lâcherait plus sa proie alors que se profilait la possibilité de réaliser ses objectifs de politique extérieure. Il commença par envahir le duché de Varsovie et y installa solidement ses troupes. Puis il les fit avancer vers l'Allemagne. « Ce sera lui ou moi », disait-il alors en parlant de Napoléon. Abandonné par ses alliés, celui-ci put toutefois faire illusion pendant la première partie de la campagne de 1813. De quoi, dans un premier temps, refuser toute concession. Le désastre de Leipzig (16-19 octobre) l'obligea à se retirer dans le sanctuaire national pour y attendre ses adversaires. Dans les états-majors alliés, Alexandre jouait au chef, le seul qui fût capable de guider la coalition à la victoire. Après quelques frayeurs pendant la campagne de France, il entra dans Paris, flanqué de son obligé, le roi de Prusse, et prit directement les affaires en main.

Le vainqueur chevaleresque et exigeant

La suite de l'action politique d'Alexandre se partage entre une vision sereine de l'avenir de la France et une générosité mal placée envers le vaincu. Avec habileté, l'empereur de Russie confia à Talleyrand la résolution de la crise française. Il s'était installé dans l'hôtel du Diable boiteux, rue Saint-Florentin. Après avoir un moment caressé le projet de placer sur le trône devenu vacant le prince royal de Suède et ex-maréchal de l'Empire, Bernadotte, il admit que la restauration des Bourbons était la meilleure solution de rechange. Partant, il avait ordonné une occupation élégante et amicale de la capitale où il fut réellement en vogue pendant tout son séjour. Ce beau jeune homme de trente-sept ans, aux manières directes et simples, plaisait à tous. Se souvenant des leçons de son précepteur, le philosophe suisse La Harpe, il se revendiquait libéral

– tout en continuant à être autocrate à l'intérieur de son empire – pour la galerie européenne. Mme de Staël s'y laissa prendre, qui louait son « oubli de la grandeur » et son « exquise simplicité ». Feinte ou sincère, sa modération était un gage de préservation des intérêts nationaux français, en échange de la plus grande partie des conquêtes de la Révolution. Pour en ajouter encore à cette image magnanime, Alexandre se pencha avec bienveillance sur le sort de Napoléon, bloqué au château de Fontainebleau et abandonné par la plupart de ses soutiens militaires. Il régla la question en tête à tête avec Caulaincourt et concéda la souveraineté de l'île d'Elbe, à seulement 10 kilomètres des côtes du continent. Lorsque Metternich, Castlereagh et Talleyrand lui firent remarquer son imprudence, il leur intima le silence : il avait donné sa parole de souverain et on n'avait plus à y revenir.

On renvoya donc la résolution du « problème Napoléon » à plus tard. En revanche, le traité de paix signé avec Talleyrand fut d'une grande sagesse : retour de la France dans ses limites de 1792, certes, mais évacuation immédiate du territoire sans indemnité de guerre. De quoi en ajouter à la popularité du tsar dans le pays.

Le duel entre Alexandre et Napoléon n'était pas totalement terminé. Il rebondit moins d'un an plus tard. Mais cette fois, ce furent les Anglo-Prussiens qui résolurent la question militaire à Waterloo. Lors de la seconde occupation de Paris, les alliés laissèrent cependant les coudées moins franches à l'empereur de Russie, notamment en exigeant l'exil du « perturbateur du monde » sur l'île de Sainte-Hélène où, pensait-on, on finirait par l'oublier. Le tsar avait de toute façon arraché presque tout ce qu'il souhaitait lors du congrès de Vienne qui s'était achevé le 9 juin 1815. Malgré une grave crise avec ses alliés, il avait obtenu la création d'un royaume de Pologne inféodé à la Russie – le vice-roi était le grand-duc Constantin. Lors des négociations sur l'avenir de l'Allemagne, les diplomates pétersbourgeois avaient eu leur mot à dire, soutenant les prétentions de la Prusse avant de les modérer : leur empereur avait été reconnu *de facto* comme l'arbitre du centre européen. Qui plus est, l'absence de représentants ottomans à Vienne laissait ouverte la course aux Balkans et aux Détroits. La Russie était pleinement intégrée à ce qu'on appelait « le concert européen », réunion des quatre grands vainqueurs qui s'octroyaient le droit de régler les différends sur le continent et d'imposer leur vision de l'équilibre aux autres puissances. La France fut admise dans l'aréopage en 1818, l'Italie au tournant du XIXe siècle. Immédiatement après son succès de Vienne, Alexandre en avait obtenu un autre : la fondation de la Sainte-Alliance réunissant les souverains chrétiens de l'Europe. Les catholiques Louis XVIII, François Ier d'Autriche et Ferdinand VII d'Espagne, le protestant Frédéric-Guillaume III de Prusse et même l'anglican George III – mais lui du bout des lèvres – y adhérèrent et tentèrent de la faire vivre[3]. Elle se dissoudra en un peu plus d'une décennie, mais pas le concert européen ni l'idée des racines et intérêts communs du continent.

À l'issue du duel Napoléon-Alexandre, l'Angleterre pouvait tranquillement dominer le monde, ce que nul ne

3. La Sainte-Alliance fut formée par le traité de Paris du 25 septembre 1815. Les trois premiers signataires (France, Autriche, Prusse) se promettaient une « fraternité véritable et indissoluble », une « bienveillance inaltérable » et leur « affection mutuelle » pour protéger « la religion, la justice et la paix ». Ils reconnaissaient la supériorité de « Celui à qui appartient en propriété la puissance, parce qu'en lui seul se trouvent tous les trésors de l'Amour, de la Science et de la Sagesse infinie, c'est-à-dire Dieu, notre Divin Sauveur, le verbe du Très-Haut, la Parole de Vie ». Les premiers signataires furent rejoints par l'Espagne, le Piémont, Naples, les Pays-Bas, le Danemark, le Portugal, la Saxe, la Suisse, la Bavière, le Wurtemberg et une quinzaine d'États allemands. L'Angleterre adhéra pour la forme, afin de faire plaisir au tsar, mais en annonçant d'emblée que l'accord n'était que symbolique.

put contester pendant près d'un siècle. Mais les cartes avaient été rebattues plus qu'on ne le croit généralement, et dans un sens favorable à la Russie, reconnue comme une des grandes puissances *européennes*. Le rêve de Pierre le Grand, repris avec force mais sans plus de succès par Catherine II, avait été réalisé par un jeune empereur n'ayant pas même atteint la quarantaine. Dans ses Mémoires, Napoléon aura sur lui, on s'en doute, des paroles peu amènes : « Ce prince était d'un caractère tellement faux qu'on ne pouvait rien établir sur ses discours » ou « C'est un vrai Grec du Bas-Empire. » Il était trop tard pour s'en rendre compte. Le 5 mai 1821, lorsque l'Empereur rendit son dernier soupir, Alexandre Ier n'avait plus longtemps à régner lui non plus. Il disparut subitement, le 1er décembre 1825, à moins que, comme on le pense de plus en plus, il n'ait préféré se retirer en secret du monde et finir sa vie sous les traits de l'ermite Fiodor Kouzmitch, décédé à Tomsk, en Sibérie, le 1er février 1864.

Thierry LENTZ

Bibliographie sélective

Casaglia, Gherardo, *Le Partage du monde. Napoléon et Alexandre à Tilsit*, Paris, SPM, coll. « Kronos », 1998.

Kerautret, Michel, *Les Grands Traités du Premier Empire*, Paris, Fondation Napoléon-Nouveau Monde éditions, 2004, 2 volumes.

Lentz, Thierry, *Le Congrès de Vienne. Une refondation de l'Europe*, Paris, Perrin, 2013.

—, *Nouvelle histoire du Premier Empire*, Paris, Fayard, 2002-2010, 4 volumes.

Rey (Marie-Pierre), *Alexandre Ier. Le tsar qui vainquit Napoléon*, Paris, Flammarion, 2013.

—, *L'Effroyable Tragédie. Une nouvelle histoire de la campagne de Russie*, Paris, Flammarion, 2012.

—, *Un tsar à Paris*, Paris, Flammarion, 2014.

Vandal, Albert, *Napoléon et Alexandre Ier : l'alliance russe sous le Premier Empire*, Paris, Plon, 1894-1897, 3 volumes (vieilli mais toujours utile).

13

NAPOLÉON III FACE À BISMARCK

Un duel inégal et singulier

« Bismarck a besoin que ce duel gigantesque avec la France ne soit qu'un duel, qu'elle y soit seule, que pas une autre nation ne l'assiste[1]*. » Ce fut assurément un duel singulier. Mais « un duel de géants*[2] *» ? Le grand affrontement diplomatique qui opposa pendant près de dix ans Napoléon III, empereur des Français, et Otto von Bismarck, ministre-président du royaume de Prusse, puis chancelier de la Confédération de l'Allemagne du Nord, mérite-t-il vraiment d'être qualifié ainsi ? Chacun sait qu'il s'acheva sur l'enchaînement de deux catastrophes historiques : la défaite de la France à Sedan, suivie de la proclamation d'un Empire allemand unifié. Les tragédies guerrières du XX*e *siècle en sont directement issues. Tous les biographes de Napoléon III, y compris les plus favorables, ont quelque peine à mettre en valeur la mauvaise partie jouée par le dernier des monarques français*[3]*. Bismarck,*

1. La phrase est de l'historien et homme politique Charles Benoist, dans son important essai *Bismarck, psychologie de l'homme fort*, paru en 1900.

2. C'est le titre de l'ouvrage consacré par l'historien américain David Wetzel aux origines de la guerre franco-prussienne : *A Duel of Giants*.

3. Par exemple, Philippe Séguin, dans un important ouvrage de 1990 qu'il assumait comme « de parti pris » (voir notre bibliographie sélective), ou plus récemment Éric Anceau ou Raphaël Dargent.

prototype de « l'homme fort », bénéficie en revanche du statut unanime de grand homme d'État. Même la taille les oppose : le médiocre format physique de l'ancien carbonaro, *très tôt rongé par la maladie, semble écrasé par la stature impressionnante du « hobereau » prussien.*

Plus qu'un duel de géants, ce fut donc un duel inégal. Un duel entre deux caractères, deux tempéraments, deux forces morales et physiques antagonistes. Et à travers eux, un duel entre deux nations, la France et la Prusse, à l'histoire peu comparable, mais dont l'une ne parvenait pas à terminer sa révolution et l'autre connaissait au contraire la pleine ascendance de sa puissance.

Pourtant, Louis Napoléon Bonaparte semblait avoir, d'une certaine façon, tout compris et tout écrit dès 1839. Il venait de franchir le cap de ses trente ans et pouvait se targuer, déjà, d'un passé révolutionnaire… À Strasbourg, en 1836, le neveu de l'Empereur, fils de Louis Bonaparte et d'Hortense de Beauharnais, avait tenté un improbable coup de force contre le régime de Louis-Philippe. Ce fort intelligent jeune homme, qui avait été confortablement élevé en Suisse et avait fréquenté les milieux révolutionnaires italiens, les fameux *carbonari*, possédait une vaste culture historique, politique et militaire : en somme, tout pour faire un bon diplomate. Le roi des Français, par indulgence mais aussi par sagesse – car cet esprit réaliste et pacifique ne mésestimait pas l'emprise persistante de l'épopée napoléonienne sur tant d'âmes fragiles façonnées par le romantisme –, lui avait fait tenir de l'argent, de quoi gagner les États-Unis, plutôt que de le jeter aux fers. Le

---

Napoléon III a été le plus souvent réhabilité pour son œuvre économique et sociale, ou sa compréhension assez prophétique de l'Algérie. C'est assurément ce paradoxe qui intéressa le plus Philippe Séguin.

jeune prince n'avait pour autant pas renoncé à comploter – il recommencera à Boulogne en 1840[4] – ni à réfléchir et à écrire. En 1839, il publia même à Londres, où il s'était alors installé, son livre-programme, une mince brochure verte imprimée en petits caractères : *Des idées napoléoniennes*, texte de faible grammage mais non exempt de profondeur. Dès la préface, le ton était donné, et la filiation affichée avec Napoléon le Grand : « L'Empereur n'est plus !... mais son esprit n'est pas mort. » Mais il était donné de manière plus saisissante encore sur la couverture elle-même, qui portait, juste sous le nom de l'auteur – « le prince Napoléon-Louis Bonaparte » –, cette phrase lapidaire de l'oncle illustre : « Le vieux système est à bout, le nouveau n'est point assis. »

Jugement simple et lumineux : Napoléon Ier disait souvent qu'il avait sans cesse le sentiment que le sol se dérobait sous ses pieds, tant la Révolution française avait ébranlé le vieil édifice européen. Comme l'écrit, dès 1875, l'historien Albert Sorel dans sa grande *Histoire diplomatique de la guerre franco-allemande*, « cette révolution posa le principe de la souveraineté du peuple ; elle le viola souvent, elle le propagea toujours ». Après la défaite définitive de l'Aigle, les souverains des vieilles puissances, inspirés par de grands ministres – Talleyrand, Metternich... –, avaient tenté de restaurer le principe fondateur de l'équilibre européen : la légitimité. Selon la formule de l'historien italien Guglielmo Ferrero, après le temps de l'aventure venait celui de la reconstruction. Mais le prisonnier de Sainte-Hélène avait vu loin : les fondements séculaires du vieil ordre européen étaient durablement atteints. D'où cette relecture, par le neveu, de l'épopée napoléonienne, très marquée par l'esprit du *Mémorial de Sainte-Hélène* et qui s'inscrit dans

4. Ce qui lui vaudra cette fois une condamnation par la Chambre des pairs et un emprisonnement au fort de Ham.

une vision émancipatrice, presque messianique, du destin de l'Europe.

Portraits croisés du Sphinx et de l'homme fort

Le jeune prince réécrit l'œuvre de reconstruction institutionnelle et sociale de son oncle dans une perspective révolutionnaire, même s'il exclut toute déstabilisation violente du continent. Au-delà de cette vaste intention, le constat dicte tout : l'ancien ordre européen fondé sur la légitimité n'a jamais été véritablement reconstruit. Il ne pouvait pas l'être. Il vacille. Cette conviction est profondément ancrée chez Louis Napoléon Bonaparte depuis ses plus jeunes années. Pour lui, 1830 constitue un premier avertissement ; 1848, vraie révolution européenne, doit à ses yeux sonner définitivement le glas des élites conservatrices et de leurs conceptions surannées. D'où cet incroyable pari, tenté après la chute brutale de la monarchie de Juillet et l'avènement de la IIe République : se présenter à la première élection présidentielle, au suffrage universel direct, en décembre 1848. Pari réussi, au-delà de toute espérance : élu avec 74 % des voix, le prince-président va pouvoir bâtir son aventureux destin politique sur la magie de son nom, sur les faiblesses et les divisions de ses adversaires, qu'ils soient républicains ou monarchistes, sur l'ambiguïté de son discours – conservateur et social à la fois – et sur une manipulation assez cynique du suffrage universel. Le coup d'État du 2 décembre 1851 ouvre la voie à l'Empire, par un étrange ressac de l'histoire. L'empereur doit désormais s'élever à la hauteur du passé de gloire qui l'a hissé au pouvoir. Mais, sur le fond, ses idées diffèrent assez profondément de celles de son oncle. Il est fasciné par la modernité, qu'il conçoit sur un modèle proche des saint-simoniens[5]. Le nouvel ordre européen devra son équilibre au progrès de l'industrie, du commerce et du bien-être. La France sera le maître d'œuvre de cette construction inédite dédiée au progrès dont la vie sera rythmée par de grandes assises périodiques (un nouveau « congrès ») et par les Expositions universelles. Le principe des nationalités forme, dans cette perspective, le facteur d'amodiation entre l'utopie et la réalité.

Car, il en est convaincu, il est deux peuples en Europe – qu'il connaît bien, ou qu'il croit connaître – qui sont entraînés irrésistiblement vers l'unité nationale : le peuple italien et le peuple allemand. Le nouveau César pense sincèrement que les ressorts classiques de la puissance peuvent être tempérés par l'émergence d'un intérêt commun aux nations européennes, toutes dédiées désormais au progrès industriel et social, et trouvant dans quelques compensations territoriales liées au principe des nationalités de quoi satisfaire leurs désirs ancestraux de grandeur. Napoléon III – il faut bien s'en persuader pour comprendre ce qui va suivre – n'a, pendant longtemps, nullement ressenti comme une menace la perspective d'une Prusse montant en puissance. Bien au contraire, il va chercher dans les premières années de son règne à gagner sa confiance et à conjurer sa haine séculaire pour le nom de Napoléon : ainsi, c'est lui qui, en 1856, la fait associer au congrès qui suit la guerre de Crimée. Mais pour l'heure, il va surtout aider à l'unité et à l'indépendance de l'Italie, laissant ainsi la voie libre à l'expansion de la Prusse, qui pour lui s'inscrit

---

5. Les disciples de Claude Henri de Rouvroy, comte de Saint-Simon (1760-1825), étaient nombreux et influents en France. Mouvement de pensée réformateur – et pour certains, proche d'une véritable religion du progrès –, le saint-simonisme était une utopie socialiste et industrielle fondée sur la foi en l'homme et la technique.

dans le même mouvement d'émancipation des nationalités. Agissant ainsi, il contribue à l'affaiblissement politique et militaire du seul véritable obstacle sur la route de l'unité allemande : l'Autriche.

Pour des raisons et par des voies différentes, un homme est parvenu à la même conclusion que le futur Napoléon III : celle que la Sainte-Alliance est morte, ou près de l'être. Cet homme s'appelle Bismarck. Mais chez lui, nulle utopie. Il continue de raisonner au plus près du réel : à ses yeux, les peuples sont comme les hommes, ils sont conduits par leurs envies, par leurs passions, et dominés par les liens du sang. Les deux hommes d'État posent donc, dès l'origine, le même diagnostic, mais ne partagent nullement une même vision du continent. Le grand tort de l'un, à force de raisonnements tortueux, fut de comprendre trop tard que seul un conflit mortel pouvait en résulter entre les deux nations. Le génie de l'autre fut de s'y être résolu très tôt, et de l'avoir assumé par une série de « coups » habilement calculés. Les deux hommes travaillèrent en outre dans des conditions fort différentes : au début de son règne, Napoléon III conduit sa diplomatie avec l'aide d'un entourage restreint ; plus tard, il poursuit davantage une diplomatie personnelle, que l'on a souvent qualifiée de secrète ; et à la fin, alors même qu'il a engagé une évolution profonde et durable de l'Empire vers le libéralisme et le parlementarisme, il subit de multiples influences souvent contradictoires, tandis que l'action du Quai d'Orsay et celle de l'entourage propre sont débordées par les initiatives du Corps législatif. Bismarck, lui, s'il a dû certes compter avec de multiples facteurs exogènes – le roi de Prusse, les institutions parlementaires, la politique propre des États et principautés d'Allemagne –, a eu souvent, et paradoxalement, plus de liberté de manœuvre. Mais au fond des choses, il fut aidé surtout par la pérennité dans ses convictions – celle qui fit si souvent défaut à son adversaire français.

Pour comprendre la personnalité de Bismarck, il faut l'inscrire au plus profond de l'histoire de la Prusse : celle d'un petit royaume rural et militaire, dont Frédéric II, qui régna de 1740 à 1786, fit, grâce à une œuvre puissante de construction intérieure et à coups de conquêtes territoriales audacieuses, une nation forte et respectée. Frédéric II, cet admirateur de Voltaire qui ne jurait que par la langue et la littérature françaises, était un authentique despote éclairé, un grand administrateur, un esprit subtil qui se doublait d'un vrai talent militaire. Poète guerrier, raffiné et méprisant, il incarnait une forme de civilisation non dépourvue de grandeur qui mourut avec lui. La Prusse, réduite à sa dimension militaire, connut un nouveau choc, plus décisif encore, avec les guerres napoléoniennes et la soumission totale du pays qui s'ensuivit et donna par contrecoup à cette jeune nation un esprit patriotique ardent, puissamment hostile à la France. Le paradoxe historique est stupéfiant : Frédéric II n'avait pas admiré seulement la France des Lumières, il en avait imité aussi la force organisatrice et l'ingéniosité administrative. Et à son tour Napoléon avait admiré Frédéric II pour son aptitude à concevoir dans une même vision unificatrice l'établissement d'une constitution politique, sociale, administrative et militaire. Il existait en fait une affinité profonde entre la jeune Prusse et le vieux royaume de France qui s'étaient mutuellement influencés en la personne de Napoléon Ier, l'homme des grandes synthèses. Mais la « grande catastrophe » de 1806 – selon la formule de Clausewitz –, suivie du grand réveil de 1813, détruisit tout. L'affinité se transforma en haine latente, profonde, de la nation prussienne en émergence contre cette France qui peinait à reconstruire une nouvelle légitimité politique. De tout cela, Napoléon III ne comprit rien, ou presque – comme beaucoup de Français de sa génération.

Bismarck ne fut pas le lointain successeur de Frédéric II, mais bien le fils de cette Prusse humiliée. Comme l'a fort bien résumé Jacques Bainville, « on peut dire que, de 1815 à 1870, la vie politique de l'Europe entière a été dominée par le souvenir de Napoléon [...] si l'on dit encore qu'il fut élevé dans l'exécration de la France, le souvenir des heures tragiques de la Prusse et l'enthousiasme du relèvement national qui devait finir par le grand mouvement de l'unité allemande, on aura les principaux éléments du caractère et de la personnalité de Bismarck ». Issu d'une famille de la noblesse terrienne – un monde « mi-aristocratique, mi-bourgeois », comme l'écrit Joseph Rovan, où la vie était aisée, sinon réellement riche, assez toutefois pour pouvoir choisir son genre d'existence –, Bismarck naquit en 1815, en plein relèvement national prussien : sept ans après Louis Napoléon, mais pour connaître une éducation beaucoup plus rude que ce dernier. Il en garda un caractère fort trempé, mais tempéré par une culture réelle et une intelligence acérée. Sa famille le destinait à la diplomatie, mais il ne l'aborda que tardivement, après un détour par la magistrature, l'administration et l'armée. Il dut parallèlement relever la fortune familiale et exploiter son modeste domaine en Poméranie avant d'entrer, presque par hasard, à la Diète en 1847. C'est là qu'il se fit connaître et qu'il acquit la réputation du « hobereau » brutal, nationaliste, gros mangeur et grand buveur, décrit par ses adversaires comme un « gaillard qui a le diable au corps ». Deux convictions commencèrent de l'habiter dès lors : celle que l'unité allemande devrait se faire un jour sous l'égide et pour la grandeur de la monarchie prussienne ; et celle que ce destin manifeste ne pourrait s'accomplir, bien sûr, qu'aux dépens de l'Autriche mais aussi de la France, fille de la Révolution et de l'Empire. Comme il connaissait l'histoire, il savait que ce duel singulier ne pourrait se dérouler au plus grand avantage de son pays que si Vienne était éliminée préalablement du jeu. Entré dans la diplomatie en 1851, il ne cessa par la suite d'être renforcé dans ces vues qui dictèrent l'évolution de sa carrière et le conduisirent aux fonctions de ministre-président de Prusse en 1862, de chancelier de la Confédération de l'Allemagne du Nord en 1867, enfin de chancelier du Reich en 1871[6] : un mouvement continu vers le sommet, à mesure que de ses mains il fabriquait l'unité allemande au profit de sa patrie. Cette ascension de Bismarck aura pour strict parallèle le déclin progressif de Napoléon III : déclin physique, diplomatique, politique même avec les progrès de l'opposition aux élections de 1863 et 1869.

Première rencontre

D'emblée, donc, la lutte est inégale. Le Prussien raisonne en homme d'action qui veut redessiner l'Europe dans un but précis, direct, brutal. L'empereur des Français a la même intention, mais selon des voies et des objectifs bien plus complexes et sinueux. Le Prussien le qualifiera d'ailleurs de « Sphinx sans énigme ». Une chose est sûre : le duel entre Bismarck et Napoléon III ne s'est pas déroulé que dans les coulisses. Dès l'origine, les erreurs de l'empereur se font à ciel ouvert. Pierre Joseph Proudhon, adversaire du régime et précurseur de l'anarchisme en France, s'en étonnera dans une brochure d'une intelligence pénétrante, publiée à Paris en 1863 et intitulée : *Si les traités de 1815 ont cessé d'exister? Actes du futur congrès.* « Napoléon III, écrit-il, l'a dit en propres termes :

6. Au départ (1851), il est nommé représentant de la Prusse auprès de la Diète fédérale de Francfort (Confédération germanique). Placé directement sous l'autorité du roi et du chef du gouvernement, il occupe déjà une position clé dans la diplomatie prussienne. Son influence politique est très supérieure à celle d'un ambassadeur au sens où nous l'entendons aujourd'hui.

Les traités de 1815 sont déchirés ; les traités de 1815 n'existent plus. [...] Après quinze jours tout le monde se demande : Que va-t-il sortir de là ? Sera-ce la paix ? Sera-ce la guerre ? » Pourquoi ? Comment ? Plus de droit public européen ? Plus de frontières légales ? Proudhon conclut : si les traités de 1815 sont abolis, les nationalités vont apparaître « dans l'intégrité de leurs origines » et, surtout, s'ils ont cessé d'exister, « il n'y a plus que la force ». Curieux texte en vérité, qui dénonce en filigrane l'imposture du discours révolutionnaire chez Napoléon III tout en s'interrogeant sur ses motivations profondes. Quels sont donc ces rêves d'empereur ?

Napoléon III et Bismarck se rencontrent pour la première fois à Paris pendant l'été 1855. Le diplomate prussien est invité à l'Exposition industrielle. Imaginons la scène : l'empereur des Français est mal bâti, court sur jambes, le torse haut et large, le visage curieusement taillé, le regard indéfinissable. Tocqueville, qui fut un portraitiste aussi venimeux qu'un esprit puissant, évoque dans ses *Souvenirs* « l'immobilité de ses traits » et « l'insignifiance de son regard », ses yeux « ternes et opaques ». Il s'étonne de son caractère – ce mélange de courage dans les grandes circonstances et de pusillanimité dans l'exécution de ses desseins – et juge qu'on ne pouvait « l'approcher longtemps et de très près sans découvrir une petite veine de folie courant au milieu de son bon sens ». Bismarck est physiquement l'opposé : mais ce géant impressionnant – près d'un mètre quatre-vingt-dix, un regard sévère derrière d'épais sourcils – est aussi un homme de grande intelligence et un lecteur avisé. À vrai dire, on aurait tort de le considérer comme une brute. Le diplomate allemand Robert von Keudell le surprit ainsi dans sa trentaine, à l'aube de sa carrière : « Le timbre moelleux de sa voix de baryton me caressait l'oreille. Des cheveux blonds, coupés à la Titus, et une barbe courte encadraient son visage souriant ; sous des sourcils broussailleux, ses yeux, très saillants, lançaient de clairs rayons. Il avait l'air jeune, mais les allures d'un homme fait. » L'exercice du pouvoir, l'âge et les leçons de l'expérience produiront bien sûr leurs effets, mais retenons que Bismarck pouvait séduire, exprimer même une vraie finesse dans sa conversation et son comportement. Il y avait cependant chez lui, écrit Joseph Rovan, « une dimension noire, violente, tragique, que l'on devine à travers l'évocation de crises de fureur et de larmes, des migraines effroyables, des dépressions qui le conduis[ai]ent au seuil du suicide » et qui l'éloignaient souvent, par intermittences, du théâtre quotidien du pouvoir pour gagner le repos et la sérénité de la campagne. Ce Bismarck-là, à l'évidence, échappera toujours au regard du Français, mais il nous permet de comprendre une ténacité, une volonté d'acier qui se forgent en partie grâce à une stratégie de l'absence ou du silence, que l'on pourra comparer à celle de De Gaulle.

Le diplomate prussien ne s'attend certes pas à rencontrer l'égal de Napoléon Ier, et il considère depuis l'origine le nouveau régime de la France comme un système bâtard... La France, pense-t-il – et comme il a raison ! –, en est toujours, depuis l'exil de l'Aigle à Sainte-Hélène, à rechercher des institutions stables et durables. La Restauration, la monarchie de Juillet, la IIe République, et maintenant l'Empire à nouveau : cela fait quatre expériences constitutionnelles en moins de quarante ans. Et tout de même, comment ne pas se méfier de ce conspirateur-né qui a réussi en une décennie à passer du fort de Ham à l'Empire restauré ? La déception – à l'issue d'une entrevue qui fut du reste humainement agréable – est grande : Bismarck découvre en l'empereur des Français un esprit aimable, réconfortant, qui manifeste une surprenante bienveillance pour la Prusse – si décriée par ailleurs par ses puissants rivaux anglais et autrichien. De retour à Berlin, il le décrit à son propre souverain, Frédéric-Guillaume IV, comme « un homme aimable et d'esprit ouvert » – la « bonté même », va-t-il jusqu'à dire. « Mais il est moins habile qu'on ne dit », il n'est pas ce « génie du mal qui ne songe qu'à troubler le monde ». Quant à son intelligence, elle est « bien surfaite aux dépens de son cœur ». On a vu de la dérision dans ce propos : mais il n'y en a en réalité aucune. Bismarck peut apprécier une certaine qualité humaine chez son interlocuteur ; mais il raisonne déjà en homme d'État, et l'homme d'État accomplit sans faiblir la politique de son pays. Il ne fait pas de sentiment.

Les deux hommes se revoient à plusieurs reprises en 1857, au moment de l'affaire des duchés danois[7]. Si ambiguïté il y a dans les propos échangés, elle ne tient pas, en tout cas, aux différences de langue : chacun maîtrise parfaitement celle de l'autre – Philippe Séguin rappelle même que Napoléon III gardait de sa jeunesse et de sa pratique ancienne de l'allemand un léger accent. L'empereur persiste dans ses surprenantes protestations d'amitié envers la Prusse, et Bismarck se voit conforté dans ses pressentiments. Il donne même le sentiment d'être trop favorable à la France, ce qui heurte profondément une partie des milieux dirigeants prussiens. Pour eux, l'empereur des Français n'est autre, à l'image de l'oncle fâcheux mort sur son rocher, qu'un propagateur potentiel de révolution et de désordre. Dans une lettre du 30 mai 1857, Bismarck se justifie clairement de la ligne adoptée, qu'il présente comme une nécessité, et trace ainsi son programme : « Je ne tiens pas à faire l'apologie des personnes et des choses en France. [...] Je ne dis pas que ces relations soient désirables en *elles-mêmes*, mais je soutiens que toutes les

7. Grave crise européenne provoquée, après la mort de Frédéric VII du Danemark, par la question du devenir des duchés de Schleswig et Holstein, que certains voulaient rattacher à la Confédération germanique.

autres chances sont plus mauvaises et que, pour les rendre meilleures, il faudra nous résoudre à la réalité ou à l'apparence de relations plus intimes avec la France. » La réalité ou l'apparence… Pour que la Prusse puisse imposer ses vues à l'Autriche et faire prendre en compte ses intérêts par l'Angleterre, elle doit utiliser Napoléon III. Simple manipulation ou esquisse d'une entente plus durable ? Peu importe. Là encore, Bismarck traite avec le réel, les sentiments importent peu, seul le résultat final compte.

L'homme d'État prussien connaît ensuite une brève éclipse en raison de l'avènement de Guillaume Ier, qui ne l'aime guère, mais aussi par la faute d'une grave maladie qui manque de l'emporter. Envoyé comme ambassadeur en Russie, il perd d'abord prise sur la diplomatie de son pays. Mais dès 1862 Bismarck reviendra en faveur, la justesse de ses analyses semblant se confirmer jour après jour. C'est le moment où Napoléon III aurait pu avancer ses meilleures pièces sur l'échiquier européen. Le vieux prince de Metternich, expert en napoléonides et qui a tout vu en Europe depuis plus de soixante ans, écrit dans ses *Mémoires*, en 1858 : « Il a encore de belles cartes dans son jeu. Mais il périra comme empereur révolutionnaire sur l'écueil italien. » En effet, l'année suivante Napoléon III s'engage au côté de la maison de Savoie dans sa guerre contre l'Autriche. Il cherche même, avec un rare irréalisme, à y associer l'autre grande maison « nationale », les Hohenzollern, car, comme il le confiera au marquis Pepoli – chargé précisément par Cavour d'une mission de bons offices à Berlin : « En Allemagne, l'Autriche représente le passé, la Prusse représente l'avenir ; en s'enchaînant à l'Autriche, la Prusse se condamne à l'immobilité ; elle ne peut s'en contenter : elle est appelée à une plus haute fortune ; en s'alliant à la France, elle gagnera toute la force qui sera perdue par l'Autriche, elle pourra accomplir en Allemagne les grandes destinées qui l'attendent et que l'Allemagne attend d'elle. » L'Autriche est bientôt défaite, la voie est libre pour l'unité italienne.

Revoici donc Bismarck, nommé ambassadeur à Paris fin mai 1862 : les deux hommes se retrouvent. Le Français est plus méfiant, et surtout plus prudent, car il a appris à connaître un peu – quoique pas suffisamment encore – celui qui est en passe de devenir l'homme fort de la Prusse. Il n'en persiste pas moins dans ses curieuses propositions d'alliance. Lors d'une longue promenade à Fontainebleau, le 26 juin 1862, il y revient explicitement[8]. Son interlocuteur le relève avec soin, mais découvre surtout, à la faveur de sa brève ambassade, que le régime impérial n'est pas assuré sur ses bases. Car la diplomatie française n'est pas le seul fait de l'empereur : il y a la Cour, notamment l'entourage très conservateur de l'impératrice Eugénie, il y a aussi le système parlementaire qui commence lentement à revivre, sans oublier la presse, l'opinion et l'opposition républicaine qui relèvent la tête. La parenthèse de l'Empire autoritaire est close, une ère nouvelle s'ouvre, chargée d'obstacles et d'incertitudes. Mais bientôt Bismarck est rappelé à Berlin pour exercer enfin pleinement le pouvoir, en toute puissance. Son heure est venue, sa conviction est faite. Le duel inégal – dans lequel, jusqu'ici, un seul

8. Bismarck rapporte dans ses *Pensées et souvenirs* cet échange qui, s'il est exact, éclaire singulièrement le tempérament des deux hommes : « Il me demanda à brûle-pourpoint si je croyais que le roi de Prusse fût disposé à contracter une alliance avec lui. Je répondis que le roi avait pour lui les meilleurs sentiments du monde et que les préjugés qui autrefois étaient prédominants dans l'opinion publique de notre pays sur le compte de la France avaient presque complètement disparu ; mais j'ajoutai que les alliances étaient le résultat des circonstances, et que les circonstances seules permettaient d'en apprécier le besoin ou l'utilité, parce qu'une alliance suppose un motif, un but déterminés. » Napoléon III rétorqua qu'il y avait des puissances pour lesquelles les relations amicales pouvaient être « intimes » et « durables » : « En face d'un avenir incertain, il faut placer sa confiance d'un côté ou de l'autre. »

a vraiment la main sur l'épée – va pouvoir entrer dans sa phase décisive.

« La poire est mûre »

On sait que le feld-maréchal von Moltke, qui devait être le vainqueur de Sedan en 1870, avait été l'élève, dans sa jeunesse, de Carl von Clausewitz à la Kriegsakademie de Berlin. L'œuvre écrite puissante de cet officier prussien qui avait combattu dans les guerres napoléoniennes avait fait de lui, tout au long du XIXe siècle, un théoricien militaire particulièrement lu : en Allemagne, bien sûr, très tôt, puis un peu plus tardivement en France[9]. Pour Clausewitz, la diplomatie présente les mêmes structures de raisonnement que la guerre, tout en usant d'autres moyens pour parvenir à ses fins. La maîtrise du rapport des forces est moins l'effet, selon lui, de « l'érudition et de la profondeur du savoir », ou même de « grandes qualités de l'entendement », que du simple bon sens, allié à ce qu'il appelle le « courage d'esprit ». « Toute la difficulté, écrit-il, consiste à rester dans l'exécution fidèle aux principes qu'on a adoptés. » « La certitude et la fixité des convictions », qui s'accommodent fort bien d'une constante adaptation aux circonstances les moins prévisibles, tel est le secret, déjà formulé par Richelieu, que Clausewitz dispense dans l'instruction militaire donnée au

9. C'est toutefois au XXe siècle qu'il fit l'objet d'une pleine et entière découverte dans l'ensemble des pays occidentaux. Son œuvre maîtresse, *De la Guerre*, fit l'objet d'innombrables publications et suscita un intérêt immense dans la mesure où certaines de ses analyses – la « montée aux extrêmes », l'idée de « guerre totale » – prirent *a posteriori* une dimension prophétique. De grands intellectuels comme Raymond Aron ou René Girard y trouvèrent des clés d'interprétation décisives pour leurs systèmes de pensée.

prince de Prusse en 1810, 1811 et 1812[10]. Mais c'est le frère de ce dernier qui en tirera les fruits, lorsqu'il régnera plus tard sous le nom de Guillaume Ier… Même si Bismarck prétendait n'avoir jamais vraiment lu les œuvres de Clausewitz, il reste que sa conduite fut strictement conforme à ces préceptes quand Napoléon III, tout au contraire, ne cessa d'hésiter sur l'exécution de ses principes initiaux. La stratégie du géant prussien était simple : pousser vers la décomposition la Confédération germanique en y réintroduisant le désordre qui y régnait au XVIIIe siècle ; évincer ensuite l'Autriche qui y conservait une position traditionnellement dominante ; éliminer enfin la puissance politique française. Pour la tactique, il procédera par avancées successives et déterminées, sans jamais laisser entrevoir l'ampleur réelle de son dessein.

Dans un premier temps, Bismarck donne l'impression de vouloir limiter les ambitions prussiennes à l'Allemagne du Nord : il conclut donc une alliance de circonstance avec l'Autriche contre le petit Danemark afin de s'emparer, au terme d'une courte guerre, des duchés de l'Elbe. Il entreprend ensuite, sans la moindre vergogne, de se retourner contre l'Autriche et sollicite à cette fin la neutralité bienveillante de Napoléon III. Les deux hommes se rencontrent à Biarritz en octobre 1865 : l'homme d'État prussien laisse entendre que la rivalité de son pays avec Vienne pourrait profiter à l'Italie, qui récupérerait ainsi la Vénétie, restée sous domination autrichienne depuis 1815 ; dans la foulée, il négociera lui-même une alliance avec les Italiens. Pour l'empereur des Français, il ne s'agit pas de favoriser systématiquement les projets de la Prusse : il reste attaché à son projet d'un congrès européen qui réglerait les questions de nationalité les plus aiguës, tout en faisant apparaître le rôle médiateur de la France. L'Italie,

10. *Théorie du combat, précédé de l'Enseignement militaire au prince de Prusse*, réédition 2013, Paris, Éditions Astrée.

l'Autriche et bien sûr la Prusse obtiendraient des avantages territoriaux, la Confédération germanique, même affaiblie, subsisterait, et la France pourrait étendre son influence politique, complétée par quelques avantages territoriaux… Telle est bien l'idée : le gain de puissance obtenu par la Prusse contre l'Autriche aurait le mérite de diviser le corps germanique. Ensuite, Paris tirerait les marrons du feu. Que de subtilités dans cette politique des nationalités percluse de contradictions.

Bismarck, aussi bien, ne veut pas de ce « machin » : il préférerait encore céder à la France quelques territoires sur la rive gauche du Rhin et garder les mains libres pour le reste. En fin de compte, les tergiversations impériales le persuadent de pousser l'avantage et de faire la guerre à l'Autriche, convaincu qu'il est que la France ne bougera pas. Et en effet elle ne bouge pas. L'affaire est réglée en quelques semaines : l'écrasante victoire prussienne à Sadowa en 1866 laisse Napoléon III bien seul devant ses contradictions. L'empereur François-Joseph aurait continué la guerre s'il avait pu compter sur un geste minimal de Paris – en clair, une concentration de troupes significative à l'ouest. Mais rien n'est venu, il a donc dû traiter. L'Allemagne est désormais divisée en deux : au nord, une Confédération soumise à l'influence prussienne, dont l'Autriche est évincée ; au sud, une esquisse de Confédération (Bavière, Wurtemberg, Bade) qui pourrait constituer un terrain d'influence pour la France… si Dieu le veut, et surtout Bismarck.

En réalité, la défaite de l'Autriche face à la Prusse bouleverse le rapport des forces. Bismarck a négocié directement ses conditions de paix avec Vienne. La France n'a pu jouer aucun rôle véritable de médiation, et n'a obtenu aucun avantage territorial en contrepartie de cette subite extension de puissance de la monarchie prussienne sur le continent. Bismarck devient le chancelier de la Confédération formée par les vingt États de l'Allemagne du Nord. La Prusse domine politiquement et démographiquement cet ensemble territorial nouveau, et cet ensemble lui-même est soumis à l'influence de Bismarck. Pas entièrement, toutefois, car le roi de Prusse, désormais à la tête de la Confédération, ne souhaite pas de guerre avec la France, et il n'est pas le seul dans les cercles dirigeants. Il reste que dans l'esprit du chancelier, qui a désormais l'œil rivé sur l'Allemagne du Sud, ce n'est que l'étape ultime avant l'unification. À Paris, presse et opposition s'agitent. Albert Sorel, qui écrit peu d'années après les événements, est à la fois témoin et historien quand il constate : « L'amour-propre était froissé par les succès militaires de la Prusse, le sentiment national inquiété par les agrandissements de cet État. On sentait s'échapper, avec le monopole des victoires éclatantes, le prestige politique et la prépondérance en Europe. »

Napoléon III commence enfin à voir clair dans la tactique bismarckienne faite d'incessantes manœuvres dilatoires et d'avancées subites. Il s'inquiète désormais pour l'avenir de sa dynastie. Et, note encore Sorel : « Sadowa devint pour les serviteurs de l'Empire la plus cruelle des injures. […] Napoléon III vit qu'il n'avait plus rien à attendre de la bonne volonté de la Prusse. Dès lors, il se débattit au milieu des contradictions où il s'était engagé. […] Il ne lui restait de ses chimères passées que le sentiment amer des déceptions qu'il avait subies. Il demeurait sans volonté et sans desseins au milieu de politiques désorientés, de conseillers auxquels il n'avait jamais cru qu'à demi et qui commençaient à ne plus croire en lui. »

Désormais, c'est la France qui est en position de réclamer des compensations que rien n'oblige son interlocuteur à lui accorder. La perspective même d'une guerre entre les deux pays n'est plus écartée, même si Bismarck ne la juge pas encore inévitable. Comme l'écrit Jean-Paul Bled, s'il parvient à convaincre Napoléon III que le projet d'unification a le plus large soutien du peuple allemand, « il deviendra difficile pour le champion du principe des nationalités de s'y opposer par les armes ». Recevant l'ambassadeur français Benedetti, Bismarck lui dit non sans cynisme : « Mais faites bien observer à S. M. l'Empereur qu'une guerre pareille pourrait devenir, dans certaines éventualités, *une guerre à coups de révolution*, et qu'en présence de dangers révolutionnaires, les dynasties allemandes feraient preuve d'être plus solidement établies que celle de l'empereur Napoléon. » Face à cette nouvelle ligne, Napoléon III doit encore modifier sa stratégie – il s'agit de faire en sorte que l'Allemagne se configure d'une manière conforme aux intérêts de la France. Combien de temps crut-il encore à la possibilité durable d'une Confédération de l'Allemagne du Sud qui, épaulée par la France, eût fait contrepoids à la Confédération du Nord ? La Bavière pèse d'un poids relatif trop lourd au sud du Main pour que les autres États et principautés, comme le grand-duché de Bade, acceptent de s'engager dans une telle voie.

Peu à peu, l'empereur admet donc que l'unité allemande, à grands traits, se fasse au seul bénéfice de la Prusse. Plus prosaïquement, il entend obtenir de celle-ci qu'elle bénisse en retour une éventuelle annexion par la France du Luxembourg, et dans un second temps de la Belgique… Mais il manifeste cette intention bien après Sadowa, donc beaucoup trop tard. Par ailleurs, une revendication sur la Belgique mettrait la France en délicatesse avec l'Angleterre. Du moins le chancelier laisse-t-il croire à une possible concession sur le Luxembourg, tout en faisant traîner les choses. Mais le moment venu, en avril 1867, il fait volte-face en s'appuyant sur l'opinion allemande, alors même que Guillaume Ier laissait entrevoir à Napoléon III la possibilité d'une cession du grand-duché contre monnaie sonnante et trébuchante. En France, l'opposition est exaspérée : « Il n'y a plus une faute à commettre », avait déclaré quelques semaines plus tôt Thiers à la tribune du Corps législatif. La faute ne va pas tarder. Car Napoléon III recule à nouveau : il est en plein rapatriement du corps expéditionnaire français, au terme de la désastreuse expédition du Mexique – encore une initiative baroque de politique étrangère ; et il est aussi en pleine réforme militaire. Cette nouvelle reculade produit très exactement les mêmes résultats que la précédente : Bismarck y voit la marque d'une faiblesse profonde. Quel intérêt y aurait-il, dans de telles conditions, à conclure quelque forme d'accord ou d'alliance que ce soit avec ce souverain affaibli et velléitaire ? Le chancelier préfère se rapprocher de la Russie, plus familière à sa diplomatie et surtout plus claire dans ses exigences et ses desseins. Mais cette fois, Napoléon III a compris : l'épisode presque grotesque de la non-cession du Luxembourg – le « pourboire de l'aubergiste », selon la formule cinglante de Bismarck – a tourné la France en ridicule. Il est désormais patent que le chancelier n'a cherché qu'à gagner du temps pour poursuivre ses propres objectifs en Allemagne.

« Tout l'art de M. de Bismarck consistait donc à mettre la France en demeure de provoquer la Prusse » (Albert Sorel)

La France s'engage donc dans la préparation d'une guerre possible. Elle cherche parallèlement à se rapprocher – mais si tard – de l'Autriche de François-Joseph. Les négociations sont difficiles après tant d'occasions manquées. Napoléon III conçoit alors une stratégie nouvelle qui va signer sa perte : il tente de mettre sur pied une alliance entre la France, l'Autriche-Hongrie et l'Italie. Mais une telle option supposerait des concessions territoriales en Italie du Nord qui seraient inacceptables pour Vienne ; en outre, le roi d'Italie demande pour prix de son soutien le retrait des troupes françaises présentes à Rome, depuis 1849, pour la protection des États pontificaux. Le rapprochement entre Paris et Vienne ne dépassera donc pas le stade des bonnes intentions : aucun traité, aucune garantie concrète n'en sortira dans les délais voulus. Encore du temps perdu et des efforts dépensés en vain.

Le duel final s'approche. Un piège immense se tend, qui doit permettre à Bismarck de placer la France devant un choix draconien : un fiasco diplomatique humiliant ou la guerre. L'occasion en est fournie par les suites du coup d'État militaire en Espagne qui a chassé du pouvoir, en septembre 1868, la reine Isabelle et son fils Alphonse. Les auteurs du coup d'État, les généraux Prim et Serrano, recherchent un nouveau souverain : ils jettent leur dévolu sur un membre (catholique) de la famille royale de Prusse, le prince Léopold de Hohenzollern-Sigmaringen. Bismarck comprend aussitôt le parti qu'il peut tirer de cette affaire. Il agit avec insistance auprès de Guillaume Ier, pourtant réticent, pour qu'il donne son aval à la demande de l'Espagne. Après plusieurs mois de tractations complexes, le roi de Prusse finit par céder. Pour Napoléon III, et surtout pour le gouvernement libéral d'Émile Ollivier[11], désormais aux affaires, la montée sur le trône de Madrid d'un prince de Prusse représente une avancée nouvelle dans le mouvement hégémonique allemand, et une menace contre le territoire

11. Émile Ollivier était depuis 1857 l'un des principaux orateurs de l'opposition républicaine au Corps législatif. Après les élections de 1863, sous l'influence du duc de Morny, il se rapproche de Napoléon III et soutient l'idée d'une évolution du régime vers le parlementarisme. En décembre 1869, il devient avec sa formation (le Tiers Parti) l'élément clé du Corps législatif nouvellement élu et accepte la proposition que lui fait l'empereur de constituer un gouvernement « d'hommes nouveaux » (bonapartistes libéraux, orléanistes ralliés). Il incarne ainsi l'ultime étape du régime vers la monarchie parlementaire, que la guerre viendra compromettre.

français qui se trouverait ainsi pris en tenaille. La France laisse alors clairement entendre qu'une telle issue provoquerait inévitablement la guerre. C'est en juillet 1870 que la crise se noue vraiment : le processus de désignation du nouveau souverain par les Cortes est en effet ouvertement engagé. Guillaume Ier, qui n'a jusqu'ici donné son aval à Bismarck qu'à contrecœur, profite d'une des fréquentes absences du chancelier, qui s'est retiré quelque temps sur son domaine campagnard, pour désamorcer la crise et obtenir du prince Léopold le retrait de sa candidature. C'était compter sans les sinuosités tactiques de Napoléon III. Ce dernier, devant ce recul qui aurait dû lui suffire, croit pouvoir pousser l'avantage et restaurer pleinement son prestige en Europe. Il charge son ambassadeur à Berlin d'exiger du roi de Prusse des garanties. Comme on pouvait s'y attendre, ce dernier refuse de donner des assurances que le public pourrait trouver humiliantes. Il le dit de vive voix à Benedetti au cours d'une promenade détendue dans le parc de Bad Ems. Bismarck intervient alors pour une ultime et décisive manipulation. Il publie un communiqué, à l'intention de la presse et des ambassades de Prusse dans les capitales, qui retrace l'entrevue d'une manière toute différente : le roi aurait refusé de recevoir l'ambassadeur et lui aurait fait répondre par son aide de camp qu'il n'avait rien de plus à lui dire… C'est la fameuse « dépêche d'Ems », destinée à prendre « à chaud » les dirigeants et l'opinion publique en France, déjà survoltés. L'effet est spectaculaire : à Paris, dans les rues, on manifeste en faveur de la guerre. Pourtant, il est aisé de voir qu'il s'agit d'une provocation grossière qui, de surcroît, ne fait que rhabiller une authentique défaite diplomatique de la Prusse sur le dossier espagnol. Le 14 juillet, c'est la mobilisation générale. Le 19, la France déclare la guerre à la Prusse.

Napoléon III a-t-il simplement suivi la pente sur laquelle l'entraînaient la Cour, le gouvernement, la presse et l'opinion publique ? La guerre s'expliquerait-elle par sa faiblesse de caractère, par la maladie, par l'évolution même du régime vers l'Empire libéral qui a retiré au souverain la force nécessaire pour prendre le contre-courant ? L'écrivain et critique danois Georges Brandes a rapporté ce propos que lui tint Ernest Renan au printemps de 1870 : « Vous pouvez parvenir à connaître l'Empereur complètement en étudiant ses écrits. C'est un journaliste sur le trône, un homme qui ne cesse de consulter l'opinion publique. Comme tout son pouvoir dépend de cette opinion publique, il lui faut, malgré son infériorité, déployer un art bien plus subtil que Bismarck, qui peut passer outre à n'importe quoi. » Renan considérait de surcroît qu'Émile Ollivier, chef du gouvernement et incarnation du nouvel Empire libéral et parlementaire, présentait de réelles affinités avec l'empereur : le même « mysticisme orgueilleux » – « tous deux sont également empêtrés dans leurs rêves ; ils sont pour ainsi dire beaux-frères par suite de leur commerce avec la Chimère ». Un mélange d'irréalisme et d'excessive subtilité face une intelligence plus brutale, libre de toute entrave, et qui voit le monde tel qu'il est : oui, décidément, la lutte était trop inégale. Le plébiscite tout récent (8 mai 1870) – par lequel la nouvelle Constitution de l'Empire libéral est ratifiée par 7500000 « oui » contre 1570000 « non » – a donné au régime le sentiment d'une force illusoire, alors même que l'opinion publique surestime la puissance réelle de l'armée française et que la France se trouve désespérément seule sur le plan diplomatique. « Lorsque vint l'échéance de 1870, écrit Jacques Bainville, tous ceux que nous avions abandonnés nous abandonnèrent à leur tour. » Bismarck lui-même a longtemps redouté la puissance militaire française, sur la foi de ses succès en Crimée et en Italie, et c'est pour cette raison aussi qu'il a si longtemps louvoyé. Mais il en était bien revenu depuis, d'autant que l'armée prussienne n'avait plus d'égale en Europe depuis Sadowa. Son succès dans le duel qu'il conduit avec Napoléon III depuis une décennie est en tout cas total : il a délibérément provoqué la guerre, mais c'est la France qui l'a déclarée... Ce point n'est pas sans conséquences pratiques décisives : les États du Sud honorent sans hésiter leurs alliances avec la Prusse, dans un vaste mouvement d'élan national qui entraîne l'Allemagne entière et marque l'échec cinglant et définitif de la diplomatie française[12].

Un duel militaire inégal

La guerre commence le 2 août 1870. Les forces alliées allemandes dépassent 500 000 hommes, contre 340 000 soldats français. La réforme militaire du maréchal Niel[13] est loin d'avoir atteint son objectif en France. L'armée de Napoléon III est mal organisée, mal préparée et ne peut donc compter sur aucun soutien extérieur : ni l'Autriche-Hongrie, ni l'Angleterre, ni même l'Italie n'ont l'intention de porter secours à une nation qui a accumulé trop

12. Les États du Sud – la Bavière, le Wurtemberg, le pays de Bade, la Hesse – étaient trop divisés pour s'unir vraiment face à la prépondérance prussienne, et trop dépendants économiquement de l'Allemagne du Nord pour espérer s'affranchir de l'influence de Berlin. Ils étaient également tenus depuis 1866 par une alliance militaire défensive avec la Prusse, qui n'était plus une clause de style depuis l'affaire du Luxembourg et la recherche de « compensations » par la France. C'est pourquoi il était si essentiel que Paris apparût comme l'agresseur.

13. Pour contrer le système prussien, fondé sur le service obligatoire, la loi Niel avait pour but d'organiser en France un dispositif permettant d'accroître les effectifs disponibles en cas de guerre, notamment grâce à la création d'une garde nationale mobile qui comprendrait les jeunes gens non appelés à servir dans l'armée d'active – où régnait le principe du tirage au sort, avec possibilité de remplacement. Mais la loi, qui heurtait trop d'intérêts, fut vidée de son contenu lors de son passage au Corps législatif en 1868.

d'erreurs pour plonger finalement tête baissée dans un conflit qu'elle aurait pu éviter. « L'Empereur est parti pour les armées le dos voûté, le teint blafard, les paupières gonflées par l'œdème, les gestes lents, la démarche lourde, avec son énorme calcul dans la vessie. » L'historien Adrien Dansette, dans son ouvrage *Du 2 décembre au 4 septembre*, nous rappelle à quel point l'état physique délabré de Napoléon III a pesé sur les dernières semaines du face-à-face. L'empereur, torturé par les cahots de la route, souffre si atrocement qu'il doit par moments quitter la berline pour s'arrêter, s'appuyer la tête contre un arbre, reprendre son souffle et dominer un peu la douleur qui le tenaille. Militairement, l'affaire est pliée en quelques semaines : le 2 septembre, à Sedan, Napoléon III est fait prisonnier avec le gros de son armée. Le 4 septembre, à Paris, la République est proclamée : contre toute attente, les nouveaux dirigeants de la France décident de poursuivre la guerre et d'organiser la défense nationale. Mais pour l'empereur des Français, la messe est dite ; il prendra bientôt le chemin de l'exil, et la maladie aura raison, trois ans plus tard, de ses derniers rêves de reconquête du pouvoir. Quant à Bismarck, il atteint enfin son but le 18 janvier 1871 : la proclamation de l'Empire allemand unifié sous l'égide de la Prusse. De longues années de pouvoir et d'influence en Europe l'attendent encore jusqu'à ce jour lointain de mars 1890 où un jeune empereur, perdu de vanité et d'ambition, l'écartera du pouvoir : Guillaume II.

Une défaite intellectuelle et morale

C'est une brochure signée du marquis de Gricourt, « sénateur de l'Empire », et publiée à Bruxelles juste après la défaite de la France, qui fera le plaidoyer de l'empereur déchu : on dit d'ailleurs que ce dernier en fut l'inspirateur direct, peut-être même l'auteur. Dans ce texte bref, évidemment partial, empli d'arrière-pensées (l'éventuelle restauration de l'Empire) et intitulé *Des relations de la France avec l'Allemagne sous Napoléon III*, l'auteur s'efforce de retracer un dessein cohérent dans la diplomatie impériale. Et aussi de dissiper l'image d'une certaine duplicité, d'une « ambition vulgaire » – dont, pour le coup, on a souvent gratifié le souverain français en rétribution de ses innombrables pas de deux. La thèse est simple : à l'intérieur comme à l'extérieur, la politique impériale visait à rétablir l'ordre et l'autorité en mettant un terme aux « passions subversives » et aux « théories insensées », tout « en prenant de la Révolution tout ce qu'elle avait de bon, en aidant au perfectionnement moral et matériel de toutes les classes de la société », afin d'élever « les peuples à un plus haut degré de civilisation ». En somme, Napoléon III aurait été d'un bout à l'autre de bonne foi, cherchant à assurer les trônes tout en satisfaisant les aspirations légitimes des nations. Son action aurait été sapée non seulement par les circonstances, mais aussi par le jeu ambigu de son opposition politique qui jouait habilement du sentiment national exacerbé dans l'opinion. Ce n'est pas si faux. Mais à aucun moment le machiavélisme de Bismarck, qualifié de « grand ministre », n'est mis en cause… car il ne faut ni injurier l'avenir, ni accréditer un bilan somme toute humiliant. Par la suite, l'historiographie a pu elle-même trouver des circonstances atténuantes à Napoléon III, ce souverain jugé un peu mystérieux, ce « Sphinx » avec ou sans énigme. Mais l'explication est toujours la même : le poids d'influences multiples et contradictoires, exercées sur un homme malade dont le trait principal semble être devenu une certaine faiblesse de caractère. Un bien mauvais duelliste en tout cas.

Mais plus largement ? La défaite de 1870 constitua pour la France un réveil terrible qui suscita, dès ses premiers lendemains, une profusion d'études et de réflexions historiques critiques ou accablées. Ernest Renan, dans *La Réforme intellectuelle et morale* (1871), y vit – au-delà des maladresses du pouvoir et des erreurs de l'opposition républicaine elle-même – la marque d'une grande infériorité intellectuelle collective dont, remontant jusqu'à la Révolution française, il s'attacha à analyser les origines historiques les plus profondes. La chute de l'Empire, la Commune de Paris, l'avènement laborieux de la IIIe République puis les tragédies du XXe siècle ont par la suite jeté un voile opaque sur cet immense fiasco politique et militaire que les contemporains les plus honnêtes imputaient à une défaillance de l'esprit public en France. Quels que soient les torts personnels de Napoléon III – et il est permis de penser qu'ils sont grands –, ils n'ont pris une telle ampleur que parce qu'ils ont été relayés par la majorité du personnel politique – opposants compris – et des élites dirigeantes du pays. Incapable de fonder des institutions politiques durables, la France restait dominée depuis un demi-siècle par le souvenir de la geste napoléonienne et de sa grandeur passée, par les vieux rêves confus et entremêlés de l'universalisme révolutionnaire et de la Grande Nation. En décembre 1848, Louis-Philippe, exilé en Angleterre, et son ancien ministre Guizot avaient assisté, avec un mélange d'effarement et d'accablement, à l'élection de Louis Napoléon Bonaparte comme président de l'éphémère IIe République : ainsi, le suffrage universel à peine proclamé et installé, les lampions de 1848 à peine éteints, le pays et ses dirigeants s'étaient jetés dans les bras d'un nouveau Bonaparte qui s'empresserait bientôt de rétablir l'Empire et d'imaginer dans le même mouvement une nouvelle Europe animée par une France riche et puissante – avec, pourquoi pas, le concours d'une Prusse présumée à l'unisson… Cette union improbable de la gloire et de l'utopie, qui résultait en réalité d'une profonde incompréhension de l'héritage napoléonien, était un fardeau bien lourd à porter pour un souverain si fragile et pour des institutions en définitive si faibles. Né d'un coup de force, le Second Empire ne pouvait durer qu'en créant en France des institutions solides et en affirmant sa puissance sur le continent : il échoua sur les deux plans, laissant ainsi le champ libre aux ambitions de la nouvelle Allemagne, et ouvrant la voie à des confrontations qui allaient pour longtemps déchirer l'Europe.

En attendant, l'heure sonnait la victoire de Bismarck, de l'homme « qui construirait un ordre nouveau avec des hommes d'Ancien Régime et des idées de révolution » (Charles Benoist), et qui fut à cet égard plus fidèle héritier de l'Aigle que ne le fut le neveu lui-même. Quand on lit les premières pages de l'ouvrage que Clausewitz avait consacré à la défaite de la Prusse en 1806[14], on ne peut manquer de tenter un parallèle historique avec la France du Second Empire : « Tous les hommes sans préjugés qui ont étudié la Prusse avant et dans l'année 1806 ont porté sur elle le jugement qu'elle s'était noyée dans les formes de son gouvernement et de son armée. Une confiance démesurée et mêlée de vanité dans ces formes laissait bien voir que l'esprit en avait disparu. On entendait encore la machine faire du bruit, et personne ne se demandait si elle faisait encore son service. »

Cette leçon-là n'a pas d'âge.

Arnaud TEYSSIER

14. *Notes sur la Prusse dans sa grande catastrophe – 1806*. Réédité en 1976 par les éditions Ivrea (coll. « Champ Libre »).

Bibliographie sélective

Bainville, Jacques, *Bismarck et la France d'après les Mémoires du prince de Hohenlohe*, Paris, Nouvelle Librairie nationale, 1911.

—, *Bismarck*, Paris, Éditions du Siècle, 1932.

Benoist, Charles, *Le Prince de Bismarck. Psychologie de l'homme fort*, Paris, Perrin, 1900.

Bismarck, Otto von, *Pensées et souvenirs*, présentation de Joseph Rovan, Paris, Calmann-Lévy, 1984.

Bled, Jean-Paul, *Bismarck*, Paris, Perrin, coll. « Tempus », 2011.

Bruley, Yves, *La Diplomatie du Sphinx : Napoléon III et sa politique internationale*, Paris, CLD, 2015.

Gall, Lothar, *Bismarck*, Paris, Fayard, 1984.

Milza, Pierre, *Napoléon III*, Paris, Perrin, coll. « Tempus », 2007.

Séguin, Philippe, *Louis Napoléon le Grand*, Paris, Grasset, 1990.

Sorel, Albert, *Histoire diplomatique de la guerre franco-allemande*, Paris, Plon, t. I, 1875.

Wetzel, David, *A Duel of Giants. Bismarck, Napoleon III, and the Origins of Franco-Prussian War*, Madison (Wisconsin), The University of Wisconsin Press, 2001.

14

GUILLAUME II D'ALLEMAGNE CONTRE NICOLAS II DE RUSSIE

Un duel d'empereurs

Montés sur le trône à quelques années d'intervalle, Guillaume II et Nicolas II ont été contraints de faire fi de leurs liens familiaux pour épouser puis incarner la rivalité de leurs deux dynasties – Hohenzollern et Romanov – et de leurs deux empires dans la montée aux extrêmes qui a conduit à la Première Guerre mondiale. S'ils paraissaient s'apprécier, les deux cousins, en réalité, ne s'aimaient pas. Guillaume II méprisait « Nicky[1] », qu'il trouvait faible et indécis, tandis que Nicolas II était exaspéré par l'arrogance et le ton protecteur que prenait « Willy » à son endroit. Une classique rivalité, personnelle et dynastique, interdit leur rapprochement lorsque sonne le glas de la paix à l'été 1914, entraînant leurs pays et leurs trônes à leur perte.

À l'exception de la France républicaine, la Première Guerre mondiale voit s'affronter exclusivement des empires et des monarchies. Ces souverains se connaissent tous personnellement, sont presque tous cousins à des degrés divers, mais leurs relations ne pourront empêcher le déclenchement de la catastrophe. Deux des futurs

1. Les deux cousins se surnomment « Nicky » et « Willy ».

belligérants sont particulièrement intimes, Guillaume II, l'empereur d'Allemagne, et Nicolas II, le tsar de Russie.

Dès l'avènement de ce dernier en 1894, le Kaiser considère qu'il peut manipuler le jeune tsar au caractère faible, être son mentor, notamment en politique étrangère. Guillaume II, né en 1859, monte sur le trône de l'Empire allemand le 15 juin 1888 après la mort prématurée de son père Frédéric III, emporté par un cancer du larynx et dont le règne n'aura duré que quatre-vingt-dix-neuf jours. Le nouveau Kaiser ne manifestera pas plus de chagrin à la mort de son prédécesseur qu'il n'avait montré de compassion pendant sa maladie. Il ne s'entendait guère avec son père, ouvert aux idées libérales qui l'avaient rendu populaire. Frédéric III avait multiplié les activités caritatives et de mécénat, initiatives qui semblaient aussi dérisoires qu'inutiles à son fils, lequel était jugé immature par son père. L'ère démocratique amorcée par le précédent souverain est terminée. Guillaume II, qui renvoie l'expérimenté chancelier Bismarck, va diriger l'Allemagne avec autorité, sa référence étant son grand-père, Guillaume Ier, le roi de Prusse qui avait été proclamé le premier empereur allemand en 1871, à Versailles, dans la galerie des Glaces, après la défaite de Napoléon III. La volonté dominatrice de son petit-fils peut s'expliquer par le handicap physique dont il souffre et qu'il n'a de cesse de camoufler. En effet, son bras gauche est atrophié à la suite d'un traumatisme à la naissance. Il le masque dans les capes de ses uniformes. C'est un monarque théâtral, éruptif, impulsif, qui multiplie les apparitions spectaculaires, souvent coiffé de casques surmontés d'un aigle, voire d'une tête de mort ! Il peut changer plusieurs fois de tenue dans une même journée, vouant une passion à la vie militaire et à la grandeur ostentatoire. Il réussira même à la faire partager à son épouse, Augusta-Victoria de Schleswig-Holstein, issue d'une branche de la maison royale de Danemark. Il l'a épousée en 1881 malgré les réticences de sa famille. Calme et douce, celle qu'il surnomme Dona apaise la fougue du jeune prince héritier, mais sa piété sans concession, sa méfiance à l'égard des étrangers et, d'une manière générale, son manque d'ouverture d'esprit seront une source de difficultés lors des rencontres dynastiques européennes. Parmi les grandes préoccupations de Guillaume II, la Russie occupe une place de choix. Déjà quand il était kronprinz, Guillaume avait expliqué à Bismarck qu'il était partisan d'une guerre préventive à son encontre pour s'opposer à la politique expansionniste russe, ce qu'avait évidemment récusé le vieux chancelier. Guillaume II avait rencontré trois fois le tsar Alexandre III, en 1884 puis en 1887 et en 1888. Le déplaisir fut réciproque. Alexandre III se méfiait du tempérament fantasque de Guillaume et la froideur du tsar rendait le prince héritier circonspect à son endroit. « Il n'y a pas de véritable réflexion sur la politique extérieure de Guillaume II, mais des réactions affectives au gré de ses contacts personnels », résume son biographe Christian Baechler. La conclusion, malgré de grandes réticences et de longues hésitations, de l'alliance franco-russe par le même Alexandre III avait horrifié Guillaume. En cas de conflit européen, ce gigantesque bouleversement diplomatique, qui ruinait la stratégie de Bismarck d'isolement de la France depuis 1871, obligerait l'Allemagne à combattre sur deux fronts, à l'ouest et à l'est.

L'empereur d'Allemagne prétend même se mêler du mariage du tsar…

Plus que déçu par Alexandre III, Guillaume II va mettre tous ses espoirs dans son héritier, d'autant plus qu'en 1894, lors du mariage du grand-duc de Hesse-Darmstadt, le tsarévitch se fiance avec la sœur de ce dernier, Alexandra, cousine germaine du Kaiser. Leurs mères respectives,

Victoria et Alice, étaient filles de la reine Victoria de Grande-Bretagne. Guillaume II prétendra même avoir été à l'origine de ces fiançailles en poussant Nicolas Romanov à déclarer sa flamme, ce qui est totalement faux. Nicolas et Alexandra étaient, depuis longtemps déjà, très amoureux l'un de l'autre. Le seul obstacle à leur union était le refus d'Alexandra de renoncer à sa religion luthérienne pour se convertir à l'orthodoxie russe. Mais elle y avait enfin consenti, après un long combat intérieur. La mort, inattendue, d'Alexandre III, en novembre 1894, redonne donc espoir au Kaiser : le tsarévitch, né en 1868, devient tsar à vingt-six ans. Il est jeune, timide, pas très grand, mais beau, avec un magnifique regard bleu, peu informé des affaires de l'État, déclarant même à l'un de ses cousins qu'il ne voulait pas de la couronne. Guillaume II est son aîné de neuf ans, physiquement très présent, veillant à occuper l'espace. Cet empereur d'Allemagne, visiblement à l'aise et fort actif dans sa fonction, considère Nicolas II comme un cadet malléable, inexpérimenté, et va tout tenter pour arriver à ses fins : le rétablissement d'une alliance entre l'Allemagne et la Russie, rompue en 1890, qui réduirait à néant l'alliance franco-russe. Pour le Kaiser, il existe une solidarité entre le trône et l'autocratie, et celle-ci se déshonore en se « commettant » avec une république issue d'un régime fondé sur la souveraineté du peuple. La machine infernale qui va exploser en 1914 est déjà en place. Le duel impérial peut commencer.

Les débuts du règne de Nicolas II sont une suite de déceptions et d'inquiétudes pour le peuple russe. La volonté du nouveau tsar d'épouser Alexandra seulement trois semaines après les funérailles d'Alexandre III choque l'opinion : un mariage en plein deuil, on n'avait jamais vu cela à la cour de Russie ! Les espoirs de libéralisation du régime sont vite anéantis.

Il a pour unique modèle son père : il sera, comme lui, un tsar autocrate. Son couronnement deux ans plus tard, en mai 1896, à Moscou, est marqué par une épouvantable tragédie : l'effondrement d'un plancher éphémère sur les lieux prévus pour les réjouissances populaires, avec boissons et cadeaux à volonté, entraîne la mort de milliers de personnes. Au-delà de ce drame, c'est l'attitude inconsciente du tsar et de la tsarine qui va affecter leur lien avec le peuple meurtri : au lieu de réconforter les victimes blessées et de se recueillir devant les morts, ils danseront lors d'un bal donné en leur honneur à l'ambassade de France. Tragique méprise : l'ambassadeur attendait que le couple impérial annule sa présence et le tsar espérait que l'ambassadeur renoncerait à sa fête… Néanmoins, toujours fidèle à la politique de son père, Nicolas II entend respecter l'alliance franco-russe ; il se rend à Paris, avec la tsarine et leur première fille, Olga, pour une visite d'État, en octobre 1896. Elle déchaînera l'enthousiasme des Français : un million de personnes les acclameront sur les Champs-Élysées ! L'entente entre les deux pays est vivifiée. Pour Guillaume II, c'est insupportable.

La première rencontre officielle entre le Kaiser et le nouveau tsar a lieu en août 1897 au palais de Peterhof, sur les bords de la Baltique. Les contacts, jusqu'ici, ont été épistolaires. Guillaume II n'arrête pas d'envoyer des courriers au jeune souverain : « Tu trouveras toujours en moi une amitié inaltérable. J'ai une absolue confiance en toi et je maintiendrai toujours les cordiales relations qui unissent nos maisons et que mon grand-père m'a appris à cultiver », lui écrit-il notamment. Jusqu'ici, rien d'anormal. Mais le Kaiser ne peut s'empêcher de révéler le fond de sa pensée : « Les rapports que tu entretiens avec la France élèvent la République sur un piédestal. La présence constante de grands-ducs, de généraux et d'hommes d'État russes à l'Élysée permet aux républicains français de s'imaginer respectables… Nous sommes des empereurs chrétiens, nous n'avons pas le droit d'entretenir des relations intimes avec la République française… La malédiction divine pèsera pendant des siècles sur le peuple français. » Le couple impérial allemand va séjourner huit jours à Peterhof ; c'est long pour les deux impératrices qui, visiblement, ne s'entendent pas. Dona se montre même hostile à Alexandra, ne pouvant lui pardonner sa conversion à l'orthodoxie, alors qu'Alexandra a trouvé dans sa nouvelle religion un épanouissement spirituel, l'orthodoxie convenant au tempérament mystique et un peu exalté de la tsarine. Pendant ce temps, leurs époux ont des entretiens politiques.

Guillaume II profite de sa haute taille et de son autorité naturelle pour dominer tant physiquement que psychologiquement son hôte, se permet de le prendre par l'épaule, geste qui agace profondément Nicolas II. En quittant Peterhof, le Kaiser est persuadé d'avoir fait la conquête du Romanov. À son chancelier, il écrit même qu'il a obtenu l'accord du tsar sur deux faits essentiels : la possibilité d'un nouveau blocus continental contre l'Angleterre et la garantie que Nicolas II obtiendra de la France qu'il ne soit plus jamais question de restitution de l'Alsace et de la Lorraine. Mais le tsar, mal à l'aise, n'a pas du tout perçu le même résultat ! Il se plaint même auprès d'un de ses oncles d'avoir été conduit par le Kaiser à discuter de questions auxquelles il n'avait pas du tout été préparé et dont il n'avait parlé avec aucun de ses ministres. Il assure n'avoir prononcé que des propos en l'air. Un premier sommet pour rien ! Prenant ses désirs pour la réalité, Guillaume II, lui, considère que toute parole engage l'autocrate, alors que celui-ci, se sentant piégé, juge et fait savoir qu'il n'a pris aucun engagement. Lorsqu'il l'apprend, Guillaume II n'est nullement découragé et va choisir un nouvel angle d'attaque : l'Extrême-Orient. Il lui écrit par exemple : « [...] Dieu t'a visiblement prédestiné à faire triompher la loi du Christ en Extrême-Orient ; la Corée et la Mandchourie doivent t'appartenir ! Ton grand combat contre le Japon scellera la lutte finale entre la religion chrétienne et le bouddhisme. Tu es assuré de vaincre puisque Notre-Seigneur Jésus-Christ est pour toi. » Il ajoute aussi : « Je te prie d'accueillir avec indulgence le dessin que j'ai formé pour toi, représentant les figures symboliques de la Russie et de l'Allemagne montant la garde au bord de la mer Jaune. » En toute modestie ! La ficelle, un peu grosse, consiste à détourner l'ours russe des Balkans pour le jeter sur une proie plus facile et surtout moins menaçante pour ses intérêts.

Si le harcèlement épistolaire du Kaiser exaspère toujours le tsar, cette fois-ci Nicolas II en approuve le fond. En effet, les ambitions russes de s'emparer du Bosphore – un vieux rêve ! – ont été jugulées par la communauté internationale. La seule possibilité d'expansion naturelle est l'Extrême-Orient. La construction du chemin de fer transsibérien, entre 1891 et 1903, dont Nicolas, tsarévitch puis tsar, a dirigé le Comité des travaux, rend non seulement possible l'exploitation de la Sibérie, mais d'autres prolongements sont envisageables vers la Mandchourie, la Chine et la Corée. L'obstacle est qu'à cette époque le Japon a lui-même des vues territoriales sur la Corée.

Nicolas II conserve de très mauvais souvenirs du Japon. Alors prince héritier accomplissant son « grand tour », il avait été attaqué à coups de sabre, à Otsu, en 1891, par un policier devenu fou. Il en avait gardé une cicatrice à la tempe, des migraines tenaces et un certain mépris à l'encontre de l'empire du Soleil-Levant, pourtant en pleine renaissance depuis l'ouverture de l'ère Meiji en 1868. Nicolas II, s'il n'est guère attiré par les affaires intérieures russes et laisse à ses ministres le soin de s'en occuper, se passionne en revanche pour la politique internationale de son immense territoire. Il prête de l'argent – français, celui des fameux emprunts ! – à la Chine, fonde une banque russo-chinoise et obtient ainsi le droit de construire le chemin de fer de l'Est chinois, à travers la Mandchourie. Poursuivant son idée, le tsar progresse aussi en Corée, signant un accord avec le Japon qui établit un condominium russo-japonais sur ce pays. Il met la main sur Port-Arthur, rêvant de connecter au Transsibérien ce port, plus accessible que celui de Vladivostok. Économiquement et commercialement, c'est bien joué, si ce n'est que le Japon commence à s'émouvoir de la conquête systématique de la Corée par les Russes et demande des négociations pour le partage de cette dernière en deux zones d'influence, l'une japonaise, l'autre russe. Le tsar n'y donne pas suite.

En août 1902, Guillaume II et Nicolas se rencontrent au large de Reval, aujourd'hui Tallinn, en Estonie. Cette fois, le rendez-vous est chaleureux. Guillaume II est enchanté des progrès du tsar en Extrême-Orient et c'est là que le Kaiser se surnomme, avec emphase, « amiral de l'Atlantique », donnant à son cousin le titre extravagant d'« amiral du Pacifique » ! Une provocation que la presse britannique ne manque pas de fustiger, comparant Reval au Tilsit d'Alexandre Ier et Napoléon. Pendant ce temps, le Japon, humilié par le silence du tsar, prépare sa riposte. Elle arrivera le 8 février 1904 avec une attaque surprise à Port-Arthur, en pleine nuit, sans déclaration de guerre. Trois navires de guerre russes sont coulés. Le conflit qui s'ensuit va être désastreux pour Nicolas II.

Le commencement de la fin de l'autocratie

Le Kaiser se montre officiellement solidaire du tsar… sans pouvoir s'empêcher de lui donner des leçons :

« L'ouverture des hostilités vient d'avoir pour ta flotte des conséquences pénibles qui m'ont profondément affligé... C'est une épreuve que Dieu t'envoie pour ta patrie et toi-même. » En plein milieu de cette guerre difficile, le Ciel envoie pourtant à Nicolas II et à la Russie un signe positif : le 12 août 1904, la tsarine Alexandra donne naissance à un petit tsarévitch. Après quatre grandes-duchesses et au prix de dix ans d'attente, l'Empire a enfin un héritier ! Nicolas II demande au Kaiser d'en être le parrain (et aussi au roi Édouard VII, par souci d'équilibre diplomatique !). L'intéressé accepte naturellement avec enthousiasme : « Tu ne peux imaginer notre joie lorsque nous avons lu ton télégramme. Ce qui se fait attendre est toujours bon, c'est un vieil adage germanique. Qu'il en soit ainsi pour ton petit bonhomme. Qu'il devienne un brave soldat et un homme d'État sage et puissant... J'inclus pour mon petit filleul une coupe dont il usera, j'espère, quand il comprendra que la soif d'un homme ne peut être uniquement étanchée par le lait ! Je citerai la phrase de notre grand réformateur Martin Luther : "Qui n'aime pas le vin, la femme et la chanson restera sot toute sa vie." Tels sont les principes selon lesquels je souhaite que mon filleul soit éduqué. »

Pourtant, malgré cet épisode heureux, les défaites se succèdent, les bâtiments russes sont pourchassés par les Japonais. Le tsar décide d'envoyer la flotte de la Baltique, rebaptisée 2e escadre du Pacifique, pour contrer la redoutable flotte japonaise. Celle de la mer Noire serait parvenue sur place bien plus rapidement, mais les accords internationaux lui interdisent de franchir le Bosphore. La flotte russe appareille le 15 octobre 1904, mais dans la nuit du 21 au 22 octobre, sur le Dogger Bank, un haut-fond de la mer du Nord, un officier de quart prend un groupe de chalutiers anglais pour des navires japonais et ouvre le feu sur eux. La flotte russe poursuit sa route sans porter assistance aux pêcheurs naufragés. L'incident est grave. Londres est indignée, Paris terrorisée, car la France vient de finaliser l'Entente cordiale. Trop heureux de cette diversion, le Kaiser télégraphie à Nicolas II que si la Russie entre en guerre contre la Grande-Bretagne, il sera à ses côtés et forcera la France à marcher avec lui.

Finalement, Delcassé, l'habile ministre français des Affaires étrangères, obtient que l'incident du Dogger Bank soit soumis à un arbitrage international. Le projet allemand de coalition est obsolète. Guillaume II a perdu. Un mauvais perdant, car l'Entente cordiale, signée en avril précédent, est une nouvelle catastrophe pour lui. Gonflé de jalousie, il écrit au tsar : « Marianne aurait dû se rappeler qu'elle est ta femme. Son devoir est de coucher avec toi, dans ton lit, sauf à m'accorder de temps en temps, à moi, une caresse ou un baiser. Mais elle n'avait pas le droit d'aller se glisser dans le lit de l'éternel intrigant, du venimeux fourbe, Édouard VII. »

La « colère amoureuse » de Guillaume II a peu de chance d'atteindre le tsar qui a d'autres préoccupations en tête : sa flotte continue son interminable périple vers la mer du Japon *via* le cap Horn. Curieusement, le trajet adopté est le plus long, mais il a été suggéré par le prudent Delcassé afin d'éviter tout risque d'incident comme celui du Dogger Bank. Port-Arthur est tombé le 2 janvier 1905, mais, surtout, la contestation politique s'est installée au cœur de Saint-Pétersbourg. Le dimanche 22 janvier, une foule pacifique, conduite par le pope Gapone – ancien aumônier des prisons et créateur d'un syndicat ouvrier –, se dirige vers le palais d'Hiver pour demander « justice et protection » au tsar. Or, Nicolas II se trouve au palais Alexandre de Tsarskoïe Selo, à 25 kilomètres de la capitale. L'ordre, absurde, est donné de tirer sur cette foule non hostile, qui sera également chargée par les Cosaques. Il y aura un millier de morts, dont des femmes et des enfants. Le paisible défilé s'achève en bain de sang. Le souverain reçoit le surnom dévastateur de « Nicolas le Sanglant ». Un climat insurrectionnel se développe et, le 6 février, le grand-duc Serge, gouverneur de Moscou et oncle du tsar, est victime d'un attentat à la bombe. Le Kaiser écrit une fois de plus à son cousin, lui reprochant son absence et surtout de se laisser manipuler par ses ministres alors qu'il doit régner en monarque absolu. Il lui conseille de partir se battre en Mandchourie à la tête de son armée, pour regagner l'estime de son peuple. Le tsar l'avait envisagé, mais la distance du lieu du conflit rendait l'initiative quasi impossible. De toute façon, le dernier espoir de victoire va être balayé : le 15 mai 1905, la flotte russe, qui a mis huit mois pour parvenir sur place, est anéantie par les Japonais à Tsushima, dans le détroit de Corée. Il est temps de faire la paix. Tous les États européens le souhaitent. Finalement, c'est le président américain Théodore Roosevelt, secrètement sollicité par le Japon, qui va organiser à Portsmouth, aux États-Unis, dans le New Hampshire, une conférence fixée en août 1905.

Une vraie-fausse alliance

Entre-temps, le tsar et le Kaiser, profitant de leurs croisières estivales respectives en mer Baltique, se sont rencontrés le 24 juillet à Björkö, au nord-ouest de Saint-Pétersbourg. À nouveau, Guillaume II profite de son ascendant sur le tsar, affaibli et traumatisé, pour lui faire signer un traité d'assurance mutuelle sur terre et sur mer au cas où l'un des deux pays serait attaqué. Une véritable alliance défensive ! Nicolas II est meurtri par sa défaite navale et inquiet d'un traité qui consacrera sa perte d'influence en Asie. De plus, l'agitation intérieure persistante va le contraindre à des concessions et à accepter un régime parlementaire avec le projet d'instauration d'une

Douma. Dans ces conditions, le tsar semble plutôt heureux de retrouver le Kaiser, tellement heureux qu'il juge cette alliance excellente et accepte de signer le traité. Une fois encore, Guillaume II a agi seul pour obtenir ce surprenant accord. Dès le retour des souverains chez eux et à l'annonce de cette convention, de violentes critiques vont s'élever de toutes parts. Pour Saint-Pétersbourg, le traité est incompatible avec l'alliance franco-russe. Le ministre russe des Affaires étrangères, consterné, dira : « Le cerveau du tsar a été obscurci, bousculé par tout le verbiage du Kaiser. » L'application du traité est chimérique. On le fait savoir à Berlin. Évidemment, Guillaume II est furieux. Il envoie des missives comminatoires à Nicolas II : « Nous avons joint religieusement nos mains, nous avons signé devant Dieu qui a entendu notre serment. Le traité est réalisable. Je suis prêt à accepter des modifications de détail, mais ce qui est signé est signé. Dieu est notre témoin. » « Nicky », qui n'aime pas être pris en défaut, se gardera de répondre. Pour le tsar, il y a quand même un réel motif de satisfaction : son négociateur à Portsmouth, Serge Witte, arrache pour la Russie des conditions inespérées. Choisi par le tsar alors qu'il l'avait disgracié deux ans plus tôt, Witte se révèle un négociateur extrêmement habile : la Russie n'aura pas d'indemnité à payer au Japon alors que les Japonais en avaient fait un préalable. Le traité de Portsmouth est signé le 5 septembre 1905. Si Tokyo a les mains libres en Corée, l'île de Sakhaline est partagée entre les deux ennemis et la Russie garde le contrôle du chemin de fer de l'Est chinois en Mandchourie. L'empire de Nicolas II recule donc, mais pas de façon spectaculaire, et Witte se voit conférer le titre de comte[2].

---

2. Serge Witte (1849-1915) est sans doute le seul homme politique russe des années 1900 ayant acquis une stature européenne. Dès le règne d'Alexandre III, il devient ministre des Transports et des

Brève éclaircie dans un ciel international de plus en plus chargé d'orages

Pour Guillaume II, le traité de Björkö qu'il avait minutieusement préparé est définitivement enterré. Cherchant aussitôt une compensation, son ambition le pousse à exacerber la rivalité navale qu'il entretient avec la Grande-Bretagne, car un de ses rêves est, nous l'avons vu, de devenir « l'amiral de l'Atlantique ». Or, c'est plutôt au souverain britannique, Édouard VII, que ce titre théâtral revient, le tout sur fond de contentieux colonial. Le 14 août 1907, Édouard VII passe très rapidement par l'Allemagne et rencontre le Kaiser à Wilhelmshöhe, près de Cassel. Le roi, infatigable diplomate, bien au-delà de ses prérogatives constitutionnelles, souhaite apaiser les tensions entre son pays et l'Empire allemand. Il recherche les relations « les meilleures et les plus agréables, dans un esprit de paix et de bonne volonté ». Il convie Guillaume et son épouse à une visite officielle, très proche, en Angleterre. Deux mois auparavant, le 6 juin, le Kaiser avait à nouveau rencontré Nicolas II à Swinemünde, à bord du yacht impérial russe, le *Standart*. Guillaume II avait interrogé le tsar sur des rumeurs de rapprochement entre la Russie et la Grande-Bretagne que Nicolas II avait niées, mettant en avant les relations si fortes et si continues entre leurs deux empires. C'est donc sereinement que le couple

Finances ; il demeure en place jusqu'en 1903. Relégué au poste honorifique de président du Conseil des ministres, il est d'une grande compétence. Partisan inconditionnel d'une monarchie constitutionnelle, il tente de sauver le régime tsariste durant la révolution de 1905 et devient Premier ministre. Se tenant à distance de la Cour, il appelle toujours à la modération en politique étrangère afin de ne pas compromettre les indispensables réformes économiques dont il est l'inlassable promoteur. Il sera remercié en 1906.

impérial allemand se rend en visite d'État à Windsor le 10 novembre 1907. Le Kaiser est acclamé dans les rues, y compris à Londres. Ce séjour s'achève le 18 novembre et, si Dona regagne l'Allemagne avec sa suite, Guillaume II reste encore deux semaines pour un séjour privé et de convalescence – il avait eu une syncope et fait une chute avant son arrivée – au château de Highcliffe. Très satisfait de sa visite, il écrit à Dona : « Je me sens l'invité du grand peuple anglais qui m'a accueilli les bras ouverts. » Sa sérénité ne va pas tarder à être balayée par un coup de tonnerre : les 8 et 9 juillet 1908, Édouard VII et Nicolas II se rencontrent à Reval (aujourd'hui Tallinn) et proclament leur accord. La France a déployé beaucoup d'activité diplomatique pour obtenir ce rapprochement acté dès l'été 1907. La Russie renonce à s'étendre en Afghanistan, se contente d'une zone d'influence au nord de la Perse et les Anglais s'installeront au sud, une zone tampon séparant leurs deux « régions ». La France, la Grande-Bretagne et la Russie achèvent ainsi la Triple-Entente alors que la Triplice – alliance entre l'Empire allemand, l'Empire austro-hongrois et le royaume italien – s'effrite quelque peu du côté de l'Italie. Tout le bel échafaudage diplomatique de Bismarck et de Guillaume Ier, qui avaient isolé la France, s'effondre. L'Empire allemand du Kaiser se trouve bel et bien encerclé.

22 mai 1913 à Berlin : l'ultime rencontre entre les deux empereurs

Le 5 octobre 1908, l'empereur François-Joseph annexe par surprise la Bosnie-Herzégovine, sur laquelle le congrès de Berlin de 1878 ne lui avait confié qu'un mandat de gestion. L'Europe est stupéfaite. Édouard VII est surpris et exaspéré de la duplicité du souverain Habsbourg qu'il avait rencontré en août et qui ne lui avait rien laissé supposer de sa décision. En Serbie, c'est la colère qui domine, car on y considère la Bosnie-Herzégovine comme une prolongation naturelle du territoire serbe. Quant à Guillaume II, il ne se pose qu'une question : que va faire le tsar ? Les Serbes étant orthodoxes, Nicolas II s'estime leur protecteur naturel. Quant aux Français, la Serbie fait partie de leur zone d'influence – qu'ils subventionnent généreusement. L'Europe est-elle au bord de la guerre ? Finalement, la Russie décide de ne pas intervenir. Guillaume II se place au côté de son allié naturel, l'Autriche-Hongrie. Il écrit à l'archiduc François-Ferdinand, héritier du trône austro-hongrois, dont il est très proche : « Je suis prêt à tout ce que Dieu pourra décréter. Je garde ma poudre au sec et reste sur mes gardes. Vous pouvez compter sur nous. » La poudre restera au sec – pour le moment ! –, car le tsar ne souhaite pas la guerre et demande à la Serbie de ne pas bouger. Pourtant, bien sûr, rien n'est réglé dans les Balkans... Une première guerre balkanique se déclenche en 1912 ; c'est une coalition – la Serbie, la Bulgarie, la Grèce, le Monténégro – pour récupérer les derniers débris de l'Empire ottoman en Europe. Elle est victorieuse. Mais très vite les alliés du départ se déchirent entre eux pour l'attribution des territoires conquis. Une seconde guerre balkanique commence en 1913 entre, d'une part, la Serbie, la Roumanie, la Grèce et le Monténégro et, d'autre part, la Bulgarie qui est vaincue le 10 août 1913. Guillaume II observe cette ébullition sans grande crainte. De son côté, Nicolas II reste à nouveau sur l'Aventin à la demande de son allié français. Si la paix est préservée, l'agression de la Serbie exaspère Vienne. Le Vieux Monde, structuré depuis le congrès de Vienne pour garantir l'équilibre des puissances, est au bord du gouffre.

Un événement, celui-là purement familial, a permis de réunir, exactement entre la première et la seconde guerre balkanique, trois des principaux monarques européens le 22 mai 1913 au château royal de Berlin. En effet, Guillaume II et son épouse Dona mariaient alors leur seule fille, Victoria-Louise, au prince Ernest-Auguste, fils du duc de Cumberland, chef de la maison de Hanovre.

Le roi George V et le tsar Nicolas II, qui se ressemblent tellement qu'on pourrait les prendre pour des frères jumeaux – leurs deux mères sont sœurs, toutes deux princesses de Danemark –, sont présents, en grand uniforme. Une somptueuse rencontre dynastique entre cousins, tous apparemment heureux de cette assemblée. Personne ne peut le deviner : c'est la dernière fois qu'on les verra ensemble…

Fin juin 1914, les traditionnelles régates d'été sont une mondanité obligatoire. Quatre jours plus tôt, le Kaiser a inauguré l'élargissement du canal de Kiel joignant la Baltique à la mer du Nord. Pour l'occasion, George V a envoyé une escadre britannique composée de trois cuirassés et de quatre croiseurs. Pour l'instant, le Kaiser, à bord du *Meteor*, est en tête de la course, très satisfait car il a horreur de perdre. C'est alors qu'une vedette rapide tente de l'accoster. Guillaume II refuse, car cela pourrait lui voler la victoire. Le message qui lui est destiné est alors glissé dans un étui à cigarettes et lancé sur le pont du yacht. Son contenu va mettre fin aux régates : il annonce l'assassinat de l'archiduc héritier François-Ferdinand et de sa femme à Sarajevo, le 28 juin ! Au même moment, le tsar navigue lui aussi sur la Baltique, avec toute sa famille, à bord du *Standart*. Lorsqu'il est informé de l'attentat, il estime qu'il n'y a pas de raison de s'inquiéter : pour dramatique qu'elle soit, la crise ne concerne que Vienne et Belgrade, et un accord entre eux devrait être trouvé. D'ailleurs, Nicolas II s'apprête à recevoir le président Raymond Poincaré. L'alliance franco-russe est plus que jamais à l'ordre du jour. C'est en regagnant les eaux territoriales russes que le tsar apprend la réaction belliqueuse de François-Joseph s'apprêtant à adresser un ultimatum à la Serbie, encouragé par Guillaume II qui a immédiatement envoyé une dépêche aux autorités viennoises, leur assurant « qu'il serait regrettable de laisser passer cette occasion si favorable pour nous ». Or, la Serbie est liée à la Russie par un traité et la Russie est elle-même liée à la Grande-Bretagne et à la France. Le lointain fait divers balkanique peut-il conduire à un embrasement européen ? À Raymond Poincaré, soucieux, le tsar explique qu'il ne croit pas que Guillaume II, en dépit de ses attitudes déconcertantes et de ses légendaires colères, veuille entrer en guerre contre la Triple-Entente, « à moins d'avoir complètement perdu la raison ». Mais le président français ignore qu'au même moment Nicolas II est prêt à décréter une mobilisation partielle[3].

La mort des deux empires

Fin juillet, après un mois de menaces et d'incertitudes, commence le dernier duel entre le tsar et le Kaiser. Un duel par télégrammes interposés. « J'espère, écrit Guillaume II à Nicolas II le 28 juillet, que tu m'aideras dans mes efforts pour aplanir les difficultés qui peuvent encore surgir. Ton ami et cousin sincère et dévoué. Willy. » Réponse du tsar : « Dans ce moment très grave, je t'appelle à l'aide. Une guerre ignoble a été déclarée à un pays faible. En Russie, l'indignation est énorme et je la partage. Je prévois que je vais bientôt être dépassé par la pression exercée sur moi et que je serai forcé de prendre des mesures extrêmes qui conduiront à la guerre… Je te demande, au nom de notre vieille amitié, de faire tout ce que tu peux pour arrêter

3. En réalité, aucun des empereurs n'est prêt à reculer et mise sur la pusillanimité de l'autre. À tort.

tes alliés avant qu'ils n'aillent trop loin. Nicky. » Pour Guillaume II, Nicolas II est un faible ou un fourbe, et il n'a pas confiance en lui. Entre le 28 et le 31 juillet 1914, les télégrammes se succèdent entre les deux souverains. Le Kaiser affirme au tsar qu'en mobilisant, même partiellement, il portera la responsabilité de la guerre prochaine : « Personne ne menace l'honneur et la puissance de la Russie. » Et le lendemain, sur un ton plus personnel : « La paix peut encore être sauvée par toi si tu consens à arrêter les préparatifs militaires menaçant l'Allemagne et l'Autriche-Hongrie. » Or, depuis le 24 juillet, Guillaume II a fait préparer secrètement par son chancelier un ultimatum… à la Russie ! Le document n'a cessé d'être raturé et annoté. Un concours de mensonges et de défis où la sagesse de l'un pourrait encore arrêter l'engrenage. Le Kaiser avertit le tsar que s'il continue sa mobilisation : « […] Alors, l'action médiatrice quc tu m'as confiée devien[dra] inutile. » En effet, il est trop tard : le 29 juillet, l'artillerie austro-hongroise bombarde Belgrade. Le 30, la mobilisation est générale en Russie. Le 1er août au matin, le tsar refuse d'annuler son ordre. Le même soir, à Peterhof, sur les bords nacrés de la Baltique, ce dernier achève son dîner quand il est informé de la décision de Guillaume II. À son épouse Alexandra, atterrée, Nicolas, à la fois incrédule et catastrophé, dit : « C'est arrivé quand même ! L'Allemagne nous déclare la guerre. »

Une guerre insensée puisque les deux puissances ne sont opposées par aucun conflit direct. Une guerre de tempéraments entre deux souverains de caractères contraires, mais communiant dans un même nationalisme farouche. Une guerre mondiale qui causera leur perte, entraînant, entre autres, la fin de leurs dynasties et la disparition de leurs deux empires. Pour le tsar, la tragédie sera totale, puisqu'elle s'achèvera par son assassinat avec sa famille le 17 juillet 1918, tandis que Guillaume II, chassé du pouvoir en novembre suivant, finira sa vie dans un exil des plus confortables, aux Pays-Bas, le 4 juin 1941. Si l'on y ajoute la fin des Habsbourg, c'est, à l'exception des Windsor, toute l'Europe impériale qui sombre dans la chute, augurant un siècle défiguré par les guerres et les totalitarismes.

Jean DES CARS

BIBLIOGRAPHIE SÉLECTIVE

Baechler, Christian, *Guillaume II d'Allemagne*, Paris, Fayard, 2003.
Carrère d'Encausse, Hélène, de l'Académie française, *Nicolas II, la transition interrompue*, Paris, Fayard, 1998.
Cars, Jean des, *Le Sceptre et le Sang*, Paris, Perrin, 2014.
—, *Nicolas II et Alexandra, une tragédie impériale*, Paris, Perrin, 2015.
Guillaume II et Nicolas II, *Correspondance. 1894-1914*, Paris, Plon, 1924.
Zorgbibe, Charles, *Guillaume II, le dernier empereur allemand*, Paris, Éditions de Fallois, 2013.

15

STALINE ET TROTSKI

Le combat mortel des « camarades »

Iossif Vissarionovitch contre Lev Davidovitch. Le duel Staline-Trotski fut à la fois l'affrontement de deux caractères opposés et un bras de fer sans merci pour l'héritage de Lénine, le pouvoir en URSS et les destinées de la révolution mondiale. Un combat mortel, à l'image du régime qui venait de s'imposer sur des millions de cadavres.

Deux gladiateurs rouge sang. Le plus en vue s'appelle Lev Davidovitch Bronstein. Né en octobre 1879 à Ianovka, dans le sud de l'Ukraine, il se choisira comme pseudonyme le nom de famille d'un de ses geôliers : « Trotski. » Prestance, intelligence, charisme, audace, courage, plume inspirée, talent oratoire : ce surdoué a tout pour réussir. Le problème, c'est qu'il le sait trop bien : Trotski est arrogant, cassant, vexant. Du haut de sa superbe, il peut conquérir les foules, fasciner même une petite phalange de fidèles, mais de camarades, point. Comment d'ailleurs ce fils de propriétaires terriens juifs aisés aurait-il su frayer avec le bas peuple ? Vaniteux avec ça, tiré à quatre épingles même dans les pires situations. Le genre de personnage à ne jamais mettre devant un miroir car, s'il s'écoute beaucoup, il s'admire plus encore. À ne jamais mettre en tête à tête avec une jolie femme non plus, car toutes sont censées tomber dans son lit, et en effet pas mal d'entre elles y finiront. Grand, racé, longiligne, le geste élégant et plein d'assurance, c'est l'enfant gâté de la révolution : derrière le panache désinvolte d'un mousquetaire, le fanatisme destructeur d'un garde rouge…

En face, Iossif Vissarionovitch Djougachvili, *alias* Staline – « l'Homme de fer » ! Un gosse des rues qui s'est fait comme dans la chanson : avec le poing, la tête ou le chausson. Des coups de poing, des coups fourrés, ça vous éduque pour la vie. Et même pour la mort – surtout celle des autres…

Au physique, Staline, c'est l'anti-Trotski : la démarche lourde, le bras gauche plus court que le droit, le visage grêlé par la petite vérole, le teint gris, le yeux jaunes, l'élocution traînante. Fils d'un cordonnier géorgien violent et alcoolique, il est né en décembre 1878 à Gori. Mais surprise : dans sa jeunesse, cet ancien élève du grand séminaire de Tiflis (aujourd'hui Tbilissi) fut lui aussi un grand séducteur.

À part ce goût des femmes et la passion révolutionnaire, bien sûr, on peine cependant à déceler des similitudes entre les deux futurs rivaux : l'un est l'antithèse vivante de l'autre et réciproquement. Staline, pour résumer ce qui les oppose, fait plus figure de spadassin que de mousquetaire.

Un détail quand même : délaissant la cigarette bon marché, la *papirochka*, l'Homme de fer fume la pipe. On évitera naturellement de lui prêter l'humanité profonde du commissaire Maigret. Mais son sens de l'observation, son aptitude à humer une atmosphère, à saisir des personnages valent bien ceux du héros de Simenon. Aussi réfléchi et méthodique que le policier de fiction, le futur dictateur donne au temps le temps qu'il mérite. Sans jamais prendre de risque inutile, il guette le bon moment pour agir. L'inverse de Trotski qui, pressé, dédaigneux du danger, fonce toujours droit au but.

Seul le théâtre de leurs débuts est commun : l'Empire russe…

Trotski contre Lénine

Il était une fois un immense pays dont le régime politique, incapable de s'adapter à son temps, fabriquait des opposants à la chaîne et dressait l'intelligentsia contre lui. En Russie, l'industrie prenait son essor, posant ce cornélien dilemme aux marxistes : fallait-il attendre des décennies que le fruit mûrisse jusqu'au stade du capitalisme ou, au contraire, devait-on forcer le destin, renverser le tsarisme et précipiter la révolution bourgeoise, première étape vers son homologue prolétarienne ?

Ces marxistes, qu'on appelait alors des « sociaux-démocrates [*sic*] », n'étaient qu'une poignée vivant souvent en exil. Mais l'un d'entre eux savait parfaitement ce qu'il voulait : un chauve à la barbe rousse du nom de Vladimir Ilitch Oulianov. En mars 1902, Lénine, car il s'agit de lui, va publier à Stuttgart un livre appelé à révolutionner la révolution : *Que faire ?* Le Grand Soir bien sûr, mais pas n'importe lequel : sous le commandement d'un parti de militants à temps plein hiérarchisé comme une armée. Quelle que soit leur extraction sociale, les militants de cette « avant-garde prolétarienne » seront astreints à une discipline absolue. C'est selon lui le prix à payer pour « retourner la Russie ».

Déjà sous les verrous pour agitation politique dans son Ukraine natale depuis deux ans et demi, Trotski s'est vu déporter en 1900. Heureusement pour lui, comparée à celle du Goulag, la Sibérie de l'exil intérieur tsariste a tout d'un camp de vacances. On s'en évade sans trop de difficulté : en chemin de fer, dans son cas. Dès novembre 1902, le fugitif vient frapper à la porte de Lénine, qui vit en exil à Londres avec sa femme, Nadejda Kroupskaïa.

De prime abord, Lev Davidovitch et Vladimir Ilitch s'entendent plutôt bien. C'est cette histoire de parti-armée qui passe tout de même mal. À partir de l'année suivante, elle va diviser le Parti ouvrier social-démocrate de Russie, le POSDR, en deux fractions : les bolcheviks (« majoritaires » une seule fois, mais ils sauront habilement s'annexer le qualificatif) et les mencheviks (« minoritaires »). Présomptueux comme à son habitude, Trotski pense que sa mission historique est de réunifier le POSDR autour de sa brillante personne. Notamment en attaquant Lénine dans des textes prémonitoires qui avertissent qu'à appliquer les thèses de *Que faire ?*, on irait tout droit vers la dictature, collective d'abord, puis personnelle.

Staline derrière Lénine

Trop lucide, cette charge rend furieux un chef de clan pour qui la contradiction est insupportable. Lénine rameute ses fidèles, dont Staline. Au sortir du grand séminaire où il a montré de bonnes dispositions pour les études, n'en déplaise à Trotski qui le dépeindra plus tard sous les traits d'un inculte – « la plus éminente médiocrité du Parti » –, le Géorgien s'est jeté à corps perdu dans le militantisme. Un domaine dans lequel il excelle depuis 1898, date de son adhésion au POSDR.

Clandestin à partir de 1901, déporté une première fois en 1903, évadé, repris, évadé et ainsi de suite, Staline retourne militer à Tbilissi, où il s'illustre par son dynamisme. Amoureux, il s'y marie – religieusement – en 1905, année qui voit la première vague révolutionnaire à deux doigts de submerger la Russie des tsars.

Tandis que le Géorgien opérait dans l'obscurité militante du Caucase, Trotski a parcouru l'Europe, abandonnant en Ukraine sa première épouse et leurs deux filles, Zina et Nina. Londres ; Paris où il rencontre une militante de son âge, Natalia, qui sera la compagne de sa vie, nonobstant moult coups de canif au contrat ; Bruxelles pour la première phase du congrès qui, en 1903, verra la rupture définitive entre bolcheviks et mencheviks ; Munich.

Dès l'annonce du début de la révolution de 1905, Trotski retourne en Russie avec Natalia, s'immergeant si bien dans le mouvement contestataire qu'il se fait élire président du Conseil ouvrier, le soviet de Saint-Pétersbourg. On l'écoute, on l'acclame : ses harangues feront date. Du même coup, elles le désignent à la police. À peine la vague retombe-t-elle que l'agitateur atterrit derrière les barreaux de la forteresse Pierre-et-Paul.

Présent à Saint-Pétersbourg lui aussi, mais beaucoup plus discret, Staline est parvenu à prendre le large. À la mi-décembre, le voici délégué à la conférence bolchevique de Tammerfors (aujourd'hui Tampere), en Finlande. Mais là, déception : ce Lénine qu'il imaginait sous les traits d'un « aigle des montagnes » digne des légendes géorgiennes n'est qu'un homme d'aspect ordinaire. N'empêche qu'à l'écouter parler, on comprend vite sa détermination. C'est elle qui l'emporte. Quand l'auteur de *Que faire ?* insiste pour présenter des candidats aux élections à la douma, l'Assemblée nationale consultative élue acceptée sans enthousiasme par le tsar Nicolas II consécutivement aux « événements », Staline, hier encore partisan du boycott, s'incline.

En prison pendant ce temps-là, Trotski approfondit sa théorie, ébauchée à Munich sous l'influence d'un militant russe, Alexandre Helfand, dit « Parvus ». Celle de la « révolution permanente », soit le passage immédiat à la dictature du prolétariat sans marquer l'étape bourgeoise, pourtant sacro-sainte aux yeux des orthodoxes, Lénine inclus. Elle fait de lui un électron libre au sein de la planète Marx.

Déporté une nouvelle fois en janvier 1907, dans le district d'Ordorsk, sur le cercle arctique, le rebelle ukrainien s'en évade un mois plus tard. En traîneau pour changer.

À Londres, il croise une première fois Staline pour un congrès social-démocrate, mais sans le remarquer. L'ex-président du soviet de Saint-Pétersbourg s'installe ensuite à Vienne avec Natalia et leur fils, Lev, bientôt suivi d'un cadet, Sergueï. Ses nouvelles activités conjuguent des conférences, des articles rémunérateurs pour la presse internationale et d'autres, bénévoles, pour la presse militante. Seul contre tous ou presque, il y défend ses conceptions, ferraillant toujours plus dur contre Lénine et ses partisans d'un côté, contre les mencheviks, moins dirigistes mais pas assez radicaux à son goût, de l'autre. Personnalité en vue du mouvement socialiste européen, Trotski n'en reste pas moins le solitaire qu'il a toujours été.

À des milliers de verstes des préoccupations de son futur rival, Staline reprend le collier à Tbilissi. Un militantisme épicé par cette pratique qui va lui valoir les faveurs de Lénine, toujours soucieux des finances de la fraction bolchevique : les « ex » (pour « expropriations »). Autrement dit, les vols à main armée avec ses amis d'enfance devenus des gangsters. Celui du 13 juin 1907 à Erevan par exemple : cinq morts, cinquante blessés, pour un butin de 300 000 roubles.

Diablement efficace, cet agitateur, que Lénine ne tardera pas à surnommer le « merveilleux Géorgien »…

Le « merveilleux Géorgien »

Les trois premières années de la Grande Guerre, Trotski les vivra en exil – France et États-Unis notamment – et Staline en relégation en Sibérie. Les trajectoires parallèles des futurs ennemis mortels ne se rejoignent vraiment qu'après la première révolution de 1917, celle de février, où naît le mouvement populaire puissant qui contraindra Nicolas II à abdiquer dès mars.

Libéré ce même mois, Staline accourt à Saint-Pétersbourg, épicentre du grand séisme qui secoue alors la Russie. Bien que membre du Comité central bolchevique depuis 1912 (c'est à cette époque qu'il devient « l'Homme de fer »), les dirigeants du Parti ne l'admettent pas au Bureau politique. Une humiliation qu'il remâchera longtemps et que ses auteurs vont payer un prix exorbitant.

Faute de mieux, le spécialiste des « ex » noue alors une alliance avec Lev Kamenev, un vieux routier qui l'a propulsé au comité de rédaction de la *Pravda*, le journal de la fraction bolchevique. Pugnaces envers les mencheviks dont ils tentent d'attirer les éléments les plus radicaux, les deux complices du moment prônent contradictoirement un large front de toutes les tendances socialistes.

De quoi irriter Lénine qui, depuis son exil suisse, exige un cours beaucoup plus résolu. Des années durant, le leader bolchevique a condamné comme hérétiques les idées trotskistes de « révolution permanente ». Mais il vient brusquement de décider qu'on n'a nul besoin de marquer le stop prévu par la théorie à l'étape de la démocratie bourgeoise. En cause la montée du mécontentement populaire et la désagrégation rampante des structures étatiques qui créent un terreau favorable pour la prise du pouvoir. À l'ordre du jour, les *Thèses d'avril* que Lénine impose dès son retour à Saint-Pétersbourg : le passage immédiat à la « dictature du prolétariat » – traduisez celle des bolcheviks aidés de quelques comparses politiques.

De retour de son exil américain, Trotski retrouve le mois suivant Saint-Pétersbourg (Petrograd désormais), lieu de ses exploits de 1905 à la tête du soviet. Et à l'approche du pouvoir, lui aussi change soudain son fusil d'épaule. Hier adversaire des bolcheviks dont il démontait la logique dictatoriale avec tant de lucidité, le voilà qui vire à 180° pour leur tendre la main. Son argument massue : puisque Lénine se range désormais sur des positions voisines des siennes à propos de la révolution permanente, plus rien ne les sépare.

Embrassons-nous, camarades ! Sauf qu'ici nous ne sommes pas dans une pièce de Labiche, mais dans la grande tragédie russe du XXe siècle.

Staline a perdu dès novembre 1907 sa femme Ketevan, la seule, confiera-t-il, qui pouvait « adoucir son cœur de pierre ». Père du jeune Iakov, dont il ne s'occupe pas plus que Trotski ne prend soin de ses deux filles, l'homme des « ex » joue pendant ce temps-là un rôle obscur mais de plus en plus important. À lui la tâche de serrer d'une main (de fer bien sûr) les boulons de l'appareil clandestin du Parti et de sa presse. À lui celle de mettre Lénine à l'abri en Finlande après une première tentative de putsch bolchevique. En juillet, le gouvernement provisoire du socialiste modéré Alexandre Kerenski, qui tente de maintenir la Russie dans la guerre contre l'Allemagne malgré les échecs militaires successifs et la montée du mouvement paysan, esquisse en effet une ébauche de répression contre les maximalistes révolutionnaires.

L'Homme de fer se cache chez un vieil ami de Tbilissi, Sergueï Allilouïev, dont la fille Nadejda, seize ans, tombe amoureuse de ce bel aventurier aux airs mystérieux – il l'épousera en secondes noces.

Pendant ce temps, fidèle à lui-même, Trotski s'octroie le premier rôle, entouré de la poignée de fidèles de sa petite Organisation interrayons. Et quel rôle ! Celui de maître d'œuvre du putsch qui va conduire à la prise de pouvoir, aussitôt baptisée « révolution d'Octobre » en dépit du fait que loin des larges masses elle ne fut l'œuvre que de quelques centaines de gardes rouges et de soldats mutins.

Ces heures décisives de la nuit du 24 au 25 octobre, Trotski les a vécues en chef insurrectionnel, et Lénine à l'institut Smolny, siège du soviet, avant de réunir à l'aube un Comité central décisif auquel participera Staline, à peine reposé par quelques heures de sommeil récupérateur chez les Alliloüiev.

La dictature s'installe pour sept décennies. « Lénine-Trotski », apprend-on à chanter aux enfants. Et Staline ? Lénine a apprécié une nouvelle fois sa fidélité à tout crin. Quant aux militants de base, ils voient en lui le type du dirigeant exemplaire, effacé mais efficace. Un camarade comme eux, contrairement à Trotski, toujours distant, toujours hautain.

La prescience de Staline

Dans les hautes sphères du Parti, au contraire – on dit désormais parti communiste (bolchevique), en abrégé PC (b) –, le jugement n'a pas changé à propos de Staline : un être fruste dont on se demande bien ce que Lénine peut lui trouver. Sauf qu'au contraire de ses collègues du Politburo, le Géorgien est le seul à saisir la véritable finalité du nouveau régime : conserver indéfiniment le pouvoir. Le seul prêt à admettre d'avance que pour obtenir ce résultat il faudra voyager jusqu'au bout de la terreur.

Cette prescience a ses raisons. Les bolcheviks ont toujours chassé en meute. Staline, justement, a assimilé l'esprit de clan dès sa tumultueuse jeunesse. En foi de quoi il conçoit cent fois mieux l'essence totalitaire du bolchevisme que Lénine et les autres dirigeants. Trotski par exemple, qui dévide son catéchisme léniniste tout neuf avec la même ardeur qu'il mettait autrefois à le pourfendre.

La terreur rouge a nourri la guerre civile qui se nourrit à son tour de la terreur. Les deux camps rivalisent de cruauté. Trotski vit aux premières loges ce nouvel épisode à son nouveau poste de commissaire du peuple (le nom « prolétarien » pour ministre) à la Guerre. Autrement dit de patron d'une Armée rouge à créer de toutes pièces et pour laquelle il recrute des milliers d'anciens officiers tsaristes, dont on garde les familles en otages histoire de s'assurer de leur loyauté. Vêtu de cuir noir, couleur de mort, il parcourt le pays à bord de son train blindé transformé en bureau ambulant. Pendant le trajet, il travaille avec son état-major ; à chaque arrêt, il exhorte, harangue, mobilise, ordonne, fusille. Un activisme qui lui va comme un gant et va se révéler efficace. Face aux armées blanches divisées, sa poigne de fer fait merveille : l'orateur enflammé d'hier est devenu un implacable chef de guerre. Sous sa férule, l'Armée rouge va passer de 300 000 hommes au printemps 1918 à presque 4 millions fin 1919.

Staline aussi est commissaire du peuple, mais aux Nationalités, responsabilité qui lui plaît d'ailleurs beaucoup. Lénine a pris son « merveilleux Géorgien » non pas en amitié – le leader bolchevique n'a aucun ami véritable –, mais en parrainage politique. Il le conseille et l'aide à peaufiner ses textes. Sans se hausser au niveau d'un fils spirituel, loin de là, l'homme des « ex » reste pour lui un camarade doué d'un solide esprit pratique et d'un sens de l'organisation peu commun. Il convient de l'encourager et de le promouvoir. Surtout à l'heure où les perspectives les plus larges semblent s'ouvrir.

Le testament de Lénine

La guerre civile terminée par la défaite des « blancs », l'heure de la révolution mondiale aurait-elle sonné ? À Moscou, où les organes gouvernementaux ont été transportés, Petrograd étant trop vulnérable, on y croit dur comme fer. Commandée par un proche de Trotski, le général Toukhatchevski, vingt-sept ans, l'Armée rouge doit contre-attaquer, envahir la Pologne et y imposer le « pouvoir des soviets » – le mot poli pour dictature communiste. Simple formalité, croit-on. Prochaine étape, l'Allemagne vaincue; n'ayant même plus d'armée, elle sera une proie facile. Après, ce sera le tour de la France...

Fort de son expérience de chef de guerre, Trotski ne jure plus que par la militarisation générale de la société soviétique. En particulier celle des syndicats, censés marcher au pas cadencé comme autant de régiments. On ne s'étonnera donc pas de le retrouver partisan du développement de la révolution à main armée – « sur le cadavre de la Pologne », pour reprendre sa formule glaçante. Lénine et tout le Politburo, dont Staline fait partie, chantent le même refrain à l'unisson : « Varsovie, Varsovie... »

Aguerri par une mission de responsable de terrain à Tsaritsyne (la future Stalingrad) qui lui a permis de revêtir l'uniforme et de se heurter à Trotski pour la première fois à l'été 1918, l'Homme de fer retourne au front début 1920. À charge pour lui d'intensifier l'offensive contre la Pologne. Une fois sur place, il se garde de suivre à la lettre les consignes de Toukhatchevski. Là-dessus, les Polonais, aidés par une mission militaire française où se distingue un certain capitaine de Gaulle, repoussent l'assaut. Pour faire porter le chapeau de cette déroute au seul Staline et pas à son ami Toukhatchevski, Trotski trouve, c'est sa spécialité, les mots qui blessent, accusant le Géorgien d'importantes « erreurs stratégiques ».

Staline étant de ceux qui n'oublient jamais rien, le *casus belli* entre les deux dirigeants vient de devenir inexpiable. Trotski s'en émeut-il? Pensez-vous : la bave de l'escargot de Géorgie ne saurait atteindre l'étoile rouge qui brille au firmament de la révolution victorieuse.

Ce ne serait pas trop grave si Lénine, affaibli physiquement, ne recherchait pas un homme à poigne, un technicien d'appareil pour contrebalancer... l'influence de Trotski. Le « Vieux », comme l'appellent les bolcheviks, déplore en effet le goût excessif de son brillant second pour « l'aspect administratif des choses ». Autrement dit l'illusion qu'il suffit de donner un ordre pour que celui-ci soit immédiatement suivi d'effet. C'est faire fi des détails pratiques auxquels Staline apporte au contraire le plus grand soin.

Dès avril 1921, Lénine impose son « merveilleux Géorgien » à la tête du secrétariat général du PC (b). À l'époque, il s'agit encore d'un poste administratif plutôt modeste. Mais, mettant à profit la maladie du numéro un, victime d'une première attaque cérébrale en mai 1922, Staline transforme peu à peu son secrétariat en instrument de contrôle de l'appareil.

Sa santé déclinant, Lénine enrage de se sentir tenu à l'écart de certaines décisions. Pour répercuter ses vues au Politburo, il s'appuie sur le Géorgien qui lui rend des visites aussi intéressées qu'assidues, alors que celles des autres dirigeants se raréfient. Le prestige de Staline s'en accroît d'autant. Ajoutez-y les manœuvres de séduction, les airs faussement modestes, les promotions des séides, les limogeages des suspects et des tièdes, et vous comprendrez pourquoi son influence progresse semaine après semaine sans que les autres membres du Politburo s'en rendent compte. Travailleur acharné, il pousse ses pions dans l'appareil, isolant peu à peu Lénine sous prétexte de le protéger.

Bien qu'affaibli, ce dernier comprend la manœuvre. À l'intention du Politburo, il rédige en décembre 1922 un mémoire concernant sa succession. Ce texte, dit plus tard *Testament de Lénine*, renvoie dos à dos Trotski, soulignant avec insistance son passé de rallié de la dernière heure au bolchevisme, et Staline, détenteur d'un pouvoir devenu sans limites dont le père fondateur du bolchevisme n'est « pas sûr qu'il saura toujours en user à bon escient ».

« Fossoyeur de la révolution »

Furieux, le Géorgien se lâche, au point d'insulter au téléphone la femme du numéro un, Nadejda Kroupskaïa. Se cabrant, Lénine ajoute alors un codicille assassin à son « testament » le 4 janvier 1923 : « Staline est trop brutal, et ce défaut, parfaitement acceptable dans notre milieu et entre communistes, n'est pas tolérable lorsqu'on occupe la fonction de secrétaire général. [...] En conséquence, je propose aux camarades de trouver le moyen de le révoquer et de nommer à sa place un homme qui en toutes choses se distingue de lui. »

Comment parer un coup pareil? En divisant le Politburo. En décembre 1923, Staline s'en prend à son rival le plus dangereux au nom de la discipline bolchevique : « L'erreur de Trotski est de s'être opposé au Comité central et d'avoir répandu l'idée qu'il était un surhomme, au-dessus du Comité. »

C'est caresser la bête dans le sens du poil, car les autres dignitaires craignent moins le « terne » Staline que Trotski, Bonaparte en puissance soupçonné d'ourdir une dictature militaire.

Lénine rend son dernier souffle le mois suivant. Vieux bolchevik ambitionnant la place de chef suprême, Zinoviev, qu'appuie son beau-frère Kamenev, sonne aussitôt la charge antitrotskiste. Aveuglés par leur sentiment de supériorité intellectuelle, les deux parents ne voient aucun inconvénient à ce que Staline se joigne à eux pour l'hallali au sein d'un triumvirat. En qualité, croient-ils, de simple factotum.

Et Trotski justement? C'est à la gare de Tbilissi, le 22 janvier, alors qu'il est en demi-vacances dans le Caucase, qu'il a appris la mort de Lénine. Incapable de regagner

Moscou à temps, l'Ukrainien rate ses obsèques, formidable occasion d'apparaître en majesté comme le dauphin du disparu. De retour dans la capitale en avril seulement, il en manque une seconde en acceptant, au nom de « l'unité du Parti », que le *Testament de Lénine* ne soit pas rendu public. S'ensuivent de violentes polémiques entre le triumvirat et lui, toujours aussi méprisant quand il s'adresse aux cercles bolcheviques. Or c'est là que tout se passe en URSS. Là où rien n'échappe désormais à Staline, maître de l'appareil, sauf à Petrograd où les zinoviévistes dominent encore pour un temps.

Confit de son importance, Trotski juge indignes de lui les manœuvres de couloir de ses adversaires. Pis, il agite le chiffon rouge sous le nez de Zinoviev et Kamenev en publiant, fin 1924, les *Leçons d'Octobre*, un petit texte qui rappelle l'attitude hésitante des deux beaux-frères aux heures décisives d'octobre 1917. Résultat : ses partisans et lui perdent peu à peu voix au chapitre[1]. L'étiquette « trotskiste » devient d'usage courant avec son arrière-goût de « travail fractionnel », le pire crime contre le Parti.

Pour Staline, chaque esclandre sera le prétexte à un nouveau gain de terrain. En janvier 1925, Trotski tente un coup de dés qui se retourne contre lui en démissionnant avec fracas du commissariat du peuple à la Guerre. Vers l'automne, effrayés – mais un peu tard – de la montée en puissance du secrétaire général, Zinoviev et Kamenev commencent à se rapprocher de Trotski. En avril 1926 naît ainsi l'Opposition unifiée, qui tient plus de la coalition antistalinienne que d'un projet politique cohérent. Au nom de la « révolution permanente », Trotski s'oppose au Géorgien qui parle de marquer une pause pour construire d'abord le « socialisme dans un seul pays ». Le 18 octobre 1926, un trotskiste américain, Max Eastman, publie l'intégrale

1. Ils commencent à s'autodésigner comme « l'opposition de gauche ».

du *Testament de Lénine* dans le *New York Times*. C'est la goutte d'eau. Quelques jours plus tard, quand l'Homme de fer présente un rapport sur l'opposition, l'affrontement verbal atteint son paroxysme au Politburo :

Staline : « Oui camarades, je suis brutal avec ceux qui sont revenus traîtreusement sur leur parole, avec ceux qui fractionnent et détruisent le Parti. »

Trotski : « Le secrétaire général pose sa candidature au poste de fossoyeur de la révolution. »

Il vient de franchir le Rubicon, mais dans le mauvais sens : celui qui écarte du pouvoir. Témoin de l'algarade, Piatakov, un ami fidèle, ne s'y trompe pas : « Pourquoi Lev Davidovitch a-t-il dit cela ? Staline ne le pardonnera pas à ses arrière-neveux », se lamente-t-il.

C'est connaître le Géorgien sur le bout du doigt. Le 23 octobre, Trotski et Kamenev se voient exclus du Politburo. L'éviction de Trotski et de Zinoviev du Comité central suivra dans un an. Comme la plupart des autres dirigeants bolcheviques, ces hommes ne sont désormais plus que des cadavres en sursis…

La route de l'exil

Tandis que Zinoviev et Kamenev commencent déjà à faire leur soumission, Trotski replonge dans son isolement coutumier. Le 17 janvier 1928, malgré les protestations de ses partisans, le Guépéou, la police politique, le jette dans un train pour Alma-Ata, au Kazakhstan. Si le bannissement intérieur l'attend avec sa famille – et non le peloton d'exécution –, c'est qu'au Politburo les esprits ne sont pas encore mûrs pour l'assassinat des pionniers de 1917. Mais comme nous le savons, cela viendra bientôt.

L'étape suivante, c'est l'expulsion d'URSS, l'exil à l'étranger. En Turquie d'abord, où Trotski va résider d'avril 1929 à novembre 1932. Dans l'île de Prinkipo principalement, où il rédigera d'une plume toujours aussi alerte son autobiographie, *Ma vie*, publiée dès 1930 aux États-Unis. Entouré d'une poignée de fidèles, dont son fils aîné et désormais bras droit, Lev, il tente, moderne Sisyphe du marxisme-léninisme, de tout recommencer en structurant une « opposition de gauche internationale » avec les moyens du bord. Sauf qu'en URSS, objet de son attention, les opposants rendent les armes les uns après les autres. Et qu'en Europe occidentale les petits noyaux trotskistes, traqués par l'appareil des partis communistes stalinisés, peinent à acquérir de l'influence. Les « bolcheviks-léninistes », leur nom officiel, ne dépasseront jamais le stade de groupuscules.

Les pas de l'ancien chef de l'Armée rouge le conduisent ensuite au Danemark, à Prinkipo de nouveau, puis, en juillet 1933, en France. À Royan d'abord, puis à Barbizon où il croise dans un restaurant l'actrice de cinéma Arletty, laquelle dira de lui dans ses Mémoires : « Trotski parlait très bien le français. Comme gueule, il était assez sympathique… »

En avril 1934, le révolutionnaire errant doit quitter la région parisienne pour Domène, près de Grenoble. Contraint de quitter l'Hexagone, il déménage en juin 1935 pour Oslo. Et en décembre 1936, le voilà avec Natalia et leur petite suite en route pour Mexico.

Un couple pourchassé, soudé par le malheur qui s'abat sur les dirigeants trotskistes, méthodiquement assassinés par le Guépéou, mais aussi sur son entourage familial. Dès janvier 1933, victime de l'indifférence d'un père qui ne s'intéresse qu'à son demi-frère, le très politique Lev, Zina, fille aînée de son premier mariage, s'est suicidée à Berlin. Ce sera ensuite le tour de Sergueï, le fils cadet, déporté sur ordre de Staline après son retour volontaire en URSS. Puis de Lev lui-même, mort en février 1938 dans une clinique parisienne, dans des conditions mal éclaircies qui ne prouvent cependant pas une responsabilité du Guépéou.

La mise à mort

À Mexico, Trotski et Natalia sont logés chez un peintre sympathisant, Diego Rivera. L'ancien chef de l'Armée rouge s'autorise d'emblée une liaison avec Frida Kahlo, la femme de Rivera. Il emménage ensuite dans la banlieue de Mexico, avenue Viena à Coyoacán. Sa nouvelle demeure est financée par les cotisations des militants : une villa avec jardin transformée en forteresse. Un groupe multinational de trotskistes armés se relaie pour en assurer la garde.

C'est plus prudent, en effet. « À part Trotski en personne, il n'y a aucune figure politique importante dans le mouvement trotskiste », a tranché Staline. « Si on élimine Trotski, tout danger disparaîtra. » Et de charger le numéro deux du département extérieur du Guépéou, Pavel Soudoplatov, de faire le ménage. Non qu'il craigne le développement d'une IVe Internationale trotskiste lilliputienne créée en septembre 1938 en région parisienne, à Périgny, mais parce qu'aucune précaution ne doit être négligée dans le contexte nouveau créé par l'éclatement de la guerre entre l'Angleterre, la France et l'Allemagne nazie – liée à l'URSS par le pacte germano-soviétique de l'été 1939.

Le 28 mai 1940, un peintre communiste mexicain, David Alfaro Siqueiros, mène une vingtaine de tueurs déguisés en policiers à un premier assaut de la villa de Coyoacán. Malgré la mitraillade intense qui vaudra à ce rapin assez spécial le sobriquet de « peintre au pistolet », c'est un échec. Par miracle, Trotski et Natalia ont échappé aux balles.

Tant pis, recommençons. L'atout secret de Soudoplatov et de son adjoint, Leonid Eitingon, est un jeune communiste espagnol. Camouflé en homme d'affaires belge du nom de Jacques Mornard, Ramón Mercader del Rio a séduit deux ans plus tôt à Paris une militante américaine,

Sylvia Ageloff, assistante sociale à New York et surtout secrétaire occasionnelle de « l'ennemi public numéro un ». Au fil des mois, ce polyglotte de vingt-sept ans est devenu un familier des milieux trotskistes.

Le 20 août 1940, en fin d'après-midi, Mercader pénètre dans la villa de Coyoacán. Le prétexte de sa visite : un article à faire relire par Lev Davidovitch. Trotski, qui n'a guère de considération pour les capacités politiques de l'importun, soupire puis s'enferme avec lui dans son bureau. Chaussant ses lunettes, il se penche sur la feuille de papier que lui tend l'Espagnol. À ce moment, le jeune homme sort de sa poche un piolet de montagne à manche raccourci et d'un geste sec et précis enfonce sept centimètres du fer de l'engin dans le crâne de sa victime. Fidèle à lui-même, le sexagénaire se battra jusqu'au bout. Dans un cri presque surhumain, il se jette sur son cadet, l'étreint avec l'énergie du désespoir, puis enjoint aux gardes accourus de ne pas lyncher l'assassin car il doit parler. Transporté à l'hôpital, l'ancien chef de l'Armée rouge expire le soir peu avant 20 heures.

« À part Trotski en personne, il n'y a aucune figure politique importante dans le mouvement trotskiste » : le pronostic de Staline s'est révélé juste. Son leader assassiné, le trotskisme va certes persister, connaissant même un renouveau dans la jeunesse scolarisée après les événements de mai 1968 en France. Mais sans menace sérieuse pour le communisme officiel, auquel son destin de courant dissident minoritaire restera lié selon le vœu même de Trotski. En refusant de couper intellectuellement les ponts avec une URSS totalitaire mais « socialiste quand même », l'étoile déchue du Politburo donnait d'avance raison à son futur assassin.

Rémi KAUFFER

Bibliographie sélective

Broué, Pierre, *Trotsky*, Paris, Fayard, 1988.

Courtois, Stéphane et Werth, Nicolas (dir.), *Le Livre noir du communisme. Crimes terreur, répression*, Paris, Robert Laffont, 1997.

Dazy, René, *Fusillez ces chiens enragés !... Le génocide des trotskistes*, Paris, Olivier Orban, 1981.

Deutscher, Isaac, *Staline*, Paris, Gallimard, 1973.

—, *Trotsky, le prophète armé (1879-1921)*, Paris, Omnibus, 1996.

—, *Trotsky, le prophète désarmé (1921-1929)*, Paris, Omnibus, 1996.

—, *Trotsky, le prophète hors la loi (1929-1940)*, Paris, 10/18, 1998.

Frerejean, Alain, *Staline contre Trotski*, Paris, Perrin, 2016.

Sebag Montefiore, Simon, *Le Jeune Staline*, Paris, Calmann-Lévy, 2008.

Service, Robert, *Lénine*, Paris, Perrin, 2000.

—, *Staline*, Paris, Perrin, 2004.

—, *Trotski*, Paris, Perrin, 2009.

Soudoplatov, Pavel, Soudoplatov, Anatoli, Schecter, Jerrold et Schecter, Leona, *Missions spéciales, mémoires du maître-espion soviétique Pavel Soudoplatov*, Paris, Seuil, 1994.

Souvarine, Boris, *Staline, aperçu historique du bolchevisme*, Paris, Champ Libre, 1985.

Van Heijenoort, Jean, *Sept ans auprès de Léon Trotski de Prinkipo à Coyoacàn*, Paris, Les Lettres nouvelles/Maurice Nadeau, 2016.

16

CHURCHILL CONTRE HITLER

Le lion contre l'aigle

Le caporal autrichien et le lieutenant-colonel britannique ont tous deux combattu dans les Flandres durant la Grande Guerre ; tous deux en sont sortis miraculeusement indemnes, et ce conflit si funeste au plus grand nombre a exercé une influence déterminante sur leur carrière ultérieure – pour des raisons très différentes, il est vrai. La seconde tragédie, survenue une décennie plus tard, c'est la grande crise mondiale de 1929, qui affecte elle aussi les destinées de millions d'individus. Cette fois encore, Adolf Hitler et Winston Churchill font partie du nombre, et l'histoire du XX*e siècle va s'en trouver bouleversée de fond en comble.*

Le caporal Hitler, architecte manqué, peintre en cartes postales, agitateur de brasseries, putschiste malheureux et chef d'un petit parti nationaliste, antisémite et antibolchevique, n'était plus guère pris au sérieux en Allemagne depuis 1925, car le retour de la prospérité, l'élection du président Hindenburg et l'apaisement des tensions européennes avaient considérablement réduit l'influence des extrémistes. Mais la grande crise de 1929, avec les faillites en chaîne, l'effondrement de l'économie, les millions de chômeurs, la généralisation de la misère et l'instabilité politique permanente ont rendu soudain plus audible le discours haineux et revanchard d'Adolf Hitler. Son parti, le NSDAP, bénéficie en outre du concours de Gregor Strasser avec ses talents d'organisateur, d'Hermann Goering fort de ses relations dans les milieux d'affaires, de Joseph Goebbels doté du génie diabolique de la propagande, et d'Ernst Röhm avec la capacité d'intimidation des centaines de milliers de chômeurs entrés dans ses sections d'assaut. Hitler obtient donc un succès croissant lors des élections de septembre 1930 et de mars 1932, jusqu'à ce qu'en juillet de cette année-là le NSDAP devienne le premier parti au Reichstag. Or, dès 1925, le Führer avait exposé ses conceptions politiques dans un livre touffu et menaçant intitulé *Mein Kampf* : elles étaient fondées sur l'antisémitisme, l'expansionnisme, l'anticommunisme et un totalitarisme sans concessions.

Convergences et divergences

Le séisme économique qui a rapproché Adolph Hitler du pouvoir en a éloigné Winston Churchill. À cinquante-huit ans, ce vétéran de quatre guerres, député depuis trois décennies et neuf fois ministre, est retourné dans l'opposition lorsque la grande crise a porté le parti travailliste au pouvoir ; il a même dû quitter le *Shadow Cabinet* conservateur lorsqu'il s'est trouvé en désaccord complet avec les dirigeants de son parti sur la question indienne. Patriote, profondément attaché à la monarchie, à la démocratie, au parlementarisme et à l'Empire, Churchill est aussi tolérant et pacifique qu'Hitler est fanatique et agressif. Pourtant, une chose au moins pourrait rapprocher les deux hommes : si Churchill est moins germanophile que francophile, il reste un admirateur du peuple allemand, de ses capacités et de ses réalisations ; avant 1914 et après 1918, il n'a cessé de préconiser une réconciliation entre l'Allemagne et la

Grande-Bretagne, ainsi que l'instauration d'une étroite coopération anglo-franco-allemande.

Hitler, pour sa part, est résolument anglophile. Voilà qui peut surprendre de la part d'un ancien soldat qui a combattu les Britanniques pendant toute la Grande Guerre, mais le fait demeure : son admiration pour le « peuple anglais de race germanique », avec son immense empire et sa flotte maîtresse des mers, est à peu près illimitée, et il rêve lui aussi d'une alliance anglo-allemande, ainsi qu'on peut le lire à maintes reprises dans *Mein Kampf* : « L'Angleterre et l'Italie sont les deux seuls États en Europe avec lesquels il est possible et souhaitable de forger une étroite relation. [...] Il n'y a aucune raison pour que se perpétue l'animosité anglaise envers l'Allemagne. »

Churchill ne pourrait qu'approuver, mais il y a une nuance dans la conception des deux hommes, et elle est de taille : Churchill envisage une coopération diplomatique et économique, tandis qu'Hitler rêve d'une alliance en vue de conquêtes militaires sur le continent. « Si l'Allemagne, écrit-il, mène à bien une réorientation politique fondamentale qui n'entre pas en conflit avec les intérêts maritimes et commerciaux fondamentaux de l'Angleterre, mais se limite plutôt à des buts continentaux, alors il n'y aura plus de raisons logiques à l'hostilité de l'Angleterre. »

Les rendez-vous manqués

Au début des années 1930, le député Churchill ne sait à peu près rien d'Adolf Hitler et de ses écrits; il ne lit pas l'allemand et la version anglaise abrégée de *Mein Kampf* ne paraîtra qu'en octobre 1933. Mais à l'été de 1932, les deux hommes manqueront de peu l'occasion de se rencontrer : à cette époque, Churchill, ayant entrepris d'écrire une biographie du premier duc de Marlborough, se rend en Allemagne pour visiter les champs de bataille où s'est illustré son célèbre ancêtre. Au début de septembre, il séjourne donc à Munich, et il racontera lui-même la suite : « À l'hôtel Regina, un homme se présenta à quelques-uns de mes compagnons. Il s'appelait Herr Hanfstaengl et parlait beaucoup du "Führer", dont il semblait être un intime. Ce garçon paraissant aussi enjoué que loquace, et parlant en outre excellemment l'anglais, je l'invitai à dîner. Il nous fit un tableau des plus intéressants de l'activité et des opinions d'Hitler. [...] Il me dit que je devrais le rencontrer, et que rien ne serait plus facile à organiser : Herr Hitler venait chaque jour à l'hôtel vers 5 heures et serait très heureux de me voir. Je n'avais alors aucun préjugé d'ordre national contre Hitler. Je connaissais mal sa doctrine et sa carrière, et pas du tout son caractère. J'admire les hommes qui prennent la défense de leur pays dans la défaite, même si je suis de l'autre bord. Il avait parfaitement le droit d'être un patriote allemand, et pour ma part, j'ai toujours voulu voir l'Angleterre, la France et l'Allemagne se lier d'amitié. Pourtant, au cours de ma conversation avec Hanfstaengl, j'en vins à lui demander : "Pourquoi votre chef est-il si violent envers les Juifs ? Je conçois très bien que l'on soit monté contre les Juifs qui ont commis des méfaits ou se dressent contre le pays, et je comprends qu'on leur résiste s'ils essaient d'accaparer le pouvoir dans un quelconque domaine, mais à quoi bon combattre un homme du seul fait de sa naissance ? Comment peut-on être tenu pour responsable de sa naissance ?" Sans doute rapporta-t-il ces propos à Hitler, car le lendemain, vers midi, il vint me trouver avec un air plutôt grave, et me dit que le rendez-vous qu'il m'avait fixé avec Hitler ne pourrait avoir lieu, parce que le Führer ne viendrait pas à l'hôtel cet après-midi-là. [...] C'est ainsi qu'Hitler perdit son unique chance de me rencontrer. »

En fait, Churchill n'avait saisi que les apparences de l'affaire. C'est que la rencontre avec Ernst « *Putzi*[1] » Hanfstaengl ne devait absolument rien au hasard : le fils de Churchill, Randolph, jeune journaliste en quête d'un article sensationnel, avait pris contact de longue date avec Hanfstaengl, responsable des relations du parti national-socialiste avec la presse étrangère, pour qu'il organise une rencontre entre Hitler et Churchill. Hanfstaengl, qui espérait saisir cette occasion pour élargir quelque peu les vues étroites du Führer, avait donné rendez-vous aux voyageurs britanniques à l'hôtel où descendait habituellement Hitler (le Continental, et non le Regina), après quoi il s'était mis en devoir de persuader le Führer de rejoindre l'illustre visiteur à l'heure du dîner. Hitler, craignant de se retrouver en état d'infériorité lors d'un entretien qu'il ne pourrait contrôler[2], s'était montré des plus réticents, mais avait fini par accepter de les rejoindre à l'heure du café. Ce soir-là, Hanfstaengl, par ailleurs virtuose du piano, s'était donc efforcé de distraire les hôtes britanniques en attendant l'apparition du Führer. Celui-ci ne se montrant toujours pas, Hanfstaengl était parti téléphoner et avait croisé dans le hall de l'hôtel un Hitler qui quittait subrepticement les lieux. Mortifié, Hanfstaengl avait terminé la soirée avec Churchill, qui l'avait effectivement interrogé sur les premiers débordements antisémites du Führer, et lui avait également demandé : « Que pense votre chef d'une alliance entre votre pays, la France et l'Angleterre ? » Il faut se souvenir que tout cela se passe en 1932.

1. « Petit garçon » (il mesure deux mètres).

2. Hitler, tribun hors pair devant les foules, est en revanche très mal à l'aise lors d'entretiens en tête à tête – et bien plus encore lorsque l'interlocuteur potentiel est précédé d'une réputation mondiale de combattant, d'homme d'État, d'écrivain et d'orateur.

Rupture définitive

Lorsque le vieux président Hindenburg, pressé par son entourage[3], fait finalement appel à Hitler le 30 janvier 1933, Churchill, comme beaucoup d'autres, peut escompter que le nouveau chancelier s'apaisera sous l'influence des responsabilités gouvernementales. Au cours des mois suivants, l'incendie du Reichstag, l'instauration d'un État policier, la mise au pas de l'opposition politique, des syndicats et des Églises, les premières mesures de répression contre les Juifs et le début du réarmement vont commencer à le détromper, mais c'est la Nuit des longs couteaux, avec son cortège d'arrestations et d'assassinats, qui achève de lui ouvrir les yeux : l'Allemagne est désormais sous la coupe d'un régime criminel, entièrement dépourvu de scrupules et terriblement dangereux pour la paix du monde. Dès lors, cette conviction ne cessera plus de se refléter dans ses discours aux Communes et ses articles de presse, qui invitent le gouvernement à la fermeté diplomatique, au resserrement des alliances sur le continent et à l'abandon du désarmement : « Nous ne pouvons nous permettre d'assister à la prédominance du système nazi, avec ses attributs actuels de cruauté et d'intolérance, avec ses rancœurs et ses armes étincelantes. »

De fait, entre 1935 et 1937, le réarmement terrestre et naval, la remilitarisation de la Rhénanie, les outrances de la propagande et la diplomatie d'intimidation en Europe centrale révèlent clairement les ressorts agressifs de la politique hitlérienne. Pourtant, le gouvernement conservateur de Stanley Baldwin est aussi insouciant que conciliant, et l'on voit durant toute cette période d'innombrables membres des cercles dirigeants britanniques se succéder à

3. Notamment son fils Oskar et l'ancien chancelier von Papen.

Berlin comme à Berchtesgaden : le propriétaire de l'*Observer* lord Astor, l'ancien Premier ministre Lloyd George, le lord du Sceau privé Charles Londonderry, le magnat de la presse lord Rothermere, le ministre des Affaires étrangères lord Halifax, le ministre de l'Intérieur John Simon, le leader fasciste Oswald Mosley, sa belle-sœur Unity Mitford, l'ancien secrétaire d'État aux Indes lord Lothian, le duc de Windsor et bien d'autres encore. Tous admirent l'étalage de puissance des nazis, la plupart voient en Hitler la meilleure garantie contre l'expansion du communisme, et beaucoup disent à Hitler ce qu'il veut entendre : Churchill est un homme usé, qui n'a plus la moindre influence dans son pays. Pourtant, le Führer, réputé pour son sixième sens, ne se laisse pas rassurer aussi aisément ; à présent qu'il est fermement installé au pouvoir, il pense pouvoir subjuguer par sa puissance ce prodigieux tribun, dont les discours nuisent malgré tout à son image dans le monde. Après tout, Churchill ne s'était-il pas prononcé en faveur d'une réconciliation anglo-allemande ? N'est-il pas le plus vieil antibolchevique du royaume ? Avec un tel homme, il doit être possible de s'entendre, et par deux fois, en 1936 et 1937, Churchill est invité à Berlin…

Il donnera lui-même une idée des résultats obtenus : « J'aurais été heureux de rencontrer Hitler si j'avais eu derrière moi l'autorité de la Grande-Bretagne. Mais en le rencontrant à titre privé, j'aurais été en situation d'infériorité, et mon pays avec moi. […] Je refusai donc les deux invitations, ou plutôt je n'y donnai pas suite. » En mai 1937, nullement découragé, Hitler fait inviter Churchill à l'ambassade du Reich par son représentant Joachim von Ribbentrop, qui lui expose sans ambages les propositions du Führer : l'Allemagne doit conquérir un espace vital à l'Est, qui inclura entre autres la Pologne, la Biélorussie et l'Ukraine. Tout ce qui est demandé à la Grande-Bretagne, c'est qu'elle lui laisse les mains libres pour procéder à ces annexions, en échange de quoi Hitler est prêt à garantir et même à défendre l'intégrité du Commonwealth et de l'Empire britannique. Mais Churchill lui répond sans hésiter que son pays, même s'il est en mauvais termes avec l'URSS, ne pourra jamais permettre à l'Allemagne d'occuper l'Europe centrale et orientale. Ribbentrop lui ayant déclaré que dans ce cas une guerre est inévitable, Churchill lui lance cet avertissement : « En parlant de guerre, vous ne devez pas sous-estimer l'Angleterre. C'est un curieux pays, dont peu d'étrangers comprennent la mentalité. Il ne faut pas la juger d'après l'attitude du régime actuel. Une fois confrontés à un grand défi, ce même gouvernement et cette même nation sont capables de toutes sortes de réactions imprévues. Si vous nous plongez tous dans une nouvelle Grande Guerre, l'Angleterre lancera le monde entier contre vous, exactement comme la dernière fois. »

Apostrophes

C'est une mise en garde aussi explicite que prophétique, mais Hitler n'en tient aucun compte, et la politique d'apaisement du nouveau Premier ministre, Neville Chamberlain, semble plutôt l'encourager dans la voie de l'expansion à outrance ; à l'Anschluss de mars 1938 succèdent les menaces contre la Tchécoslovaquie, dont Hitler va obtenir le démembrement à la suite de la conférence de Munich au mois de septembre. Contrairement à l'immense majorité de ses compatriotes, Churchill considère Munich comme une capitulation aussi honteuse que dangereuse de la part de Chamberlain, et le 5 octobre, il prononce aux Communes l'un de ses plus remarquables réquisitoires : « Nous avons subi une défaite totale et sans mélange. [...] Vous verrez que dans quelque temps, un temps qui se mesurera peut-être en années, mais peut-être aussi en mois, la Tchécoslovaquie sera entièrement engloutie par le régime nazi. [...] Notre peuple doit savoir que nous avons subi une défaite sans guerre, dont les conséquences nous accompagneront longtemps sur notre chemin. [...] Et ne croyez pas que c'est fini ; ce n'est que le début du règlement de comptes, la première gorgée, le premier avant-goût d'une coupe amère qui nous sera présentée, année après année, à moins que, dans un ultime sursaut de santé morale et de vigueur martiale, nous nous relevions pour défendre notre liberté, comme au temps jadis. »

Cette majestueuse diatribe contre « l'homme qui a sauvé la paix » sera soutenue par quelques rares hommes politiques, comme l'ancien ministre des Affaires étrangères Anthony Eden et le Premier lord de l'Amirauté Duff Cooper[4], mais elle fera aisément de Churchill l'homme le plus impopulaire du royaume. Plus encore, elle va attirer sur lui les foudres du maître de l'Allemagne, déjà outré par les réactions négatives de la presse internationale à son endroit depuis la conférence de Munich. Le 6 novembre, dans son discours de Weimar, il s'en prend nommément à son antagoniste, en bafouillant littéralement de rage : « Si M. Churchill passait moins de temps dans les cercles d'immigrés, c'est-à-dire avec des traîtres à leur pays, et davantage de temps avec des Allemands, il se rendrait compte de la folie et de la stupidité de ses propos ineptes. [...] Tant que d'autres parlent de désarmement, alors qu'ils continuent à pousser à la guerre, nous devons en conclure qu'ils ne veulent rien d'autre que nous dépouiller de nos armes, afin de nous réserver à nouveau le sort de 1918-1919. Et dans ce cas, ma seule réponse à M. Churchill et à ses semblables sera celle-ci : c'est arrivé une fois, et cela ne se répétera jamais ! »

4. Qui démissionnera en guise de protestation contre les accords de Munich.

Churchill répond presque immédiatement dans un discours aux Communes, et c'est la première fois que les deux hommes dialoguent par médias interposés : « Je suis surpris que le dirigeant d'un grand État s'en prenne à des membres du Parlement britannique qui n'ont aucune responsabilité gouvernementale et ne sont pas même des chefs de partis. Une telle action de sa part ne peut que renforcer leur prestige, car leurs concitoyens ont eu tout loisir de se faire une opinion sur leur compte et n'ont vraiment pas besoin d'assistance étrangère à cet égard. Herr Hitler se trompe en supposant que MM. Eden, Duff Cooper, moi-même et les chefs des partis libéral et travailliste sont des bellicistes. Aucun d'eux n'a jamais songé à commettre un acte d'agression contre l'Allemagne. Il est vrai, en revanche, que nous sommes soucieux de faire en sorte que notre pays soit convenablement défendu, afin que nous puissions demeurer libres et en sécurité, et aussi aider tous ceux envers qui nous avons des obligations. »

Deux jours plus tard, dans un discours commémorant le quinzième anniversaire du putsch manqué de Munich, Hitler revient à son obsession : « En France et en Grande-Bretagne, les hommes qui veulent la paix sont au gouvernement ; mais demain, peut-être seront-ils remplacés par ceux qui veulent la guerre. M. Churchill pourrait être Premier ministre demain ! » Et puis, comme souvent, le Führer oublie ses craintes et toute prudence, pour se lancer à nouveau dans une politique d'agression effrénée : en mars 1939, ses troupes occupent ce qui reste de la Tchécoslovaquie et les premières menaces pèsent sur la Pologne. L'entrée à Prague sans la moindre réaction de Londres ou de Paris achève de convaincre Hitler qu'il a « affaire à des nullités », et qu'il peut sans risque passer au plan *Weiss*, l'attaque de la Pologne. Les propos tenus devant ses officiers sont entièrement dépourvus d'ambiguïté à cet égard : « La situation ne nous a jamais été aussi favorable. Nous avons de l'avance en matière d'armements, tandis que l'Angleterre est à la traîne. J'ai rencontré à Munich Chamberlain, l'homme au parapluie, ainsi que Herr Daladier. Ils ne pourront pas m'empêcher de régler la question polonaise. Les commères des salons de thé londoniens et parisiens vont devoir se tenir tranquilles cette fois encore. Il faut poursuivre les préparatifs du plan *Weiss*. [...] S'il y a une guerre, elle restera limitée à la Pologne. Ce plan *Weiss* ne débouchera jamais, jamais, jamais sur une guerre mondiale. Si une confrontation avec l'Angleterre devenait inévitable, c'est moi qui en choisirais le moment, [...] mais pas avant 1943-1944. Nous n'avons rien à perdre, tout à gagner. Nos adversaires ont des dirigeants qui sont en dessous de la moyenne. Pas de personnalités, pas de maîtres, pas d'hommes d'action. »

À l'évidence, Churchill a été entièrement oublié – ou bien Hitler pense qu'il est toujours aussi impopulaire dans son pays, et tenu éloigné du pouvoir par cet « homme au parapluie » prêt à toutes les bassesses pour préserver la paix. Ce n'est pas déraisonnable, mais le Führer a fatalement sous-estimé la pression de l'opinion publique, de la presse et du Parlement sur Neville Chamberlain depuis le dernier coup de force allemand sur Prague. Or, à la fin du mois d'août 1939, cette pression est telle que le Premier ministre n'est plus vraiment maître de sa politique; et lorsque la Wehrmacht pénètre en Pologne au début de septembre, il n'a d'autre choix que de faire ce qu'Hitler était persuadé qu'il ne ferait jamais : déclarer la guerre à l'Allemagne et inclure Churchill dans son gouvernement. Les deux mesures pratiquement simultanées vont causer au Führer un choc assez rude, et dans l'après-midi du 3 septembre, alors qu'Albert Speer attend d'être reçu à la chancellerie du Reich, il voit le maréchal Goering sortir du bureau d'Hitler en tenant à la main le communiqué de presse annonçant la nomination de Winston Churchill au poste de Premier lord de l'Amirauté : « Goering, notera Speer, s'est laissé tomber dans le fauteuil le plus proche, et il a dit d'une voix lasse : "Churchill dans le cabinet, cela veut dire que la guerre commence pour de bon." » Comme toujours, Hermann Goering est la voix de son maître…

Dans la tourmente

Pourtant, Hitler, dont la capacité d'autosuggestion est sans limites, a tôt fait de se persuader que la Grande-Bretagne et la France, ayant déclaré la guerre pour la forme, n'oseront jamais la mener. De fait, elles n'entreprennent rien pour secourir la Pologne, qui est vaincue en moins de quinze jours avec la complicité active de l'URSS[5]. Même après cela, le conflit à l'Ouest va se limiter pendant tout l'hiver à quelques escarmouches sur mer et dans les airs, ainsi qu'à une guerre de propagande très active, qui sert surtout aux protagonistes à remonter le moral de leurs populations civiles. Churchill, en maître incontesté de cet exercice, déclare aux Communes dès le mois d'octobre : « Nous souffrirons et continuerons à souffrir, mais nous finirons par les décourager. » Le 12 novembre, il assure même au micro de la BBC que « le monde entier s'oppose à Hitler et à l'hitlérisme » – ce qui a dû paraître assez exagéré à Berlin, Rome, Tokyo et Moscou…

À partir du printemps de 1940, lorsque la parole est aux armes, c'est Hitler qui triomphe : entre avril et juin, sa Wehrmacht et sa Luftwaffe se rendent maîtres successivement de la Norvège, du Danemark, de la Belgique, des Pays-Bas et de la France. Mais c'est précisément son éclatante victoire en Norvège qui a entraîné ce qu'il redoutait le plus : à Londres, le 10 mai, Churchill a remplacé

5. En vertu des accords secrets du pacte de non-agression signé par Ribbentrop et Molotov le 23 août 1939.

Chamberlain au poste de Premier ministre. Le Führer, qui ne doute de rien, pense que Churchill acceptera de négocier avec lui plutôt que de subir une invasion devenue inévitable. Tel est le sens de son discours du 19 juillet au Reichstag, à l'occasion duquel il tend à son adversaire un rameau d'olivier au bout d'un sabre d'abordage : « Je considère comme mon devoir d'en appeler une fois de plus à la raison et au bon sens. Je crois pouvoir lancer cet appel, parce que je ne suis pas le vaincu qui quémande des faveurs, mais le vainqueur qui parle au nom de la raison. Je ne vois pas pourquoi cette guerre devrait se prolonger. »

Churchill, lui, le voit parfaitement, et il laisse lord Halifax, l'ancien chantre de l'*appeasement*, rejeter cette offre de paix sommaire et condescendante. C'est que le nouveau Premier ministre et ministre de la Défense a bien d'autres tâches : il organise, supervise, galvanise, tyrannise, arme les citoyens, encourage les Alliés, exhorte les neutres, défie les adversaires : « Notre politique, c'est de faire la guerre, sur mer, sur terre et dans les airs, de toute notre puissance et avec toute la force que Dieu pourra nous donner ; de faire la guerre contre une monstrueuse tyrannie, sans égale dans tout le sombre et lamentable registre des crimes de l'humanité. Notre but, c'est la victoire ; la victoire à tout prix, la victoire en dépit de toutes les terreurs, la victoire, si long et difficile que puisse être le chemin. »

Duel à mort

Hitler enrage ; puisque décidément cet infernal bonimenteur refuse d'entendre raison et que son peuple semble le suivre, il va falloir à nouveau faire parler les armes. À la mi-août 1940, la Luftwaffe s'attaque pour de bon aux îles Britanniques, afin d'ouvrir la voie à une invasion navale. Mais cet instrument perfectionné qu'est l'aviation allemande va bientôt s'enrayer : conçue pour le *blitzkrieg*, elle n'est pas adaptée à une guerre d'attrition loin de ses bases, d'autant qu'elle se heurte à un ennemi courageux, bien équipé, guidé par radar et combattant sur son propre terrain. À l'approche de l'automne, lorsque les pertes de la Luftwaffe se font trop lourdes et l'opération navale trop incertaine, Hitler renonce à l'invasion.

C'est qu'il a commencé dès la fin de juillet à faire étudier l'attaque de l'URSS, afin, dit-il à ses généraux, « de retirer à l'Angleterre sa dernière base sur le continent [...] et toute possibilité d'alliance ». Bien sûr, son rêve, maintes fois exprimé depuis quinze ans, était d'enrôler les Anglais de sang aryen dans une croisade contre l'URSS, alors qu'il prétend maintenant vaincre l'URSS pour mieux se retourner ensuite contre l'Angleterre. Mais qui a jamais compris l'esprit tourmenté du Führer ? Pour l'heure, en tout cas, il va devoir mener la guerre sur deux fronts – et même trois, car celui de Méditerranée, entre Grèce et Libye, n'est pas le moins animé...

Au printemps de 1941, Hitler peut encore espérer décourager les Britanniques, qui sont malmenés en Grèce, en Crète, en Cyrénaïque et en Tripolitaine – et peut-être même les décider à rejoindre sa croisade antibolchevique. Mais le 22 juin 1941, lorsque se déclenche l'opération *Barbarossa*, il va devoir déchanter : dans un discours radiodiffusé, Churchill annonce : « Tout homme, toute nation, qui poursuivra la lutte contre le nazisme aura notre appui. [...] Il s'ensuit que nous apporterons toute l'aide possible à la Russie et au peuple russe. » Et le plus vieil antibolchevique d'Angleterre confiera à son secrétaire ce jour-là : « Si Hitler envahissait l'enfer, je mentionnerais au moins le diable en termes favorables à la Chambre des communes ! »

À travers toutes les péripéties de la guerre en URSS, en Méditerranée, dans l'Atlantique, en Libye, en Égypte, dans la Manche, en Sicile, en Italie, dans les Balkans, en Europe centrale, en France et au-delà, les deux dirigeants vont continuer à s'écouter sur les ondes, à s'invectiver et à s'observer au travers des actualités filmées, des documents décryptés, des rapports, des rumeurs, des publications et des indiscrétions. C'est Otto Dietrich, le chef des services de presse du Reich, qui décrira le mieux l'attitude du Führer face à son ennemi juré : « Churchill, ce bon vivant avec son goût immodéré du whisky et son inévitable cigare à la bouche, était une abomination aux yeux d'Hitler, l'abstinent et le non-fumeur. Lorsqu'il a appris que Churchill avait l'habitude de dicter le matin depuis sa salle de bains, et lorsqu'il a vu une photo de Churchill penché sur un évangile en train de prier pour la victoire, il est devenu absolument fou de rage. Je lui donnais toujours le texte intégral ainsi que le résumé des discours exaltants de Churchill. Il les lisait avec soin, et d'après ses commentaires parfaitement superficiels et insignifiants, je pouvais conclure qu'il les admirait en secret. Mais il n'en discutait jamais sérieusement. Comme la plupart des hommes de son entourage ne cachaient pas que ces discours les impressionnaient, Hitler lui-même se cantonnait dans un silence glacé. [...] Il était incapable d'admettre que Churchill avait les qualités d'un grand homme. Ce même Churchill qui n'avait jamais cessé de s'en prendre au bolchevisme s'était allié à Staline contre lui. Pour cela, Hitler le haïssait à tel point que tout jugement objectif s'en trouvait exclu. »

Churchill, lui, se montre plus objectif, mais non moins véhément et opiniâtre : « Je n'ai qu'un seul but et une seule politique, c'est d'abattre Hitler, et ma vie s'en trouve considérablement simplifiée. » De fait, il y travaille chaque jour et pratiquement chaque nuit, par ses instructions, ses inspections, ses mémorandums, ses communiqués de presse, ses conférences avec ses alliés, et bien sûr ses inimitables discours : « Je pense qu'en définitive on s'apercevra que les dictateurs, en dépit de tous leurs préparatifs et de tous leurs complots savamment ourdis, ont commis de plus grandes erreurs que les démocraties qu'ils ont assaillies. Hitler lui-même fait parfois des erreurs ; en juin dernier, sans la moindre provocation et en violation d'un pacte de non-agression, il a envahi les terres du peuple russe. [...] Puis il a fait sa seconde grande erreur : il a oublié l'hiver. Il y a un hiver en Russie, vous savez. Pendant bien des mois, la température peut chuter considérablement. Il y a du gel, il y a de la neige et tout le reste. Eh bien, Hitler a oublié cet hiver russe ; il a dû recevoir une éducation très imparfaite. Nous, nous en avions tous entendu parler à l'école... »

De fait, l'humour fait partie intégrante du personnage. Au secrétaire du Cabinet, sir Norman Brook, il écrit ainsi le 6 juillet 1942 : « Si Hitler tombe entre nos mains, nous ne manquerons pas de le mettre à mort[6]. [...] Par quel moyen ? La chaise électrique réservée aux gangsters, dont je ne doute pas que nous l'obtiendrons en prêt-bail. » Mais par-delà l'ironie, l'humour, le dégoût et la détestation, il y a l'objectif unique, simple et clair, celui qu'il énonce une fois encore sur les ondes de la BBC le 21 mars 1943 : « En parlant sous toutes réserves et sans vouloir prophétiser, j'imagine que l'année prochaine – à moins que ce ne soit l'année d'après –, nous serons en mesure de battre Hitler, et j'entends par là l'anéantir, le pulvériser, le réduire en cendres, lui et ses pouvoirs maléfiques. »

On découvre avec surprise que, pendant les cinq années de cette guerre totale, les deux protagonistes savent finalement bien peu de choses l'un de l'autre : Churchill n'a aucune idée de l'endroit où se trouvent les divers quartiers généraux du Führer, que ce soit en Prusse-Orientale, en

6. L'année précédente, il voulait seulement « l'exiler sur une île quelconque », tout en ajoutant : « Mais pas question de profaner Sainte-Hélène. »

Ukraine ou même à Berlin ; le Berghof lui est certes familier, mais il n'est que très épisodiquement occupé pendant la guerre. Par ailleurs, Churchill ne sait à peu près rien du proche entourage d'Hitler : ainsi, Bormann, l'« Éminence brune » du Führer, lui est totalement inconnu, de même que tous ceux qui constituent ses courroies de transmission : le chef de l'OKW Keitel, le commandant de sa section des opérations Jodl, les chefs d'état-major Halder, von Brauchitsch et Zeitzler. Hitler, lui, connaît bien sûr Downing Street et Chartwell, mais la résidence des Chequers n'évoque rien pour lui, non plus que les *Cabinet War Rooms*, centre nerveux souterrain de la stratégie britannique sous Great George Street. En outre, sans doute par effet de miroir, le Führer pense que Churchill et Roosevelt déterminent à eux seuls la stratégie alliée, tandis que les noms des chefs d'état-major britanniques Brooke, Portal, Pound et Cunningham lui sont parfaitement étrangers, de même que ceux de Marshall, King et Arnold du côté américain[7].

Le mépris

À mesure que la guerre se prolonge, c'est probablement cette personnalisation à outrance qui explique la véhémence croissante d'Hitler à l'égard de Churchill et de Roosevelt. Sa secrétaire Christa Schröder se souviendra que lorsque le Führer dictait le nom de Churchill, il l'accompagnait invariablement du qualificatif « alcoolique », et que sa voix se

7. Plus généralement, rien n'indique qu'Hitler ait reconnu le rôle déterminant des *Joint Chiefs of Staff* et des *Combined Chiefs of Staff* dans l'élaboration de la stratégie alliée – ces organismes n'étant jamais mentionnés lors de ses conférences de situation ou de ses entretiens particuliers.

faisait nettement plus aiguë. Il y a là de la haine, mais aussi du mépris : Hitler, oubliant que ses troupes ont été battues successivement à El-Alamein, Tunis, Messine, Rome, Caen, Toulon, Bastogne et Strasbourg, n'en considère pas moins que Churchill, « le chacal », « le poivrot », « le sac à vent », « le menteur congénital », « le mercenaire des Juifs », est en outre un très mauvais stratège : « Lorsqu'on compare Churchill au Lloyd George de la dernière guerre, affirme-t-il, on ne peut nier que la qualité des dirigeants britanniques s'est effroyablement dégradée[8]. » Pourtant, Hitler ne cessera jamais de guetter dans la presse anglaise et internationale la moindre information indiquant que ce même homme serait sur le point d'être renversé par le Parlement, par l'armée, ou par un soulèvement populaire…

Le Premier ministre de Sa Majesté tient également son adversaire pour un piètre stratège, mais il en tire des conclusions beaucoup plus rationnelles. Le 28 septembre 1944, il déclare ainsi à la Chambre des communes : « Je déteste toujours comparer Napoléon à Hitler, car il me semble que c'est insulter le grand empereur et grand homme de guerre que de le comparer d'une façon quelconque à un misérable boucher et chef de bande. Mais il me faut au moins relever une analogie : tous deux étaient par tempérament incapables de céder le moindre pouce du terrain qu'ils avaient conquis du temps où la fortune leur souriait. Ainsi, après Leipzig, en 1813, Napoléon avait laissé toutes ses garnisons sur le Rhin, et 40 000 hommes à Hambourg. Il avait refusé de soustraire bien d'autres composantes cruciales de ses armées, et avait dû commencer sa campagne de 1814 avec des recrues sans entraînement et quelques troupes expérimentées rappelées d'Espagne

8. Curieusement, Hitler exprimera un tout autre respect pour les capacités stratégiques du maréchal Staline – sans connaître davantage ses chefs d'état-major et son processus de prise de décision.

en catastrophe. Hitler, de même, avait éparpillé les armées allemandes aux quatre coins de l'Europe, et par son obstination à chaque stade, depuis Stalingrad et Tunis jusqu'au moment présent[9], il s'est privé de la possibilité de concentrer ses forces pour la lutte finale. [...] Lorsque Herr Hitler a échappé à l'attentat à la bombe du 20 juillet, il a déclaré que sa survie était un signe de la Providence. Il me semble que, d'un point de vue purement militaire, nous pouvons tous lui donner raison, car il aurait été fort malheureux pour les Alliés de se trouver privés, dans les dernières phases de la guerre, de cette forme particulière de génie militaire qui a permis au caporal Hitler de contribuer si notablement à notre victoire. »

Fin de partie

Cette victoire survient finalement sept mois plus tard, lorsque Hitler, ayant épuisé toutes les ressources de sa stratégie, choisit de quitter le théâtre de ses tristes exploits. Avant de se donner la mort, il rédige un testament politique dans lequel on peut lire : « La guerre a été voulue et provoquée uniquement par des hommes d'État d'origine juive ou travaillant pour les intérêts juifs. » Dans l'esprit passablement perturbé du Führer, ces deux termes désignaient en tout premier lieu Roosevelt et Churchill[10]...

Le 1er mai 1945, apprenant par Radio Berlin qu'Hitler est décédé « en luttant jusqu'à son dernier souffle contre

---

9. Lors de ces batailles, ainsi qu'en Crimée et en Normandie, le Führer avait interdit toute retraite, provoquant à chaque fois l'encerclement de ses armées.

10. Pour des raisons connues de lui seul, Hitler a toujours été persuadé que Roosevelt était juif. Churchill, lui, était généralement désigné comme « l'agent stipendié des Juifs ».

le bolchevisme », Churchill ne fait qu'un commentaire : « Eh bien, je trouve qu'il a eu parfaitement raison de mourir de cette façon. » Bien sûr, c'est ainsi que Churchill conçoit une mort honorable – les armes à la main –, mais il ne sait pas encore que son adversaire a choisi une sortie beaucoup moins glorieuse. Du reste, l'étendue réelle des crimes du nazisme ne lui apparaîtra pleinement que durant les semaines suivantes. Quatre ans plus tard, le maréchal Montgomery lui posera cette question : « Hitler était-il un grand homme ? » À quoi Churchill répondra : « Non… Il a fait trop d'erreurs. »

François KERSAUDY

BIBLIOGRAPHIE SÉLECTIVE

Churchill, Winston, *Mémoires de guerre*, Paris, Tallandier, 2 volumes, 2009-2010.

Colville, John, *Downing Street Diaries*, Londres, Hodder & Stoughton, 1985.

Dietrich, Otto, *Hitler*, Chicago, Regnery, 1955.

Kersaudy, François, *Hitler*, Paris, Perrin, coll. « Maîtres de Guerre », 2011.

—, *Churchill*, Paris, Tallandier, 2015.

—, *Le Monde selon Churchill*, Paris, Tallandier, 2011.

Kershaw, Ian, *Hitler*, Paris, Flammarion, 2 volumes, 2008.

Picker, Henry (éd.), *Hitlers Tischgespräche*, Berlin, Ullstein, 1989.

17

TITO ET STALINE

Le grand schisme au cœur du bloc socialiste

Ils se sont tant aimés… puis haïs. Dans les années 1930, le secrétaire général adjoint du Parti communiste yougoslave, Josip Broz, dit Tito, passait pour le plus zélé des militants staliniens européens. À l'été 1948, il était devenu l'homme à abattre pour Moscou. Tenant orgueilleux d'une voie nationale distincte vers le communisme, soucieux d'étendre son aura dans des Balkans que le maître du Kremlin exigeait à sa seule botte, le président-maréchal yougoslave fut, avec Trotski, le seul dirigeant communiste qui osa tenir tête à Staline. Malgré les tueurs envoyés à Belgrade pour l'éliminer, malgré une tentative de coup d'État lancée depuis la capitale russe, malgré l'hostilité des autres pays du bloc soviétique, le chef des partisans, qui avait survécu aux batailles contre les tchetniks serbes de Mihailović et contre les armées italiennes et allemandes entre 1941 et 1945, sortit une nouvelle fois vainqueur de ce combat sans merci. Non sans avoir lui-même lancé une répression sanglante dans son propre pays contre ses anciens camarades communistes coupables d'être restés fidèles à une ligne soviétique qui avait longtemps été la sienne. Son coup d'éclat fut le premier coup de griffe dans l'unité de l'Empire rouge, désormais durablement affaibli.

Moscou, le 3 juin 1946. La capitale russe est en deuil. On enterre Mikhaïl Kalinine, président de l'Union soviétique depuis 1919. Compagnon de combat de Staline depuis près d'un demi-siècle, il était un des rares à avoir survécu à toutes les purges ordonnées par le maître du Kremlin depuis vingt ans.

Le cercueil du vieux militant bolchevique est encadré par les six hommes théoriquement à la tête de la Russie soviétique depuis la fin de la Seconde Guerre mondiale : Staline et ses principaux séides, Beria, Molotov, Jdanov, Malenkov et Kaganovitch. Invités à la cérémonie grandiose, des chefs d'État et des leaders de partis communistes européens se tiennent, immobiles, respectueux, dans la tribune devant laquelle passe le cortège funèbre. Soudain, Staline fait signe à l'un d'entre eux de venir le rejoindre. Étonné mais flatté, l'homme s'exécute sous le regard admiratif et jaloux de ses voisins français, polonais, bulgares, roumains, tchèques, allemands ou italiens. Il porte un uniforme de maréchal blanc sur lequel brillent de nombreuses décorations militaires. Port altier, visage d'aigle, regard d'acier : Tito. Le président de la République populaire fédérative de Yougoslavie, née quelques mois plus tôt sur les décombres d'un royaume éphémère et artificiel (1918-1945), se glisse parmi les dirigeants soviétiques martelant le pavé de la place Rouge. À leurs côtés, il gagne le cimetière du Kremlin puis assiste au défilé des troupes de l'Armée rouge devant le mausolée de Lénine. Quelques instants plus tard, afin de marquer encore plus son respect pour celui qui a mené les partisans à la victoire contre les nazis occupant la Yougoslavie, Staline lui remet très solennellement une splendide épée. Répétition d'un geste accompli à son propre endroit par Churchill, au nom du roi George VI, après la victoire de Stalingrad.

Aucun doute, en ce printemps 1946, Tito est le chef communiste non russe le plus apprécié à Moscou. Rien de plus normal. N'est-il pas le seul, en Europe de l'Est libérée, à avoir totalement fait allégeance à l'URSS ? Le seul à avoir mis en place dans les Balkans, via une Constitution calquée sur celle promulguée en Union soviétique en 1936, un État socialiste d'inspiration marxiste-léniniste, quand Roumains, Polonais, Hongrois ou Bulgares sont encore dirigés par des gouvernements de coalition où figurent, parfois en égale proportion, camarades communistes et membres de partis bourgeois ? Le seul à avoir rejeté avec dédain et violence ce plan Marshall proposé par les « impérialistes américains » à tous les pays du continent ayant besoin d'argent ou de matériel pour se reconstruire après cinq ou six ans de guerre ?

De l'élève modèle du Komintern au « ruffian fasciste »

Moscou, le 27 mars 1948. Dans une lettre rendue publique, Staline écrit à Tito : « En Yougoslavie [...], vous bafouez la démocratie, vous êtes des mencheviks, et votre vice-ministre des Affaires étrangères[1] un espion au service des Britanniques. [...] Nous estimons que la carrière politique de Trotski comporte une leçon suffisante. » La menace est explicite : désormais, la tête du président yougoslave est mise à prix. Il la vendra chèrement. Très chèrement.

Que s'est-il passé, en moins de deux ans, pour que le favori du tsar rouge devienne un « ruffian fasciste », le promoteur d'une « déviation paysanne, populiste et bourgeoise », l'« allié objectif du capitalisme américain » ? Simple querelle d'ego entre deux forts caractères ? Dispute du *leadership* du mouvement communiste mondial ? Malentendus malheureux entre deux hommes aux convictions idéologiques et aux conceptions du pouvoir quasi identiques ? Rivalité géopolitique entre les dirigeants de deux puissances régionales désireuses de contrôler les

1. Vladimir Velebit.

Balkans ? Révolte d'un cadet contre son aîné ? Tout cela à la fois ?

Pendant plusieurs années, et sans que l'Occident croie vraiment à sa réalité, le conflit opposant les deux hommes va tourner à une sanglante guerre froide dans le camp socialiste. Pis, au sein même d'un seul pays. En Yougoslavie, des milliers d'hommes vont être torturés, emprisonnés, déportés, exécutés pour avoir manifesté leur fidélité à Staline. En miroir, des procès expéditifs dans les pays d'Europe centrale et orientale basculant peu à peu dans l'orbite soviétique enverront en cellule, au goulag ou à la mort de vieux militants communistes suspects, à tort ou à raison, de sympathies pour la Yougoslavie – on les baptisera « hitléro-titistes » ou pire, « trotsko-titistes ». Rarement un duel entre deux chefs d'État appartenant au même bloc aura atteint une telle violence. Et recelé autant de mystères sur ses motivations réelles.

Enfances de chefs

Le Géorgien Joseph Vissarionovitch Djougachvili (né en 1878) et le Croato-Slovène Josip Broz (né en 1892) ont quatorze ans d'écart mais se ressemblent comme deux frères. Ils sortent du même moule social et géopolitique. Issus de milieux modestes et provinciaux, ils ont grandi dans les marches d'empires autocratiques (russe et austro-hongrois) et ont été élevés par des mères caressant le même rêve : faire d'eux des prêtres afin de leur permettre une ascension sociale que leur classe d'appartenance leur interdit. Cela faillit s'accomplir pour Staline : il ne quitta le séminaire qu'à l'âge de vingt ans. Il y aura appris les vertus du silence et l'intérêt de laisser parler les autres pour ne pas se trahir. Mais aussi le sens de la discipline, l'obéissance et le contrôle de ses émotions. Tito, lui, aura fait l'enfant de chœur orthodoxe quelques années avant de se détourner d'une institution jugée trop rigide et de ses représentants considérés comme trop sévères. À treize ans, le petit Broz quitte le foyer familial pour se frotter au monde du travail : il est tour à tour serveur dans un café d'officiers autrichiens à Sisak – de là sa passion future pour les uniformes –, serrurier, mécanicien, métallo. Sportif accompli – contrairement au petit et pataud Djougachvili –, doté d'un physique séduisant, Josip voyage en Europe centrale (Laibach, Vienne, Trieste, Pilsen…) où il loue ses bras de travailleur manuel et teste ses talents de séducteur[2]. Comme Staline, il milite dès sa majorité dans le mouvement social-démocrate, goûte aux cachots pour ses participations à des mouvements sociaux, rêve de Grand Soir.

La guerre de 14-18 se ressemble pour les deux hommes. Blessé en mai 1915 après avoir notamment combattu les troupes serbes sous l'uniforme austro-hongrois, Broz est fait prisonnier par des unités circassiennes et envoyé de camp en camp (Kazan, Perm…) en lointaine Russie : le voilà à partager encore le destin de Staline, exilé par le tsar depuis plusieurs années en Sibérie centrale, sur les bords de l'Ienisseï ou le long de la ligne du Transsibérien. Les deux vont traverser l'année 1917 à distance respectable des révolutions de Février et d'Octobre, quoi qu'en diront plus tard leurs biographies officielles.

Staline ne rentre à Saint-Pétersbourg – rebaptisé Petrograd depuis 1914 – pour prendre la direction du journal du parti bolchevik, *Pravda*, qu'après la chute de Nicolas II. Il est admis du bout des lèvres au Comité central du Parti : on lui accorde seulement une voix consultative. Quand le gouvernement provisoire dirigé par Alexandre Kerenski lance sa vague d'arrestations des leaders bolcheviks en juillet, Staline occupe une place

2. Tito aura plus d'une dizaine d'enfants, de diverses nationalités (croate, russe, serbe, française, allemande, russe, kirghize, turque…).

tellement insignifiante dans la hiérarchie du mouvement qu'il n'est pas inquiété, au contraire de Lénine – qu'il aide à fuir en Finlande – et Trotski. En octobre, il assiste de loin aux événements qui précipitent l'avènement des bolcheviks au pouvoir. Rien de plus logique pour un homme qui s'est opposé jusqu'au dernier moment aux velléités insurrectionnelles de ses compagnons. Ces derniers ne lui en tiendront pas rigueur : il est nommé commissaire du peuple aux Nationalités en novembre 1917. Lénine et Trotski ne se méfient pas de lui : mauvais orateur, peu connu des militants, doté d'un physique ingrat – un mètre soixante-deux, visage grêlé, un bras plus court que l'autre –, il n'a pour lui que de tenir les rênes du nouveau journal officiel et d'être estimé par ses camarades qui apprécient sa bonhomie et se retrouvent dans sa banalité. C'est peu. C'est essentiel.

Broz a lui aussi vécu de loin les événements cruciaux qui se sont succédé en Russie en 1917. Ayant profité du chaos qui a suivi la chute de l'Empire, il a réussi à rejoindre Petrograd au printemps. Pour participer à la fête révolutionnaire ? Non : il cherche à gagner la Finlande et, de là, son pays natal. Il est arrêté avant la frontière et renvoyé en Sibérie dans un camp de prisonniers : le gouvernement provisoire est toujours en guerre contre l'Autriche-Hongrie… Sur le trajet, il parvient à nouveau à s'évader et entame une nouvelle vie d'errance. Il s'installe à Omsk, où il épouse la fille d'un ouvrier bolchevique – Pelagija Denisova-Belousova, seize ans –, puis dans une tribu kirghize où il joue au cavalier de la steppe jusqu'à l'automne 1919 : les nouvelles autorités soviétiques décident alors de renvoyer tous les prisonniers de guerre dans leur pays…

Après une escale délicate en Estonie[3], il retrouve son village natal de Kumrovec début 1920. Situé sur la ligne

---

3. Nouvellement indépendant, le pays fait la chasse aux communistes : mais on laisse tranquille Tito qui n'est pas encore considéré comme tel.

séparant les régions de Croatie et de Slovénie, il n'est plus terre d'Empire mais de royaume. Celui des Serbes, Croates et Slovènes[4]. Sa mère est morte, son père a sombré dans l'alcoolisme ; pour faire vivre sa femme et ses deux enfants, il gagne Zagreb où il enchaîne les petits boulots et où il adhère au jeune Parti communiste yougoslave qui lui offre ce qu'il ne parvient pas à obtenir par le travail : la reconnaissance. Quoique lui aussi piètre orateur, il prend la parole à des meetings : son récit de la révolution russe à laquelle il n'a pas participé fascine les groupes d'ouvriers – et d'ouvrières – auxquels il s'adresse. Cela ne dure pas. Après un attentat contre le roi Alexandre[5] et l'assassinat du ministre de l'Intérieur Milorad Drašković par deux de ses militants, le Parti communiste yougoslave est interdit, ses chefs emprisonnés ou contraints à la clandestinité ou l'exil. Broz n'est pas immédiatement poursuivi : comme Staline en 1917, il ne compte pas dans l'organigramme du Parti. Pas encore.

Naissance d'un héros communiste

Dans les mois qui suivent, au nom d'un syndicat local, Broz lance des grèves à répétition chez les métallurgistes croates. Il multiplie aussi les discours séparatistes, sans

---

4. Né au milieu du XIXe siècle, le mouvement d'émancipation des Slaves du Sud, dispersés entre l'Empire austro-hongrois, la Serbie et l'Empire ottoman, s'est concrétisé au lendemain des traités de paix de la Première Guerre mondiale avec la naissance de ce nouveau pays sur les décombres des empires vaincus en décembre 1918. En 1929, il prendra le nom de Yougoslavie (*yug* signifie « sud » en serbo-croate).

5. Fils du roi Pierre Ier de Serbie, Alexandre Karađorđević a été proclamé roi des Serbes, Croates et Slovènes.

crainte de partager le même objectif qu'Ante Pavelić[6] : abattre la monarchie des Karađorđević – trop serbe pour le chef de file des nationalistes croates, trop capitaliste pour lui. Toute cette agitation pousse les autorités royales yougoslaves à commencer à le surveiller de près. En 1924, lors de l'enterrement d'un ouvrier de Bjelovar, Broz prononce, en plein cimetière (catholique), un discours virulent contre le régime. Tandis qu'un drapeau rouge déployé au-dessus de lui claque au vent sous le regard furibond du prêtre, il promet sur le cercueil de son camarade défunt « de combattre jusqu'à nos derniers jours pour les idées auxquelles tu t'étais dévoué ». Il est arrêté, battu et emprisonné quelques jours avant de ressortir plus déterminé que jamais. Les années suivantes, il court les usines dans tout le pays – y compris en Serbie – pour appeler à la grève, à la lutte, à la « résistance à l'oppression serbo-impérialiste ». Au sein du PCY clandestin, il prend de l'importance. Au point d'adopter un pseudonyme de guerre : l'insignifiant Georgjević. Comme les autres dirigeants. Comme Staline dès sa jeunesse (« Koba »).

Les autorités policières du jeune et fragile royaume, qui a fait de l'alliance avec la France le pivot de sa diplomatie afin de faire face aux menaces fascistes et communistes, ont fini par repérer ce « révolutionnaire professionnel » de trente-six ans qui appelle à renverser le système et à créer une deuxième république soviétique. La nuit du 4 août 1928, on l'arrête à nouveau et il comparaît à l'automne devant le Tribunal royal de Zagreb pour répondre de ses

6. Membre du Parti croate du droit, il refuse l'autorité de la dynastie serbe sur la région de Croatie. Député en 1927, il s'exilera en 1929 à Rome où il fondera le Parti des oustachis sur le modèle du Parti national fasciste italien. Surnommé le « Duce croate », il fera assassiner le roi Alexandre à Marseille en 1934 et se ralliera en 1941 à Hitler qui le laissera fonder un État indépendant de Croatie qui se rendra coupable d'un génocide contre les Serbes, les Juifs et les Tziganes.

activités subversives. Son heure de gloire est venue. Lors de son procès, il répond crânement à ses juges, réaffirme sa foi communiste, entame une grève de la faim. Au Parti, il parvient à faire passer un message qui sera publié sous le titre « Un cri montant de l'enfer des prisons yougoslaves » dans *La Correspondance internationale* du Komintern. Ce texte aidera considérablement à accroître sa notoriété auprès du nouveau maître de l'URSS, Staline[7].

Broz est condamné à cinq ans de travaux forcés. Comme les grands chefs du Parti communiste russe, il est désormais auréolé du statut de prisonnier politique. Dans le pénitencier de Lepoglava, il fait une rencontre décisive : celle de Moša Pijade, brillant intellectuel juif qui va parfaire son éducation communiste. Libéré en 1934, il est assigné à résidence dans son village natal que sa femme a quitté pour rejoindre la Russie avec leur fils Žarko – leur second enfant n'a pas survécu. Il n'y reste pas. Teint en roux, flanqué d'une moustache et d'une paire de lunettes rondes, il gagne Zagreb et réintègre la structure clandestine du PCY. Il adopte un nouveau pseudo : Tito. En référence à une obscure « Organisation terroriste internationale secrète » (Tajna Internationale Terroristika Organizatia, TITO), selon les uns ; parce qu'il a coutume de donner des ordres directifs et brefs *« Ti, to »* (« Toi, fais ça »), pour d'autres ; en clin d'œil à l'empereur Titus, dont la fin de règne exemplaire lui valut le qualificatif de « prince idéal », avancent encore quelques spécialistes. Lui-même ne fournira jamais d'explication autre qu'une vague allusion à son admiration pour le poète croate du XVIIIe siècle originaire de sa région natale du Zagorje, Tito Brezovatski…

7. Lire plus haut le chapitre de Rémi Kauffer sur son duel victorieux contre Trotski.

Plus stalinien que Tito, tu meurs

Débutent les années staliniennes de Tito. Rien de ce que dit, fait ou pense le nouveau maître absolu de l'URSS ne suscite plus de louanges que chez l'étoile montante du PCY. Durant l'hiver 1935, il se rend à Moscou où il reste plusieurs mois. Il fréquente l'Institut Lénine et sympathise avec le Bulgare Georgi Dimitrov, stalinien pur jus qui sera bientôt nommé, Tito le sait, à la tête de l'Internationale communiste (Komintern). Justement, en juillet se déroule son nouveau – et dernier – congrès. Avec les autres délégués, Tito y vote le brusque changement de cap du mouvement communiste mondial : après l'échec de la stratégie de « classe contre classe » qui a favorisé l'arrivée au pouvoir d'Hitler en Allemagne, l'idée de fronts populaires avec les partis bourgeois est actée. Les PC européens changent de têtes. En Yougoslavie, son nouveau secrétaire général s'appelle Milan Gorkić. Et son bras droit, Tito, affublé d'un nouveau pseudo choisi, celui-là, par le Komintern : Walter.

Tito n'est pas un bon élève du maître du Kremlin, il est le meilleur. Il accède à tous les désirs de Staline. On a besoin d'un militant zélé pour coordonner l'envoi de combattants des Balkans au sein des Brigades internationales afin de combattre les franquistes et surtout d'éliminer anarchistes et trotskistes espagnols ? Il accepte la mission – qu'il mènera notamment depuis Paris. Il faut rédiger des notes – appelées « caractéristiques » – sur les militants suspects de « déviationnisme » ou de « fractionnisme » ? Il s'exécute sans scrupule. Il faut justifier procès et grandes purges lancés en 1937 à Moscou ? Il s'y plie de bonne grâce. Il faut, sans poser de questions, remplacer son mentor, Milan Gorkić, convoqué au Kremlin un matin de 1937 et disparu depuis ? Il accourt. Tito va même jusqu'à traduire, lui, le fils de paysans et l'ouvrier à peine lettré, l'*Histoire du parti bolchevik*, de Staline. À son retour en Yougoslavie, il organise au sein d'un Parti qui compte à peine 2000 membres une garde rapprochée de staliniens purs et durs (Edvard Kardelj[8], Moša Pijade, Milovan Djilas[9]...).

Les premiers mois de la Seconde Guerre mondiale ne troublent en rien l'admiration que porte Tito à Staline. Dans son journal clandestin, *Le Prolétaire*, il prend acte du pacte germano-soviétique signé en août 1939, nécessaire dans la lutte contre les « nations ploutocratiques », puis accuse la France et l'Angleterre d'avoir provoqué la guerre et d'« avoir forcé l'Allemagne à entrer au Danemark et à occuper des positions stratégiques en Norvège »... Pas question de se battre au profit « des banquiers français et des lords anglais », martèle-t-il d'une plume trempée dans la langue de bois la plus pure. Lorsque les armées allemandes attaquent la Yougoslavie, après que des officiers serbes ont renversé le régent Paul qui venait de signer un pacte avec Hitler, Tito persiste dans son refus de résister. Mieux, il enjoint ses camarades de désorganiser l'armée yougoslave afin qu'elle soit défaite et son commandement décapité. Condition nécessaire, estime-t-il, au démantèlement du royaume honni des Karađorđević. Même au prix d'une occupation nazie ? Oui.

Tito touche pendant plusieurs semaines les intérêts de sa stratégie : une fois la capitulation yougoslave signée, aucun communiste n'est pourchassé ou arrêté par les Allemands ni la police du régime de type pétainiste instauré à Belgrade

8. Journaliste slovène, il est l'un des trois principaux collaborateurs de Tito au sein du Parti communiste yougoslave, dont il devient l'un des principaux théoriciens.

9. Fils de paysans monténégrins, il est le responsable de la propagande au sein du Parti dont il fixera souvent la ligne idéologique jusqu'à sa chute en 1954 – après avoir proposé un assouplissement du régime. Il sera emprisonné puis vivra en liberté surveillée, devenant l'un des principaux dissidents de la Yougoslavie communiste.

sous la responsabilité du vieux général Nedić. Ce n'est qu'après l'invasion de l'Union soviétique par Hitler, en juin 1941, que le chef du Parti communiste yougoslave se décide à entrer en guerre. Contre les Allemands et les Italiens qui occupent la Yougoslavie, certes, mais aussi contre les tchetniks[10] du général Mihailović, entré, lui, en résistance depuis plus d'un mois au nom du jeune roi Pierre II exilé à Londres. C'est là, paradoxalement, que se niche la première pierre dans le jardin harmonieux des relations entre Tito et Staline.

Premières dissensions

Fin 1941, les troupes de Tito sont acculées à Užice, en Serbie occidentale, où elles ont proclamé une « république » de type soviétique à leur arrivée en septembre. Une division allemande entière, appuyée par des Stuka et des Dornier, contraint les 2 000 partisans à fuir la région. Dans les mois suivants, Tito demande à Staline de lui fournir de l'aide pour combattre les ennemis qui sont à sa portée : les royalistes de Mihailović. La réponse fuse, d'une sécheresse inédite : *niet.* Raison ? Lui-même en difficulté, Staline a besoin des Anglais, qui soutiennent activement le « de Gaulle serbe » pour résister à l'invasion nazie. L'heure est à la collaboration entre forces résistantes, non à la confrontation. Staline voit aussi à long terme. Laisser penser que des communistes peuvent s'imposer dans les Balkans, c'est inciter les Alliés, demain, à débarquer sur la côte adriatique plutôt qu'en Normandie pour s'opposer

---

10. Noms que se donnaient les résistants serbes en référence à leurs ancêtres luttant contre l'occupation ottomane. Les tchetniks (*četniki*, en serbe) sont les membres d'une *četa*, c'est-à-dire d'une « unité combattante ».

à cette inquiétante perspective. Et mettre ainsi en cause le plan qui, déjà, germe dans l'esprit du chef du Kremlin. Voilà pourquoi celui-ci ne donne pas suite à la demande de son féal. Pis, il rouvre à Moscou une ambassade du royaume de Yougoslavie et propose même l'envoi d'une mission militaire auprès de… Mihailović – qui refuse.

La pilule est dure à avaler pour Tito, mais il n'a pas le choix. Sans aller tout de même jusqu'à s'allier au général serbe porté aux nues par les Alliés[11], il atténue son communisme dans les discours qu'il tient dans les villages où il passe, insiste sur la diversité ethnique et religieuse de ses troupes plus que sur leur foi révolutionnaire – seule concession qu'il s'interdit : renoncer à l'étoile rouge qui orne le calot de ses hommes. Pragmatique, il négocie avec la Wehrmacht si besoin, accepte des Croates oustachis pronazis repentis dans ses rangs : lui aussi a décidé de raisonner à long terme et anticipe le départ des Allemands. L'ennemi, demain, sera la monarchie et son chef de file militaire, Mihailović, qui s'appuie essentiellement sur le peuple serbe…

La bonne volonté de Tito ne dure pas. Ce que lui dictent la raison et le Kremlin, son tempérament le refuse. Loin des yeux, loin du cœur. Il estime que Staline ne peut pas comprendre la situation très particulière qui est celle de la Yougoslavie : une guerre de résistance à l'occupant étranger doublée d'une guerre civile qui n'est pas moins importante dans la perspective de la conquête du pouvoir après la défaite allemande… Une nouvelle fois, il prend une initiative sans en référer au grand frère russe. En novembre 1943, à Jajce, ex-capitale des rois de Bosnie au Moyen Âge, il transforme la structure organisationnelle de

11. Jusqu'en 1943, Mihailović suscitera les éloges les plus appuyés de la propagande et des états-majors anglo-saxons comme du général de Gaulle.

la résistance communiste – l'AVNOJ, Conseil antifasciste de libération nationale de la Yougoslavie – en gouvernement provisoire de la République yougoslave. La colère de Staline est jupitérienne. Il se trouve alors à Téhéran où il négocie au mieux le futur partage de l'Europe avec Winston Churchill et Franklin Roosevelt dont la naïveté – ou le cynisme ? – sert au mieux ses intérêts. Avec le Premier ministre britannique, ils sont sur le point de s'accorder mutuellement des zones d'influence sur le continent dont Staline sait bien qu'elles lui permettront de mettre sous sa botte l'Europe de l'Est entière. La conférence de Téhéran a aussi pour objet de fixer le lieu du débarquement anglo-américain : pas question, encore une fois, que celui-ci ait lieu sur la côte yougoslave… Le bouillant Tito – qui s'est en outre fait proclamer maréchal à Jajce – risque de tout gâcher et Staline le lui fait savoir de manière cinglante : « Les résolutions prises à Jajce sont un coup de poignard dans le dos pour l'URSS », le morigène-t-il. La rupture est proche mais elle n'a pas lieu : à l'heureuse surprise du dictateur soviétique, Churchill et Roosevelt, abusés par un réseau d'espions communistes au sein des instances de renseignement britanniques, abandonnent Mihailović et reconnaissent les partisans et leur chef comme représentants légitimes des Alliés en Yougoslavie. Son coup de bluff et son audace ont payé. Tito s'en souviendra.

Provocations

Les Alliés ne tardent pas à comprendre leur erreur de jugement sur le chef communiste yougoslave quand il disparaît du jour au lendemain sans les prévenir de son quartier général de l'île dalmate de Vis. En ce mois de septembre 1944, Tito veut précipiter son destin. Il se rend à Moscou pour jouer une partie très serrée avec son mentor qu'il va rencontrer pour la première fois. Sa demande est double : l'aider à libérer Belgrade avant que les Alliés anglo-américains ne s'en approchent de trop près, risquant de lui confisquer une victoire qu'il ne peut certes remporter avec ses seules troupes. Mais aussi lui faire promettre que l'Armée rouge, en provenance de la Bulgarie, ne restera pas sur place après la victoire. Staline accepte, mais à une condition : restaurer la monarchie dans un premier temps – toujours son obsession de ne pas effrayer Londres et Washington. Tito acquiesce mais n'en pense pas moins – de fait, il la fera disparaître, à peine rétablie, au terme d'un référendum truqué.

Malgré la signature d'un traité d'amitié et d'assistance mutuelle le 11 avril 1945, les derniers mois de la guerre et le début de l'après-guerre voient les tensions entre les deux hommes se multiplier. Tito s'agace d'apprendre que son maître a inscrit le nom de la Yougoslavie au milieu de la feuille sur laquelle il s'est partagé l'Europe avec Churchill, s'insurge contre les centaines de viols perpétrés par les « libérateurs » soviétiques de Belgrade, s'indigne des réquisitions de mines de zinc et d'or du pays par les Russes. Un pic est atteint à propos de Trieste, au nord-ouest de la Slovénie. Conquise par les partisans mais aussi par les Anglais, la ville est coupée en deux. Or, le nouveau président américain Harry Truman et Churchill décident de la libérer des Yougoslaves en fixant une nouvelle ligne de démarcation dans les environs, la ligne Morgan, qui exclut la ville de la zone administrée par Belgrade. Tito hurle mais Staline exige qu'il cède pour endormir une nouvelle fois la méfiance des Alliés et faire plaisir au chef du Parti communiste italien, Togliatti… Le nouveau maître de la Yougoslavie retire ses troupes mais le communiqué qu'il publie crée un malaise : « Les Yougoslaves ne se laisseront pas enfermer dans une sphère d'influence. Nous ne dépendrons jamais de personne. La Yougoslavie n'est pas un objet de troc et de marchandage. » Le message est supposé s'adresser aux Anglo-Saxons, mais beaucoup le prennent pour eux au Kremlin.

De 1946 à 1948, sous l'impulsion de Staline se met en place le bloc socialiste. La Pologne, la Bulgarie, la Roumanie, l'Albanie, la Hongrie, la Tchécoslovaquie basculent tour à tour avec, à leur tête, un chef d'État acceptant de faire de son pays un satellite de Moscou. Seul Tito semble résister au mouvement, même si la mise en place de structures parfaitement socialistes et totalitaires en Yougoslavie ne le laisse guère imaginer. Comme s'il pensait à une voie nationale qui se distinguerait de celle, internationale, fixée par Moscou, notamment à la conférence de Szklarska Poręba (Pologne), en septembre 1947 – conférence qui a scellé la création du Kominform.

Après l'affaire de Trieste, le président-maréchal yougoslave, qui a nettoyé son pays de toute résistance intérieure en instaurant un régime de terreur, défie à nouveau l'autorité du maréchal-président soviétique en prétendant aider les partisans grecs communistes de Márkos Vafiádis alors que l'accord de 1944 avec Churchill prévoit que le pays demeure sous influence britannique. Encore une fois, Tito risque de provoquer la colère de l'Occident à propos d'un sujet qui n'en vaut pas la peine !

Mais plus rien n'arrête la détermination du chef yougoslave. Semaine après semaine, il multiplie les provocations. Un jour, il fait prendre en chasse des avions américains ayant survolé quelques minutes le territoire slovène, à la grande colère de Washington… et de Moscou, qui ne veut surtout pas de confrontation directe avec les Américains. Un autre jour, il refuse la création d'une banque et d'une compagnie pétrolière russo-yougoslaves, avant d'exiger que les salaires des conseillers soviétiques présents à Belgrade soient alignés sur ceux des fonctionnaires locaux – Staline s'étonne de « cette attitude hostile ». Un autre jour encore, il propose la création d'une Fédération balkanique avec la Bulgarie et l'Albanie – « problématique et fantasque », juge la *Pravda*. Il va même jusqu'à refuser de se rendre à une convocation à Moscou où il envoie à sa place ses fidèles Djilas et Kardelj. Ce dernier, forcé de signer en pleine nuit, au nom de son gouvernement, l'engagement de consulter Moscou pour toute question de politique étrangère, est tellement terrorisé qu'il signe sous le nom du ministre russe des Affaires étrangères, Viatcheslav Molotov, obligeant à réécrire le texte le lendemain…

Staline ne reste donc pas sans réagir. Tito est devenu à ses yeux mégalomane, incontrôlable, voire dangereux. Un modèle, on le copie, on ne l'imite pas ! Des contacts sont pris avec des cadres des services de renseignements, de la police et de l'armée yougoslaves pour tester leur loyauté envers leur chef. Le ministre de l'Industrie, Andrija Hebrang, est approché : accepterait-il de remplacer Tito si l'occasion se présentait ? On demande aux pays limitrophes de manifester leur colère contre ce pays « faux frère » qui dérive. À Tirana, on multiplie les vexations contre les résidents yougoslaves. À Bucarest, on ôte les photos où Tito figure au côté de Staline. Des agences de voyages hongroises annulent des réservations pour l'été 1948 sur la côte monténégrine et croate. La Yougoslavie danse sur un volcan.

Des tueurs soviétiques à Belgrade

En mars 1948, tout s'accélère. Après des échanges de courriers peu amènes entre Tito et Molotov, c'est Staline lui-même qui prend la plume le 27 mars après que Moscou a fini par rappeler ses experts civils et ses instructeurs militaires : « En Yougoslavie, fulmine le maître de l'URSS, au lieu de laisser le Parti contrôler l'État et la sécurité nationale, comme le veut le marxisme, c'est tout le contraire, puisque le Parti y est contrôlé par le ministère. » Personne n'est dupe : derrière l'accusation de déviationnisme idéologique, c'est la crainte d'un rival émergent – comme jadis Trotski et plus tard Mao – qui anime le « Vojd ». Déstabiliser l'économie locale en suspendant les échanges commerciaux et l'aide industrielle ne suffit plus à apaiser la colère du dictateur soviétique. Il faut éliminer le dissident. Physiquement – des tueurs du MGB[12] sont envoyés en mission à Belgrade – ou au moins politiquement. Tito est convoqué devant le Kominform : prudent, il refuse de venir et même d'envoyer la moindre délégation. Mais il ne s'arrête pas là. Élevé à l'école stalinienne, il sait que seule une contre-offensive fulgurante et violente peut lui permettre de sauver sa tête. Dans le combat qui s'annonce, le plus déterminé l'emportera. Et celui qui a le plus à perdre s'inclinera. C'est la loi de la politique, fondée d'abord sur le rapport de force.

Après les appels au coup d'État lancés le 28 juin par le Kominform via l'organe de presse du PC tchécoslovaque, *Rudé Právo*[13], Tito fourbit ses armes et répond à cette excommunication en bonne et due forme de la manière la plus inattendue pour Moscou. Au terme d'un Comité central du PCY, il fait arrêter ceux que leur soutien plus que « relatif » a désignés comme inféodés à Moscou : Hebrang

---

12. Ministère de la Sécurité d'État soviétique faisant office de police secrète. Successeur du NKVD, dissous en mars 1946, il disparaîtra à son tour en 1954 et sera divisé en deux structures : le MVD (police judiciaire) et le KGB (sécurité intérieure et extérieure).

13. « Les éléments sains du PCY ont le devoir d'obliger leurs leaders actuels à reconnaître ouvertement et honnêtement leurs fautes et à les corriger, à abandonner le nationalisme, à revenir à l'internationalisme et à consolider de toutes leurs forces le front socialiste uni contre l'impérialisme. Si les leaders actuels s'en révèlent incapables, les éléments sains ont le devoir de les remplacer et de former une nouvelle direction internationaliste du PCY. »

– qui mourra dans sa cellule en 1949 – et Streten Žujović, ministre des Finances. Mais il ne s'arrête pas à ce geste relativement symbolique.

Quinze vieux militants slovènes ayant combattu dans les Brigades internationales ou ayant été emprisonnés par les Allemands durant la guerre sont condamnés à mort et exécutés. Une centaine d'officiers – dont cinq généraux et trente colonels – sont mis aux arrêts. Sur la foi du réseau d'informateurs mis en place – sur le modèle russe – par le fidèle Ranković, Tito ordonne à la police secrète (OZNA) de mettre hors d'état de nuire et de comploter les membres du Parti dont les sympathies pour Moscou sont avérées. Plus de 20 000 d'entre eux sont emprisonnés puis envoyés sans autre forme de procès sur deux îles de l'Adriatique : Goli Otok et Sveti Grgur. Deux camps de travail forcé à ciel ouvert où souffriront et périront les plus endurcis des communistes yougoslaves engagés parfois depuis plus de vingt ans auprès de Tito. Dans son opposition frontale avec Staline, le dissident yougoslave a fini, par un paradoxe qui n'en est pas un, par copier son maître russe en se débarrassant lui aussi de ses compagnons les plus anciens.

« Judas Tito »

Englué dans la crise de Berlin, Staline hésite à ouvrir un second front, de surcroît dans son propre camp. Une division blindée de l'Armée rouge s'approche de la frontière roumano-yougoslave, à moins de 100 kilomètres de Belgrade, dans l'espoir de créer un mouvement de panique au sein de la population yougoslave qui se lèverait contre son gouvernement. Vœu naïf et pieux. Le pays semble uni derrière son chef. À tout le moins, le maître de l'URSS s'assure que son insolence ne soit pas contagieuse. Entre 1948 et 1950, à Budapest, Tirana, Prague ou Sofia, les procès se multiplient – une quarantaine au total –, qui condamnent lourdement d'éminents dirigeants communistes soupçonnés, à tort ou à raison, de ne pas être des ennemis convaincus du « Judas Tito » : ainsi László Rajk (ministre des Affaires étrangères hongrois, pendu pour « espionnage titiste »), Koçi Xoxe (ministre de la Défense albanais fusillé pour « activités proyougoslaves »), Rudolf Slánský (vice-Premier ministre tchécoslovaque également pendu pour « titisme ») et Traïcho Kostov (vice-Premier ministre bulgare, pendu pour avoir prétendument fait nommer Tito à la tête du PCY avant guerre).

Si Tito doit compter sur la chance pour échapper aux tueurs du MGB – comme Iossif Grigoulevitch[14] – que Staline a lancés contre lui, c'est bien aux États-Unis qu'il est contraint de faire appel pour échapper au désastre économique auquel le mène son coup d'éclat. Avec toute la discrétion possible, il sollicite l'aide du président américain Harry Truman, trop heureux de trouver un allié communiste contre Staline – et tout à l'espoir que le mal titiste se révèle contagieux en Europe rouge. Une aide alimentaire et financière est accordée à Belgrade – en attendant des avions et des chars –, en échange de quoi le gouvernement yougoslave modère son socialisme en le rebaptisant autogestion, autorise ses concitoyens à écouter des radios étrangères, à voyager librement en Europe et à accepter des touristes occidentaux. Staline jure, éructe, condamne. En vain. Il meurt le 5 mars 1953 sans avoir fait rendre gorge à

14. Un des agents secrets soviétiques « illégaux » – sans couverture diplomatique – les plus célèbres du XXe siècle. Membre de l'escouade ayant éliminé Trotski à Mexico en 1940, il changea de nombreuses fois d'identité, de nationalité et de profession officielles pour exercer ses « talents » dans le monde entier jusqu'en 1953. Après cette date, il rentra à Moscou et devint un paisible éditeur de l'histoire de l'Église catholique et un membre de l'Académie des sciences de l'URSS.

Tito, futur héros du tiers-monde incarnant une improbable troisième voie entre les deux blocs capitaliste et socialiste.

Le jour des obsèques du maître de l'URSS où se pressent tout le gratin du bloc socialiste et ses compagnons de route occidentaux, Tito a mieux à faire qu'y assister : ce 9 mars 1953, il monte sur son yacht pour se rendre à Londres où l'attendent à dîner la jeune reine Élisabeth II et Winston Churchill, redevenu Premier ministre depuis deux ans.

Il faudra attendre l'arrivée au pouvoir de Khrouchtchev et le processus de déstalinisation pour que la Yougoslavie retrouve grâce aux yeux de Moscou. Elle n'en conservera pas moins des relations cordiales avec les États-Unis qui continueront à verser une confortable manne financière à Belgrade, toujours animés par l'espoir naïf de voir la dissidence yougoslave devenir sécession. Non seulement cela n'arrivera jamais, mais Tito n'hésitera pas, jusqu'à sa mort en 1980, à soutenir et armer dans le tiers-monde de nombreux mouvements et États communistes (violemment antiaméricains !). Génie géopolitique d'un homme aussi pragmatique qu'impitoyable qui aura gagné sur tous les tableaux. Y compris le plus dangereux : celui de la rivalité sans merci contre Staline qu'il aura en quelque sorte battu sur son propre terrain.

Féroce, violent, leur duel aura laissé des traces durables en Yougoslavie, mais aussi en Union soviétique. Cette présence d'une dissidence alternative aux marges de l'Empire rouge eut un double effet déterminant dans l'histoire du monde : semer le doute sur l'infaillibilité soviétique au sein du bloc de l'Est, convaincre le camp occidental que l'expansion communiste n'était pas inéluctable. Idéologiquement affaiblis de l'intérieur, Moscou et ses satellites finiront par s'effondrer quarante ans après le schisme. Et dix ans après la disparition de Tito. Victoire posthume ? Oui, mais à la Pyrrhus. L'affirmation de son autorité dans son pays se sera faite au prix d'une guerre civile larvée masquant les dissensions intellectuelles et politiques autant que religieuses et ethniques. Elles éclateront au grand jour quand le système centralisateur et dictatorial communiste s'effondrera au début des années 1990. Il en sortira le pire : des guerres, des massacres et l'éclatement sanglant d'une « nation » artificiellement née du regroupement forcé de peuples n'ayant parfois que très peu en commun. Comme en URSS. Tito-Staline, même combat… perdu !

Jean-Christophe Buisson

Bibliographie sélective

Auty, Phyllis, *Tito*, Paris, Seuil, 1972.

Buisson, Jean-Christophe, *Mihailović*, Paris, Perrin, coll. « Tempus », 2011.

Ćocić, Dobrica, *Un homme dans son époque*, Lausanne, L'Âge d'homme, 1991.

Dedijer, Vladimir, *Le Défi de Tito. Staline et la Yougoslavie*, Paris, Gallimard, 1970.

Delorme, Olivier, *La Grèce et les Balkans*, Paris, Folio Histoire, 3 tomes, 2013.

Djilas, Milovan, *Conversations avec Staline*, Paris, Gallimard, 1962.

—, *Tito, mon ami, mon ennemi*, Paris, Fayard, 1980.

Frerejean, Alain, *Tito-Truman. Le coup d'arrêt à Staline*, Paris, Éditions de la Bisquine, 2014.

Guikovaty, Émile, *Tito*, Paris, Hachette Littérature, 1979.

Lazitch, Branko, *Tito et la révolution yougoslave*, Paris, Fasquelle, 1957.

Lukic, Renéo, *Les Relations soviéto-yougoslaves de 1935 à 1945 : de la dépendance à l'autonomie et à l'alignement*, Berne, P. Lang, 1996.

Sebag Montefiore, Simon, *Staline. La cour du tsar rouge*, Paris, Perrin, coll. « Tempus », 2 tomes, 2010.

Service, Robert, *Staline*, Paris, Perrin, 2013.

Soutou, Georges-Henri, *La Guerre de cinquante ans. Les relations Est-Ouest 1943-1990*, Paris, Fayard, 2001.

Swain, Geoffrey, *Tito : A Biography*, Londres, I. B. Tauris, 2010.

Wolton, Thierry, *Une histoire mondiale du communisme*, t. 1, *Les Bourreaux*, t. 2, *Les Victimes*, Paris, Grasset, 2014.

18

LE DUEL KENNEDY-KHROUCHTCHEV

La guerre des « K »

C'est le duel qui incarna le mieux la guerre froide, d'autant plus redoutable qu'il portait en lui le spectre de l'affrontement nucléaire. Il fut aussi l'archétype de la crise aiguë entre puissances modernes d'envergure comparable. Tout opposait les deux adversaires, Nikita S. Khrouchtchev et John F. Kennedy : leurs milieux sociaux, leurs tempéraments comme leurs idéologies. Le choc de leurs personnalités tout autant que la logique même de leur rivalité auraient dû conduire à la guerre ouverte, souhaitée par beaucoup à Moscou comme à Washington. Pourtant leur volonté commune de conjurer l'holocauste atomique déboucherait d'une manière inattendue sur une sorte de connivence objective, mue par leur sens des responsabilités. De ce bras de fer entre les deux « K », au bord même du précipice, naîtrait paradoxalement une ère de détente.

À l'automne 1960, lorsque s'engage la campagne pour l'élection du trente-cinquième président des États-Unis, le Kremlin n'exprime publiquement aucune préférence pour l'un des deux candidats en lice, le républicain Richard M. Nixon et le démocrate John F. Kennedy.

Ce n'est guère son habitude et, d'ailleurs, les jeux ne semblent-ils pas déjà faits ? La plupart des sondages d'opinion, à l'unisson des diplomates en poste à Washington, désignent alors Nixon, vice-président en titre, comme le grand favori. Ce dernier est un anticommuniste de choc qui fut très présent au sein de la Commission parlementaire sur les activités antiaméricaines (*House Un-American Activities Committee*) à la fin des années 1940. Le Kremlin ne peut donc pas « voter Nixon » qui, circonstance aggravante, est un authentique « fils du peuple » ne devant son ascension qu'à lui-même. Le candidat républicain est pourtant un de ces adversaires idéologiques dont les *apparatchiks* raffolent sans trop le dire : identifiable jusqu'à la caricature, lisible donc prévisible.

Successeur de Staline après l'intermède Malenkov-Boulganine[1], Nikita Sergueïevitch Khrouchtchev a pour Nixon la complicité rugueuse des vieux bretteurs. Comme lui, il n'est effrayé ni par le manichéisme simpliste ni par la perspective de bonnes rixes à l'ancienne. Lors de l'Exposition nationale américaine, au parc Sokolniki de Moscou durant l'été 1959, Nixon était venu crânement vanter devant Khrouchtchev et ses affidés la supériorité du système capitaliste en présence d'une nuée de journalistes. Narquois, il avait piqué au vif le leader soviétique en lui présentant une cuisine américaine modèle. Le débat face aux caméras de télévision avait été musclé mais, en dépit des rodomontades de Khrouchtchev, le Californien avait su faire front.

Avec Nixon à la tête des États-Unis, le pouvoir soviétique aurait face à lui un dur à cuire, âpre mais réaliste : en d'autres termes, la promesse d'un long bail – de quatre ou, plus probablement, de huit ans – à pouvoir agonir en toute

1. Après la mort de Staline, en mars 1953, Gueorgui Malenkov était devenu président du Conseil des ministres jusqu'à sa destitution en février 1955 en faveur de Nikolaï Boulganine qui sera à son tour écarté en mars 1958.

quiétude l'impérialisme américain au nom du prolétariat et des opprimés de la terre, suivant la vulgate convenue.

JFK, cet inconnu

Avec Kennedy, c'est très différent. Étonnamment médiatique, il a laissé la presse distiller sur son compte quantité d'informations. Mais que sait-on au juste de ce sénateur originaire du Massachusetts et au profil de play-boy ? Rien de très significatif, hormis le fait qu'il est un peu jeune pour faire un président – quarante-trois ans à peine, un record, à l'exception de Teddy Roosevelt au début du siècle –, trop sans doute suivant les critères d'un Kremlin à tendance gérontocratique pour lequel jeunesse rime avec inexpérience. Il est riche également, très riche même, grâce à un père qui a amassé une fortune colossale dans la banque, la spéculation boursière et immobilière, l'industrie du cinéma ainsi que, naguère, au temps de la Prohibition, dans la contrebande d'alcool.

On prétend d'ailleurs que ce père, Joe Kennedy, a façonné la carrière de son fils. Lui-même a été ambassadeur à la cour de Saint-James à la fin des années 1930, quoique farouchement pacifiste et isolationniste et laissant transparaître volontiers son admiration pour le régime nazi ainsi que pour son Führer.

« Jack » (diminutif de John) a repris le flambeau familial après la mort à la guerre de son brillant aîné, Joe Jr. Plus complexe que son frère, plus insaisissable que son père, ce pur produit des élites patriciennes formées à Harvard eût été sans aucun doute une recrue de choix pour le Parti républicain. Mais il était démocrate, tout comme l'étaient ses parents et grands-parents, ainsi que la plupart des gens du Massachusetts affublés d'une ascendance irlandaise. Bel homme, coureur de femmes impénitent, ce fils à papa aux allures de dilettante ne fréquentait qu'épisodiquement le Sénat. Aux dossiers parlementaires indigestes il préférait de toute évidence la vie facile, les yachts, Palm Beach et Las Vegas, voire, insinuait-on, la fréquentation sulfureuse d'un Frank Sinatra ! Dans un passé récent, Kennedy avait manifesté une sympathie discrète pour Joe McCarthy, un ami de la famille, sans aller toutefois jusqu'à se compromettre politiquement[2]. Il s'était aussi signalé pour ses prises de position anticolonialistes agressives, essentiellement contre la France, en Indochine puis en Algérie. C'est à peu près tout.

Plus fouillées, les fiches du KGB relevaient que Kennedy était affligé d'un état de santé déplorable et s'était déjà retrouvé plusieurs fois à l'article de la mort. Il souffrait d'allergies diverses, de problèmes digestifs récurrents, d'une malformation dorsale et surtout de la maladie d'Addison[3] qu'il ne calmait qu'à coups d'antibiotiques et de doses impressionnantes de cortisone et de novocaïne. Si jamais l'électeur avait découvert ce secret médical, sans doute le mieux gardé d'Amérique, Kennedy n'aurait pas eu la moindre chance d'accéder à la Maison Blanche.

---

2. Obsédé par la chasse aux communistes, le sénateur du Wisconsin Joseph McCarthy avait présidé un sous-comité d'enquête qui s'en était pris initialement aux milieux universitaires et aux médias. Au fil des années, il commit cependant l'erreur de s'en prendre aux fonctionnaires du département d'État puis à l'armée et au département de la Défense. Considéré dès lors comme un personnage dangereux, McCarthy fut censuré par le Sénat qui vota contre lui une motion de blâme tout en lui retirant la présidence de son sous-comité d'enquête. Ce vote ruina sa carrière politique. Le jour de la censure de McCarthy par le Sénat, Kennedy se trouvait opportunément sur un lit d'hôpital...

3. Affection endocrinienne rare, la maladie d'Addison se caractérise par le défaut de sécrétion des hormones produites par les glandes surrénales. Elle se traduit par de l'asthénie, voire des courbatures, par un amaigrissement, par de l'hypotension artérielle et par de l'hyperpigmentation – d'où le nom de « maladie bronzée » qui lui est parfois donné.

Le Kremlin reste donc perplexe en voyant Kennedy damer le pion à Nixon lors de leurs débats télévisés. Il ment notamment avec un aplomb de vieux briscard sur le *« missile gap »*, le prétendu retard militaire stratégique des États-Unis envers l'URSS. Mais la perplexité se mue en authentique surprise lorsque Kennedy emporte l'élection d'un cheveu, en novembre 1960.

Les dirigeants soviétiques étaient connus pour leur pragmatisme. John F. Kennedy président ? Soit, même si ce dernier ne dit rien qui vaille à Nikita Khrouchtchev dont il est l'exact opposé. Il lui paraît surfait, exagérément valorisé par des médias complaisants : jusqu'aux faits de guerre de Kennedy dans le Pacifique, qui ont été soigneusement mis en scène pour sa cérémonie d'investiture[4] comme s'il fallait absolument convaincre le monde entier de son courage et de son expérience. Que surviennent des tensions ou des difficultés et il pourrait bien se dégonfler telle une baudruche. Comment donc les Américains ont-ils pu le choisir pour successeur d'un président blanchi sous le harnais qui était, lui, sans discussion possible, un vrai héros de guerre ?

Khrouchtchev ne doute pas qu'il saura, le moment venu, remettre à sa place ce jeune blanc-bec inexpérimenté. Lui-même est de la génération d'Eisenhower et a été confronté à la dureté de l'existence. Dans ses jeunes années, il a travaillé comme forgeron dans la région minière du Donbass. Plus tard, devenu commissaire politique pendant la guerre civile, il a expédié sans états d'âme une foule de gens, supposés contre-révolutionnaires, devant un peloton

4. Lors de la parade organisée pour son investiture avait défilé une reproduction en carton-pâte de la vedette lance-torpilles PT-109 que Kennedy avait commandée durant la guerre du Pacifique et sur laquelle il s'était distingué en août 1943 : le patrouilleur ayant été coulé par un destroyer japonais, Kennedy, bien que gravement blessé au dos, avait sauvé un de ses hommes de la noyade et était parvenu à ramener son équipage à terre.

d'exécution. Il a approuvé les grandes purges des années 1930 puis participé à l'héroïque bataille de Stalingrad. Surtout, ce petit homme râblé, engoncé dans des costumes mal taillés, qui est la caricature du *moujik*, a réussi à survivre à Staline : une sorte d'exploit tant il fallait de ruse, de duplicité et de brutalité manœuvrière pour rester en cour auprès du maître de l'URSS… voire seulement pour rester en vie. Khrouchtchev a été également assez retors pour résister à des hiérarques aussi puissants, au sein du parti communiste et de l'appareil d'État soviétiques, que Malenkov, Boulganine, Molotov et surtout le redoutable Beria. Chef du NKVD, la redoutable police secrète sous Staline, et considéré comme l'homme fort du régime après la disparition du « petit père des peuples », Lavrenti Beria a été arrêté lors d'une réunion du Politburo, en juin 1953, puis exécuté.

Les débuts de la présidence Kennedy semblent confirmer les analyses du Kremlin tout autant que les impressions à l'emporte-pièce de Khrouchtchev. La nouvelle administration démocrate fait preuve d'un amateurisme consternant au moment de l'opération de la baie des Cochons, à Cuba, en avril 1961, qui se solde par un fiasco monumental. Il est vrai que Kennedy n'est pas directement responsable de cette opération montée en grand secret par la CIA pour renverser Fidel Castro – au pouvoir depuis janvier 1959 – et à laquelle le président Eisenhower avait personnellement donné son feu vert un an plus tôt.

À moins de 200 kilomètres des côtes de Floride, Cuba a toujours eu une sensibilité particulière pour les États-Unis, tenant à la fois de la chasse gardée et du protectorat. À plusieurs reprises dans l'histoire, la tentation a été forte de l'annexer purement et simplement au territoire américain. Depuis la guerre de 1898 contre l'Espagne, Washington occupe d'ailleurs Guantánamo, une petite parcelle de territoire louée à l'État cubain et abritant une base militaire.

S'il n'y a qu'un seul endroit pour appliquer la fameuse doctrine Monroe ainsi que le corollaire de Roosevelt[5], c'est sans conteste Cuba.

En s'installant à La Havane, Castro enracine la révolution et, sans doute à terme, le communisme aux portes de l'Amérique. Le folklore local latino-américain des *barbudos* amateurs de havanes vire très rapidement à la menace potentielle pour la sécurité des États-Unis. Les agences de renseignements ont rassuré Kennedy sur la fiabilité de l'opération projetée à la baie des Cochons. Des unités cubaines anticastristes qui avaient soutenu naguère l'ancien président Fulgencio Batista ont passé plusieurs mois dans des camps d'entraînement de Floride à répéter l'opération. Allen Dulles, patron de la CIA, a promis quant à lui une victoire sans bavure.

Kennedy a donc avalisé cette opération qui s'achèvera en désastre absolu avec l'anéantissement des forces de débarquement par l'armée castriste. Pis encore, confronté à cette humiliation et contrairement aux assurances qu'il avait données personnellement, Kennedy a interdit à l'US Navy comme à l'US Air Force d'intervenir en soutien des anticastristes, lesquels ont été abandonnés à leur sort tragique.

Pour les dirigeants du Kremlin, il est prouvé que le nouveau président n'a ni le sens de la décision ni les tripes pour affronter les situations d'adversité. Il a même dû boire

5. Remontant à 1823, la doctrine Monroe (du nom du président James Monroe) établissait que le continent américain devait rester libre de toute interférence européenne dans la souveraineté des nouveaux États américains, en contrepartie d'un engagement formel des États-Unis à s'abstenir de toute ingérence dans les affaires du vieux continent. Le corollaire Roosevelt (du nom du président Theodore Roosevelt), qui datait de 1904, affirmait quant à lui que Washington exercerait un pouvoir de police internationale dans la sphère d'influence américaine dès lors qu'il y serait porté atteinte à ses intérêts nationaux.

le calice jusqu'à la lie en priant Richard Nixon en personne de venir le conseiller sur les conséquences politiques du fiasco cubain. On a pu voir également dans le magazine *Life* une photo des présidents Kennedy et Eisenhower à Camp David au sortir d'une réunion. Le contraste est accablant pour un Kennedy à l'air hagard au côté de son aîné plus serein et décontracté : l'élève et le maître. Et dire qu'on avait vanté sur tous les tons son équipe de *whiz kids*, petits génies soi-disant infaillibles : ces McGeorge Bundy, Bob McNamara, Walt Rostow et autres Arthur Schlesinger[6] qui faisaient étalage de leur style *Ivy League*[7] et s'apprêtaient à en remontrer à la terre entière !

L'impromptu de Vienne

Dès son arrivée à la Maison Blanche, Kennedy souhaite rencontrer Khrouchtchev. Les relations entre Washington et Moscou sont alors au plus bas depuis l'incident de l'U-2 – du nom de cet avion-espion américain abattu en mai 1960 alors qu'il survolait l'Oural[8]. D'une gravité particulière, cet incident avait fait capoter le sommet quadripartite de Paris sous l'égide du général de Gaulle, le président français[9].

6. McGeorge Bundy puis Walt Rostow dirigèrent le Conseil national de sécurité tandis que Robert S. McNamara fut secrétaire à la Défense et qu'Arthur M. Schlesinger fut conseiller spécial du président Kennedy.

7. L'*Ivy League* regroupe les plus anciennes et les plus prestigieuses universités du nord-est des États-Unis comme Harvard, Yale, Princeton ou encore Cornell. Elles étaient devenues synonymes de classe et d'élitisme propres au milieu des WASP (*White Anglo-Saxon Protestants*).

8. Le pilote de l'U-2, Francis Gary Powers, avait été arrêté et emprisonné.

9. Le sommet entre les quatre Grands se déroula à Paris le 16 mai 1960 et avorta dès la première journée.

Différée à la demande de Washington en raison de difficultés sur le dossier cubain, la rencontre bilatérale Kennedy-Khrouchtchev est programmée début juin à Vienne. Elle prend d'emblée l'allure d'un duel au sommet. Le leader soviétique s'y est préparé. Surnommé « Mr K » par la presse internationale, il traîne une réputation de rudesse mâtinée de roublardise paysanne. Si son image est plus familière que celle de Staline auprès de l'opinion publique occidentale, elle est aussi marquée par ses sautes d'humeur, sa trivialité agressive et son goût pour la provocation. Khrouchtchev est l'homme qui a fait le pari que l'URSS dépasserait économiquement l'Amérique dès la fin des années 1960. Il est aussi celui qui s'identifie, plus avantageusement il est vrai, à la coexistence pacifique et au dégel Est-Ouest. Il est le nouveau visage de l'Union soviétique, peut-être plus avenant, assurément plus madré mais totalement imprévisible.

Certains tout de même se demandent, à la suite du Premier ministre britannique, le très conservateur Harold Macmillan, « comment cet obèse vulgaire avec ses yeux de cochon et son flot ininterrompu de paroles peut être le chef, l'aspirant tsar de millions de gens ». On évoque ainsi les sorties tonitruantes de l'impétrant, notamment ce jour mémorable d'octobre 1960, en pleine Assemblée générale de l'ONU, quand il ôte une de ses chaussures pour en frapper le pupitre, furieux que le président de séance ne lui ait pas donné la parole.

À Vienne, Khrouchtchev a des comptes à régler avec une administration américaine arrogante qui, au temps d'Eisenhower, n'avait même pas cru devoir s'excuser pour l'incident de l'U-2. Cette administration l'avait humilié une nouvelle fois, en septembre 1959, à l'occasion de son voyage aux États-Unis. Au lieu de le laisser visiter Disneyland comme il en avait exprimé le souhait, le vice-président Nixon l'avait entraîné dans une balade en hélicoptère ; ils avaient survolé de somptueuses villas californiennes, toutes dotées de piscines hollywoodiennes, que Nixon disait appartenir à des Américains moyens. Le leader soviétique a aussi une grande envie de river son clou à ce Kennedy – « plus jeune que son propre fils ! » – qui l'horripile avec sa désinvolture classieuse et ce côté glamour qui lui est, à lui, Khrouchtchev, parfaitement incongru. L'Américain ne vient-il pas encore de se présenter aux journalistes, à Paris où il a fait étape en route pour Vienne, comme « l'homme qui accompagnait Jackie Kennedy » ?

Revanchard, Khrouchtchev débarque dans la capitale autrichienne fort d'un pouvoir qu'il sait malgré tout fragile. Sa politique économique, agricole notamment, est un fiasco, tandis qu'au Kremlin on prise de moins en moins ses foucades et ses bouffonneries. Khrouchtchev est clairement attendu au tournant et il ne peut l'ignorer. Ceux qui attendent leur heure, tapis dans l'ombre, ne manqueront pas, le moment venu, de lui faire payer la déstalinisation et son fameux rapport de février 1956 – dénonçant le culte de la personnalité – au XXe congrès du parti communiste[10].

Pour le leader soviétique, il devient urgent de remporter un grand succès de politique extérieure susceptible de faire respecter la *roudina*, cette patrie qui n'est plus une pestiférée qu'on entourait d'un « cordon sanitaire[11] » mais désormais une superpuissance à l'égal de l'Amérique. N'a-t-elle pas gagné la guerre contre le nazisme hitlérien en payant un tribut beaucoup plus lourd que les alliés

10. Au XXe congrès du parti communiste, Khrouchtchev avait prononcé un discours, qui avait vocation à demeurer secret, dénonçant le pouvoir dictatorial de Staline, ses crimes et son culte de la personnalité. Reflétant l'ascension au pouvoir de Khrouchtchev en même temps que la défaite de la vieille garde stalinienne, ce réquisitoire fut vite divulgué, au point d'en devenir quasiment public.

11. Expression utilisée par les Occidentaux pour isoler la Russie bolchevique dans les années suivant la révolution de 1917.

occidentaux ? Elle a même pris une avance substantielle dans la conquête spatiale en lançant en 1957 le premier satellite artificiel, le *Spoutnik*, autour de la terre. Plus fort encore, trois semaines auparavant, elle vient d'envoyer le premier homme, Youri Gagarine, en vol orbital dans l'espace. L'exploit a fait l'effet d'un coup de tonnerre. Que peut bien avoir à envier au système capitaliste un pays aussi performant dans le domaine des technologies de pointe ?

Kennedy, lui aussi, a grandement besoin d'un succès de politique extérieure. Conseillé par des experts soviétologues du calibre de Charles Bohlen, George Kennan ou encore Llewellyn Thompson[12], il est surtout curieux de découvrir comment il est perçu par l'autre camp. Averell Harriman, un autre diplomate spécialiste du Kremlin – qui a participé à la conférence de l'Atlantique de 1941 au côté de Franklin D. Roosevelt –, lui a recommandé de consulter de Gaulle à son passage à Paris. Lors du dîner aux chandelles donné en son honneur dans la galerie des Glaces du château de Versailles, le Général sera direct : « Il va sûrement essayer de vous intimider mais n'y faites pas attention et prenez cela à la plaisanterie. Gardez de la hauteur et apprenez à le connaître. N'oubliez surtout pas qu'il reste complexé par ses origines paysannes… et qu'il a des yeux pour voir la différence entre son épouse et Mme Kennedy. »

Quelques jours plus tard, les 3 et 4 juin 1961, se tient le sommet bilatéral entre les deux « K ». Plus de 1 500 journalistes du monde entier ont accouru à Vienne. Ils ne

12. Père de la doctrine du *containment* (« endiguement ») envers l'URSS, conseiller de plusieurs présidents américains, George Kennan avait été le chef de la mission américaine à Moscou de 1944 à 1946. Charles Bohlen et Llewellyn Thompson, également conseillers présidentiels, se succédèrent à la tête de l'ambassade américaine à Moscou : Bohlen de 1953 à 1957 et Thompson de 1957 à 1962, puis une nouvelle fois de 1967 à 1969.

peuvent évidemment assister à l'affrontement à huis clos dont le premier round se déroule dans le salon de musique de l'ambassade des États-Unis, à deux pas du luxuriant Liechtenstein Park[13]. L'atmosphère y est particulièrement tendue.

Kennedy tente d'abord de décrisper l'atmosphère en louant poliment les qualités d'Andreï Gromyko, le chef de la diplomatie soviétique : « Ma femme dit que Gromyko semble si gentil et si aimable qu'il est sûrement un type bien… » Mais il en faut davantage pour attendrir Khrouchtchev qui se retourne un bref instant vers l'intéressé, dont le visage impassible à la Buster Keaton était célèbre dans le monde entier, avant de toiser Kennedy d'un regard plus goguenard que jamais : « Vraiment ? Chez nous, il y a des gens qui disent que Gromyko ressemble à votre Nixon… »

Non sans perfidie, Khrouchtchev rappelle sa première rencontre avec le sénateur Kennedy en 1959, à Washington, à la Commission des Affaires étrangères : « Je garde le souvenir d'un jeune homme prometteur. » Impassible, Kennedy a les ressorts du comédien : « Il a dû prendre de l'âge depuis… »

Les amabilités sont déjà terminées. Le leader soviétique gratifie alors son interlocuteur du numéro de cabotin de province qu'il a rodé de longue date : alternant brutalement le chaud et le froid, la séduction convenue et les mimiques faussement courroucées, l'index vengeur pointé vers son interlocuteur. L'intimidation est son registre de prédilection. Il y est d'autant plus enclin qu'il sait qu'aux États-Unis mêmes Kennedy n'est guère épargné. Au lendemain de l'équipée de la baie des Cochons, le patron du *Dallas Morning News*, E. M. Dealey, s'est permis de tancer

13. La seconde partie du sommet eut lieu le lendemain à l'ambassade d'Union soviétique.

le président à l'occasion d'un dîner à la Maison Blanche : « Trop de gens chez nous pensent qu'au lieu de monter un cheval, vous conduisez le tricycle de Caroline. » On se souvient également de l'avertissement prémonitoire délivré par l'ancien président Truman à Kennedy peu avant l'élection présidentielle de novembre 1960 : « Sénateur, êtes-vous absolument certain d'être prêt pour le pays ou que le pays est prêt pour vous dans le rôle de président en janvier 1961 ? Je suis très inquiet par la situation que nous devons affronter dans le monde… c'est pourquoi j'espère à la tête du pays quelqu'un disposant de la plus grande maturité et de la plus grande expérience. Puis-je vous demander d'être patient ? » On aurait difficilement pu être plus méprisant.

À Vienne pourtant, et de son propre aveu, Kennedy se laisse houspiller comme un gamin par Khrouchtchev[14]. Surtout, l'affaire tourne vite au dialogue de sourds. JFK ambitionnait de conclure un accord sur un traité d'interdiction des essais nucléaires. Mais le Soviétique refuse d'évoquer sérieusement le sujet, préférant mettre l'accent sur les obstacles qui subsistent. En revanche, il lui inflige une leçon sur le marxisme et sur le sens de l'histoire. Redevenant concret, il exige un accord reconnaissant les deux États allemands et réglant définitivement la question de Berlin. Il s'agit là d'un point fixe de la diplomatie soviétique de l'après-guerre.

L'ancien Reich est divisé *de facto* en deux États : la République fédérale d'Allemagne (RFA), née de la réunion des trois grands secteurs occidentaux d'occupation – américain, britannique et français –, et la République démocratique allemande (RDA), sous obédience communiste. La question de Berlin reste toutefois en suspens, l'ex-capitale

14. Il confiera ainsi à l'ambassadeur Llewellyn Thompson : « Il m'a traité comme un petit garçon, comme un petit garçon… cela se passe toujours comme ça ? »

étant elle-même divisée en quatre secteurs d'occupation (les trois occidentaux et le soviétique) tout en étant entièrement enclavée dans la RDA.

En 1948, Staline avait cru pouvoir faire tomber Berlin-Ouest, le secteur d'occupation des forces occidentales, en lui imposant un blocus qui visait à l'isoler totalement de la RFA. L'Amérique de Truman avait répliqué en mettant en place un pont aérien tellement efficace que le dictateur avait dû admettre son échec dès l'année suivante en levant le blocus. Cet échec avait d'ailleurs eu pour conséquence la partition formelle de l'Allemagne en deux États distincts.

Une dizaine d'années plus tard, Khrouchtchev s'était essayé à son tour à l'épreuve de force sur Berlin-Ouest qu'il qualifiait de « tumeur cancéreuse » que seule, à l'en croire, pourrait éradiquer une « opération chirurgicale ». Moyennant quoi il avait lancé un ultimatum solennel aux Occidentaux en novembre 1958. Lc président Eisenhower n'avait pas plus cédé au chantage que son prédécesseur : une trêve avait fini par être négociée en septembre de l'année suivante à Camp David dans l'attente d'un sommet quadripartite qui n'aurait jamais vraiment lieu.

Avec Kennedy, *bis repetita*. Un accord est devenu plus pressant que jamais aux yeux des Soviétiques qui redoutent le réarmement de l'Allemagne et que la RFA ne finisse par devenir une puissance nucléaire. Il y a toujours et surtout la question de Berlin. Théâtre majeur de la guerre froide, l'ancienne capitale est sans doute le lieu qui résume le plus cruellement l'écart économique considérable entre l'Est et l'Ouest. Et cette vitrine, qui ridiculise toutes les propagandes communistes, devient de plus en plus inacceptable pour Moscou.

Le sommet de Vienne donnera lieu à des scènes bien étranges, jusque dans les jardins de l'ambassade américaine où se sont poursuivies des discussions animées. Le contraste entre le comportement respectif des deux leaders est frappant. Envers Dave Powers, un de ses plus proches conseillers qui lui en fait la remarque, Kennedy ne peut réprimer une réaction acide : « À quoi vous attendiez-vous ? À ce que j'ôte moi aussi une de mes chaussures et que je lui cogne sur la tête avec ? »

Plus Khrouchtchev se montre agressif et plus Kennedy se cantonne dans la réserve, tâchant de voir jusqu'où son antagoniste peut aller et supputant malgré tout la possibilité d'instaurer à la longue un échange plus pondéré. Mais plus l'Américain demeure coi, plus le Soviétique prend ce mutisme pour de la faiblesse et renchérit en pugnacité. À l'issue de leur confrontation, « Mr K » renouvelle ses exigences en brandissant le spectre de la guerre si les Occidentaux refusent de signer un traité permettant la cession de Berlin-Ouest à l'Allemagne de l'Est. Les dernières paroles de Kennedy illustrent l'impasse des discussions : « Alors, Monsieur le Président, il y aura la guerre. Ce sera un hiver glacial… »

En sortant de la réunion, tout sourire face aux caméras, « Mr K » s'essaie aux bons mots et à la décontraction. Au *debriefing*, en petit comité à l'ambassade soviétique, il révèle le fond de sa pensée : « Il est très jeune, pas encore assez dur. Trop intelligent et trop faible. » Estimant avoir submergé son adversaire, il le juge bien trop naïf. Kennedy n'a-t-il pas reconnu ouvertement que leurs deux pays se trouvent désormais à égalité dans le domaine nucléaire ?

Kennedy, lui, paraît lessivé. Affalé sur un sofa, il confie au journaliste James Reston, du *New York Times*, qui lui a demandé si cela avait été dur : « Bien plus que cela, Scottie. Je n'ai jamais rien fait d'aussi dur… » Avant d'ajouter dans un soupir : « Il m'a proprement massacré. » On rapportera également une réflexion de JFK à son frère Bobby selon laquelle négocier avec Khrouchtchev c'était « comme négocier avec Papa. Tout donner sans rien recevoir en échange ».

À sa décharge, Kennedy a fait des efforts surhumains, ce jour-là, pour rester maître de lui-même. Quelques minutes avant sa rencontre avec le leader soviétique, souffrant horriblement du dos, il a reçu une injection intraveineuse du Dr Max Jacobson, alias « Dr Feelgood », le spécialiste des cocktails miracles d'amphétamines pour stars hollywoodiennes dépressives. La piqûre, dont nul ne sait au juste ce qu'elle contenait, l'a laissé dans un état semi-flottant.

Non seulement il n'est rien sorti de concret du sommet de Vienne, mais l'éventualité d'un conflit entre les deux « Super Grands » s'est plutôt accrue. Kennedy en retire cependant la conviction que Khrouchtchev bluffe et ne cherche qu'à éprouver sa détermination. Il ne fera pas la guerre pour Berlin ni même pour l'Allemagne de l'Est. Seul un fou en serait capable. Or, il ne le tient pas pour un fou, plutôt pour un excentrique jouant les gros bras pour la galerie. Il s'en veut pourtant de n'avoir su lui résister davantage et de laisser accroire qu'il pourrait faire tôt ou tard des concessions sur Berlin.

De son côté, et quoique plastronnant sur un rapport des forces qui a tourné en sa faveur, Khrouchtchev devra admettre que Kennedy n'a pas cédé sur le dossier de Berlin. Pas encore. Il sera sans doute nécessaire de forcer le destin. Le président américain n'est pas de la trempe de ses prédécesseurs. Il n'en fera qu'une bouchée.

En août 1961, le Soviétique croit le moment venu. La perspective d'un traité de paix sur l'Allemagne entre les quatre grandes puissances, l'alpha et l'oméga de la diplomatie soviétique en Europe, est durablement ruinée. Face à un tel échec, il ne reste plus que la fuite en avant. La question est devenue plus sensible encore avec la vague d'émigration sans précédent en direction de l'Ouest qui discrédite le régime de la RDA. Incontrôlable, cette vague transite par Berlin : près de 50 000 citoyens est-allemands viennent d'y passer en moins de deux semaines !

Khrouchtchev laisse alors les mains libres au leader est-allemand, le très stalinien Walter Ulbricht, pour entreprendre la construction de ce qui deviendra le mur de Berlin. L'initiative se soldera par un véritable désastre pour la propagande soviétique et pour l'image de Moscou dans le monde. Quelques mètres cubes de béton hérissés de barbelés et érigés à la hâte suffisent à ruiner la vision d'un paradis soviétique réactualisée par les thuriféraires du « dégel » et par leurs relais complaisants en Occident.

Confronté au « mur de la honte », ainsi que l'appelleront les autorités ouest-allemandes, Kennedy n'a pas bronché. À Moscou, comme d'ailleurs à Washington, les « durs » et les maximalistes ne manquent pas de voir dans cette absence de réaction un signe de faiblesse. Lâcheté ou *self-control* au-dessus de la moyenne ? Réaliste, le président américain estimera que les Soviétiques n'avaient pas d'autre choix : « Le mur n'est pas une très bonne solution, mais c'est diablement mieux que la guerre. »

Un tel sang-froid perdure à l'occasion d'un incident survenu à Checkpoint Charlie, le plus célèbre point de passage berlinois entre l'Est et l'Ouest, lorsque des chars soviétiques et américains se font face pendant plusieurs heures[15]. Un seul coup de feu tiré inconsciemment aurait pu alors transformer ce face-à-face menaçant en catastrophe irréparable.

Confrontation au bord du gouffre

Au Kremlin, la situation n'est pas aussi transparente qu'à la Maison Blanche. Malgré la personnalisation de son pouvoir, Khrouchtchev doit composer avec les hautes instances de l'État et du parti communiste ainsi qu'avec ces

15. 27 et 28 octobre 1961.

piliers incontournables que sont le KGB et l'armée. Or il se trouve alors en perte de vitesse, faute d'avoir su résoudre la question allemande et redresser l'économie soviétique. Est-il même seulement crédible en se targuant d'une supériorité stratégique sur les États-Unis ? Kennedy vient de reconnaître que le fameux *« missile gap »*, qu'il a brandi avec succès face à Nixon, n'a en réalité jamais existé… sinon en faveur des Américains. Khrouchtchev n'a pour lui que la fanfaronnade en assurant que les usines d'armement soviétiques produisent des missiles balistiques « comme des saucisses ». Il est ainsi très improbable qu'à l'avenir Washington puisse céder à un chantage qui, pour se faire théâtral, n'en constitue pas moins du bluff. Sauf à tenter un coup de poker insensé aux allures de va-tout.

Ce coup improbable, Khrouchtchev se résout, au tout début de 1962, à le jouer à Cuba à travers l'opération *Anadyr* – le nom est tiré d'une ville de Russie – qui vise au transfert sur l'île de plusieurs dizaines de milliers de soldats soviétiques en même temps que de missiles de type SS-4 et SS-5 et de sous-marins[16]. En façade, il s'agit d'empêcher les États-Unis d'envahir l'île. Le Kremlin sait pourtant que, s'ils n'ont pas renoncé à éliminer Castro[17], les Américains répugnent à se lancer dans une nouvelle aventure du genre de celle de la baie des Cochons. Pour Moscou, l'objectif reste Berlin, et Cuba, de ce point de vue, peut représenter une excellente monnaie d'échange.

En octobre 1962, les Soviétiques parachèvent leur dispositif en acheminant à Cuba plusieurs convois de cargos

16. Entreprise en mai 1962, l'opération déploie quelque 50 000 soldats soviétiques, trente-six missiles nucléaires SS-4 et deux SS-5 ainsi que quatre sous-marins.

17. En témoignerait l'opération *Mongoose* (littéralement « Mangouste ») appelée encore *Projet cubain* (*The Cuban Project*), visant à monter toutes sortes d'actions afin de renverser le régime de Castro. Près de 50 millions de dollars y auraient été consacrés, en pure perte.

chargés de missiles nucléaires et protégés par des sous-marins d'attaque en provenance de la presqu'île de Kola, au nord de la Russie occidentale. C'est alors que la surveillance aérienne américaine découvre le pot-aux-roses.

Une crise politique de treize jours d'une intensité dramatique s'ouvre dès le lendemain, mardi 16 octobre. Le déploiement à Cuba de missiles soviétiques[18] est tout simplement inacceptable pour Washington. Le SS-4 Sandal, un de ces missiles à moyenne portée, peut véhiculer des charges nucléaires de l'ordre de 3 mégatonnes – près de deux cents fois la puissance d'Hiroshima ! – sur une distance de 2 100 kilomètres : d'où le spectre d'une menace aussi mortelle que permanente pesant non seulement sur la Floride toute proche mais aussi sur une partie de la côte Est. Une menace d'autant plus forte que ces missiles ne peuvent être détectés suffisamment à l'avance pour garantir la riposte immédiate dictée par la politique de dissuasion.

À la demande du président Kennedy, les responsables américains s'entourent d'un luxe de précautions pendant plusieurs jours pour qu'il n'en soit pas fait publiquement état. L'ampleur comme la nature de la menace ne peuvent résulter d'un simple malentendu et ne peuvent donc faire l'objet d'une stratégie diplomatique classique. Mais que faire ?

Bien décidé à ne pas commettre d'erreurs aux conséquences tragiques, Kennedy organise sur-le-champ une structure spécifique de gestion de crise, le Comité exécutif ou *ExCom*, réunissant les principaux décideurs civils et militaires de l'administration. Le président repousse d'emblée une suggestion des « faucons » de l'armée et

18. Le déploiement en question portait à la fois sur des missiles à moyenne portée MRBM (d'un rayon d'action compris entre 1 000 et 3 000 kilomètres) et sur des missiles à portée intermédiaire, IRBM, d'une portée deux fois supérieure aux premiers.

du Pentagone préconisant une solution militaire à la crise avant que l'adversaire puisse mettre en œuvre une première frappe nucléaire : le bombardement des sites abritant les missiles ainsi que le renversement de Fidel Castro dans la foulée. Trop simple, trop radical, même si la menace pèse sur quelque 80 millions de civils américains.

N'ayant pas de solution de substitution à proposer, Kennedy se voit bientôt taxé d'indécision et de faiblesse. Parmi les plus sévères à son endroit se distinguent le général Curtis LeMay, patron de l'US Air Force, et surtout l'ancien secrétaire d'État Dean Acheson : « Le père Kennedy était munichois. Espérons que la politique d'apaisement ne soit pas une tare héréditaire. Je crains que la faiblesse n'en soit une… »

En réalité, soutenu dans sa démarche par Dean Rusk et Robert McNamara, respectivement chef de la diplomatie et patron du Pentagone, John F. Kennedy n'est ni faible ni indécis. Échaudé depuis la baie des Cochons, il a tendance à se méfier des assurances péremptoires prodiguées par des militaires trop souvent tentés de jouer les Dr Folamour : « Vous savez quoi ? Tous ces gradés ont un immense avantage sur nous : s'ils se trompent, nous ne serons plus là pour leur faire remarquer qu'ils avaient tort. » Il craint également le sentiment d'infaillibilité procuré par l'*hubris* liée à la décision politique et sait que, dans le contexte de l'équilibre de la terreur, toute erreur peut être fatale.

Surtout, Kennedy demeure profondément dubitatif sur les intentions soviétiques et sur le gambit insensé de leur prise de risque. Une chose est sûre à ses yeux : les missiles soviétiques sont installés à Cuba mais c'est Berlin qui se trouve visé. Il y a donc une autre lecture de la crise que celle, trop simple, d'une provocation éhontée appelant mécaniquement la montée aux extrêmes. Qui sait si, en agissant de la sorte, les Soviétiques ne craignent pas sincèrement que les États-Unis ne lancent une attaque nucléaire préventive contre l'URSS ? Qui sait si Cuba ne représente pas seulement un moyen de pression pour résoudre à leur avantage la question de l'Allemagne, non résolue depuis la fin de la guerre ? Dans un cas comme dans l'autre, la prudence et la subtilité sont requises.

À Moscou, Khrouchtchev est soumis lui aussi à des pressions intenses et contradictoires qui se surajoutent au stress de la gestion de crise. Lui aussi a ses « durs » et ses « faucons ». Au sein du Politburo, il compte de puissants adversaires emmenés par Mikhaïl Souslov[19], considéré comme l'idéologue du parti. Les milieux militaires ne sont pas en reste. Ils ont le vent en poupe depuis qu'a été officialisée par Khrouchtchev en personne la « doctrine Sokolovski[20] » établissant qu'en cas de conflit avec l'Ouest la guerre serait inévitablement nucléaire et que l'URSS prendrait alors l'initiative de lancer une première frappe préventive.

Le 22 octobre, Kennedy prononce un discours télévisé dans lequel il révèle la présence des missiles et décrète le blocus de Cuba. Il s'agit d'un moyen terme plutôt habile entre l'activisme et la passivité. Ayant appréhendé une décision américaine d'attaque des sites nucléaires cubains, voire une invasion de l'île, Khrouchtchev en est soulagé : si Kennedy ne va pas à la guerre dans l'immédiat, il n'ira sans doute jamais. Apparemment détendu, il multiplie alors les apparitions publiques comme si de rien n'était et se rend même au théâtre Bolchoï pour y applaudir le chanteur américain Jerome Hines.

---

19. Personnage très influent du Politburo, Souslov marqua de son empreinte la politique répressive de Staline, notamment en ce qui concerne la déportation des Tatars de Crimée. Il jouera un rôle majeur dans l'éviction de Khrouchtchev en 1964.

20. Du nom du maréchal Vassili Sokolovski, chef d'état-major de l'armée et de la marine depuis 1952 ; doctrine stratégique énoncée en janvier 1960.

À la différence de Khrouchtchev, le président américain, lui, ne bluffe pas. Il en administre d'ailleurs la preuve en ordonnant d'intercepter les bâtiments qui violeraient le blocus. Le Kremlin entre alors en grande effervescence : devant l'opinion internationale, les Américains sont en train de remporter le bras de fer imprudemment imposé par Moscou. Jusqu'au plan diplomatique où, à la tribune du Conseil de sécurité, le 25 octobre, le représentant américain Adlai Stevenson ridiculise son homologue soviétique Valerian Zorine en démontrant, documents photographiques à l'appui, la réalité des missiles soviétiques que le Kremlin s'évertuait encore à nier contre toute évidence.

Kennedy a toutefois laissé la porte ouverte à un accord, veillant à ce que les Soviétiques puissent sauver la face. Au terme d'un échange de correspondances à l'issue desquelles il n'est plus du tout certain que Khrouchtchev continue à contrôler véritablement la situation chez lui[21], un accord parvient à être dégagé : les Soviétiques consentent à retirer leurs missiles de Cuba en échange de la promesse américaine de ne pas envahir l'île et de retirer leurs missiles Jupiter basés en Turquie[22].

La conclusion de cet épisode d'une intensité dramatique peu commune reviendra au secrétaire d'État Dean Rusk qui, pour une fois, sortira de sa prudence légendaire : « Nous nous sommes fixés droit dans les yeux et l'adversaire a fini par cligner ! »

---

21. La capacité personnelle de manœuvre de Khrouchtchev reste encore aujourd'hui l'une des grandes énigmes de cette crise de 1962. Il est probable que la conjonction des oppositions à sa personne comme à sa politique, tant au sein de l'armée qu'au sein du Politburo, a contribué à affaiblir la situation du leader du Kremlin. La sanction politique définitive n'interviendra que peu de mois plus tard.

22. Ce retrait de missiles américains n'interviendra que plusieurs mois plus tard et demeurera longtemps tenu secret, confortant l'impression d'une victoire aux points de JFK.

À ce face-à-face d'une tension extrême devait succéder paradoxalement une détente durable entre les deux pays, le symbole en étant la mise en place d'un « téléphone rouge » (*Hot Line*) ainsi que la mise en œuvre par Kennedy d'une stratégie d'apaisement et de conciliation vis-à-vis de l'URSS : en témoigne son discours de juin 1963 à l'American University dans lequel il reconnaît les souffrances du peuple soviétique durant la Seconde Guerre mondiale tout en rendant hommage à ses réussites. Déclarant qu'il s'agissait-là du meilleur discours d'un président américain depuis Franklin D. Roosevelt, « Mr K » négocierait quelques semaines plus tard le traité d'interdiction partielle des essais nucléaires.

Destins contraires

Pendant les 1 000 jours que dura sa présidence, John F. Kennedy fut conjointement avec son homologue soviétique Nikita S. Khrouchtchev l'acteur vedette d'un théâtre surexposé, avec l'opinion mondiale pour public, dont la force dramatique n'eut d'égal que le suspense quasi hitchcockien de certains actes.

Dans ce théâtre, les deux « K » eurent objectivement partie liée, au point de quitter la scène presque au même moment, à quelques mois d'intervalle. Toutefois, les personnalités des deux hommes comme leurs parcours respectifs étaient trop différents pour que le destin les fasse converger plus qu'il ne convenait.

Au dénouement de la crise de Cuba, Kennedy avait lancé à son frère Bobby, sur ce ton flegmatique qui lui était si particulier : « C'est ce soir que je devrais aller au théâtre… » Le président faisait référence à Abraham Lincoln qui avait été assassiné au théâtre Ford, à Washington, au moment même où il pouvait savourer la fin de la guerre de Sécession en même temps que son triomphe. Pour Kennedy, la fin surviendrait tout aussi brutalement, mais à Dallas, un jour de novembre 1963. Il n'avait plus jamais rencontré Khrouchtchev depuis le sommet de Vienne. Mais leur *mano a mano* avait pris fin depuis octobre 1962, et au Kremlin on ne s'avisait plus de prendre l'Américain à la légère.

C'est en héros que John F. Kennedy quitta la scène. À l'ambassade américaine de Moscou, on verra Nina Petrovna, l'épouse de Khrouchtchev, signer en larmes le registre de condoléances. Une semaine plus tard, la veuve du président Kennedy écrira à Khrouchtchev une lettre de remerciements aussi touchante qu'inattendue dans le ton : « Vous et lui étiez adversaires, mais vous étiez alliés dans votre détermination à ce que le monde ne soit pas détruit. Vous vous respectiez et vous pouviez vous entendre… les grands hommes savent qu'il est nécessaire de se contrôler et de se restreindre, les petits sont parfois plus motivés par la peur et la fierté. Si seulement à l'avenir les grands hommes pouvaient continuer de faire asseoir les petits autour d'une table pour parler, avant qu'ils ne commencent à se battre… »

Khrouchtchev, lui, finirait son existence plus prosaïquement un jour de septembre 1971, en retraité oublié de tous. Sept ans plus tôt, il avait été destitué sans ménagement par une de ces révolutions de palais dont le Kremlin s'était fait une spécialité depuis des siècles. En vérité, sa carrière avait pris fin au lendemain même de la crise de Cuba. Au fond, les vertus d'homme d'État révélées par Kennedy – pragmatisme, sang-froid et détermination – avaient souligné en creux les carences de Khrouchtchev lors de leur duel dramatique. Le jeune homme avait pris son envol vers la postérité tandis que le vieux lutteur ne savait pas qu'il venait de livrer son ultime combat.

Georges AYACHE

Bibliographie sélective

Adjoubei, Alexeï, *À l'ombre de Khrouchtchev*, Paris, La Table Ronde, 1989.

Dallek, Robert, *John F. Kennedy : An Unfinished Life, 1917-1963*, Boston, Little, Brown and Company, 2003.

Fontaine, André, *Histoire de la guerre froide*, t. 2, Paris, Fayard, 1967.

Fursenko, Aleksandr et Naftali, Timothy, *One Hell of a Gamble : Khrushchev, Castro and Kennedy, 1958-1964. The Secret History of the Cuban Missile Crisis*, New York, W. W. Norton & Company, 1998.

—, *Khrushchev's Cold War : The Inside Story of an American Adversary*, New York, W. W. Norton & Company, rééd. 2007.

Gaddis, John Lewis, *The Cold War*, New York, The Penguin Press, 2005.

Khrouchtchev, Nikita S., *Souvenirs*, Paris, Robert Laffont, 1971.

Manchester, William, *La Splendeur et le Rêve : histoire de l'Amérique contemporaine*, t. 2, *Le Dialogue avec l'univers, 1951-1972*, Paris, Robert Laffont, 1976.

Rusk, Dean, *As I Saw It : A Secretary of State's Memoirs*, Londres, I. B. Tauris & Co Ltd, 1991.

Taubman, William, *Khrushchev : The Man and His Era*, New York, W. W. Norton & Co, 2003.

Thompson, William J., *Khrushchev : A Political Life*, New York, St Martin's Press, 1995.

19

BUSH PÈRE ET FILS FACE À SADDAM HUSSEIN

Les liaisons dangereuses

Le 9 avril 2003, les dirigeants iraniens ont dû bien rire en regardant à la télévision un char de l'armée américaine jeter à bas la statue de Saddam Hussein, au centre de la place Firdos de Bagdad. Ce jour-là, George W. Bush leur offrait sur un plateau d'argent la victoire contre l'Irak dont ils rêvaient depuis 1980. En pulvérisant l'armée irakienne en quelques semaines et en mettant à bas le régime baassiste, le 43e président des États-Unis venait d'accomplir ce que le régime des mollahs n'était jamais parvenu à faire en huit années d'une guerre terrible contre l'Irak (1980-1988) : se débarrasser du dictateur irakien, affaiblir durablement l'Irak et mettre au pouvoir la majorité chiite du pays. Ce faisant, George W. Bush venait de bouleverser profondément l'équilibre géopolitique du Moyen-Orient, que son père, directeur de la CIA puis vice-président et président des États-Unis, s'était pourtant acharné à maintenir. Et lorsque huit mois plus tard des fantassins de la 4e division d'infanterie américaine captureront le dictateur déchu au fond d'un trou à rats près de sa ville natale de Tikrit, ils mettront fin à quarante années d'une relation ambiguë entre le dictateur irakien et les États-Unis. Ce duel retrace au fond l'histoire d'un tyran et d'une superpuissance qui ont été un mal nécessaire l'un pour l'autre et qui se sont mutuellement utilisés sans vergogne, jusqu'à ce que le fils décide de se débarrasser du meilleur ennemi de son père, devenu trop encombrant, pour projeter sur la région sa vision messianique et idéologique du monde. Un drame grec en quatre actes en somme, mais aussi une histoire de famille shakespearienne…

Acte 1 – Genèse d'une relation ambiguë

Au printemps 1962, Saddam Hussein, jeune étudiant en droit de vingt-cinq ans[1] réfugié en Égypte, sort de l'ambassade américaine du Caire, l'esprit serein. Ses interlocuteurs viennent de l'assurer du soutien de la CIA à l'opposition irakienne dont il est membre. Les stratèges américains souhaitent en effet se débarrasser du général Kassem, trop proche des Soviétiques. Sur l'échiquier moyen-oriental, l'Irak constitue une case stratégique que se disputent le Kremlin et la Maison Blanche. Informateur occasionnel des Américains[2] depuis son arrivée au Caire deux ans plus tôt, Saddam Hussein a fait du chemin après s'être échappé du foyer familial pour fuir la férule d'un beau-père brutal. Il a trouvé refuge chez son oncle maternel, Talfah Khairallah, un instituteur nationaliste qui va l'éduquer, le scolariser et le sensibiliser à la culture révolutionnaire. Saddam voue une admiration sans limites à son mentor qui lui fait découvrir l'histoire irakienne et l'initie au maniement des armes. Adolescent, il dévore les ouvrages de Staline qu'il considère comme l'un des grands génies politiques de son temps. Toute sa vie, il assènera la pensée du dictateur géorgien à ses interlocuteurs arabes et européens. Pendant cette

1. Saddam Hussein naît le 28 avril 1937 dans une famille paysanne modeste de Tikrit, au nord-ouest de Bagdad.

2. Comme le confirmera Roger Morris, ancien diplomate et conseiller à la Maison Blanche de 1963 à 1970.

période d'apprentissage, il se lie à Adnan Khairallah, son cousin germain, qu'il considère comme son propre frère et qui deviendra son plus proche conseiller et son ministre de la Défense.

Après avoir laborieusement terminé ses études secondaires, Saddam exerce plusieurs petits métiers, découvre la rue et se pose rapidement en chef de bande. Il découvre le pouvoir de l'intimidation et de la violence. Au milieu des années 1950, il rejoint une cellule clandestine du parti Baas[3] et s'y montre déterminé, impitoyable et brutal. Ces trois traits caractériseront la suite de son parcours. Il fait partie du groupe qui tente, sans succès, d'assassiner le général Kassem en octobre 1959. Blessé, il fuit l'Irak et se réfugie à Damas où il rencontre Michel Aflak, l'icône du parti Baas qui lui prédit un brillant avenir et lui conseille d'aller poursuivre des études de droit au Caire. Il s'y montre un étudiant médiocre, passant son temps à comploter contre le pouvoir irakien tout en constituant ses réseaux. Saddam Hussein a vite compris qu'il lui fallait utiliser les Américains pour renverser le régime marxiste de Kassem. Toute sa vie, Washington s'imposera à lui comme un aimant ou un repoussoir. Fasciné par l'histoire et la culture des États-Unis – son film culte restera *Le Parrain* –, il ne comprendra jamais la complexité du pouvoir américain. Pour lui, et il le répétera à nombre de ses interlocuteurs, l'idéal de puissance aurait été de faire gouverner les États-Unis par Staline !

En février 1963, le général Kassem est renversé grâce aux armes fournies par la CIA et acheminées via la Turquie. Saddam Hussein en profite pour rentrer à Bagdad, jouant les intermédiaires entre les branches irakienne et syrienne

3. Le parti Baas (littéralement « Renouveau »), fondé en 1947, prône un nationalisme laïc et socialiste qui gomme les rivalités religieuses et entend rendre aux Arabes le sens de la fraternité et surtout de l'unité.

du Baas tout en accomplissant les basses besognes du Parti. Mais les militaires écartent bientôt les civils du pouvoir et Saddam entre en clandestinité. Peu de temps après la naissance de son premier fils, Oudaï, en 1964, il est arrêté, puis incarcéré dans les geôles du général Aref[4], le nouveau dictateur irakien nassérien qui a joué un rôle déterminant dans la révolution panarabe de 1963. Il s'échappe deux ans plus tard et occupe plusieurs postes clés dans les services de sécurité de la direction clandestine de l'aile civile du Baas. Son épouse donne naissance en 1966 à son second fils, Qoussaï, qui deviendra par la suite son successeur patenté.

Entre-temps, le général Abdul Rahman Aref a rompu les relations diplomatiques avec les États-Unis d'Amérique, après que ceux-ci ont pris fait et cause pour Israël lors de la guerre des Six-Jours de juin 1967. Dès lors, les actions du parti Baas remontent en flèche à la Bourse de la CIA. Lorsqu'un nouveau coup d'État porte au pouvoir Hassan Al-Bakr[5], le 30 juillet 1968, les diplomates américains se rappellent au bon souvenir de Saddam Hussein qui fait partie du nouveau triumvirat dirigeant l'Irak. Celui-ci les éconduit poliment, contant à Richard Murphy, l'un de ses interlocuteurs, l'anecdote suivante : « Lorsque les États-Unis s'amourachent d'un État du tiers-monde, c'est comme lorsqu'un paysan irakien prend femme : trois jours de douceur suivis d'une vie ingrate de labeur dans les champs ! »

Bon gré, mal gré, l'administration américaine se satisfait de l'ambivalence du nouveau régime irakien, à mi-chemin

---

4. Abdel Salam Aref (1921-1966) entre rapidement en conflit avec le parti Baas. Tué dans un mystérieux accident d'hélicoptère, il est remplacé par son frère, le général Abdul Rahman Aref (1916-2007), à la tête de l'Irak.

5. Le général Hassan al-Bakr (1914-1982), panarabe convaincu, est Premier ministre d'Abdul Rahman Aref avant de prendre sa place en 1968, s'imposant ainsi comme le chef de l'aile militaire du parti Baas irakien.

entre Soviétiques et Occidentaux, car Hassan al-Bakr et Saddam Hussein sont conscients des limites du système soviétique. Ceux-ci conservent des canaux de discussion avec Washington, notamment par l'entremise du roi Hussein de Jordanie. Ils se rapprochent de la France et de l'Allemagne avec lesquelles ils concluent des partenariats industriels très ambitieux. Paris devient ainsi le premier fournisseur d'armes sophistiquées de l'Irak. Pour la Maison Blanche, l'essentiel consiste à s'assurer que Bagdad ne basculera pas dans le camp soviétique. Et pour que la région du Golfe reste dans l'orbite américaine, le président Richard Nixon arme et soutient sans réserve le chah d'Iran.

C'est durant cette période que la trajectoire de Saddam Hussein croise celle de George Herbert Bush qui a pris la direction de la CIA en janvier 1976. Pur produit de l'*establishment* de la côte Est, George Bush est déjà un vieux routier des affaires (il a fait fortune dans l'industrie pétrolière), de la politique (il a été élu au Congrès en 1967) et de la diplomatie (il a été ambassadeur aux Nations unies de 1971 à 1973). À cinquante et un ans[6], ce républicain svelte et bon teint maîtrise les dossiers internationaux. L'un d'entre eux suscite plus particulièrement son inquiétude : l'Irak développe un programme nucléaire avec l'assistance de la France, qui pourrait à terme lui permettre d'obtenir la bombe atomique. Saddam Hussein, qui en est le grand ordonnateur, devient dès lors un souci pour le directeur de la CIA qui va s'évertuer à ralentir voire à stopper ce programme, jusqu'à ce que l'élection du président démocrate Jimmy Carter l'écarte des affaires.

---

6. George Herbert Bush naît le 12 juin 1924 dans le Massachusetts. Il s'enrôle dans l'US Navy en 1942 et devient le plus jeune pilote d'avion torpilleur embarqué pendant la campagne du Pacifique.

Acte 2 – Le triomphe du pragmatisme et de la géopolitique

En février 1979, l'arrivée au pouvoir de l'ayatollah Khomeyni en Iran, dans la foulée de la révolution islamique, rebat les cartes régionales. L'administration Carter, affaiblie par la prise des otages de l'ambassade américaine de Téhéran, le 4 novembre 1979, et par l'échec de l'opération militaire visant à les libérer, rompt ses relations avec l'Iran. Les tentatives de renouer le dialogue restent vaines, d'autant plus que le nouveau régime iranien clame à la face du monde sa volonté de s'émanciper de toute influence étrangère. Parallèlement, Washington se méfie toujours autant de Saddam Hussein, devenu président le 16 juillet 1979, après avoir écarté Hassan al-Bakr qui a préféré s'effacer du pouvoir pour sauver sa vie et jouir d'une retraite dorée en résidence surveillée. Le dictateur irakien est accusé pêle-mêle d'être toujours en quête d'une bombe atomique, d'être proche des Soviétiques, trop hostile à Israël – qu'il voue ouvertement aux gémonies – et trop arrogant vis-à-vis du pouvoir américain qu'il continue à snober. Trois événements vont changer la donne.

Le 22 septembre 1980, Saddam Hussein attaque l'Iran, plongeant son pays dans une guerre sanglante qui durera huit ans. Il est convaincu qu'en agissant ainsi il humiliera le régime iranien et l'empêchera d'exporter sa révolution islamique en Irak. Il espère aussi prendre des gages pour renégocier le statut du Chatt al-Arab[7] à son avantage et s'imposer comme le chef de file incontesté du monde arabe. Son offensive s'enlise cependant très vite. Contrairement à une idée reçue, les États-Unis n'ont pas encouragé le

7. Les fleuves Tigre et Euphrate s'unissent dans l'estuaire du Chatt al-Arab qui se jette dans le golfe Persique.

dictateur irakien à se lancer dans cette croisade jugée très incertaine par les stratèges américains ; l'administration Carter moribonde avait bien d'autres chats à fouetter à ce moment-là : elle tentait de négocier avec Téhéran la libération des diplomates américains et avait peur que cette guerre fasse le jeu de l'URSS.

Le 20 janvier 1981, le républicain Ronald Reagan prête serment en tant que 40e président des États-Unis ; son colistier n'est autre que George Bush qui revient aux affaires, bien décidé à réviser la politique étrangère américaine. Pragmatique et cynique, le nouveau vice-président est convaincu, comme Kissinger, de la nécessité de faire prévaloir la géopolitique sur la morale et les bons sentiments prônés par Jimmy Carter, qui ont déclassé les États-Unis au Moyen-Orient et accéléré la chute du chah d'Iran.

Le 7 juin 1981, l'aviation israélienne détruit la centrale Osirak, près de Bagdad, stoppant net le programme nucléaire irakien et l'ambition de Saddam Hussein de se doter de la bombe atomique. Dès lors, les actions de ce dernier repartent à la hausse ; plus rien n'empêche Washington de renouer ouvertement les liens avec Bagdad. George Bush, tout comme la CIA, considère l'Irak baassiste comme le meilleur bouclier contre l'Iran qui cherche à exporter la révolution islamique en direction du monde arabe et des monarchies pétrolières. Peu importe que Saddam soit un tyran qui fasse assassiner – ou exécute lui-même – ses opposants. L'essentiel reste de renforcer suffisamment l'Irak pour qu'il résiste aux offensives iraniennes, mais pas trop pour qu'il ne devienne pas une menace pour ses voisins arabes. Reagan et Bush sont d'autant plus enclins à traiter avec le « Tigre de l'Euphrate » qu'ils sont engagés dans un bras de fer avec le pouvoir iranien au Liban, où ils font face à des attentats et des prises d'otages commandités par le régime des mollahs.

Du 20 décembre 1983 au 24 mars 1984, Donald Rumsfeld[8], *missus dominicus* du couple exécutif américain, rencontre Saddam Hussein à trois reprises. Il n'arrive pas les mains vides à Bagdad, apportant avec lui l'assurance de garanties bancaires à hauteur de 2 milliards de dollars. Les discussions sont cordiales et les deux hommes échangent une poignée de main largement médiatisée, après s'être entendus sur le principe du rétablissement de leurs relations diplomatiques – effectif le 26 novembre 1984. Chacun reste néanmoins lucide sur les intentions de l'autre. Washington n'entend pas livrer d'armes américaines au régime irakien, mais se tient prêt à financer sa guerre et à lui transmettre des renseignements militaires qui devraient l'aider à lutter plus efficacement contre l'Iran. La Maison Blanche autorise également des compagnies américaines à fournir à l'Irak des plans d'usines destinées à la fabrication d'armes chimiques[9]. George Bush multiplie les missions discrètes auprès des monarchies du Golfe pour les rassurer sur les intentions américaines. De son côté, Saddam ne se fait aucune illusion et rappelle à ses collaborateurs : « L'Amérique n'est pas un partenaire facile !... Elle nous lâchera si c'est son intérêt. »

Un premier accroc survient en novembre 1986, lorsque éclate au grand jour le scandale de l'Irangate et l'aide militaire clandestine qu'apportent les États-Unis à l'Iran pour prix de la libération des otages américains détenus au Liban. Cette révélation fracassante, qui sera à deux doigts de provoquer la destitution du président Reagan, survient juste après un important revers militaire irakien.

---

8. Ancien secrétaire à la Défense du président Gerald Ford, Donald Rumsfeld est un vieux routier de la politique internationale qui redeviendra secrétaire à la Défense sous George W. Bush.

9. Comme le démontreront les journalistes d'investigation Saïd Aburish et Adel Darwish.

Saddam Hussein est furieux et le fait savoir à ses interlocuteurs qui sont obligés d'accroître leur assistance militaire à l'Irak, mais aussi de fermer les yeux sur l'utilisation toujours plus massive d'armes chimiques irakiennes sur le champ de bataille. Le deuxième accroc est provoqué par une méprise : le 17 mai 1987, l'aviation irakienne tire par erreur deux missiles Exocet contre la frégate *USS Stark* qui naviguait en limite de la zone d'exclusion maritime dans le Golfe. Il s'agit réellement d'une bavure, mais celle-ci agace au plus haut point la Maison Blanche. Le gazage de la population kurde d'Halabja[10], le 16 mars 1988, constitue le troisième accroc sérieux au rapprochement entre Bagdad et Washington. Ce crime de guerre fait grand bruit et retourne l'opinion publique internationale qui soutenait jusque-là Saddam, effrayée d'une possible victoire des mollahs iraniens. Dès lors, Reagan et Bush comprennent qu'il leur faut prendre leurs distances avec le dictateur irakien épinglé par les médias, d'autant plus que celui-ci semble en passe de gagner sa guerre contre l'Iran, ce qui pourrait l'amener à devenir trop puissant.

Lorsque les Iraniens finissent par accepter le cessez-le-feu, le 20 août 1988, Saddam Hussein se trouve dans une situation paradoxale. Son armée, bien qu'épuisée, n'a jamais été aussi forte, mais cette force représente justement la plus grande menace pour son pouvoir, car il faut payer les soldes de près d'un million de soldats et les occuper pour éviter qu'ils ne se retournent contre lui.

Parallèlement, la roue tourne favorablement pour George Bush. Après huit années passées au poste de vice-président, il est élu à la suite de Ronald Reagan. Lorsqu'il

10. Pour stopper une offensive iranienne dans le Kurdistan irakien, Saddam Hussein n'hésite pas à gazer tous les occupants de la ville d'Halabja, tuant entre 5 000 et 10 000 combattants, vieillards, femmes et enfants.

prête serment, le 20 janvier 1989, la carte géopolitique du monde a changé. La menace islamique a été écartée du Golfe ; le communisme fait partout naufrage ; Mikhaïl Gorbatchev multiplie les appels du pied à l'Amérique triomphante. L'« hyperpuissance », pour reprendre le terme d'Hubert Védrine, n'a plus besoin de Saddam Hussein, d'autant plus qu'un certain nombre de généraux du Pentagone pointent du doigt la menace que représente désormais le dictateur irakien pour la sécurité du Golfe. Tout particulièrement Norman Schwarzkopf, chef du commandement US pour le Moyen-Orient, qui change à l'automne 1989 le scénario d'un exercice majeur dans le Golfe pour identifier clairement l'Irak comme menace principale, en lieu et place de l'Iran. Ce scénario est quasi prémonitoire car Saddam Hussein pense avoir trouvé la martingale pour occuper son armée et renflouer son pays exsangue. Puisque l'émir Jaber du Koweït refuse obstinément d'effacer sa dette contractée pendant la guerre contre l'Iran, et puisqu'il soutient une politique de prix pétroliers très bas, à l'encontre des intérêts irakiens, Saddam décide, sans consulter ses généraux, d'effectuer le casse du siècle en s'emparant du Koweït, de son or, de ses réserves bancaires et de ses champs pétrolifères. Depuis l'ère ottomane, l'Irak considère de toute façon le Koweït comme l'une de ses provinces. Le seul qui aurait pu l'en dissuader, son cousin Adnan Khairallah, est mort quelques mois plus tôt dans un attentat fomenté par Oudaï et Qoussaï, les deux fils du dictateur peu désireux de voir leur oncle leur ravir à terme le pouvoir.

Le 2 août 1990, Saddam Hussein envahit donc le Koweït, persuadé que les États-Unis n'interviendront pas, pas plus que les monarques du Golfe qui le craignent. De plus en plus mégalomaniaque, le dictateur empâté se perçoit en effet comme l'homme fort de la région, produit du croisement entre son cher Staline et le Parrain de Francis

Ford Coppola. Même physiquement, la ressemblance est troublante. Certain de bien connaître ses interlocuteurs américains, il morigène ses généraux : « Je ne veux pas de vos analyses sur les États-Unis, car cela c'est ma spécialité ; donnez-moi juste des faits et ne cherchez pas à camoufler vos lacunes derrière des informations que vous ne comprenez pas. » Il est vrai qu'une semaine plus tôt, alors qu'il lui demandait d'obtenir des Koweïtiens qu'ils arrêtent de jouer avec le prix du pétrole, April Glaspie, l'ambassadrice américaine à Bagdad, lui avait répondu : « Votre différend frontalier avec le Koweït est une affaire qui vous regarde ; on ne s'en occupe pas. » Mais contrairement à ce qu'anticipe Saddam, George Bush réagit vigoureusement, dépêche des troupes dans le Golfe et déclare : « Comme dans les années 1930, nous voyons un dictateur agressif qui menace ses voisins ; nous devons agir. » Le Raïs irakien est-il tombé dans un piège, comme le suggèrent les *aficionados* de la théorie du complot ? Probablement pas, car tous les témoignages montrent que les États-Unis ont été réellement surpris. Il s'agirait plutôt d'une vraie bévue de la diplomate qui reconnaîtra par la suite devant le Congrès : « Bêtement, je n'ai pas compris que Saddam était stupide et ne m'avait pas crue, malgré mes mises en garde claires et répétées sur le fait que nous serions prêts à défendre nos intérêts vitaux. »

Quoi qu'il en soit, Saddam Hussein ne se démonte pas et propose une alliance à George Bush, par l'intermédiaire du chargé d'affaires resté à Bagdad : « Si les États-Unis laissent l'Irak contrôler le Koweït, l'Irak livrera aux Américains tout le pétrole qu'ils souhaitent, à bas prix, et s'engagera à ne jamais envahir l'Arabie saoudite et à devenir l'allié majeur de Washington dans la région. » Il essuie un refus cinglant du président américain qui ferme l'ambassade américaine en Irak et déclare : « Il est encore temps pour le dictateur Saddam Hussein d'éviter une guerre cruelle en se retirant du Koweït et en appliquant les résolutions des Nations unies. » Face à l'entêtement du Raïs, la Maison Blanche déclenche l'opération *Tempête du désert*, le 15 janvier 1991, au cours de laquelle une coalition internationale de 800000 hommes, emmenée par les États-Unis, détruit en quarante jours de bombardements et cent heures d'offensive terrestre les forces vives de l'armée irakienne, expulsant cette dernière du Koweït. Contrairement à ce que réclament ses généraux, appuyés par Dick Cheney, son secrétaire à la Défense, George Bush refuse de poursuivre l'armée irakienne jusqu'à Bagdad. Il sait qu'il a toujours besoin d'un bouclier pour contenir les ambitions iraniennes et garantir l'équilibre des forces au Moyen-Orient. Il sait également qu'il ne dispose d'aucun plan de rechange crédible à la tête de l'Irak s'il décidait de mettre à bas la dictature. Le président américain comprend surtout que la chute du régime baassiste précipiterait l'Irak dans le chaos, faisant ainsi le jeu de l'Iran et de la Syrie, deux adversaires patentés des États-Unis d'Amérique. Alors qu'en maintenant en sursis un Saddam affaibli, il satisfait à ses impératifs géopolitiques. Pour s'assurer que celui-ci ne menacera plus ses voisins, il fait voter par l'ONU un train de sanctions économiques et la mise en place de deux zones d'exclusion aérienne, au nord et au sud de l'Irak, pour rogner les ailes de l'armée irakienne et protéger les populations kurdes et chiites qui se sont rebellées contre le dictateur, les États-Unis abandonnant finalement ces dernières pour ne pas être entraînés dans la rhétorique du changement de régime. Bien que le duel avec Saddam ait tourné à son avantage, George Bush perd les élections du 4 novembre 1992 face au démocrate Bill Clinton qui a tout misé sur le redressement de l'économie. Il se retire de la vie politique, passant le relais à son fils aîné, George Walker, qui piaille d'impatience, bien décidé à venger les échecs de son père.

Interlude clintonien

Saddam Hussein croit fermement en un possible rapprochement avec le jeune et fringant Bill Clinton qui ne semble pas endosser l'habit d'un va-t-en-guerre. Il assène à ses ministres ses propres vues qui se révéleront fausses, une fois de plus : « Nous ne devons pas faire preuve d'attitude négative à l'égard de Clinton ; je crois fermement qu'un changement favorable surviendra durant son mandat. » De fait, grâce à l'entremise du roi Hussein de Jordanie, le nouveau président envoie l'un de ses proches conseillers à Bagdad dès janvier 1993 pour sonder Saddam. Son message est simple : « Je n'ai rien contre vous, mais si vous voulez que les États-Unis adoptent une posture différente, il vous faudra d'abord changer d'attitude et satisfaire aux injonctions des Nations unies. » Le président irakien, qui ne conçoit pas de céder à un simple *missus dominicus*, refuse de se soumettre au diktat mais réitère l'offre d'alliance qu'il avait faite à George Bush. Le dialogue s'arrêtera là. Le nouvel hôte de la Maison Blanche a bien d'autres chats à fouetter, que ce soit en Somalie, en Bosnie ou au Rwanda.

Bien décidé à se venger de l'arrogance américaine, Saddam fomente un attentat contre George Bush père en visite au Koweït, le 13 avril 1993. Celui-ci est déjoué *in extremis*, mais les preuves contre les services secrets irakiens sont accablantes. Le 26 juin suivant, Bill Clinton déclenche une frappe de rétorsion contre les principaux locaux des services irakiens. Il reprend dans la foulée la politique de double endiguement, tant vis-à-vis de l'Iran des mollahs que de l'Irak de Saddam Hussein. En février 1996, il rejette un plan de la CIA visant à renverser le dictateur irakien, rappelant que les États-Unis n'ont aucun candidat crédible pour assurer la succession et qu'ils ont toujours besoin d'un épouvantail face à l'Iran. Sa stratégie consiste en fait à mettre l'Irak sous tutelle des Nations unies en renforçant le régime des sanctions. C'est suivant cette même logique que le 16 décembre 1998 Bill Clinton lance l'opération *Renard du désert* contre les centres de pouvoir irakiens, pour punir Saddam de violer continuellement les résolutions onusiennes. Pendant quatre nuits, les frappes américaines vont secouer Bagdad. Une fois de plus, le président américain fait preuve de réalisme en donnant l'ordre de dégrader les capacités du régime tout en prenant grand soin de ne pas l'anéantir. Son successeur n'aura pas cette sagesse.

*Acte 3 – La revanche de l'*hubris *et de l'idéologie*

Le 20 janvier 2001, George Walker Bush prête serment après avoir été élu de justesse président des États-Unis, à cinquante-quatre ans[11]. Jusqu'à présent, il a suivi le même parcours que son père, même s'il n'a pas fait preuve des mêmes qualités. Pour l'imiter, il a suivi ses études dans la même université de Yale, s'est fait élire à la tête de la même fraternité étudiante, est devenu pilote de chasse dans la garde nationale, a fait carrière comme lui dans l'industrie pétrolière, a cultivé les mêmes réseaux et s'est fait élire gouverneur du Texas. Mais à l'inverse de son modèle, le fils s'adonne à la boisson et n'a pas le caractère trempé de son père. Il n'a pas hésité à abandonner la religion épiscopalienne de ses parents pour adopter le rite méthodiste de son épouse, se considérant comme un *born again* très à l'écoute des mouvements évangélistes et de leur vision messianique du rôle de l'Amérique. Il est également sous

11. George Walker Bush naît le 6 juillet 1946 dans le Connecticut. Il est élu à l'issue d'un recompte contesté des voix dans l'État de Floride face à Al Gore qui avait obtenu davantage de voix à l'échelon national.

l'influence des néoconservateurs américains, tels le sémillant Doug Feith, l'idéologue Paul Wolfowitz et le stratège Elliott Abrams, qui véhiculent une idéologie simpliste : le monde est menacé par un axe du mal ; la démocratie et le libéralisme doivent triompher partout où cela est possible, à commencer par le Moyen-Orient. Pour y parvenir, il faut faire tomber les dictatures et éradiquer le terrorisme islamiste qui a commencé à cibler les intérêts américains dès 1993.

Les attaques foudroyantes du 11 septembre 2001 retournent l'opinion publique américaine et décident George W. Bush, initialement réticent, à lancer une guerre mondiale contre le terrorisme qui justifiera tous les excès pendant huit ans. Le président se sent pousser des ailes, bien décidé à faire mieux que son père et à « finir le travail » là où il estime que cela aurait dû être fait, c'est-à-dire en Irak. Soutenu par le Premier ministre britannique Tony Blair, il est convaincu de la nécessité de faire tomber Saddam. Cela lui paraît d'autant plus urgent que la communauté internationale, choquée par l'effet des sanctions sur la population irakienne, commence à militer pour leur levée. En outre, les deux fils de Saddam, Oudaï et Qoussaï, sont des psychopathes irrationnels, imprévisibles et dangereux, qui pourraient un jour lui succéder. Le vice-président Dick Cheney le pousse dans cette voie car lui aussi rêve de s'emparer de Bagdad qu'il n'avait pas pu prendre lorsqu'il était secrétaire à la Défense de Bush père, dix ans plus tôt. Ce dernier a beau multiplier les mises en garde, son fils ne l'écoute pas, aveuglé par un complexe freudien qui va le pousser à commettre bien des erreurs…

Alors que la Maison Blanche dénonce avec force l'implication probable du dictateur irakien dans les attentats terroristes qui viennent de frapper le territoire américain, les services de renseignements sont obligés d'admettre qu'aucun élément tangible ne permet de soutenir cette thèse. Qu'importe, George W. Bush reproche à Saddam d'avoir soutenu les talibans afghans. Une fois encore, la CIA balaie cette hypothèse. Dès lors, le 43e président des États-Unis concentre son attention sur l'Afghanistan. Il envahit ce pays pour tenter d'éradiquer les talibans qui s'y sont retranchés avec Oussama Ben Laden, le nouvel ennemi public numéro un.

Saddam Hussein va pouvoir souffler quelques mois, le temps que la nouvelle administration américaine fabrique de toutes pièces un dossier d'accusation contre lui[12]. Cette fois, la Maison Blanche lui reproche d'avoir conservé des armes chimiques et d'avoir expulsé les inspecteurs des Nations unies chargés de vérifier leur destruction. Le Raïs irakien joue les matamores et s'enferre dans une posture de défi à l'égard de son adversaire. Il est convaincu que le président américain bluffe et n'osera pas envahir l'Irak. Il estime surtout, comme il le dira à ses proches, que s'il « cède maintenant, les Américains exigeront une autre concession demain ; cela ne leur suffira jamais » ! Choisissant la fuite en avant, il convoque le nationalisme irakien, multiplie les discours combatifs destinés à souder la population autour de lui et rappelle qu'il a interagi avec l'administration américaine sous neuf présidents différents, affirmant qu'il sera encore au pouvoir bien après le départ de George W. Bush de la Maison Blanche. Celui-ci, piqué au vif, réplique par médias interposés : « La guerre contre la terreur implique Saddam Hussein, à cause de la nature de cet homme, de son histoire et de sa volonté de terroriser son peuple et ses voisins. » Le conflit est devenu personnel, loin de toute considération géopolitique. Plus rien ne pourra l'arrêter. Ni l'un ni l'autre des duellistes ne

---

12. L'auteur de ces lignes peut témoigner de la tentative de manipulation d'experts occidentaux par les autorités américaines et britanniques, pour justifier le dossier d'accusation visant Saddam Hussein.

peut désormais faire marche arrière sans perdre la face, ce qui équivaudrait à une mort politique. Fataliste, le Raïs déclare au journaliste Dan Rather : « Même face à la puissance démesurée des États-Unis, nous allons résister parce que Dieu est à nos côtés ; il y aura beaucoup de malheur, mais nous sommes un peuple fier ; nous savons que nous sommes militairement inférieurs aux États-Unis, mais cela ne signifie pas que nous devions capituler [...] ; les Américains sont plus avancés sur le plan technologique, mais c'est leur point faible car leur puissance repose sur les ordinateurs ; l'électronique ne pourra jamais supplanter la volonté humaine et divine. » Le dictateur se découvre sur le tard une fibre religieuse destinée à séduire les islamistes.

Fin 2002, George W. Bush rassemble une coalition militaire faite de bric et de broc pour envahir l'Irak, officiellement pour démanteler le programme d'armes de destruction massive de Saddam Hussein. Contré par le fameux discours de Dominique de Villepin, il n'a pas réussi à obtenir le blanc-seing du Conseil de sécurité de l'ONU, mais qu'importe ! Le 19 mars 2003, il déclenche l'opération *Liberté irakienne* à grand renfort de publicité. Cette fois, c'est Donald Rumsfeld, son secrétaire à la Défense, qui est à la manœuvre, celui-là même qui avait renoué avec le Raïs irakien vingt ans plus tôt. La boucle est bouclée. Force est de constater que Rumsfeld manœuvre ses troupes avec brio, car Bagdad tombe le 9 avril, après que l'armée irakienne, isolée et désorganisée, s'est évaporée. Seule la garde républicaine, armée prétorienne du Raïs, s'est battue jusqu'aux portes de la capitale. Saddam et ses fils s'échappent *in extremis*, ne comprenant pas comment leur régime a pu s'effondrer comme un château de cartes.

Acte 4 – Mise à mort

Les autorités américaines victorieuses lancent aussitôt une gigantesque chasse à l'homme qui mobilise la moitié des 130 000 soldats déployés en Irak. Elles impriment et distribuent aux GI un jeu de cartes à l'effigie des principaux dirigeants irakiens ; Saddam, Oudaï et Qoussaï sont respectivement les as de pique, de cœur et de trèfle. Leur tête est mise à prix pour plusieurs millions de dollars. Parallèlement, Paul Bremer est nommé administrateur de l'Irak. Ce diplomate proche des néoconservateurs se comporte en proconsul ; il s'imagine rebâtir le pays sur un mode démocratique en faisant table rase de l'histoire, à l'inverse d'un MacArthur qui avait su préserver les valeurs culturelles du Japon et la personne sacrée de l'empereur. Ses premières décisions sont catastrophiques : dissolution de l'armée et des services de sécurité ; rejet des offres de services d'anciens généraux qui lui proposent de moderniser le régime pour éviter que le pays ne sombre dans l'anarchie ; renvoi de tous les fonctionnaires ayant appartenu au parti Baas, lui-même dissous. En résumé, il détruit toutes les racines du pays, laissant place à l'anarchie, laquelle conduira à une guerre civile entre chiites et sunnites qui fera le lit de Daech.

Plusieurs officiers irakiens liés aux services de renseignements parviennent à échanger leur immunité et leur réinstallation à l'étranger contre des informations très précieuses. Ils indiquent aux Américains où trouver les fameuses bandes audio de Saddam[13] et livrent les réseaux

13. Dès son accession au pouvoir en 1979, Saddam Hussein met systématiquement sur écoute les lieux de pouvoir et les salles de réunion pour surveiller ses généraux et ses ministres, mais aussi pour laisser à la postérité une trace de ses discours et de ses prises de décision les plus importantes.

qui leur permettent de remonter la piste des fils du dictateur déchu. À l'issue d'une traque de trois mois, Oudaï et Qoussaï sont localisés dans une maison de la périphérie de Mossoul. Ils choisissent une fin honorable, les armes à la main. Leur père reste insaisissable, jusqu'à ce qu'il soit finalement trahi et capturé, le 13 décembre 2003, dans une ferme située près de sa ville natale de Tikrit. Les images le montrant en train de s'extirper d'une cache sommaire, hagard, hirsute et portant barbe longue, feront le tour du monde et contribueront à son humiliation orchestrée par la Maison Blanche. George W. Bush exulte : « Nous l'avons attrapé ! L'ancien dictateur va devoir rendre des comptes aux millions de gens qu'il a tyrannisés. »

Emprisonné dans un camp militaire américain près de Bagdad, Saddam Hussein reprend du poil de la bête et prépare activement sa défense, même s'il ne se fait aucune illusion sur l'issue de son procès qui durera près de trois ans. Il sait que les Américains ont trouvé dans les bandes audio capturées les preuves de son implication directe dans de nombreux crimes de guerre, à commencer par le gazage des populations chiites et kurdes. Lors de l'un de ses derniers interrogatoires, Saddam assène à l'officier américain venu l'interroger les phrases suivantes qui résument son parcours et sa « philosophie » : « J'ai fait tout cela pour le bien de mon peuple et pour la gloire. Le peuple aime les hommes pour leurs actions. Il aime également les symboles et je suis un symbole puisqu'on peut trouver mon portrait chez les Irakiens partout dans le pays. On ne peut pas en dire autant de votre président. Ce qui compte, ce n'est pas ce que les gens disent ou pensent de moi aujourd'hui, mais ce qu'ils penseront dans cinq cents ou mille ans. »

Le 5 novembre 2006, Saddam Hussein est condamné à mort par un tribunal irakien. Son appel rejeté, il est conduit à l'aube du 30 décembre suivant à la potence. De l'aveu des témoins de la scène, sa fin sera digne. Sa pendaison le jour même de la fête de l'Aïd choquera les musulmans et ravivera la guérilla sunnite en Irak. Des images pirates de son exécution seront ensuite diffusées sur Internet. En les regardant avec tristesse, un ancien général de Saddam exfiltré en Europe par les Américains leur prédira, paraphrasant Churchill : « Vous avez provoqué le chaos et l'anarchie pour éviter l'ordre islamique ; au bout du compte, vous aurez le chaos et l'ordre islamique. »

Pierre RAZOUX

Bibliographie sélective

Bush, George H. W. et Scowcroft, Brent, *À la Maison Blanche : 4 ans pour changer le monde*, Paris, Odile Jacob, 1999.

Bush, George W., *Portrait de mon père George H. W. Bush*, Paris, Odile Jacob, 2016.

Coughlin, Con, *Saddam : His Rise and Fall*, New York, Harper Perennial, 2005.

Luizard, Pierre-Jean (préface de), *Saddam Hussein – Interrogatoires par le FBI*, Paris, Éditions Inculte, 2010.

Majid, Saman Abdul, *Les Années Saddam – Révélations exclusives de l'interprète personnel de Saddam Hussein*, Paris, Fayard, 2003.

Meacham, Jon, *Destiny and Power : The American Odyssey of George H. W. Bush*, New York, Random House, 2015.

Razoux, Pierre, *La Guerre Iran-Irak – Première guerre du Golfe (1980-1988)*, Paris, Perrin, 2013 ; traduction anglaise sous le titre *The Iran-Iraq War*, Harvard, Harvard University Press, 2015.

Vasselin, Pascal, Charmelot, Jacques et Hamelin, Arnaud, « Saddam Hussein : le meilleur ennemi de l'Amérique », documentaire diffusé sur France 3 en 2005.

Woods, Kevin, *The Saddam Tapes – The Inner Workings of a Tyrant's Regime (1978-2001)*, Cambridge, Cambridge University Press, 2011.

20

GORBATCHEV ET ELTSINE

L'URSS contre la Russie

Et si le principal événement de la fin du XX*e siècle – la disparition de l'URSS en 1991 – n'avait été qu'une histoire de jalousie entre deux* apparatchiks *du Parti communiste de l'Union soviétique ? Mikhaïl Gorbatchev et Boris Eltsine avaient eu le même destin, l'un à Stavropol, l'autre à Sverdlovsk. Ils auraient pu mener ensemble la folle aventure de la* perestroïka*, après que le premier eut succédé à Konstantin Tchernenko en 1985. Mais l'incontrôlable Eltsine, bientôt humilié par son ancien collègue, va tout mettre en œuvre pour lui voler son pouvoir suprême. À la tête de la Russie ressuscitée, il va précipiter l'effondrement de l'Union soviétique et la chute de son chef, peu à peu privé de toute autorité sur un empire éclaté en quinze États souverains. L'incroyable choc de titans entre la Russie et l'URSS, c'est d'abord l'histoire d'une revanche, celle de Boris Eltsine sur son rival de toujours…*

Moscou, 21 octobre 1987. Dans quelques jours, l'URSS fêtera le soixante-dixième anniversaire de la révolution d'Octobre. Au Kremlin s'achève un plénum du Comité central consacré à cette commémoration. Le héros du jour est Mikhaïl Gorbatchev, secrétaire général du Parti communiste de l'Union soviétique, qui a lu le traditionnel

« rapport » sur l'événement, et qui est chaleureusement applaudi. En principe, ce genre de discours ne donne pas lieu à débat, et l'homme qui préside la séance, Egor Ligatchev, numéro deux du Parti, pose machinalement la question qui va permettre de clore la séance par un vote unanime : « Quelqu'un a-t-il des questions ? Personne ? En ce cas, il nous reste à voter… »

Personne ne bouge dans les premiers rangs de l'assemblée, sauf Boris Eltsine, premier secrétaire du PC de Moscou, qui se tortille sur son siège. Gorbatchev le voit bien, et s'entremet : « Le camarade Eltsine a une question ?… » Ligatchev, à l'évidence, n'a aucune envie d'entendre une déclaration d'Eltsine, avec lequel il a peu d'atomes crochus. Mais Gorbatchev insiste. De mauvaise grâce, le président de séance invite le « camarade Eltsine » à prendre la parole, lequel monte à la tribune et improvise un discours à la fois revendicatif et brouillon. Il y critique la mise en œuvre de la *perestroïka*[1], dénonce la bureaucratie qui fait obstacle aux réformes, lance quelques piques en direction de Ligatchev et de Gorbatchev, et termine en annonçant tout de go sa démission du Politburo !

La salle est gênée. Tranquillement, Gorbatchev reprend la présidence de l'auguste assemblée et résume en quelques mots, méthodiquement, la critique de l'orateur contre le Politburo. Puis il donne la parole à la salle, sûr de ce qui va se passer : au nom de la « discipline de parti », les délégués vont s'empresser de dénoncer, liquider, enterrer le perturbateur sous les reproches les plus virulents. Un déluge de reproches convenus, d'accusations injustes, de critiques assassines s'abat sur le trublion. À la fin, le Comité central vote une résolution condamnant celui-ci et qualifiant

1. La *perestroïka* (« restructuration ») et la *glasnost* (« transparence ») sont les deux piliers de la politique de réforme lancée cette année-là par Mikhaïl Gorbatchev.

gravement ses propos d'« erronés ». Eltsine a récolté ce qu'il a semé. Il a voulu mourir sous les balles, en martyr ? Il a été exaucé ! Dans la vie du PCUS, en cette deuxième année du règne de Mikhaïl Gorbatchev, cet épisode incongru est un épiphénomène. La relance du pays après la mort de Tchernenko, la terrible secousse de Tchernobyl et la mise en place de la *perestroïka* ont plus d'importance que les atermoiements d'un dirigeant immature qui va s'en retourner, sans aucun doute, à l'anonymat.

Mikhaïl Gorbatchev, surtout, a d'autres soucis que les jérémiades de Boris Eltsine. Trois semaines plus tôt, alors qu'il prenait quelques vacances dans sa villa de Pitsounda, sur la mer Noire, le secrétaire général avait reçu une lettre personnelle de son ex-collègue, datée du 12 septembre, où le bouillant patron du PC de Moscou lui faisait part de son malaise. Un an et neuf mois après avoir été nommé à ce poste de confiance qui lui valait son siège de suppléant au Politburo, Eltsine ruait dans les brancards. Il dénonçait « l'indifférence et la froideur » qui régnaient au sommet du Parti. Il ne supportait plus le « mépris » dont faisait preuve à son égard Egor Ligatchev, aussi ancré dans le conservatisme que Gorbatchev paraissait disposé, lui, à faire bouger les choses. « Vous êtes le seul à pouvoir remédier à cette dérive », écrivait Eltsine, flatteur, à celui qu'il prenait encore pour un « camarade », au sens propre. Le nouveau chef du Parti ne l'avait-il pas fait venir de son lointain Oural à Moscou pour bousculer l'appareil, n'avait-il pas besoin de lui pour faire pièce à ceux qui, déjà, freinaient le mouvement ?

À la fin de cette missive un peu confuse, larmoyante et légèrement paranoïaque, Eltsine demandait déjà à être relevé de ses fonctions de premier secrétaire du PC de Moscou et de membre suppléant du Politburo. Il ne fallait pas être fin psychologue pour comprendre qu'il s'attendait à ce que Gorbatchev l'appelle au téléphone, refuse sa démission et, dans le meilleur des cas, lui donne les moyens d'« assainir et régénérer » l'équipe dirigeante. Sous-entendu : en éliminant Ligatchev et en le nommant, lui, Eltsine, membre titulaire de l'instance supérieure du Parti.

Gorbatchev l'avait appelé dès son retour à Moscou : « Boris Nikolaïevitch, il faut qu'on se voie ! » Puis plus rien. Une semaine, puis deux. Gorbatchev avait bien lu sa lettre, mais il avait mille autres choses à faire que perdre son temps avec les plaintes de son ancien poulain. Il le recevrait, au mieux, après les fêtes de la Révolution !

Micha et Boria : la même histoire

Ces deux-là ont la même histoire. Ils sont tous les deux nés en 1931. Boris, le 1er février, dans une bourgade de la région de Sverdlovsk, dans l'Oural ; Mikhaïl, le 2 mars, dans un village de la région de Stavropol, en Russie du Sud. Ils ont grandi dans des familles paysannes au moment même où Staline faisait la chasse aux agriculteurs privés. L'un et l'autre ont été baptisés en secret. Ils ont eu des grands-parents victimes de la terreur stalinienne – dont ils ne parlent jamais, évidemment. Ils ont tous les deux travaillé dans un kolkhoze. À l'école, tous les deux ont été délégués de classe, dans des styles déjà très différents : « Boria » adorait les bagarres de gosses que détestait « Micha »[2], lequel préférait nettement le théâtre amateur aux compétitions sportives qui faisaient le bonheur du premier, champion régional de volley-ball ! L'été, l'un passe son temps à construire seul, de ses mains, une étuve en rondins, tandis que l'autre bat des records de productivité sur la moissonneuse-batteuse de son père.

2. Diminutifs de Boris et Mikhaïl.

Quand ils deviennent étudiants, en 1950, ils ont le même bagage : ils savent garder des oies ou traire une chèvre, mais ils ignorent tout de la grande ville, des autres régions de l'URSS et du monde extérieur. La guerre leur a donné quelques convictions fortes et simples, dont l'amour de la patrie. Comme des millions de jeunes Soviétiques, ils veulent contribuer, l'un et l'autre, à la reconstruction de leur pays. Mikhaïl entre à la faculté de droit de l'université Lomonossov, à Moscou ; Boris entre à l'Institut polytechnique de l'Oural, à Sverdlovsk. Ils croient, bien sûr, en Staline, ils le pleurent à sa mort en 1953, mais ils n'ont aucune idée politique originale. Quand ils commencent leur vie active, le tournant de la déstalinisation est pris[3]. Leur génération, qui n'a pas connu la Révolution, n'aura jamais à assumer les procès de Moscou et la terreur stalinienne. Mais ces deux communistes exemplaires n'ont pas la moindre idée de ce qu'est la démocratie libérale…

Micha et Boria débutent leur carrière pendant le règne de Nikita Khrouchtchev. Ils sont tous les deux des meneurs d'hommes, l'un par sa faconde exceptionnelle, l'autre par son courage physique. Mikhaïl, l'*apparatchik*, est un bateleur ; Boris, l'ingénieur, un chef de bande. Dans un univers bureaucratique qui décourage toute initiative personnelle, ils font figure d'exceptions. Le Parti a impérativement besoin d'hommes comme eux. Il n'est pas étonnant que Mikhaïl se soit retrouvé à la tête de l'organisation du Parti de sa région en 1971, et Boris à la tête de la sienne en 1976. Il n'est pas surprenant non plus qu'ils y soient restés longtemps : depuis l'arrivée au pouvoir de Leonid Brejnev en 1964, l'époque est à la « stagnation », les dirigeants du Parti vieillissent doucement à leur poste, bloquant la promotion des quinquagénaires. Au début

3. Staline est mort en mars 1953, le « rapport secret » de Khrouchtchev sur les crimes du dictateur date de février 1956.

des années 1980, l'URSS est dirigée par une série de vieillards cacochymes qui meurent les uns après les autres : après Brejnev, Andropov, puis Tchernenko. Le 11 mars 1985, la promotion de Gorbatchev à la tête du Parti communiste de l'Union soviétique est un événement : il a cinquante-quatre ans !

À Sverdlovsk, Eltsine se réjouit de cette nomination. Gorbatchev et lui se connaissent, se fréquentent lors des réunions du Comité central, s'échangent des services de région à région : « Je lui envoyais des métaux ou du bois de l'Oural, lui me fournissait en denrées alimentaires », racontera Boris dans ses Mémoires. Ils se tutoient, ils s'embrassent quand ils se retrouvent. Eltsine n'a pas eu à se plaindre de Gorbatchev depuis que celui-ci est devenu secrétaire du Comité central en novembre 1978. Et réciproquement.

Un bulldozer venu de l'Oural

Dans les jours qui suivent l'arrivée de Gorbatchev au sommet du pouvoir, en mars 1985, le nouveau secrétaire général du PCUS remanie à tout-va. Il va chercher parmi les premiers secrétaires régionaux – comme Edouard Chevardnadze à Tbilissi (Géorgie) ou Egor Ligatchev à Tomsk (Sibérie) – les nouvelles têtes qui remplacent au secrétariat du Comité central les compagnons momifiés de Brejnev. Pour superviser tout le secteur de la construction, pourquoi pas Boris Eltsine, le patron de la région de Sverdlovsk, dont c'est la spécialité ? Gorbatchev hésite. Le nouveau Premier ministre, Nikolaï Ryjkov, qui connaît bien l'animal pour avoir longtemps travaillé à Sverdlovsk, déconseille ce choix : « Vous n'aurez que des ennuis avec lui, Mikhaïl Sergueïevitch ! » Eltsine a une réputation de bulldozer. Cela plaît à Ligatchev qui emporte la décision. Plus tard, lui aussi s'en mordra les doigts.

Boris Eltsine quitte Sverdlovsk le 12 avril pour s'installer dans la capitale. Comme beaucoup de provinciaux, il n'aime ni Moscou, qu'il trouve sale et bruyante, ni les Moscovites, qu'il juge arrogants et snobs. Mais il se jette à corps perdu dans le travail, comme il l'a toujours fait dans sa vie. Sauf qu'un secrétaire du Comité central appartient à un collectif auquel il doit rendre compte, ce qui le met souvent de mauvaise humeur. Eltsine est un orgueilleux qui supporte mal les rapports hiérarchiques. Surtout quand son chef a le même âge et la même carrière que lui, à quelques années près. Dans ses Mémoires, il ne manque pas de préciser que Gorbatchev « avait dirigé une région nettement inférieure, sur le plan économique, que celle de Sverdlovsk » ! Il se vexe que le nouveau secrétaire général ne vienne pas le saluer de temps en temps, comme au bon vieux temps. Quand il rentre d'une visite en Ouzbékistan et qu'il explique à Gorbatchev que le nouveau patron de la région est corrompu, il est furieux de se faire remettre à sa place. Il est agacé quand on lui octroie, en sus de son appartement moscovite, une datcha de fonction… qu'avaient occupée, avant lui, Mikhaïl et Raïssa Gorbatchev !

Pour l'heure, il garde ses frustrations pour lui. Son énergie et sa puissance de travail font sensation. Dans son nouveau bureau de la place Vieille, au siège du Comité central, il travaille chaque jour jusqu'à minuit passé : les grands chantiers, les villes nouvelles, les trains de sable, les déforestations, c'est son domaine !

En décembre 1985, lorsqu'il faut remplacer Viktor Grichine à la tête du PC de Moscou, c'est lui qu'on envoie faire le ménage dans cette organisation très corrompue, sclérosée et notoirement ingouvernable. Dans l'idée de Gorbatchev, seul un fonceur comme Eltsine peut redynamiser l'énorme administration moscovite. Il n'est pas déçu.

Boris se lance dans la bagarre. Il remanie, bouscule, enquête, emprisonne. Il prend lui-même le métro, fait la queue dans les magasins, visite les cinémas, traque les parasites, vérifie les prix, ébranle des trafics, chasse les mafieux et les tire-au-flanc. Il fallait s'y attendre : une avalanche de critiques et de plaintes s'abat sur le Comité central. Où l'on commence à trouver que le bulldozer en fait, peut-être, un peu trop…

Gorbatchev sacrifie son « fou »

Eltsine n'a peur de rien. Il ne calcule pas ses coups. Il est sûr d'être indispensable à l'homme de la *perestroïka* qui a besoin d'équilibrer par quelques réformistes notoires, voire excessifs, le conservatisme pesant incarné par Ligatchev. Grâce à lui, en quelque sorte, le secrétaire général du Parti peut jouer les centristes. Ce n'est pas faux. Mais la politique n'est pas un jardin d'enfants. Par son show piteux devant le Comité central, par ses critiques acerbes à l'encontre de l'équipe au pouvoir, Eltsine a choqué tout le monde. Son protecteur n'a aucune envie de le défendre. Ce 21 octobre 1987, en bon joueur d'échecs, Gorbatchev a sacrifié son « fou » pour poursuivre la partie en position gagnante.

Eltsine n'en revient pas. Profondément affecté, il est en pleine dépression quand il est amené de force, le 11 novembre, à la réunion du PC de Moscou qui va procéder à son exécution. Gorbatchev a fait le déplacement. Quand il décrit l'attitude de son ancien allié comme « immature, confuse et irresponsable », quand il lui reproche ses « phrases pompeuses » et sa « vanité démesurée », Eltsine est sonné. Lâché par son ancien collègue[4], il fait son autocritique, se

4. On a souvent dit que Boris Eltsine s'en était pris, au cours de son discours du 21 octobre 1987, à la femme de Gorbatchev, Raïssa, et que ce dernier lui en avait voué une haine terrible – mais on n'a jamais

déclare « coupable », déplore son « ambition personnelle » et répète, la tête basse, qu'il veut démissionner. Ce qu'il n'a pas de peine à obtenir. Le géant de l'Oural quitte la scène, humilié, brisé. Il ne pardonnera jamais à Gorbatchev cet épisode. Dans ses Mémoires, il n'a pas de mots assez durs pour l'accuser de l'avoir aussi brutalement éjecté du PC de Moscou – oubliant qu'il avait lui-même posé sa démission !

Pourtant, Gorbatchev ne veut pas la mort du pécheur. Il lui trouve une honorable porte de sortie en le nommant premier vice-président du *Gostroï*, c'est-à-dire vice-ministre de la Construction. Eltsine n'en fulmine pas moins contre son ancien allié, oubliant que sous Staline il aurait probablement été fusillé. Mais Gorbatchev tient à se montrer « civilisé » et lui fait seulement promettre, en échange de son maintien au gouvernement, de « ne plus se mêler de politique ». Cette promesse un peu infamante, Eltsine la respectera pendant plus d'un an. En espérant au fond de lui que Gorbatchev l'appellera un jour pour « discuter ». En vain. Le secrétaire général est déjà passé à autre chose.

En 1988, « Gorby », comme le surnomment déjà les Occidentaux, connaît son apogée politique. Il est la vedette incontestée de la Conférence nationale du Parti qu'il a convoquée en juin, exigeant que ses 5 000 délégués soient vraiment élus par la base et soutiennent clairement la *perestroïka.* Boris Eltsine ne compte plus : il est le seul ministre du gouvernement à ne pas être « proposé » à ce scrutin par le Comité central. Mais il est connu, notamment chez lui, à Sverdlovsk, et sa candidature est avancée ici ou là. Or, à chaque fois que son nom est proposé, l'appareil parvient à le rayer de la liste ! Sauf en Carélie, ce petit territoire du Nord qui en fait, contre l'avis du Kremlin, l'un de ses treize délégués.

---

retrouvé ces propos dans les comptes rendus de cette mémorable séance.

Un goût de revanche

Le 1er juillet, en cette compagnie inattendue, noyé dans la délégation carélienne, Eltsine siège là-haut, au balcon du palais des Congrès, loin des officiels. Le triomphe de Gorbatchev l'exaspère, il rumine une forme de revanche. Sans respecter aucun règlement de séance, il descend soudain dans la salle, son mandat brandi en l'air, marche sur la tribune et exige de la présidence de séance le droit de s'exprimer. On le lui accorde, craignant un scandale. Et voilà qu'après avoir donné son opinion sur tout et n'importe quoi, Eltsine annonce qu'il demande solennellement… sa réhabilitation politique ! Brouhaha dans l'assemblée. À la tribune, on s'agace franchement. Après une suspension de séance, Ligatchev et quelques autres, qui n'ont pas apprécié les interviews très critiques accordées par leur ancien collègue à la BBC et à CBS, l'accablent d'insultes et de critiques : pense-t-il vraiment, le proscrit, le rebelle, l'inconscient, que cette assemblée n'a rien d'autre à faire que voter sur son misérable sort ? Eltsine frise l'apoplexie quand il comprend que sa « réhabilitation » ne fera l'objet d'aucun débat, d'aucun vote, et qu'il vient de vivre sa dernière heure, politiquement s'entend.

Ni Gorbatchev ni Eltsine n'ont conscience que des dizaines de millions de Soviétiques ont vu la scène à la télévision. Pour la première fois dans l'histoire de l'URSS, en vertu de la *glasnost* gorbatchévienne, les débats sont intégralement télévisés et passionnent tout le pays. Or, une partie des téléspectateurs a apprécié qu'un simple délégué, un homme comme eux, qui parle comme eux, n'ait pas eu peur de bousculer et de critiquer les élites du Parti. Il s'est attiré les foudres des dirigeants, et alors ? Plus le contestataire apparaît comme une victime des puissants, fût-elle naïve ou maladroite, et plus sa notoriété progresse chez les petites gens…

Gorbatchev, quant à lui, continue de caracoler dans les hautes sphères du pouvoir. Dans le but de se dégager de l'emprise du Parti – ce qui va provoquer une première vague d'hostilité à son égard dans les rangs communistes –, il fait élire en mars 1989 un Congrès des députés du peuple, une sorte de super-Parlement dont il va évidemment prendre la tête : il est élu sans surprise, sur une liste de cent noms proposés par le Comité central du Parti. Il cumule ainsi la direction du Parti et celle de l'État. Il a plus de pouvoirs que n'en avait Staline !

Eltsine, évidemment, ne fait pas partie de cette liste d'élus privilégiés. Mais, fort de sa popularité croissante, il se présente directement à ces législatives d'un nouveau style. Non sans panache, il choisit de se présenter à Moscou, où le pouvoir soutient le puissant Evgueni Brakov, patron des usines automobiles ZIL : à l'issue d'une campagne enthousiaste, Eltsine est élu avec 89,44 % des suffrages ! Au grand dam de Gorbatchev qui aura du mal, désormais, à se débarrasser d'un gêneur aussi populaire.

Le nouveau député, qui devient aussitôt une figure majeure de l'opposition, participe à un énorme meeting au stade Loujniki, à Moscou, le 21 mai. Entre les voix fluettes du physicien dissident Andreï Sakharov et de quelques autres contestataires moins connus, la voix de stentor d'Eltsine fait vibrer la foule, sa stature s'impose, la foule lui fait une ovation : « El-tsine ! El-tsine ! » Dans la foule, des inconnus brandissent des pancartes avec un jeu de mots original : *« Boris ! Boris' ! »* (« Boris ! Bats-toi ! »). Quand il proteste avec vigueur contre la confiscation de la démocratie naissante par Gorbatchev, la foule exulte : « Honte à lui ! Honte à lui ! »

Ce meeting est un tournant. En quelques dizaines de minutes, le rebelle est devenu une star. Il est grisé par ces tonnerres d'applaudissements. Rien ne pourra plus l'arrêter dans son ascension. Gorbatchev a choisi de s'appuyer sur le système pour conforter son pouvoir ? C'est donc en dénonçant le système qu'Eltsine conquerra le sien !

Quatre jours plus tard, comme prévu, les députés élisent Mikhaïl Sergueïevitch Gorbatchev à leur tête, et procèdent en leur sein à l'élection des membres du Soviet suprême, l'organe législatif permanent, dans une confusion propice à toutes les petites manœuvres. Justement, Eltsine n'est pas élu, à une voix près ! La colère des réformateurs éclate. Le scandale est énorme. Eltsine accuse Gorbatchev d'instaurer une « dictature personnelle ». Au bout de quatre jours de confusion, un obscur député russe se désiste en sa faveur. La tension retombe. L'incident conforte Eltsine dans son statut d'opposant adulé par l'opinion. Il est élu coprésident, avec le dissident Andreï Sakharov, d'un groupe parlementaire dit « interrégional » qui critique avec force l'équipe au pouvoir. Est-il devenu le premier opposant au dernier tsar rouge ? Avec un rien d'autosatisfaction, il explique que Gorbatchev est « son éternel adversaire ». Il la tient, il la savoure, sa revanche !

Le combat des chefs

Un an plus tard, le 29 mai 1990, sans tambour ni trompette, Eltsine se fait facilement élire à Sverdlovsk, son ancien fief, député au parlement de la Fédération de Russie, une institution jusqu'alors effacée… qui l'élit à sa tête, le préférant à un communiste pur et dur. Peu d'observateurs comprennent, sur le moment, que cette élection apparemment secondaire va faire d'Eltsine le virulent porte-parole d'une des nombreuses nationalités qui, à la faveur de la *glasnost*, relèvent la tête et réclament plus d'autonomie par rapport à l'URSS. Les pays Baltes ne proclament-ils pas, ce printemps-là, leur indépendance pure et simple ? Et les Arméniens, les Géorgiens ne suivent-ils pas leur exemple ? Sauf qu'il ne s'agit pas, dans le cas d'Eltsine, de la turbulente Lituanie ou d'une petite république caucasienne : la Russie, c'est un territoire de 10 000 kilomètres de long qui compte 150 millions d'habitants[5], qui dispose d'une histoire pluricentenaire, d'une langue, d'une religion, d'une culture. Que resterait-il de l'URSS – et de son président – si la Russie faisait sécession ?

La question paraît encore lointaine, voire absurde. Mais elle pointe déjà derrière la furieuse « guerre des lois » à laquelle se livrent, en sourdine, les deux présidents : les décisions votées par le parlement russe rendent-elles caduque la législation fédérale soviétique ? Mêmes affrontements à propos des budgets : est-ce toujours à l'URSS de payer les salaires ou les retraites des Russes ? Les deux hommes se disputent âprement, en coulisse, les meilleurs spécialistes, les conseillers les plus avertis, les ministres les plus performants. Si l'URSS n'était pas au bord du chaos, il y aurait même de quoi rire…

Il faudra encore de longs mois pour que la question de l'indépendance de la Russie se pose franchement, y compris à l'étranger. Le 14 avril 1991, quand le président du parlement russe débarque à Strasbourg, le groupe socialiste du Parlement européen, présidé par Jean-Pierre Cot, le reçoit comme un importun. Quel est ce perturbateur qui décrit à la cantonade un avenir fait de « républiques indépendantes et d'un minicentre qui servirait de coordinateur » ? Et qui précise, la bouche en coin, que ce « minicentre » n'aura peut-être pas besoin d'un président à part entière ?

À part quelques personnalités comme l'ex-président Valéry Giscard d'Estaing ou le maire de Paris, Jacques Chirac, les dirigeants français se gaussent en écoutant le visiteur

5. La Russie représente 76 % de la surface de l'URSS, 60 % de sa population ; elle produit 90 % de son pétrole et 70 % de son gaz.

demander à ses hôtes, sans vergogne, comment « la Russie pourrait un jour réintégrer la maison Europe ». Pour bien montrer que les socialistes ne connaissent qu'un président à Moscou, Mikhaïl Gorbatchev, Jean-Pierre Cot traite même publiquement l'intrus de « démagogue » et d'« irresponsable », et lui indique la porte au cas où il ne serait pas content !

L'affront est violent. Eltsine est furieux : est-ce ainsi qu'on traite le représentant de la Russie éternelle ? Le soir même, avec aplomb, il annonce à la télévision française qu'il espère bien rencontrer le président de la République lors de sa visite à Paris, le surlendemain. À l'Élysée, c'est la consternation. Depuis Moscou, quelques discrets émissaires ont prévenu François Mitterrand : Gorbatchev verrait d'un fort mauvais œil que son rival soit reçu à Paris avec les honneurs ! Toute politesse faite à Eltsine serait une mauvaise manière faite au maître du Kremlin, qu'on se le dise !

L'épisode tourne au grotesque. Le 17 avril, Eltsine est reçu par le secrétaire général de la présidence, Jean-Louis Bianco… mais aussi par Mitterrand qui passait justement par là et lui consacre finalement une vingtaine de minutes, pour la forme. En sortant de l'Élysée, la mine rayonnante du président russe montre qu'il a atteint son but : la France, qui a pour Gorbatchev les yeux de Chimène, devra revoir, qu'elle le veuille ou non, ses préférences à l'Est…

En arrière, toute !

Un mois plus tôt, peu d'observateurs étrangers avaient remarqué qu'à l'occasion d'un spectaculaire référendum sur un nouveau « traité d'Union[6] » lancé dans toute l'URSS

6. Par ce nouveau traité, Gorbatchev espère instaurer une « union » des ex-républiques soviétiques devenues souveraines sur le modèle de la Communauté européenne.

par Gorbatchev, le Soviet suprême de Russie avait ajouté, comme la loi électorale le permettait, une question à destination des seuls électeurs russes : êtes-vous d'accord pour instituer en Russie un régime présidentiel – à la française plutôt qu'à l'américaine. La réponse fut positive à 69 %, mais elle était largement occultée par le résultat du référendum fédéral : 77 % de « oui », c'était une victoire inespérée pour un Gorbatchev qui semblait alors contesté par tout le monde.

C'est ainsi que, le 12 juin 1991, Boris Eltsine est élu « président de la Russie » par la population russe, au suffrage universel direct. Dès le premier tour, il a obtenu 57 % des voix, soit 45 millions de suffrages, écrasant tous les autres candidats, parmi lesquels l'ancien ministre Vadim Bakatine (17,3 %) et l'ex-Premier ministre Nikolaï Ryjkov (2,5 %), proches de Gorbatchev, qui n'avaient pour ambition que de faire battre le rival de leur chef. En vain. Faut-il souligner que la victoire du leader russe dépasse largement le seul scrutin du 12 juin ? Car le duel entre les deux principaux dirigeants du pays prend désormais une tournure nouvelle : entre Boris Eltsine, président d'une vieille et fière nation de 150 millions d'habitants par la grâce du suffrage universel direct, et Mikhaïl Gorbatchev, désigné par le Comité central d'un parti communiste obsolète[7] pour présider une URSS en capilotade, la légitimité n'est pas la même…

Gorbatchev au Kremlin, siège du pouvoir soviétique ; Eltsine à la Maison Blanche, siège du gouvernement russe. Le premier traite le second de « bavard », qui traite le premier d'« imposteur ». Les deux hommes se haïssent, entraînant leurs entourages dans des disputes incessantes. Mais la crise est telle que les deux présidents sont obligés de s'entendre. D'abord pour endiguer le retour des

7. Boris Eltsine, lui, a spectaculairement quitté les rangs du Parti lors du XXVIIIe congrès, en juillet 1990.

conservateurs au sommet du pouvoir, ensuite pour être pris au sérieux par les dirigeants occidentaux. Interviewé par la chaîne américaine ABC, Eltsine dit ce qu'il pense :

« Je n'aime pas Gorbatchev, ses demi-mesures, ses changements d'attitude : il est inconséquent ! Il a de l'énergie pour un temps, puis, sous la pression d'autres forces, il change d'avis ! [...] Mais le pays est dans un tel état qu'il me faut faire avec, de façon honorable [...] et je serai du côté de Gorbatchev tant qu'il sera du côté des réformes. »

Propos prémonitoire. Car un événement inattendu va interrompre cette étrange « cohabitation » et départager brutalement les partisans des réformes, toutes appartenances confondues, de leurs adversaires. Le 19 août 1991, à l'aube, le monde entier apprend qu'un coup d'État a eu lieu à Moscou et qu'un groupe de conservateurs communistes – Krioutchkov, Iazov, Pavlov, Ianaev et autres Pougo[8] – a pris le pouvoir. Le plan des comploteurs est simple, voire simpliste : retenir Gorbatchev dans sa villa de vacances et le mettre sur la touche, donner tout le pouvoir à un « Comité d'État pour l'état d'urgence » et rétablir par la force l'Union soviétique d'avant la *perestroïka*. Le mot d'ordre est facile à comprendre : en arrière, toute !

Eltsine vainqueur par K.-O.

C'était compter sans Boris Eltsine et ses amis réformateurs qui misent sur l'impréparation et la médiocrité des putschistes et font échouer leur plan. On se rappellera longtemps le courage du président russe appelant à la résistance, debout sur un char, devant la Maison Blanche. Cette

8. Vladimir Krioutchkov, chef du KGB ; Dmitri Iazov, ministre de la Défense ; Valentin Pavlov, Premier ministre ; Guennadi Ianaev, numéro deux du Parti ; Boris Pougo, ministre de l'Intérieur.

seule image lui vaudra durablement le respect de tous les dirigeants de la planète. Bush, Mitterrand, Kohl et de nombreux autres félicitent personnellement Eltsine, qui entend bien profiter de cette incontestable « victoire ». C'est lui qui fait libérer Gorbatchev de sa villa de Crimée – il voulait même aller le chercher personnellement dans son avion, ce dont son entourage l'a dissuadé au dernier moment –, obligeant le président de l'URSS, de retour à Moscou, à rendre publiquement hommage « à Boris Nikolaïevitch Eltsine et au peuple soviétique ».

Le 24 août, à l'invitation de son « sauveur », Gorbatchev se rend à la session du parlement russe pour remercier les dirigeants et le peuple de Russie d'avoir fait échouer le putsch. La télévision retransmet l'extraordinaire face-à-face entre les deux hommes. Eltsine n'a jamais été aussi sûr de lui : la veille, affaibli par sa détention et désorienté par cette folle accélération de l'histoire, Gorbatchev n'a-t-il pas commis l'erreur, contre toute logique, de défendre le Parti communiste dont il est encore le secrétaire général, en promettant d'en « éliminer les forces réactionnaires » ?

À la tribune où l'accueille le héros du moment, face à une assemblée hostile, Gorbatchev est piégé. Tel un accusé, il est prié par son hôte de lire au micro une feuille de papier : c'est le compte-rendu du Conseil des ministres de l'URSS, tenu à huis clos le jour du putsch, au cours duquel la quasi-totalité des ministres – tous nommés par lui – l'a trahi pour soutenir le Comité d'État pour l'état d'urgence ! Gorbatchev est accablé. La salle gronde au point qu'Eltsine, grand seigneur, demande à l'auditoire de se calmer, avant de brandir un stylo et de déclarer avec gourmandise : « Pour détendre l'atmosphère, je vous informe que je signe un décret suspendant les activités du Parti communiste sur le territoire de la Russie ! »

La voix couverte par les applaudissements et les rires, Gorbatchev tente de l'en dissuader : « Boris Nikolaïevitch, tous les communistes n'ont pas soutenu le coup d'État, interdire le PCUS serait une erreur ! » Impérial, son hôte rétorque : « Je ne l'interdis pas, je suspends ses activités en attendant les résultats de l'enquête sur son rôle dans le putsch ! La parole est à l'orateur suivant ! »

Chacun a compris que le Parti communiste, d'un trait de plume, vient de rejoindre les fameuses « poubelles de l'histoire » inventées par ses lointains fondateurs. La « lutte finale », c'est fini ! Les députés russes, debout, applaudissent à tout rompre. Pour Gorbatchev, l'humiliation est totale. C'est la revanche de la fameuse séance du 21 octobre 1987. Eltsine, qui ne cache pas son plaisir, raccompagne son rival en le tenant par l'épaule, comme un champion de boxe qui aide à se relever l'adversaire qu'il vient de mettre K.-O.

Pour Gorbatchev, les semaines qui suivent ressemblent à une descente aux enfers. Au fil de l'été, les anciennes républiques cessent d'obéir au pouvoir central. Les dirigeants occidentaux reconnaissent leur indépendance. La Russie se déclare héritière de tout ce qui constituait l'URSS – les mines, les banques, les forêts, les casernes – sur son territoire. Jusqu'au bout, le président de l'empire défunt se bat comme un beau diable, proposant un traité, un référendum, une Constitution, une structure de coordination – il faut bien savoir, à ce stade, qui dispose des forces armées et du feu nucléaire… Peine perdue. À partir du 8 décembre 1991, les nouveaux États indépendants – Russie, Ukraine, Biélorussie, bientôt rejointes par le Kazakhstan – organisent leur coopération sans passer par le Kremlin. Le dernier rêve de Gorbatchev – devenir le président d'une sorte de conseil fédéral supranational – s'effondre.

Il n'y a plus d'Union soviétique. Le 23 décembre, Gorbatchev et Eltsine se retrouvent au Kremlin pour un dernier tête-à-tête qui va durer huit heures. Qui saura jamais ce que ces deux-là se sont réellement dit, à cette occasion, entre deux dossiers ultrasecrets d'ordre diplomatique ou militaire ? Eltsine a finalement accordé à Gorbatchev de ne pas disparaître piteusement, sans gloire ni adieu : celui-ci pourra annoncer sa démission solennelle en direct à la télévision, le 25 décembre à 20 heures :

« Chers compatriotes et citoyens ! [...] La ligne du démembrement du pays et de la dislocation de l'État a gagné. [...] Je mets fin à mes fonctions de président de l'URSS... »

Quelques minutes plus tard, le drapeau rouge frappé de la faucille et du marteau est amené une dernière fois au pied de la grande tour du Kremlin : éclairé par un projecteur, il est aussitôt remplacé par le drapeau blanc, bleu, rouge de la Russie ressuscitée.

Le lendemain, Gorbatchev donne une ultime conférence de presse et convie ses amis à une réunion d'adieu. Quand il va recevoir une dernière délégation au Kremlin avant de partir en vacances, le 27 décembre, une surprise désagréable l'attend : Boris Eltsine n'a pas résisté à la tentation, il s'est déjà installé, en vainqueur, dans le bureau de son rival[9] !

Bernard LECOMTE

9. Boris Eltsine sera réélu président de la Russie le 16 juin 1996 – candidat à cette élection, le très impopulaire Mikhaïl Gorbatchev ne remportera que 0,51 % des voix. Juste avant la fin de son second mandat, Eltsine démissionnera en faveur de Vladimir Poutine, qui sera élu président le 26 mars 2000.

Bibliographie sélective

Carrère d'Encausse, Hélène, *Six années qui ont changé le monde (1985-1991)*, Paris, Fayard, 2015.

Eltsine, Boris, *Jusqu'au bout !*, Paris, Calmann-Lévy, 1990.

—, *Sur le fil du rasoir*, Paris, Albin Michel, 1994.

Gorbatchev, Mikhaïl, *Mémoires*, Paris, Le Rocher, 1995.

Gratchev, Andreï, *Le Mystère Gorbatchev*, Paris, Le Rocher, 2001

Guetta, Bernard, *Éloge de la tortue*, Paris, Le Monde Éditions, 1991.

Hecht, Emmanuel, *La Russie des tsars, d'Ivan le Terrible à Vladimir Poutine*, Paris, Perrin, 2016.

Lecomte, Bernard, *Gorbatchev*, Paris, Perrin, 2014.

Reinhardt, Jerzy, *Boris Eltsine et le réveil russe*, Paris, Stock, 1992.

Notices biographiques des auteurs

Ancien diplomate, historien de formation et universitaire, Georges Ayache est un spécialiste des relations internationales. Aujourd'hui avocat, il a déjà consacré plusieurs ouvrages aux États-Unis de l'après-guerre, parmi lesquels *Une histoire américaine* (Choiseul, 2010), *Kennedy-Nixon : les meilleurs ennemis* (Perrin, 2012) et *Les Présidents des États-Unis* (Perrin, 2016). Il est également l'auteur d'une biographie remarquée de Frank Sinatra.

Jean-Paul Bled est professeur émérite à l'université de Paris-IV-Sorbonne. Il a notamment publié les biographies de référence de François-Joseph et Bismarck, disponibles chez Perrin dans la collection « Tempus ». Il est également l'auteur de biographies de Marie-Thérèse et Frédéric II.

Spécialiste de l'histoire de la guerre et de la stratégie, Arnaud Blin est l'auteur de plusieurs ouvrages remarqués dont *Iéna* (2003), *1648, La Paix de Westphalie* (2006), *Tamerlan* (2007), *Les batailles qui ont changé l'histoire* et – avec Gérard Chaliand – d'un *Dictionnaire de stratégie militaire* (1998). Outre ses qualités d'historien, il est un formidable conteur.

Alexis Brézet est directeur des rédactions du *Figaro* et chroniqueur dans plusieurs médias audiovisuels. Il a codirigé, avec Jean-Christophe Buisson, l'ouvrage collectif *Les grands duels qui ont fait la France* (Le Figaro Magazine/Perrin, 2014).

Jean-Christophe Buisson, spécialiste des Balkans et du monde slave, est directeur adjoint de la rédaction du *Figaro Magazine* et présente « Historiquement Show » sur la chaîne Histoire. Il est l'auteur de plusieurs ouvrages dont : *Il s'appelait Vlassov*, *Mihailović*, *Histoire de Belgrade* et *Assassinés*. Dernier livre paru : *1917, l'année qui a changé le monde* (Perrin, 2016).

Jean des Cars est l'historien des grandes dynasties européennes et de leurs plus illustres représentants. Parmi ses succès : *Sissi ou la Fatalité*, *La Saga des Romanov*, *La Saga des Windsor*, *La Saga des reines*, *La Saga des favorites* et *Le Sceptre et le Sang*. Son dernier ouvrage paru est *Nicolas II et Alexandra de Russie : une tragédie impériale*.

Professeur émérite à l'université de Versailles-Saint-Quentin, où il a créé le département des Humanités, Bernard Cottret est l'auteur de plusieurs ouvrages remarqués sur l'Angleterre des Tudors, dont une biographie d'Henri VIII (Payot, 1999; rééd. 2008), une autre d'Élisabeth Ire (Fayard, 2009) et une troisième de Thomas More (Tallandier, 2012). Il a publié chez Perrin *La Réforme protestante*, *La Révolution anglaise*, *La Révolution américaine*, ainsi que *1598, l'édit de Nantes. Pour en finir avec les guerres de Religion*, et une biographie très enlevée de Karl Marx. Il a été en 2007 l'un des membres fondateurs du prix Provins Moyen Âge.

Agrégé d'histoire, médiéviste reconnu, professeur à l'ENS de Lyon, Sylvain Gouguenheim est l'auteur de plusieurs ouvrages qui font autorité. Fin connaisseur de l'espace germanique au Moyen Âge, il a déjà publié *Les Chevaliers Teutoniques* et *Tannenberg : 15 juillet 1410*. Il vient de sortir *Frédéric II, un empereur de légendes* chez Perrin.

Écrivain, journaliste, enseignant – et, pour la petite histoire, ancien trotskiste, mais il y a prescription –, Rémi Kauffer collabore en particulier au *Figaro Magazine*. Chez Perrin, il a publié *Le Siècle des quatre empereurs, Sun Yat-sen, Chiang Kai-shek, Mao*

Zedong, Deng Xiaoping (2014), *Kang Sheng, le maître espion de Mao* (avec Roger Faligot, 2014), l'*Histoire mondiale des services secrets de l'Antiquité à nos jours* (2015) et *Paris la Rouge. Capitale mondiale des révolutionnaires et des terroristes* (2016).

François KERSAUDY, professeur, est l'auteur de nombreux ouvrages sur la Seconde Guerre mondiale et a écrit entre autres des biographies de Churchill, Goering, Mountbatten et MacArthur, ainsi que le seul ouvrage au monde sur les relations entre de Gaulle et Churchill. Historien polyglotte, il a reçu onze prix littéraires français et britanniques.

Bernard LECOMTE, écrivain et journaliste, fut grand reporter à *La Croix* et à *L'Express*, puis rédacteur en chef du *Figaro Magazine*. De 1977 à 1993, il couvrit quotidiennement la fin du communisme en Europe de l'Est et l'effondrement de l'URSS. Il a publié plusieurs livres sur le Kremlin et sur le Vatican qui font autorité. On lui doit notamment *Le pape qui fit chuter Lénine* (CLD, 2007), *Le Bunker* (JC Lattès, 1994) et une magistrale biographie de Gorbatchev (Perrin, 2014).

Didier LE FUR est historien des XVe et XVIe siècles sur lesquels il a publié *La France en 1500*, ainsi que *Marignan 1515*. Il est également à l'origine des biographies, saluées par la critique, de Louis XII, de Charles VIII et d'Henri II. Il a publié chez Perrin *François Ier*, qui marque l'aboutissement de quinze ans de réflexion sur un homme et une période clés de l'histoire de France.

Thierry LENTZ, directeur de la Fondation Napoléon, s'est fait connaître comme l'un des meilleurs spécialistes du Consulat et du Premier Empire par de nombreux ouvrages, dont, chez Perrin, *Le Congrès de Vienne. Une refondation de l'Europe, 1814-1815*, qui a reçu le prix Pierre-Lafue, *Les Vingt Jours de Fontainebleau* et *Waterloo*. Il a également publié chez Perrin un *Waterloo, 1815*, l'album *Napoléon* et tout récemment *Joseph Bonaparte*.

Georges MINOIS, ancien élève de l'École normale supérieure, est agrégé et docteur en histoire. Il est l'auteur d'une œuvre abondante, parmi laquelle, chez Perrin, *Charles VII*, *La Guerre de Cent Ans*, *Charlemagne*, *Philippe le Bel* et *Charles le Téméraire*.

Jean-Christian PETITFILS, historien et écrivain, est l'auteur d'une trentaine d'ouvrages et d'essais, dont, chez Perrin, une biographie de Louis XIV couronnée en 1996 par le Grand Prix de la biographie historique de l'Académie française, et une de Louis XV parue récemment. Il est membre du conseil scientifique du *Figaro Histoire*.

Pierre RAZOUX est directeur de recherche à l'Institut de recherche stratégique de l'École militaire (IRSEM). Ancien auditeur de l'IHEDN, spécialiste du Moyen-Orient, il est l'auteur d'une dizaine de livres sur les conflits contemporains. La version anglaise (Harvard University Press, 2015) de son ouvrage publié chez Perrin *La Guerre Iran-Irak (1980-1988)* a été couronnée du prix du meilleur livre de l'année, aux États-Unis et au Canada, par la Society for Military History.

Jean-François SOLNON, agrégé d'histoire et docteur ès lettres, est professeur émérite des universités. Spécialiste renommé de l'Ancien Régime, il est l'auteur d'essais et de biographies et est lauréat de plusieurs prix d'histoire. Il a notamment publié chez Perrin *Henri III, un désir de majesté*, *Catherine de Médicis* et, dernièrement, *Les Couples royaux dans l'histoire : le pouvoir à quatre mains*, *Le Goût des rois*, *Louis XIV, vérités et légendes*.

Arnaud TEYSSIER, ancien élève de l'École normale supérieure et de l'ENA, a publié chez Perrin plusieurs ouvrages salués par la critique, dont *Charles Péguy, une humanité française*, *Louis-Philippe, le dernier roi des Français* et *Richelieu, l'aigle et la colombe*.

Éric TRÉGUIER, journaliste et écrivain, travaille au magazine économique *Challenges*. Il y est notamment responsable du classement annuel des fortunes françaises. Il collabore au magazine

Guerres et Histoire pour lequel il décortique les grandes batailles antiques. Il est aussi l'auteur de plusieurs livres aux éditions Hachette, et d'un *Pourquoi Hannibal n'a pas pris Rome* dans la collection « Histoire » des éditions Economica.

Vincent TRÉMOLET DE VILLERS est rédacteur en chef des pages Débats et Opinions du *Figaro* et du FigaroVox. Il est chroniqueur au *Figaro Histoire*.

Jean-Louis VOISIN, agrégé d'histoire, ancien membre de l'École française de Rome, a enseigné aux universités de Caen, de Bourgogne et Paris-XII. Spécialiste reconnu du monde romain, il a notamment collaboré à une *Histoire romaine* et a participé à la conception du MuséoParc Alésia. Son *Alésia* est paru en 2014 dans la collection « Tempus ».

LE FIGARO MAGAZINE
14, boulevard Haussmann
75438 Paris cedex 09

PERRIN
12, avenue d'Italie
75627 Paris cedex 13

Achevé d'imprimer en septembre 2016
par Normandie Roto Impression s.a.s.
61250 Lonrai
N° d'impression : 1602933
N° Édition : 2986
Dépôt légal : septembre 2016
K06612/01